HERZLICHEN GLÜCKWUNSCH

Und Dankeschön für den Kauf dieses Buches. Als besonderes Schmankerl* finden Sie unten Ihren persönliche Code, mit dem Sie das Buch exklusiv und kostenlos als eBook erhalten.

Beachten Sie bitte die Systemvoraussetzungen auf der letzten Umschlagseite!

4qcv6-p56r0-
18901-gmpt1

Registrieren Sie sich einfach in nur zwei Schritten unter **www.hanser.de/ciando** und laden Sie Ihr eBook direkt auf Ihren Rechner.

KOMPETENZ · HANSER · GEWINNT

* Bayrisch für eine leckere Kleinigkeit; ein Leckerbissen

Sneed/Baumgartner/Seidl

Der Systemtest

Harry M. Sneed
Manfred Baumgartner
Richard Seidl

Der Systemtest

Von den Anforderungen zum Qualitätsnachweis

2., aktualisierte und erweiterte Auflage

HANSER

Harry M. Sneed (MPA), Budapest, harry.sneed@anecon.com

Dipl.-Ing. Manfred Baumgartner, Wien, manfred.baumgartner@anecon.com

Richard Seidl, Wien, richard.seidl@anecon.com

Bibliografische Information der Deutschen Nationalbibliothek:

Die Deutsche Nationalbibliothek verzeichnet diese Publikation in der Deutschen Nationalbibliografie; detaillierte bibliografische Daten sind im Internet über http://dnb.d-nb.de abrufbar.

Lektorat: Margarete Metzger
Herstellung: Irene Weilhart
Umschlagdesign: Marc Müller-Bremer, www.rebranding.de, München
Umschlagrealisation: Stephan Rönigk
Datenbelichtung, Druck und Bindung: Kösel, Krugzell
Ausstattung patentrechtlich geschützt. Kösel FD 351, Patent-Nr. 0748702
Printed in Germany

ISBN 978-3-446-41708-3

Inhalt

Vorwort

Das Thema „Softwaretest“ ist ein breites Feld. Es umfasst viele unterschiedliche Tätigkeiten, die von unterschiedlichen Akteuren zu verrichten sind. Zu unterscheiden ist zwischen dem Unittest (White-Box-Test), dem Integrationstest (Grey-Box-Test) und dem Systemtest (Black-Box-Test). Der Unittest gehört eindeutig in den Zuständigkeitsbereich des Entwicklers. Wer die Komponente erstellt, soll sie auch testen. Die Zuständigkeit für den Integrationstest hängt von der Projektgröße ab. Bei kleineren Projekten liegt sie vielleicht bei einem oder zwei Entwicklern. Bei größeren Projekten lohnt es sich, dafür Tester einzusetzen. Der Systemtest ist wiederum klare Aufgabe eines separaten Testteams. Hierfür werden professionelle, ausgebildete Tester benötigt.

Der Beruf des „Softwaretesters“ bzw. „Testingenieurs“ ist erst in den letzten 10 Jahren entstanden, obwohl davor schon lange getestet wurde. Er folgt aus der zunehmenden Spezialisierung und Arbeitsteilung innerhalb der Informationstechnologie. Jetzt erscheinen zunehmend Stellenanzeigen, in denen Softwaretester gesucht werden. Früher hätte man diesen Begriff nicht benutzt, weil man damit potentielle Bewerber eventuell abgeschreckt hätte. Mittlerweile hat sich der Begriff eingebürgert. Es gibt Weintester und Lebensmittelprüfer, warum nicht auch Softwaretester bzw. Softwareprüfer. In den USA sind Tester neben Entwicklern, Designern und Analytikern gleichwertige Partner. Dort gibt es bereits Universitäten, die Software-Testen als Kurrikulum anbieten, wie etwa das Florida Institute of Technology,

Die Bedeutung des Testens nimmt in dem Maße zu, wie immer mehr kritische Geschäftsprozesse automatisiert werden und immer mehr Betriebe von der Qualität ihrer IT abhängig sind. Auf der europäischen Testkonferenz EuroSTAR erscheinen von Jahr zu Jahr seit 1995 ca. 600–800 Teilnehmer, die sich als Softwaretester bezeichnen. Sie sind nur die Spitze des Eisberges. Man schätzt, dass in Europa heute mehr als 50 000 Menschen als Softwaretester tätig sind. Mit jedem Jahr wächst deren Zahl um ca. 10–20 %. Es ist also dringend notwendig, diesen Menschen eine systematische Ausbildung anzubieten. Das ISQI (International Software Quality Institute) ist bemüht, ein fundiertes Schulungsprogramm für Tester anzubieten, das letztlich zu einer Zertifizierung als Softwaretester oder als Softwaretestmanager führt. Dennoch fehlt eine konkrete Anleitung, wie bei einem Systemtest vorzugehen ist. Der Großteil aller Testliteratur, vor allem der deutschsprachigen, befasst sich mit dem Unit- und Integrationstest und richtet sich an die Softwareentwickler. Der Systemtest wurde bisher vernachlässigt, weil er so wenig verstanden wurde. Dieses Buch legt einen anderen Weg nahe. Es richtet sich an die Software-Systemtester und Testmanager.

Ihre Aufgabe ist es, stellvertretend für die anonymen Anwender zu testen. Sie haben dafür zu sorgen, dass die Fehler in der Software gefunden werden, bevor die Software den Anwender erreicht. Natürlich können Sie nicht alle Fehler finden, aber es genügt, wenn die Software einsatzfähig ist. Darüber hinaus müssen Sie genügend Beweise liefern, dass ausreichend getestet wurde, damit der Anwender bereit ist, die Software anzunehmen. Auf diese Weise entlasten Sie ihn von der lästigen Pflicht, selbst alles ausprobieren zu müssen. Wie dies zu bewerkstelligen ist, beschreibt das vorliegende Buch.

Ein Test ist immer ein Test gegen etwas. In diesem Buch liegt die Betonung auf Anforderungs-basiertem Testen. Es ist die Meinung der Autoren, dass die Software vollständig auf den Inhalt der Anforderungsdokumente getestet werden soll. Wenn hier etwas fehlt, haben die Tester dafür zu sorgen, dass es in das Anforderungsdokument aufgenommen wird. Die Anforderungsdokumentation ist die Basis, auf der ein System entwickelt und getestet wird. Sie ist der Vertrag zwischen den Anwendern und den Entwicklern bzw. zwischen dem Kunden und dem Produktlieferant. Schon 1988 hat Bill Hetzel in seinem Buch „The Complete Guide to Software Testing“ diesen Grundsatz als „Requirements-Based Systems Testing“ postuliert. Seitdem hat sich in dieser Hinsicht nichts geändert. Die Anforderungsdokumentation gilt nach wie vor als die rechtliche Grundlage aller Projekte und ist als solche für den Test bindend. Wenn der Anwender zu Beginn eines Projektes nicht weiß, was er will, ist es seine Aufgabe, die Anforderungen während des Projektes fortzuschreiben. Der hier beschriebene Systemtest geht vom momentanen Stand der Anforderungen aus. Bis zum Beginn des Systemtests sollten diese ausreichend gefestigt sein, um als Grundlage für den Test zu dienen.

Dieses Buch ist von Testern für Tester geschrieben worden. Es kombiniert theoretische Erkenntnisse aus der reichhaltigen Testliteratur mit den vielfältigen Erfahrungen der Autoren. Alle drei Autoren arbeiten als Softwaretester und Testmanager bei der Firma ANECON GmbH in Wien. ANECON bietet System- bzw. Abnahmetests als separate Dienstleistungen an. Mehrere solcher Testprojekte hat sie für namhafte Kunden in Österreich und Deutschland in den letzten Jahren erfolgreich durchgeführt. Daraus haben die Autoren ihre Erfahrungen gewonnen. Der Hauptautor – Harry M. Sneed – begann bereits 1977 mit dem unabhängigen Testen für die Siemens AG. Damals gründete er das erste kommerzielle Testlabor in Budapest. Danach erweiterte er sein Repertoire um Entwicklung, Qualitätssicherung, Wartung, Reengineering, Messung u.v.m. – alles rund um die Substanz Software. Am Ende einer langen Laufbahn ist er wieder zum Softwaretester geworden. Insofern ist dieses Buch ein Tribut an alle Tester, ob jung oder alt. Es soll ihnen helfen, besser, schneller und systematischer zu testen sowie – vor allem – noch mehr Fehler zu finden. Denn Fehler zu finden, Vertrauen zu schaffen und Qualität zu beurteilen, sind die Früchte ihrer Arbeit.

Harry M. Sneed

Die Autoren

Harry M. Sneed

Harry M. Sneed hat mittlerweile 36 Jahre Berufserfahrung als Analytiker, Entwickler, Projektleiter etc. in den USA und in Europa.

Er gehört zu den Pionieren der Software-Testtechnologie, wurde 1996 von der IEEE ausgezeichnet und ist seit 2005 GI-Fellow der Deutschen Gesellschaft für Informatik.

In den Jahren 1998 bis 2003 hat Harry M. Sneed als QS-Beauftragter und Toolentwickler bei der Firma SDS in Wien gearbeitet. Dort hat er mehrere Werkzeuge zur statischen und dynamischen Analyse von C, C++ und Java-Programmen entwickelt sowie Programme zur Messung der Fachkonzepte, der Programme und der Testfälle.

2003 begann Harry M. Sneed als Tester für die Firma ANECON Software Design und Beratung GmbH tätig zu werden. Dort wirkt er vor allem in großen Testprojekten mit und ist als Qualitätssicherungsbeauftragter aktiv. Er entwickelt Testwerkzeuge für die Ableitung von Testfällen, für die Generierung und Validierung von Testdaten und für die Dokumentation der Testdurchläufe in Webanwendungen.

Seit dem Sommer 2000 hat Harry M. Sneed einen Lehrauftrag für Software Engineering am Institut für Wirtschaftsinformatik an den Universitäten Regensburg, Passau und Budapest. Außerdem lehrt er als Gastdozent an den Universitäten Sannio/I, Szeged/H und Koblenz/D.

Als Referent ist er seit fast 20 Jahren auf internationalen Konferenzen wie der STAR oder EuroSTAR vertreten.

Als Autor hat er über 200 Fachartikel in deutscher und englischer Sprache veröffentlicht und 18 Bücher verfasst.

Manfred Baumgartner

Nach dem Abschluss des Studiums der Informatik an der Technischen Universität Wien war Manfred Baumgartner in der Firma Sparkassen Datendienst GmbH, dem Softwarehaus der Ersten Bank, für die Implementierung von Vorgehensmethodik, Qualitätssicherung und Softwaretest verantwortlich (1985–1998).

Als Quality Director der Firma update AG standen der organisatorische und methodische Aufbau eines Testteams sowie die Einführung der Testautomatisierung im Mittelpunkt seiner Aufgaben. Im Rahmen des Qualitätsmanagements galt es, das Unternehmen laufend gegen die Anforderungen des Capability Maturity Models (CMM) des Software Engineering Institute (SEI) zu bewerten und entsprechende Verbesserungsmaßnahmen umzusetzen (1999–2001).

Seit Anfang 2001 ist Manfred Baumgartner als Berater für Qualitätsmanagement und Softwaretest bei der Firma ANECON Software Design u. Beratung GmbH tätig und ist seit 2003 Leiter des strategischen Geschäftsfeldes Softwaretest. Besonderes Augenmerk gilt den Testdesigns, dem Einsatz von Testmetriken sowie der Anwendung von Testwerkzeugen in der Vorbereitung, Durchführung (Automatisierung) und dem Controlling der Tests. Die Durchführung von Prozess-Assessments (CMMi, TPI) runden sein Aufgabengebiet ab.

Er ist zudem auf nationalen und internationalen Konferenzen zum Thema Software Test als Referent tätig.

Richard Seidl

Nach Abschluss der Ausbildung zum Ingenieur der Nachrichtentechnik an der Höheren Technischen Bundes-Lehr- und Versuchsanstalt TGM Wien 20 war Richard Seidl zuerst freiberuflicher Software-Entwickler, später Analytiker und Testspezialist bei der Firma Sparkassen Datendienst GmbH in Wien (1999–2004).

2004 übernahm Richard Seidl zusätzlich die Geschäftsführung der SEICON EDV G.m.b.H., die unter anderem in den Bereichen Software-Entwicklung und Projektberatung vertreten ist.

Seit Anfang 2005 ist Richard Seidl als Testspezialist und Testmanager in der Firma ANECON Software Design und Beratung GmbH tätig. Planung, Konzeption und Durchführung von Testprojekten im Banken- und E-Government-Umfeld stehen hier im Mittelpunkt seiner Aufgaben.

Mitte 2006 hat er die Zertifizierung zum ISTQB® Certified Tester, Full Advanced Level abgeschlossen und Ende 2007 ebenso die Zertifizierung zum QAMP Quality Assurance Management Professional.

1 Einführung in den Systemtest

1.1 Das Wesen eines Systemtests

Thema dieses Buches ist der Systemtest. Andere Testarten, wie der Modul- bzw. Klassentest und der Integrations- bzw. Komponententest, werden hier nicht behandelt. Wer mehr darüber wissen will, wird auf die vielfältige Literatur zum Entwicklertest verwiesen. Die Trennung der beiden Themen ist wohl begründet. Sie wurzelt in der Tatsache, dass es sich bei den Ausführenden um zwei Personenkreise mit oft unterschiedlichem Hintergrund handelt, die räumlich voneinander getrennt arbeiten.

Auf der einen Seite werden Software-Komponenten entwickelt oder – immer häufiger – angepasst. Was die Entwickler hier tun, besteht zum Großteil aus Testvorgängen. Erst testen sie ihre Methoden und Klassen, dann die Komponenten und deren Schnittstellen, nachdem sie Klassen in Komponenten verpackt haben. Wenn die Komponente wie geplant funktioniert und der Entwickler die ihm vorgeschriebenen Überdeckungskriterien erfüllt, betrachtet er seine Aufgabe als erledigt. Die Komponenten werden an das Konfigurationsmanagement zur Integration ins Gesamtsystem übergeben. Nicht selten arbeiten die Entwickler weit entfernt vom Einsatzort der Software. Mit den Systemen in ihrer Gesamtheit haben sie immer weniger zu tun. Ihre Aufgabe besteht darin, die Systembausteine bzw. die Komponenten zu liefern. Was mit diesen nachher geschieht, interessiert sie nur, wenn Probleme auftreten.

Wären die einzelnen Komponenten wirklich alle genau nach Spezifikation gefertigt und getestet, müssten die Systeme, die sich aus ihnen zusammensetzen, auf Anhieb laufen. Inzwischen hat man allerdings erkannt, dass ein System viel mehr ist als die Summe seiner Bestandteile. Einer der Autoren schrieb bereits 1988, dass ein System die Summe aller Einzelteile sei plus die Summe aller Beziehungen zwischen den Einzelteilen plus die Summe aller Effekte, die durch das Zusammenwirken entstehen [SNEE88]. Ergo ist das System noch lange nicht korrekt, auch wenn alle Komponenten korrekt im Sinne ihrer Spezifikation sind. Es kann z.B. Inkonsistenzen und Inkompatibilitäten in der Spezifikation der Schnittstellen geben.

Hinzu kommt, dass ein modernes IT-System weitaus mehr als eine Menge Softwarekomponenten ist. Die Software ist lediglich ein Teil des Ganzen, sie unterstützt einen technischen oder betrieblichen Prozess. Dieser Prozess gehört zum System. Er kann inkonsistent oder unvollständig definiert sein. Daher können Fehler im Prozess auftreten, die mit der Software nichts zu tun haben. Fehlerhaft können auch die Datenbestände sein, die von der Software verarbeitet werden. Hardware-Geräte, Mobile-Devices, Datenerfassungs- und Datenpräsentationsgeräte sind essentielle Bestandteile jedes IT-Systems. Sie können Mängel haben bzw. es kann vorkommen, dass sie nicht die Performanz bringen, die man von ihnen erwartet. Schließlich sind auch die Bediener bzw. die Systemakteure Teil des Systems und somit Teil möglicher Probleme. Sie können mit dem System anders umgehen als vorgesehen und durch dieses Verhalten Lücken in der Systemdefinition aufdecken. Deshalb ist es unentbehrlich, Vertreter der Endanwender im Systemtest-Team dabeizuhaben, denn die Endanwender verhalten sich immer anders als professionelle Tester. Auf ihre Bedienungsansätze würde der Tester nie kommen.

Summa summarum ist ein IT-System eine einmalige Zusammensetzung von Software-Komponenten, Datenbeständen, Hardware-Geräten, definierten Prozessen und menschlichen Bedienern, die alle zusammenwirken, um zu einem gewünschten Ergebnis zu kommen. Die Aufgabe des Systemtests besteht darin, das Ganze zu testen und zu bestätigen, dass das gewünschte Ergebnis tatsächlich erreicht wird. Getestet werden nicht nur die Software, sondern auch die Geschäftsprozesse, in denen die Software eingebettet ist. Somit umfasst der Systemtest den Test der Software, den Test der Geräte und den Test der Prozesse. Dies verlangt einen anderen, viel breiteren Ansatz als der Test einzelner Software-Komponenten (siehe Abbildung 1.1).

Dass dies die Industrie ebenfalls so sieht, zeigt die Seminartätigkeit eines der Autoren. Bis Ende der 90er-Jahre wurden ausschließlich Testseminare für Entwickler und QS-Personal angeboten. Ab und zu waren Endanwender vertreten. Der Lehrstoff richtete sich an Entwickler und setzte natürlich Programmierkenntnisse voraus. Damals bestand nur die Unterscheidung zwischen konventionellen Programmtests und objektorientierten Testverfahren.

Ende der 90er änderte sich die Seminarnachfrage. Es gab immer mehr Teilnehmer ohne Programmier- und Anwendungskenntnisse. Sie arbeiteten als reine Tester. Viele waren Absolventen der neuen Lehrberufe – Fachinformatiker oder Systemelektroniker. Der Autor sah sich gezwungen, seine Testseminare aufzuteilen in Tests für Entwickler und Tests für Tester. Mit dem Test für Entwickler waren Unittests und Integrationstests gemeint, mit dem Test für Tester der System- und Abnahmetest. Am Ende wurde das Seminar für „Test-Tester“ immer stärker besucht, d.h. die Nachfrage nach entsprechenden Testern stieg, während sich die Nachfrage nach dem Entwicklertest zusehends verringerte. Die Teilnehmerstatistik zeigt, dass sich immer häufiger Mitarbeiter großer Betriebe mit dem Testen von Systemen befassten und die meisten von ihnen keine genaue Vorstellung davon hatten, worin ihre Tätigkeit eigentlich bestand. In den letzten Jahren hat sich dies geändert. Das International Software Testing Qualifications Board – ISTQB® – hat ein Ausbildungsprogramm und eine Qualifikationsprüfung explizit für Tester ausgearbeitet. In fast allen europäischen Ländern gibt es inzwischen ein nationales Testing Board und eine Orga-

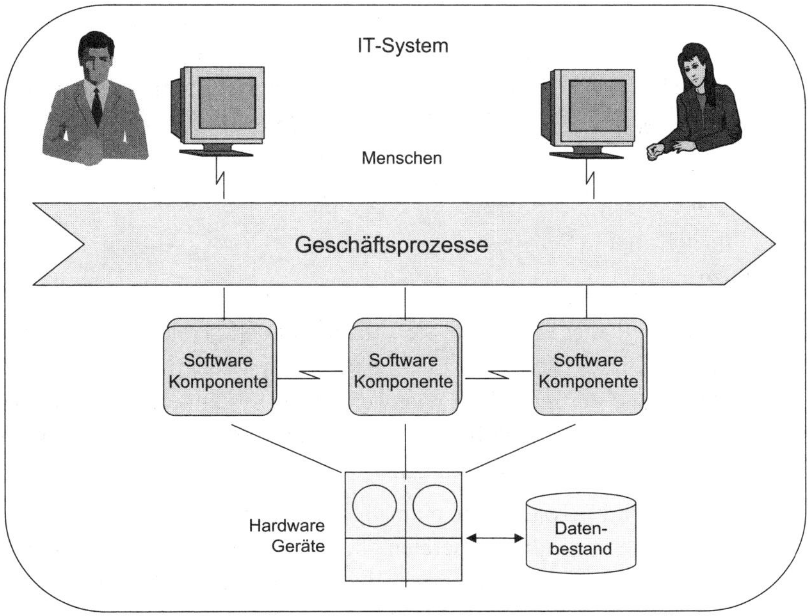

Abbildung 1.1 Zusammensetzung eines IT-Systems

nisation, die für die Ausbildung und Zertifizierung von Testern zuständig ist. Hierbei werden Tester auf drei verschiedenen Stufen zertifiziert:

- Grundstufe
- Fortgeschrittenenstufe
- Managementstufe [ISQI06]

In Deutschland ist das ASQF in Erlangen für die Zertifizierung von Testern zuständig, in Österreich das Austrian Testing Board. Potenzielle Tester werden in Schulungen auf die verschiedenen Zertifizierungsprüfungen vorbereitet. Das Buch von Prof. Andreas Spillner und Tilo Linz, „Basiswissen Softwaretest", wurde explizit zu diesem Zweck verfasst [SPIL02]. Wer zertifiziert ist, hat viel bessere Chancen auf dem wachsenden Arbeitsmarkt.

Dass dieser Arbeitsmarkt stark wächst, ist unumstritten. Immer mehr Großbetriebe verfügen über eine unabhängige Systemtestabteilung. In der Telekommunikationsindustrie ist diese Abteilung oft stärker vertreten als die Entwicklungsabteilung. Nicht wenige Softwarehäuser haben sich auf dieses Gebiet spezialisiert und bieten den Systemtest als Dienstleistung an. Sie finden gerade im öffentlichen Bereich viele Kunden, weil dort die eigenständige Entwicklung von Software-Systemen oft der Vergangenheit angehört. Alle Projekte werden nach außen vergeben. Dem Auftraggeber bleibt jedoch die Pflicht, die Anforderungen zu spezifizieren und das fertige System abzunehmen, d.h. es muss getestet werden, ob das System alle Anforderungen erfüllt. Der entsprechende Aufwand wird immer größer, und öffentliche Dienststellen zeigen sich zusehends erfreut, wenn sie diese lästige Arbeit ebenfalls outsourcen können. Letztendlich geht es um zwei Parallelprojekte: ein

Projekt für die Systementwicklung und eines für den Systemtest. Ein Auftragnehmer entwickelt das System, ein anderer testet es.

Eine ähnliche Arbeitsteilung setzt sich in der Industrie durch. Auch dort werden Entwicklungsprojekte zusehends nach außen vergeben, Outsourcing liegt im Trend. Doch es bleibt in der Verantwortung des Auftraggebers, die gelieferten Systeme zu testen. Wenn der Auftraggeber über keine eigene Testabteilung verfügt, muss er die Verantwortung an eine spezifische Testfirma delegieren.

Das Gleiche trifft für die Einführung von Standardprodukten zu. Auch diese müssen in der Zielumgebung sorgfältig getestet werden, da im Zusammenwirken mit ihrer Umgebung jede Installation eines Standardproduktes einmalig ist. Das Problem wird mit Web-Services und Service Oriented Architectures – SOA – eine neue Dimension annehmen. Die Anwender werden selbst immer weniger entwickeln, dafür aber immer mehr testen müssen. Denn wer garantiert die Zuverlässigkeit der Services, und wer sorgt dafür, dass sie zu den Geschäftsprozessen des Anwenders wirklich passen? Hier erwartet den Systemtester eine enorme Aufgabe.

Nach unserer Einschätzung steht der Systemtest als eigenständige Tätigkeit im IT-Bereich erst am Anfang seiner Entwicklung. Seine Bedeutung wird sich in den nächsten Jahren vervielfachen und somit auch der Bedarf an Systemtestern [WEST01]. Testen ist also ein Beruf mit Zukunft, erst recht in jenen Firmen, die sich auf der Auftraggeberseite befinden. Es steht zu erwarten, dass deren Zahl vor allem in den westlichen Industrienationen im Zuge der Off-Shore-Entwicklung weiter zunimmt. Die internationale Arbeitsteilung hat Konsequenzen für den IT-Arbeitsmarkt. Die eigentliche Entwicklung der Komponenten wird dort stattfinden, wo sie am preisgünstigsten ist (in Asien oder Osteuropa), Integration und Test an den Orten, wo die Systeme zum Einsatz kommen. D.h., es wird seitens der Auftraggeber einen wachsenden Bedarf an Systemarchitekten, Systemintegratoren und Systemtestern geben, während sich der Bedarf an Entwicklern in die Zulieferländer verlagert – diese Tendenz ist erkennbar. Robert Glass verweist darauf, dass die Nachfrage nach einem reinen Informatikstudium in den USA merkbar zurückgeht, während sie in den asiatischen Ländern explodiert. Indien allein bildet mehr als 100 000 Informatiker pro Jahr aus [D&T03]. Durch Web-Services wird sich dieser Trend noch verstärken. Darum lohnt es sich für junge Informatiker in den entwickelten Ländern, sich stärker mit den Tätigkeiten vor und nach der Entwicklung zu befassen. Der Systemtest wird die meisten Arbeitskräfte in Anspruch nehmen. Dies liegt an den tiefgreifenden Umwälzungen in der Arbeitswelt.

1.2 Von Entwicklern und Anwendern zu Testern

Immer mehr betriebliche Prozesse werden automatisiert, wobei der Automatisierungsgrad ständig anwächst. Bisher hat die Automatisierungswelle nur die Oberfläche berührt, Menschen wurden nur gelegentlich ersetzt. Meist stellte der Rechner bei der Arbeit nur eine Ergänzung dar. Nun steht uns jedoch eine neue und viel umfangreichere Automatisierungswelle bevor, mit der Tendenz, die Arbeit der Sachbearbeiter und zum Teil die der mittleren Entscheidungsträger ganz zu ersetzen.

Mit Web-Services und Service-orientierten Architekturen werden die Visionen der 90er-Jahre endlich realisiert, nämlich die End-to-End-Integration der Geschäftsprozesse ohne Medienbrüche bzw. ohne menschliche Einmischung. Produktionsabläufe werden nicht nur teilweise, sondern völlig automatisiert ausgeführt, von der Materialbestellung über die Fertigung bis zur Auslieferung. Aufträge werden nicht mehr von Menschen, sondern von Systemen entgegengenommen und abgearbeitet, neue Waren automatisch aufgestockt, Versandaufträge gesendet und Rechnungen ausgestellt. Auch in der Finanzwelt haben neue Bestimmungen wie Basel-II zu einer zunehmenden Automatisierung der operativen und informativen Prozesse geführt. Wir nähern uns der voll automatisierten Betriebsführung.

Wo bleibt da der Mensch, wenn Geschäftsabwicklung ebenso wie Produktion und Lagerhaltung automatisiert sind? Welche Rolle spielt er dann im Unternehmen? Die Antwort ist klar: Der Mensch wird in eine Kontrollfunktion gedrängt. Statt die Arbeit selbst zu verrichten, wird er dafür sorgen, dass die automatisierten Systeme ihre Arbeit korrekt durchführen. Denn wer traut schon IT-Systemen verlässlich zu, unsere Produktion zu steuern, unsere Lagerbestände zu verwalten, unser Geld anzulegen, unsere Rechnungen auszustellen und unsere Gehälter auszuzahlen? Es wird so weit kommen (falls es nicht schon so weit ist), dass die IT all diese betrieblichen Tätigkeiten erschließt, doch wird es noch lange dauern, bis wir uns auf die IT-Systeme verlassen können. Bis dahin werden viele Menschen, die bisher in den Arbeitsprozess eingebunden waren, sich mit dem Testen und der Kontrolle jener Prozesse beschäftigen. Der Mensch wird von einer ausführenden in eine kontrollierende Rolle wechseln. Statt die Arbeit selbst zu verrichten, wird er überprüfen müssen, ob die automatisierten Systeme die Arbeit richtig durchführen. Er wird zum Tester [AGAR01].

Die Zahl der Systemtester wird in den kommenden Jahren also explosionsartig zunehmen. Doch warum die Tester und nicht die Entwickler? Weil aufgrund von Standardisierung und Modularisierung der Software-Entwicklung immer mehr Softwarebausteine vorgefertigt sein werden. D.h., es wird auf der Welt gewisse Software-Fertigungsstätten geben, die für den Rest der Welt Software produzieren, wiederverwendbare Komponenten bzw. allgemein verwendbare Dienste. Diese Komponenten bzw. Dienste übernimmt die Masse der IT-Anwender und baut sie in ihre eigenen Systeme ein. Die neuen Systeme werden zum Großteil aus vorgefertigten Komponenten bzw. Schnittstellen zu fertigen Services bestehen. Der Anteil der Eigenentwicklungen wird immer weiter zurückgehen mit der Folge eines geringeren Bedarfs an Programmiertätigkeit. Die Entwickler der IT-Anwendungen werden zu Monteuren. Dies hat Barry Boehm in einem zukunftsweisenden Artikel schon in den 90er-Jahren vorausgesagt [BOEH95].

Was aber bleibt – und zwar massiver denn je –, ist die Notwendigkeit, die zusammengestellten IT-Systeme zu testen. Denn wer kann seine Hand dafür ins Feuer legen, dass die gelieferten Komponenten oder die benutzten Services wirklich leisten, was sie versprechen, und wenn ja, ob sie in der Umgebung des Anwenders korrekt zusammenspielen? Das Hauptaugenmerk liegt zunehmend auf der Integration und dem Test der eingesetzten IT-Systeme. Darum werden sich viele, die früher als Sachbearbeiter oder als Entwickler tätig waren, in der Rolle des Testers wiederfinden. Sie testen, was sie zuvor selbst entwickelt haben.

Daraus folgt, dass der Beruf des Systemtesters aus zweierlei Quellen Zuwachs gewinnt, zum einen aus den Reihen ehemaliger Entwickler, die wegen der Standardisierung und Auslagerung der Software-Entwicklung nun überflüssig sind, und zum anderen seitens entsprechender Sachbearbeiter, die man aufgrund der Automatisierung der Arbeitsprozesse nicht mehr braucht. Beide entwurzelten Berufsgruppen können im Bereich des Systemtests eine neue berufliche Heimat finden, wo es noch viele Jahre lang Arbeit geben wird. Angesichts der Pläne der Industrie wird der Bedarf an Testpersonal aus dem Media-, dem Telekommunikations- und dem E-Government-Bereich in der kommenden Zeit stark zunehmen.

Manche glauben, dass auch der Beruf des Testers bald der Automatisierungswelle zum Opfer fallen wird. Die Testwerkzeuganbieter bieten genügend Anlass zu dieser Annahme. Dass es aber nicht so schnell dazu kommt, weisen wir in unserem Buch nach. Zwar werden die Werkzeuge einerseits einige wiederholbare Routinearbeiten ersetzen, sie schaffen aber auf der anderen Seite neue, geistig anspruchsvolle Aufgaben. Es ist intellektuell ebenso anspruchsvoll, mit Werkzeugen zu testen, wie ohne sie. Der Mensch wird aufgefordert, komplexe Ausgangssituationen und Erfolgskriterien zu definieren, die nur jemand mit Einblick in alle fachlichen und technischen Zusammenhänge definieren kann. Er muss nicht nur das Sachgebiet und die Testmethodik beherrschen, sondern auch genau wissen, wie das Werkzeug funktioniert. Von „blinder Bedienung" kann keine Rede sein. Die Auswahl der relevanten Testfälle sowie die Beurteilung der Testergebnisse erfordern große Urteilskraft. Die Testautomatisierung wird daher weniger die Tester überflüssig machen, als vielmehr höhere Ansprüche an sie stellen.

Dieses Buch richtet sich an die für den Test komplexer IT-Systeme Zuständigen. Bislang gab es für sie nur wenig Vorgaben, an denen sie sich orientieren konnten. Die Aufmerksamkeit der Software-Engineering-Literatur galt der Software-Entwicklung. Auch die meisten Bücher zu den Themen Tests und Qualitätssicherung befassten sich mit Tests aus Entwicklersicht, nur wenige mit Systemtests. Hier soll versucht werden, dieses relativ junge Gebiet zu erschließen und Systemtestern einen Leitfaden an die Hand zu geben. Testmanager können lernen, wie sie Testprojekte planen, organisieren und steuern. Tester erfahren, wie sie einen Test spezifizieren, Testdaten bereitstellen, den Test durchführen und die Testergebnisse auswerten. Die Anleitungen sind sehr praxisnah. Sie entstammen dem Erfahrungsschatz zahlreicher Testprojekte. Dem Leser wird chronologisch ein Systemtest präsentiert. Alle hier beschriebenen Testwerkzeuge sind auf dem freien Markt erhältlich, mit Ausnahme der Werkzeuge eines der Autoren, die von der ANECON-Website unter `http://www.anecon.com` abgerufen werden können. Es spricht also nichts dagegen, das hier Gelernte sofort in die Praxis umzusetzen. Das Buch soll dazu dienen, dass aus ehemaligen Entwicklern, Sachbearbeitern und Managern Tester werden, die in der Lage sind, Systeme zu testen, die ihre bisherige berufliche Tätigkeit ausmachten.

1.3 Warum wir testen müssen

Über die Notwendigkeit des Testens zu diskutieren, erübrigt sich zusehends. Seit 40 Jahren werden Software-Entwicklungstechnologien versprochen, die Fehlerfreiheit gewährleisten oder zumindest die Fehleranzahl drastisch reduzieren – strukturierte Programmierung, 4GL-Sprachen, CASE Tools, regelbasierte Programmierung, objektorientierte Programmierung, UML, modellgetriebene Entwicklung [GLAS02]. Die Liste ist lang. In puncto Fehlerreduktion hat sich nichts getan. Die Fehlerrate pro 1000 Anweisungen hat sich seit der Assembler-Programmierung nicht verringert. Einziger Trost ist die Tatsache, dass für die gleiche Funktionalität immer weniger Anweisungen neu geschrieben werden müssen. Ergo gibt es relativ zur realisierten Funktionalität weniger Fehler, z.B. Fehler pro 1000 Function-Points bzw. Data-Points oder Object-Points. Dafür wird immer mehr Funktionalität auf die Software übertragen. Die Funktionalität der IT-Systeme wächst multiplikativ von Jahr zu Jahr, so dass trotz codesparender Maßnahmen die absolute Zahl der Software-Fehler ständig steigt. Die Kosten der Software-Fehlerbeseitigung plus die Kosten der durch Softwarefehler verursachten Fehler sind zu einer Wirtschaftsplage geworden [BASI01].

Das Bundesministerium für Bildung und Forschung – BMBF – hat im Jahre 2001 einen Bericht zur Lage der Software-Entwicklung in Deutschland vorgelegt. Darin wurde der Wert sämtlicher Softwaresysteme in der deutschen Industrie auf 25 Milliarden Euro beziffert [BMBF01]. Dahinter verbergen sich mehr als 1,25 Milliarden Code-Anweisungen. Allein die SAP-Produkte umfassen mehr als 100 Millionen Anweisungen. Laut Eickelmann und anderen variiert die Fehlerrate ausgelieferter Software zwischen 1 und 3 Fehler pro 1000 Anweisungen [EICK03]. Dies kann einer der Autoren anhand praktischer Erfahrungen bestätigen. In einem seiner Projekte sank die Fehlerrate der ausgelieferten Software allmählich von 3,5 auf 0,7 Fehler pro 1000 Anweisungen über fünf Jahre [SNEE03]. Bei einer Fehlerdichte von 0,003, also 3 Fehlern pro 1000 Codeanweisungen, ergibt das 3,75 Millionen Fehler in der bundesdeutschen Software. Zur Behebung eines einzigen Fehlers nach der Freigabe werden laut einer Studie von Endres im Durchschnitt 13 Stunden benötigt [ENDR03]. In dem Projekt des Autors waren es sogar 18 Stunden. Bei einem Stundenpreis von nur EUR 50,– kostet eine Fehlerkorrektur mindestens EUR 650,–. Die Behebung der 3,75 Millionen Fehler in der deutschen Software würde demnach Kosten in der Höhe von 2,4 Milliarden Euro oder 9% des Wertes der Software verursachen. Laut Endres-Studie kostet die Fehlerbehebung beim Integrations- und Systemtest nur 4 Stunden, was EUR 200,– an Kosten entspricht. Könnte man nur die Hälfte der 3,75 Millionen Fehler im

TESTDOC TEST SUMMARY REPORT

DATE: 03.03.2001 FIRM: ASD

SYSTEM: FXDIS SOURCE OF DEFECTS PAGE: 01

Component	Analysis	Design	Coding	Config	Other
ADU	00	00	00	00	00
AAK	00	00	00	00	00
AFPL	04	04	03	01	00
AGF	10	06	28	02	00
ACS	50	14	45	05	00
BAS	00	00	00	00	00
EWW	00	00	00	00	00
FGS	91	10	112	08	00
GFA	114	53	191	07	02
KQS	255	45	228	22	00
RASLIB	00	00	00	00	00
VJS	02	02	02	00	00
TMM	25	07	20	06	00
ZCS	14	47	92	06	02
Total	565	188	721	57	04
Percentage	36%	12%	46%	03%	00

Abbildung 1.2
Beispiel einer Fehlerstatistik

Systemtest abfangen, wäre dies eine Ersparnis von 1,6 Milliarden Euro, genug also, um sich 16 000 Tester pro Jahr zu leisten (siehe Abbildung 1.2).

Hinzu kommen die Kosten, die die Fehler in der Produktion verursachen. Für die Automobil- und Flugzeug-Branche in den USA wurde allein für das Jahr 2000 ein Schaden von 1,8 Milliarden US-Dollar aufgrund fehlerhafter Software errechnet. Dies entspricht etwa 16% des Softwareumsatzes [NIST02]. Die Hochrechnung der einzelnen Branchen auf die gesamte amerikanische Volkswirtschaft ergab die astronomische Zahl von 59,5 Milliarden US-Dollar pro Jahr als Folge fehlerhafter Software. Die rechtzeitige Beseitigung von Softwarefehlern spart also nicht nur 70% der Fehlerbehebungskosten, sie kann auch das Schadenspotenzial um mindestens 50% reduzieren. Für die US-Wirtschaft wären das 30 Milliarden Dollar pro Jahr. Damit ist die Frage nach dem Sinn des Testens hinreichend beantwortet.

Die Fehlerursache ist der Mensch. Solange er der entscheidende Faktor in der Software-Entwicklung ist, wird die Fehlerrate hoch bleiben, weil er bei der Entwicklung komplexer Software-Systeme schlicht und ergreifend überfordert ist. Ob Amerikaner, Europäer, Japaner, Inder oder Chinese – der Mensch eignet sich nicht für den Entwurf und die korrekte Programmierung komplexer Softwaresysteme. Hinzu kommen weiterhin unzulängliche Entwicklungsprozesse, die trotz RUP [VERS00], V-Modell [BROY05] und agiler Methoden [GERN03] keine dauerhafte Qualität sichern. Die Folge ungeeigneter Produktionsmittel, die unter ungünstigen Bedingungen in unzulänglichen Produktionsprozessen eingesetzt werden, sind fehlerhafte Produkte.

Weder ausgeklügelte Prozesse noch die immer leistungsfähigeren Werkzeuge trugen bisher dazu bei, die Qualität der Softwaresysteme zu verbessern. Stattdessen vergrößerten sie permanent die Software-Masse. Es gibt immer mehr Produkte mit immer größerem Umfang, die aber nach wie vor voller Fehler sind. Die Fehlerproduktionsrate von Entwicklern scheint über alle neuen Programmiersprachen und Entwicklungsmethoden hinweg statisch invariant zu bleiben. Offenbar könnte lediglich ein genetisch veränderter Mensch die Softwarefehlerrate signifikant verringern.

Dass bei einigen Software-Systemen der Luft- und Raumfahrt sowie der Rüstungsindustrie und der Verkehrstechnik die Fehlerquote so gering ist, liegt allein daran, dass diese Systeme mehrfach gesiebt, geprüft und getestet wurden. Ohne Kosten zu scheuen, entfernte man die Fehler, bevor man die Systeme freigab. Eine Code-Zeile im Challenger Space Shuttle kostete mehr als 4000 Dollar [SLAU98]. Ein Großteil davon waren Testkosten (je kritischer die Systeme, desto mehr investiert man in Tests und Fehlerbeseitigung). Oft handelte es sich um Fehler, die in anderen Systemtypen vorkommen, wo sie nur zum Teil herausgefischt wurden. Der Rest verbleibt im System und tritt irgendwann vielleicht in kritischen Produktionsprozessen auf.

1.4 Ziele des Systemtests

Der Systemtest als eigenständiges Projekt verlangt nach einer gewissen Systematik. Wie bei anderen Projektarten steht am Anfang die Klärung der Ziele. Was will der Auftraggeber damit erreichen? Die Hauptziele eines Tests bestehen darin,

- Fehler zu entdecken, bevor wirtschaftlicher oder körperlicher Schaden entsteht;
- Vertrauen in das Produkt aufzubauen.

Mit der Fehlerfindung verbunden ist ein Dilemma. Fehler sind wie Stecknadeln im Heuhaufen: Keiner weiß, wie viele es gibt und wo genau sie zu finden sind. Der Stallknecht soll sein Pferd mit dem Heuhaufen füttern, vorher muss er aber nach den Nadeln suchen und sie entfernen. Um sein Gewissen zu beruhigen, könnte er im Heuhaufen herumwühlen und einige Nadeln herausholen. Sobald das Pferd aber zu fressen beginnt, könnte eine Stecknadel in seinen Hals gelangen. Die Gefahr, dass sich noch jede Menge Stecknadeln im Heuhaufen befinden, ist einfach zu groß (siehe Abbildung 1.3 auf der nächsten Seite).

Der gewissenhafte Knecht würde ein Sieb bauen und die Stecknadeln sorgfältig aussieben. Dieser Ansatz birgt jedoch zwei Gefahren in sich. Erstens dauert es viel zu lange – das Pferd wäre in der Zwischenzeit verhungert –, und zweitens könnte noch immer eine Nadel übrig bleiben und das Pferd just an der letzten ersticken. Die ganze Sieberei wäre dann umsonst gewesen.

Eine dritte Alternative ist sehr verlockend. Man gibt dem Pferd einfach das Heu und holt einen Tierarzt mit einer Zange, der dabeisteht und je nach Bedarf die Stecknadel aus dem Pferdehals zieht. Der Tierarzt kostet jedoch viel Geld und keiner weiß, wie lange man ihn braucht. Ergo ist der Bauer wenig geneigt, die Kosten zu tragen.

Letztlich wird der Knecht bestraft, egal, was er tut. Er befindet sich in dem Dilemma, das darin besteht, die Zahl der Stecknadeln nicht zu kennen. Das Gleiche trifft für Software zu. Wir wissen, dass die Menschen circa einen Fehler pro 100 Zeilen Code produzieren. Bei 10 000 Code-Zeilen ergibt das ca. 100 Fehler. Dies betrifft die von Entwicklern gelieferte Software und stellt lediglich einen Durchschnittswert dar.

Abbildung 1.3 Das Testdilemma

Umständebedingt können mehr oder weniger Fehler entstehen. Die genaue Anzahl bleibt unbekannt. Man kann bestenfalls die bisher in den gesiebten Funktionen gefundenen Fehler hochrechnen, um die restlichen Fehler zu schätzen. Am Ende bleibt jedoch immer eine gewisse Restfehlerwahrscheinlichkeit, die der Anwender als Risiko akzeptieren muss [MUSA87]. Also tut man im Rahmen der erlaubten Zeit alles, um möglichst viele Fehler zu finden, doch werden immer welche übrig bleiben. Bleibt zu hoffen, dass deren Anzahl und Schwere für den Anwender akzeptabel sind.

Das zweite Ziel besteht darin, Vertrauen in das System aufzubauen. Das erreicht man, indem man möglichst viele Funktionen testet und möglichst wenig Fehler entdeckt. Man weist die Funktionsfähigkeit des Systems für bestimmte Rahmenbedingungen nach. Der Test soll als Ziel eine gewisse Testüberdeckung haben. Beim System bezieht sich die Testüberdeckung auf die Anforderungen, die Anwendungsfälle, die Geschäftsregeln und die Systemschnittstellen. Für all diese Systemelemente muss es funktionale Testfälle geben. Die Testüberdeckung ist der Prozentsatz jener erfolgreich ausgeführten Fälle. Hinzu kommen Testfälle für die nichtfunktionalen Anforderungen. Es sollen möglichst alle nichtfunktionalen Anforderungen wie Antwortzeit, Durchlaufzeit und Bedienungskomfort bestätigt werden [DROM95]. Dennoch wird es auch hier zeitliche und finanzielle Grenzen geben. Also testet man so viel wie möglich in der vorgegebenen Zeit.

Ein Systemtest wird in der Regel mehrfach wiederholt, da Weiterentwicklungen und Fehlerbehebungen dies erforderlich machen. Eine Wiederholung bezeichnet man als Testzyklus. Beim ersten und zweiten Testzyklus entdeckt man unweigerlich viele Fehler. Mit dem dritten und vierten Zyklus sollte sich die Fehleranzahl aber stark reduzieren. Vertrauen entsteht, wenn beim gleichen Testumfang immer weniger Fehler auftauchen. Daran erkennt man, dass das System „reift". Das Ziel ist erreicht, wenn bei einem Testzyklus mit hohem Überdeckungsgrad nur noch wenige, unkritische Fehler auftreten [DUNN84].

1.5 Der Systemtestprozess

Am Anfang stehen die Ziele, danach wird ein Weg zum Ziel definiert, es folgen die Mittel, um den Weg zu bewältigen, und zum Schluss kommen diejenigen, die den Weg begehen sollen (siehe Abbildung 1.4). Dieser Weg ist ein Arbeitsprozess bzw. eine Reihe aufeinander aufbauender Schritte vom Ausgangspunkt zum Ziel. Für den Systemtester führen viele ähnliche Wege zum Ziel, die sich hauptsächlich in der Terminologie unterscheiden. Jedes Buch über Testen verwendet andere Begriffe, um das Gleiche zu beschreiben. Mittlerweile beginnt sich auf Grund der Standardisierungsbemühungen der iSQI eine einheitliche Terminologie durchzusetzen.

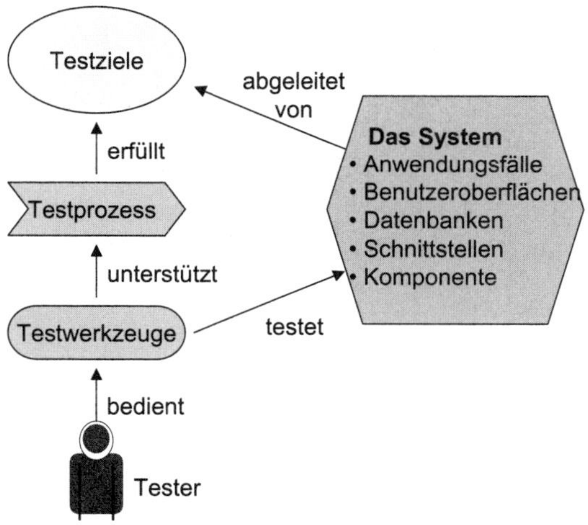

Abbildung 1.4
Die Systemtestkette

In ihrem Buch „Basiswissen Softwaretest", das dem zertifizierten Tester als Grundlektüre dient, beschreiben Spillner und Linz den fundamentalen Testprozess aus dem V-Modell. Es besteht aus den folgenden fünf Phasen:

- Planung
- Spezifikation
- Durchführung
- Protokollierung
- Auswertung [SPIL05]

Die Testplanung endet mit dem Testkonzept bzw. einem Testplan, der vorgibt, was, wie, womit und von wem getestet wird.

Die Testspezifikation befasst sich mit der Beschreibung der Testfälle, sowohl für den Test der fachlichen Funktionen als auch für den Test der nichtfunktionalen Anforderungen bzw. der technischen Funktionen.

Die Testprotokollierung ist die Aufzeichnung all dessen, was während des Tests passiert. Zum Teil geschieht dies automatisch, zum Teil manuell. Trace-Listen, Überdeckungsberichte und Abgleichsberichte sind Beispiele der Testprotokollierung.

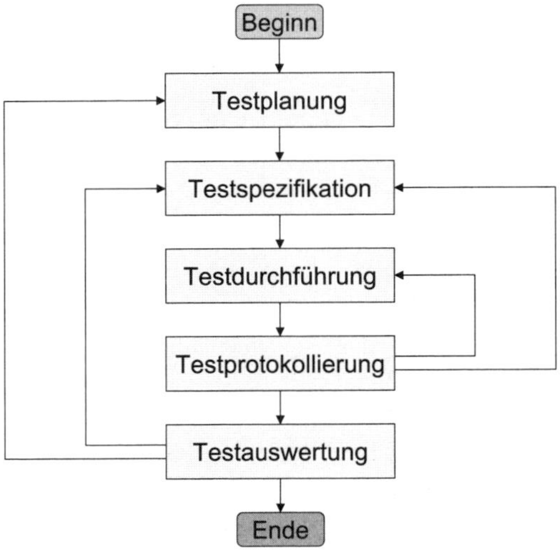

Abbildung 1.5
Der Testprozess

Die Testauswertung ist eine Analyse- und Entscheidungsphase. Die Testprotokolle und Testergebnisse werden analysiert, und es wird entschieden, ob der Test ausreicht oder ob weitergetestet werden muss. Im zweiten Fall kehrt man zurück – entweder zur Testplanung oder zur Testspezifikation (siehe Abbildung 1.5).

Der IEEE Standard 829 sieht eine ähnliche Reihe von Aktivitäten vor:

- Testplanung
- Test-Design
- Testspezifikation
- Testausführung
- Testauswertung [IEEE829]

Die Testprotokollierung fällt mit der Testausführung zusammen. Dafür gibt es eine Phase nach der Planung und vor der Testspezifikation namens Test-Design. Das Test-Design ist eigentlich eine detaillierte Testplanung. Man könnte das Ergebnis als Testfeinkonzept bezeichnen. Laut IEEE-Standard werden hier

- Testanforderungen
- Testansätze
- Testszenarien
- Testendekriterien

ausführlich dokumentiert. Im Testplan – dem Testgrobkonzept – sind sie nur skizziert. In ihrem Buch „Testing Client/Server Applications“ legt Patricia Guglia die Testfallspezifikation in die Designphase. Sie hat nur vier Phasen:

- Testplanung
- Testdesign
- Testausführung
- Testdokumentation [GOGL93]

In ihrem Buch „Lessons learned in Software Testing“ raten die Autoren Kaner, Bach und Pettichord davon ab, einem starren Testprozess verbunden zu bleiben und empfehlen, den Testprozess möglichst offen zu halten, ihn den Projektumständen anzupassen. Sie setzen sich für ein agiles Testen ein [KANE02].

In diesem Buch wird ein Testprozess vorgeschlagen, der auf den Erfahrungen der Firma ANECON basiert. Zu Beginn steht die Analyse der Testanforderungen – eine Phase, die in den anderen Prozessmodellen nicht vorkommt. Erst danach erfolgt die Testplanung. Eine ausgesprochene Design-Phase entfällt, da diese Tätigkeit nach Erfahrung der Autoren nur bei bestimmten komplexen Systemtypen vorkommt. Zum Teil ist sie auch in der dritten Phase, der Testfallspezifikation, enthalten. Nach der Testfallspezifikation und vor der Testausführung folgt eine weitere, in den anderen Modellen nicht vorkommende Phase – die der Testdatenbereitstellung. Es wird hier also zwischen der Erstellung der Testfälle und der Generierung bzw. Bereitstellung der Testdaten unterschieden. Danach folgt die Testausführung, und zum Schluss kommt die Testauswertung. Die Testprotokollierung ist hier als Teil der Testausführung zu sehen. Das Prozessmodell für Systemtestverfahren in diesem Buch sieht also 6 Phasen vor:

- Testanforderungsanalyse
- Testplanung
- Testfallspezifikation
- Testdatenbereitstellung
- Testausführung
- Testauswertung

In dieser Reihenfolge werden auch die Testaktivitäten in den Kapiteln 2 bis 7 geschildert (siehe Abbildung 1.6).

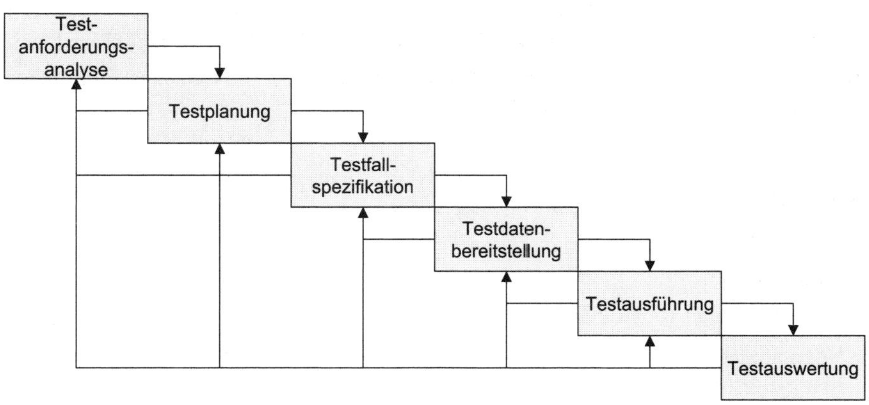

Abbildung 1.6 Der Testprozess der Firma ANECON

1.6 Die Systemtestwerkzeuge

Ein Prozess allein wird nicht genügen, um die gesetzten Testziele zu erreichen. Der Prozess muss zumindest zum Teil automatisiert werden. Je größer dieser Teil ist, desto billiger und effektiver ist der Test. Wir betonen: Der Systemtest ist ein Massengeschäft. Es müssen meist mehrere tausend Testfälle spezifiziert und durchgeführt werden, und zwar mehrmals. Dabei sind mehrere Hunderttausend Daten bereitzustellen und ebenso viele Ergebnisse zu validieren. Außerdem müssen Abertausende Pfade durch das System verfolgt und analysiert werden. In Anbetracht dieser Mengen wäre ein rein manueller Systemtest ein aussichtsloses Unterfangen – so als wollte man Millionen von nur mit Schaufeln ausgerüsteten Kulis einen Staudamm nach chinesischem Muster bauen lassen. Prinzipiell wäre dies möglich. Theoretisch könnte man auch ein komplexes System ohne Automatisierung testen, aber innerhalb welcher Zeit und zu welchen Kosten? Kleine, einfache Anwendungen ließen sich gerade noch manuell testen, große, komplexe Systeme mit über 1000 Testfällen aber nicht mehr.

Es beginnt schon mit der Analyse der Testanforderungen: Allein um einige Hundert Seiten Anforderungsspezifikationen auf der Suche nach Testfällen zu prüfen, wären mehrere Personenwochen erforderlich. Und wer würde eine solche Arbeit überhaupt durchführen? Ein Werkzeug ist in der Lage, den Text innerhalb weniger Minuten zu scannen, wobei sich der Mensch darauf beschränken kann, die Fülle an Testfällen, die aus der automatisierten Analyse der Anforderungen entstehen, zu sichten, auszusortieren und auszuarbeiten. Eine Gewichtung der Testfälle ist nicht ohne weiteres automatisierbar.

Weiter geht es mit der Spezifikation und Verwaltung der Testfälle. Ohne maschinelle Unterstützung ist dies ab einer bestimmten Menge von Testfällen kaum vorstellbar. Man braucht Werkzeuge, um die Testfälle zu editieren, und eine Testfalldatenbank, um die Testfälle zu verwalten.

Die Bereitstellung von Massendaten erfordert außerdem einen Testdatengenerator. Es muss möglich sein, aus einer gemeinsamen Testdatenbeschreibungssprache Datenbanktabellen, Dateien, Nachrichten, WSDL-Requests und XML-Dokumente zu generieren. Eine kleine Menge von Ausgangsdaten wird zu einer großen Menge von Datenkombinationen.

Die Testausführung selbst muss nicht unbedingt automatisiert sein. Mit genügend Personal lässt sie sich auch manuell bewältigen, doch sind damit viele Nachteile verbunden. Zum Ersten ist es schwer, die Tests exakt zu wiederholen, zum Zweiten hängt die Kontrolle der Ergebnisse von der allmählich nachlassenden Aufmerksamkeit der Tester ab, und zum Dritten nehmen die Tests viel Zeit in Anspruch. Es spricht aber viel dafür, Testautomaten einzusetzen, um die Tests auf der Basis von Testskripten jederzeit wiederholen zu können. Statt selbst zu testen, sollten die Tester lieber die Automaten bedienen. Am Ende kommt mehr dabei heraus. Führt ein Automat den Test durch, erfolgt auch die Testprotokollierung automatisch.

Schließlich ist die Testauswertung ohne Werkzeuge ab einer gewissen Datenmenge nicht mehr zu bewältigen. Der Mensch ist nicht geschaffen, endlose Kolonnen von Datenwerten auf der Suche nach falschen Werten zu durchkämmen. Dafür eignen sich Rechner. Dem Tester bleibt die Aufgabe, vorzugeben, was richtig ist. Der Tester benötigt auch automatisch erzeugte Berichte, um zu entscheiden, ob die Testziele erreicht wurden oder nicht. Nur entsprechende Werkzeuge können eine exakte und wiederholbare Testmessung durchführen.

Daraus folgt, dass wir ohne adäquate Testwerkzeuge keinen strukturierten Systemtest betreiben können. Erst die Werkzeuge machen den Testprozess wiederholbar, messbar und optimierbar. Ergo streben wir einen indirekten Test an. Der Tester ist dazu da, die Testwerkzeuge anzuweisen und zu bedienen. Die Testarbeit selbst wird von Automaten erledigt – wie in anderen Tätigkeitsbereichen –, was jedoch hohe Anforderungen an den Menschen stellt: Um die Automaten anzuweisen und zu steuern, benötigt er eine viel höhere Qualifikation, als wenn er die Testarbeit selbst durchführen würde. Dies bedeutet, dass (wie in anderen Industriezweigen) weniger, aber höher qualifizierte Tester benötigt werden.

1.7 Die Systemtester

Zum Schluss kommt der Mensch. Im Gegensatz zu manchen Ansichten, speziell aus dem sozialpsychologischen Bereich, ist einer der Autoren dieses Buches der Meinung, dass der Mensch in einem Produktionsprozess ein Produktionsmittel ist, eine Humanressource. Er ist dazu da, dem Ziel des Prozesses zu dienen, d.h. die Werkzeuge zu bedienen und die ihm zugewiesenen Aufgaben abzuwickeln. Erst kommt das Ziel, dann der Prozess, dann die Werkzeuge und zuletzt der Mensch. Wir können den Systemtest nicht von den individuellen Bedürfnissen der Systemtester abhängig machen.

Als Tester brauchen wir also Menschen, die von ihrer Ausbildung und ihren Fähigkeiten her zum Testprozess passen und die Testwerkzeuge nicht nur bedienen, sondern auch verstehen. Sie sind einerseits intelligent und kreativ, andererseits aber bereit, sich dem Testprozess zu unterwerfen, d.h. sie sind diszipliniert. Der Systemtester muss über genügend Wissen auf dem Gebiet der Software-Entwicklung verfügen, um die Fehler zu orten und zu verfolgen, über genügend Verständnis der Anwendung, um zu beurteilen, was falsch und was richtig ist bzw. was fehlt, und über das nötige Know-how bezüglich Computer-Technologie, um mit der Hardware, dem Betriebssystem und den Datenbanken umgehen zu können. Der Systemtester sollte eher ein Generalist als ein Spezialist sein und das ganze System im Blickfeld haben. Die Zusammenhänge zwischen den fachlichen Funktionen muss er ebenso überblicken wie die Zusammenhänge zwischen den Architekturelementen.

In Anbetracht dieser Anforderungen lassen sich Systemtester aus drei Quellen „abschöpfen“ bzw. rekrutieren: Zum einen eignen sich ehemalige Entwickler, die mehr zur fachlichen Seite neigen, zum Zweiten Technik-orientierte Sachbearbeiter und zum Dritten Berufsanfänger mit einer vielseitigen Ausbildung sowohl in der Technik als auch im Anwendungsbereich (z.B. Betriebswirtschaft). Am besten wäre ein gemischtes Team mit Vertretern aller drei Richtungen, die einander durch unterschiedliche Sichtweisen ergänzen.

Jedenfalls stellt der Systemtest recht hohe Anforderungen. Zu empfehlen ist, dass alle eine spezielle Ausbildung zum zertifizierten Tester absolvieren. Das Ziel besteht darin, dass der Prozess, die Werkzeuge und die Menschen zusammenpassen und in Harmonie auf die Testziele hinarbeiten. Zu diesem Zweck ist eine gewisse Einführung der Betroffenen in die Feinheiten der Testtechnologie von Vorteil.

1.8 Zur Systemtestbarkeit

Ein letzter, aber wichtiger Faktor im Systemtest ist das System selbst. Je leichter es zu testen ist, desto eher lassen sich die Testziele erreichen, und desto geringer ist der Testaufwand. Was bedeutet aber „leicht zu testen"? Dies ist eine Frage der Testbarkeit. Auf der Systemebene wurde dieses Thema nie richtig durchleuchtet. Der erste Versuch, Systemtestbarkeit zu definieren, kam von einem der Autoren des vorliegenden Buches und Stefan Jungmayr in Form eines Artikels im *Informatikspektrum* [SNEE06]. Dort wurden vier einzelne Testbarkeitsmetriken definiert:

- Testbarkeit der Anwendungsfälle
- Testbarkeit der Benutzeroberflächen
- Testbarkeit der Systemschnittstellen
- Testbarkeit der Datenbank

1.8.1 Testbarkeit der Anwendungsfälle

Anwendungsfälle ergeben das Nutzungsprofil eines Software-Systems. Jeder Anwendungsfall kann mehrere Ausgänge haben, z.B. eine vollendete Buchung oder eine Fehlermeldung. Es besteht demnach eine 1:N-Beziehung zwischen Anwendungsfällen und Testfällen – eine Erkenntnis, die von der gängigen Testliteratur bestätigt wird [WINT99].

Jeder Anwendungsfall wird von einem externen oder internen Ereignis ausgelöst und führt zu *n* möglichen Ausgängen. Die Zahl der Ausgänge entspricht der Anzahl logischer Pfade durch den Anwendungsfall. Es lässt sich feststellen, dass die Zahl der Testfälle proportional zur Anzahl der Anwendungsfälle und deren möglichen Ausgängen steigt. Deshalb ist es aus Sicht der Testwirtschaftlichkeit erstrebenswert, die Zahl der Anwendungsfallvarianten zu minimieren, auch wenn dies weniger Funktionalität für den Endanwender bedeutet. Hier ist ein Trade-Off zwischen Testbarkeit und Benutzbarkeit zu finden:

$$Anwendungsfalltestbarkeit = \frac{\#Anwendungsfälle}{\#Anwendungsfallpfade}$$

1.8.2 Testbarkeit der Benutzeroberflächen

Reifer hat eine Methode zur Aufwandsschätzung von Web-Site-Entwicklungsprojekten vorgeschlagen, wonach der Umfang der Funktionalität von der Anzahl der Widgets in den

Webseiten abhängt [REIF00]. Der gleiche Ansatz ist geeignet, um die Testbarkeit der Oberflächen zu ermitteln. Benutzeroberflächen können Masken, Fenster, graphische Anzeigen oder Webseiten sein. Jede einzelne dieser Oberflächen enthält Steuerungsobjekte und Eingabefelder, wie z. B. Schaltflächen, Pulldown-Menüs, Optionsfelder und Textfelder, die der Benutzer betätigen kann. Hinzu kommen die Auswahlpunkte des Menüs, wobei jeder Menü-Eintrag als eigenes Objekt betrachtet wird. Beim Oberflächentest können diese so genannten Kontrollelemente einzeln oder in Kombination miteinander aktiviert werden. Die Anzahl der Oberflächentestfälle steigt multiplikativ im Verhältnis zur Anzahl der Widgets bzw. Oberflächenobjekte und deren Kombinationsmöglichkeiten. Darum ist von der Testbarkeit her gesehen weniger mehr. Je einfacher die Benutzeroberflächen gestaltet sind, desto geringer ist der Testaufwand. Gemessen wird dies anhand der Anzahl solcher Widgets relativ zur Anzahl der Benutzeroberflächen.

$$\mathit{Benutzeroberflächentestbarkeit} = \frac{\#\mathit{Benutzeroberflächen}}{\#\mathit{Oberflächenobjekte\ (Widgets)}}$$

1.8.3 Testbarkeit der Systemschnittstellen

Was für die Benutzeroberflächen gilt, trifft auch für die Import- und Exportschnittstellen zu. Statt Steuerungselemente und Eingabefelder werden hier die Parameter des Systems bzw. die Datenelemente in den jeweiligen Import- und Exportdateien oder Nachrichten betrachtet. Diese Datenelemente teilen sich in drei Kategorien: Eingaben, Prädikate und Ausgaben. Die Exporte bzw. Responses enthalten die Ausgaben. Prädikate sind die Steuerungsdaten. Ihre Ausprägung bestimmen die Pfade durch das System, d.h. das System entscheidet, was zu tun ist, in Abhängigkeit vom Inhalt. Eingabedaten sind die Argumente der Systemfunktionen, Ausgabedaten deren Ergebnisse. Je mehr Prädikate bzw. Steuerungsfelder die Schnittstelle enthält, desto komplizierter wird es, diese Schnittstelle zu testen, denn jede Ausprägung eines Prädikats kann ein anderes Systemverhalten bewirken. Darum sind die Prädikate höher gewichtet als die anderen Daten. Nach Chapin werden Prädikate mit 2, Ausgaben mit 1,5 und Eingaben mit 1 gewichtet[CHAP79]. Sowohl in IDL als auch in XML und WSDL lässt sich die Anzahl der Datentypen komplexer und elementarer Natur aus den Schemata ableiten. Je größer die Datenvolumen und die Anzahl der Prädikate, desto größer der Aufwand für die Generierung der Importe bzw. Requests und die Validierung der Exporte bzw. Responses.

$$\mathit{Schnittstellentestbarkeit} = \frac{\#\mathit{Schnittstellen} + \#\mathit{Datenelemente}}{\#\mathit{Eingaben} + \#\mathit{Ausgaben} * 1{,}5 + \#\mathit{Prädikate} * 2}$$

1.8.4 Testbarkeit der Datenbanken

Es hat schon Ansätze gegeben, um Metriken für die Qualitätsmessung der Datenbanken zu definieren [TAYI98]. Eine davon war die Testbarkeitsmetrik. Für den Systemtest müssen die Datenbanken mit sinnvollen und passenden Dateninhalten gefüllt werden. Diese Datenzustände bilden die Vorbedingungen für einen Test. Damit sie zu den Testfällen passen, müssen sie gezielt gesetzt werden. Dies geschieht bei der Testdatengenerierung. Nach dem Test müssen die veränderten Datenzustände mit den erwarteten Zuständen, d.h. mit den Nachbedingungen, manuell oder automatisch verglichen werden. Je größer die Anzahl der Zustände, desto größer der Aufwand, um sie zu erzeugen und zu kontrollieren. Die Anzahl der Datenzustände hängt wiederum von der Anzahl der Attribute und Schlüssel ab, relativ zur Anzahl der Tabellen. Weniger Daten pro Tabelle bedeuten also weniger Datenkombinationen und somit weniger Testaufwand.

$$Datenbanktestbarkeit = \frac{\#Tabellen + \#Attribute}{\#Attribute * \#Keys}$$

1.8.5 Testen ohne Benutzeroberfläche

Das Nonplusultra der Systemtestbarkeit ist der Test ohne Benutzeroberflächen. Seit den Anfängen des Software-Engineerings wird gepredigt, die Oberflächenlogik von der Verarbeitungslogik zu trennen. Leider wurde dieser Rat selten befolgt. Es ist allzu leicht, die beiden miteinander zu verflechten – auch im Interesse der Hersteller von Entwicklungsumgebungen, die ihre Kunden auf diese Weise an sich binden. Dem Systemtest ebenso wie der Systemevolution gereicht dies sehr zum Nachteil.

In einem Leitartikel in der IEEE Software plädiert Robert Martin für einen Testbus [MART05]. Es sollte möglich sein, die Benutzeroberfläche beim Test zu umgehen. Martins Argumentation: Was sich am meisten während und nach der Entwicklung ändert, sei die Benutzeroberfläche. Dies führe zu zahlreichen neuen Testfällen und zu einer ständigen Wiederholung des Tests. Man solle anstreben, die Benutzeroberfläche völlig getrennt vom

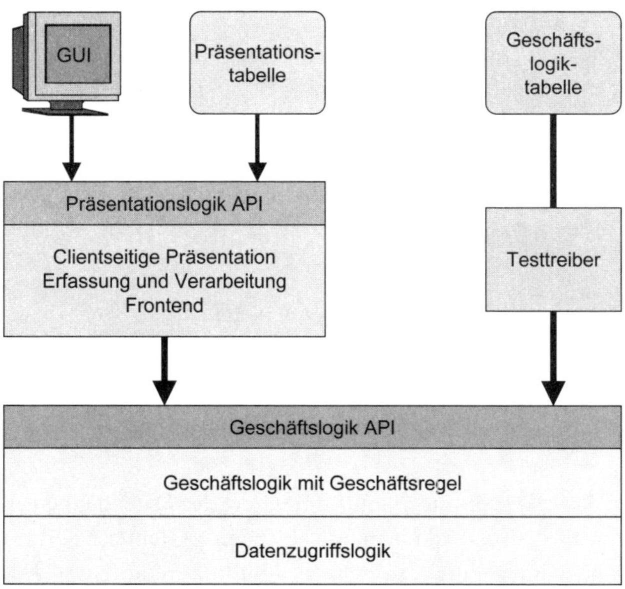

Abbildung 1.7
Umgehung der Benutzeroberfläche

System zu testen. Zu diesem Zweck gibt es einen Testbus bzw. einen Systemtesttreiber, der das System mit Transaktionen versorgt. Beide – Benutzeroberfläche und Testtreiber – verwenden dann die gleiche Schnittstelle zum System. Dies könnte eine XML-Datei oder eine WSDL-Schnittstelle sein. Das System erhält seine Daten also nicht direkt vom Benutzer, sondern indirekt über eine Standardschnittstelle. Bei Web-Services ist dies schon so realisiert. In diesem Fall lassen sich die Systemaufträge viel leichter validieren. Man ist dann in der Lage, die System-Backend-Funktionen direkt anzusteuern, ohne sich mit der Oberflächenlogik beschäftigen zu müssen. Der Test, und insbesondere der Regressionstest, soll auf diese Weise schneller und effektiver werden (siehe Abbildung 1.7).

Der Artikel von Martin spricht etwas an, das die Testwelt schon lange fordert: Die Umgehung der Benutzeroberfläche schafft die Voraussetzungen für eine vollständige Testautomatisierung. Dies wäre die Krönung der Testbarkeit. Es steht zu hoffen, dass die Service-orientierten Architekturen diese Forderung erfüllen, obwohl manche skeptisch sind und meinen, dass SOA den Testaufwand noch weiter erhöhe [BROD06].

2

2 Testanforderungsanalyse

Der erste Schritt in jedem Projekt ist die Analyse der Anforderungen. Bei Testprojekten ist dies nicht anders. Die Anforderungen sind der Ausgangspunkt für den Systemtest. Der Unterschied zu Softwareentwicklungsprojekten besteht darin, dass die Testanforderungen eine Untermenge der allgemeinen Anforderungen sind und dass sie aus den anderen Anforderungen herausgefiltert werden müssen. Wie schwierig dies ist, hängt davon ab, wie die Anforderungen strukturiert und formuliert sind.

Ein fachlicher Test ist ein anforderungsbasierter Test, d.h., er geht von den Anforderungen aus, auch wenn sie nicht explizit definiert sind. Was ist aber wenn die Anforderungen nicht stimmen? Nach Glass ist die Qualität bzw. die Richtigkeit, der Anforderungen eine unbedingte Voraussetzung für den Projekterfolg [GLAS98]. Er zitiert mehrere Großprojekte, u.a. das Gepäckbeförderungssystem des Flughafens von Denver, das Wohlfahrtszahlungssystem des Staates Florida, den Rettungsdienst der Londoner Krankenhäuser und das amerikanische FAA-Flugsicherungssystem. All diese Projekte sind wegen unzulänglicher Anforderungen gescheitert oder haben sich zumindest verzögert. Barry Boehm stellte schon 1974 fest, dass 64% aller Fehler, die beim Abnahmetest auftreten, auf die Anforderungen zurückzuführen sind [BOEH75]. In Deutschland kam eine ähnliche Studie von Endres zum Ergebnis, dass 60–70% aller Fehler in Großprojekten Folgen falscher oder fehlender Anforderungen sind [ENDR75]. Endres und Rombach formulierten aufgrund dieser und anderer Beobachtungen ein Gesetz, wonach ein System nicht korrekt werden kann, wenn die Anforderungen nicht korrekt sind [ENRO03]. Es sollte also selbstverständlich sein, dass ein Systemtest mit einem Test der Anforderungen beginnt.

2.1 Ansätze zur Formulierung der Anforderungen

Grundsätzlich gibt es nach Ebert vier Möglichkeiten zur Formulierung der Systemanforderungen [EBER05]:

- formal
- semiformal
- strukturiert
- informal

Die formale Formulierung verwendet eine künstliche Sprache, zum Beispiel eine algorithmische wie Z oder eine mengenorientierte wie OCL. Die semiformale Formulierung verwendet genormte Tabellen und Diagramme bzw. eine strukturierte, natürliche Sprache. Die informale Formulierung verwendet die natürliche Sprache – Englisch, Deutsch, Französisch usw. –, ergänzt durch freiformatierte Tabellen und Diagramme.

2.1.1 Formale Spezifikation

Seit Beginn der automatisierten Datenverarbeitung bzw. der Informationstechnologie wird eine Formalisierung der Anforderungsdokumentation angestrebt. Es hat auch jede Menge Ansätze von formalen Sprachen, wie VDM und Z, bis hin zu diversen tabellenorientierten Ansätzen wie Entscheidungstabellen und Zustandstabellen gegeben. Die Object Constraint Language (OCL) ist die letzte Sprache in einer langen Reihe von Spezifikationssprachen. Diese neue deklarative und mengenorientierte Sprache wird von der OMG propagiert. [WARM03]

2.1.2 Semiformale Spezifikation

Bis auf wenige technisch-wissenschaftliche Anwendungen haben sich formale Spezifikationssprachen aber nie durchgesetzt. Sie waren bisher zu restriktiv, um die volle Breite an informatorischen Anwendungen abzudecken. Anders die semiformalen Ansätze. Bereits in den 70er-Jahren stellten David Parnas und sein Team im amerikanischen Naval Research Lab eine umfangreiche, tabellenorientierte Anforderungsdokumentation für die Software der A7-Jagdbomber her. Diese Dokumentation, die noch heute als Vorbild für eine Anforderungsdokumentation gilt, kombiniert Tabellen mit Texten und Zeichnungen. Die Funktionstabellen vereinigen Aktionen mit Ergebnissen und Zuständen. Die Datentabellen ordnen die Attribute den Objekten und Geräten zu. Datenflusstabellen zeigen die Beziehungen zwischen Aktionen und Attributen. Sogar die nichtfunktionalen Anforderungen sind in Tabellen dargestellt – zusammen mit Maßzahlen, an denen sie gemessen werden sollten [PARN78] (siehe Abbildung 2.1).

Nodes	Events	
Natttack *Noffset* *BOC* *BOCFlyto0* *HUDdown1* *HUDdown2*	@T(!Desig! AND /RE/ = §On§ AND !miss-sitance! 1seq 10 ft AND !steering error! 1seq 40°)	@T(!fire pulse width! elapsed)
CCIP	@T(/RE/ = On)	@T(!fire pulse width! elapsed)
Manrip	@T(/RE/ = On)	@T(!fire pulse width! elapsed)
A/G Guns	@T(/RE/ = On) WHEN (!Rockets)	@T(!fire pulse width! elapsed)
ACTION	//BMBREL//:=On	//BMBREL//:=On
Natttack *Noffset* *BOC* *BOCFlyto0* *BOCoffset* *CCIP* *Manrip* *A/G Guns* *HUDdown1* *HUDdown2*	@T(!ground range! From !impact point! of last release to !impact point! of present = !bomb spacing!) WHEN (!number released! Is !stik quantity!)	@T(!fire pulse width! elapsed)
ACTION	//BMBREL//:=On	//BMBREL//:=On

Abbildung 2.1 Beispiel einer semiformalen Funktionsbeschreibung

2.1.3 Strukturierte Spezifikation

Die A7-Anforderungsdokumentation ist also ein Beispiel dafür, wie Anforderungen verfasst werden könnten. Leider fand sie in der kommerziellen Welt wenige Nachahmer. Die Fachkonzepte blieben in der Regel unstrukturierte Prosatexte. In den 80er-Jahren erschienen zahlreiche Bücher über die Strukturierung von Anforderungsdokumenten. Besonders erwähnenswert sind die von Ed Yourdon und Tom DeMarco, die eine funktionsorientierte Darstellung propagieren [DEMA78], sowie die Methoden von Michael Jackson [JACK83] und Jean-Dominique Warnier [WARN81], die eine datenorientierte Darstellung bevorzugen. „Structured Analysis" wurde als Methode zur Erfassung und Beschreibung der Anforderungen in den 80er-Jahren etabliert. Diese Methode sah eine Kombination von Strukturprogrammen, Datenbäumen, Datenflussdiagrammen und Entscheidungsbäumen bzw. Tabellen vor, um Texte zu ergänzen [GANE79]. In manchen Ländern, wie zum Beispiel Großbritannien, wurde diese Methode für die Ausschreibung aller öffentlichen Software-Entwicklungsprojekte zur Pflicht erklärt.

Für die Ableitung funktionaler Testanforderungen waren nach der strukturierten Analyse erstellte Dokumente gut geeignet, und es fehlte nicht an Ansätzen, um die funktionalen Testfälle daraus abzuleiten. Der *SOFTSPEC*-Ansatz des ungarischen SZKI Instituts sah vor, die Ausgänge der Entscheidungsbäume bzw. die Regeln der Entscheidungstabellen zu verwenden. Das Anforderungserfassungswerkzeug *SOFTSPEC* erreichte eine hohe Akzeptanz bei den Systemanalytikern in Deutschland und wurde in zahlreichen deutschen Großbetrieben zu diesem Zweck eingesetzt. Auch heute noch dient *SOFTSPEC* als Vorbild für eine betriebswirtschaftliche Anforderungssprache. Demnach entsprach ein funktionaler Testfall einem Pfad durch einen Entscheidungsbaum bzw. einer Regel in einer Entscheidungstabelle [SNEE86] (siehe Abbildung 2.2).

Entscheidungsbaum

```
Verarbeite-Lagerabgang
|
L----> Prüfe-Menge-Ausreichend
          |
          |    @ Fehler-Menge-Nicht-Ausreichend (1)
          |---->      Entscheidungslogik:
          |                 IF Art-Lagermenge < Bestellmenge
          |
          |    @ Reduziere-Lagermenge (2)
          |---->      Entscheidungslogik:
          |                 IF Art-Lagermenge NOT < Bestellmenge
          |
          |    @ Prüfe-Mindestmenge
          |           Entscheidungslogik:
          L---->            IF Art-Lagermenge NOT < Bestellmenge
                      |
                      |        @ Schreibe-Bestellposten (3)
                      |              Entscheidungslogik:
                      L---------->       IF (Art-Lagermenge < Art-Mindestmenge)
```

Testfälle

```
1  *  Fehler-Menge-Nicht-Ausreichend
      IF ($CASE = 1) THEN
          ASSERT PRE Art-Lagermenge <
          Bestellmenge;
      END;

2  *  Reduziere-Lagermenge
      IF ($CASE = 2) THEN
          ASSERT PRE Art-Lagermenge >
          Bestellmenge;
      END;

3  *  Schreibe-Bestellposten
      IF ($CASE = 3) THEN
          ASSERT PRE Art-
          Lagermenge =
          Bestellmenge
          ASSERT PRE Art-
          Lagermenge < Art-
          Mindestmenge
      END;
```

Abbildung 2.2 SOFTSPEC-Entscheidungsbaum

Als Folge des Aufstiegs der Objekttechnologie in den 90er-Jahren ist die strukturierte Analyse in den Hintergrund getreten. Eine neue Sprache zur Erfassung der Anforderungen ist entstanden – die objektorientierte Analyse. An die Stelle der Funktion rückte das Objekt in den Mittelpunkt der Betrachtung. Nach der OO-Analyse erstellte Anforderungsdokumente gehen vom Datenmodell aus (Modeling the World in Data [SHLA88]), erreichen über die Datenobjekte die Zustände (Modeling the World in States [SHLA92]) und von dort aus schließlich die Zustandswechsel bzw. die zu testenden Aktionen. Die Dokumentationen der Anforderungen nach der neuen Lehre der OO-Technologie erwiesen sich für die meisten kommerziellen Nutzer als zu schwierig. Bis zu den Zustandsübergängen der Objekte sind sie selten gelangt. Also blieben die Klassendiagramme zur Abbildung des Datenmodells. Diese Lücke zwischen den passiven Objekten und den aktiven Funktionen gab Anlass zur Erfindung des „Use-Case" bzw. Anwendungsfalls. In seinem klassischen Werk „Object-oriented Software Engineering" schlug Jacobson vor, die Objektorientierung durch einen ganz und gar nicht-objektorientierten Rückgriff auf die Methode der strukturierten Analyse zu ergänzen [JACO92]. Der Anwendungsfall entspricht einem Geschäftsvorfall bzw. einem Vorgang. Um die Anforderungen einer bestimmten Anwendung dingfest zu machen, benötigt man einen Bezugspunkt, der eine Funktion sein sollte, die zu einer Zeit an einem Ort stattfindet. Der Anwendungsfall bzw. Geschäftsvorfall oder Vorgang verkörpert diese Funktionalität. Darum wurde er zum unerlässlichen Bestandteil einer Anforderungsbeschreibung neben den Geschäftsobjekten, den Geschäftszielen und den Geschäftsregeln [ERIK00].

Die heute propagierte modellgetriebene Entwicklung setzt voraus, dass die Anforderungen in Form von Modellen formuliert sind. Neben den Anwendungsfällen bieten sich auch Prozessbäume, Aktivitätsdiagramme, Entscheidungsbäume und Entity/Relationship-Diagramme an. Laut Prof. Klaus Pohl kann prinzipiell jede Anforderung durch ein Modell dokumentiert werden. Die Frage ist nur, wie die Anforderung am besten zu formulieren ist, in Worten oder mit Bildern[POHL07].

2.1.4 Informale Spezifikation

Leider sind allzu viele Anforderungsdokumente – Lastenhefte, Fachkonzepte oder wie sie sonst heißen mögen – in Prosaschrift verfasst, und zwar ohne erkennbare Anforderungen. Die Verfasser der Anforderungsdokumente schreiben sie wie Schulaufsätze und erläutern darin ihre Wünsche. Die Texte sind zwar durch Bilder und Tabellen ergänzt, aber es gibt keinerlei genormte Struktur, mit deren Hilfe man die Anforderungen erkennen kann. Der Mensch bzw. der Textanalysator kann allenfalls aus einzelnen Sätzen gewünschte Aktionen und Zustände ableiten und in Anforderungen umsetzen. Die Interpretation solcher Dokumente stellt eine wahre Herausforderung für Mensch und Maschine dar.

2.2 Ansätze zur Normierung der Anforderungsdokumentation

Mittlerweile gibt es einzelne Normen, die vorgeben, was die Anforderungsdokumentation bzw. das Fachkonzept beinhalten soll. Eine Reihe von Büchern, voran das Buch des Ehepaars Robertson, haben zur Verabschiedung einer OMG-Norm geführt. Diese sieht folgende Inhalte vor:

- die angestrebten Ziele (Business Goals)
- die betroffenen Objekte (Business Objects)
- die Vorgänge bzw. Anwendungsfälle (Business Processes)
- die Verarbeitungsregeln (Business Rules)
- die verwendeten Betriebsmittel (Business Resources) [ROBE99]

Hinzu kommen die nicht-funktionellen Anforderungen bzw. Qualitätsziele bezüglich

- Performanz
- Zuverlässigkeit
- Sicherheit
- Übertragbarkeit
- Integrierbarkeit
- Wiederverwendbarkeit
- Wartbarkeit

Letztere werden im ISO-Standard 9126 vorgegeben [ISO9126].

Eine weitere Quelle, der ANSI/IEEE Standard 830, schreibt die Eigenschaften einer Anforderungsdokumentation wie folgt vor:

- correct (fachlich richtig)
- unambiguous (eindeutig)
- complete (widerspruchsfrei)
- ranked (priorisiert)
- verifiable (belegbar)
- modifiable (änderbar)
- traceable (verfolgbar)

Diese Norm verweist darauf, dass natürliche Sprachen von Natur aus mehrdeutig sind, so dass hier eine strenge Prüfung erforderlich ist. Für die Gestaltung der Anforderungen schlägt der ANSI/IEEE-Standard das folgende Gliederungsschema vor:

1. Einleitung mit Zweck, Ziel, Referenzen, Begriffsdefinitionen und Übersicht
2. Allgemeine Beschreibung mit Produktumgebung, Produktfunktionen, Benutzermerkmalen, Einschränkungen, Annahmen und Abhängigkeiten
3. Spezifizierte Anforderungen

Zur Produktumgebung gehören in erster Linie die Schnittstellenspezifikationen:

- Systemschnittstellen
- Benutzerschnittstellen
- Hardwareschnittstellen
- Softwareschnittstellen
- Kommunikationsschnittstellen

Hinzu kommen Abnahmekriterien, die vorschreiben, welche Bedingungen das Produkt erfüllen muss, um abgenommen zu werden. Die spezifischen Anforderungen beschreiben die Funktionen, Daten und Systemattribute bzw. Qualitätsmerkmale. Die Funktionen entsprechen den Anwendungsfällen. Sie haben Eingaben, Ausgaben und Regeln. Die Daten sind die Objekte und deren Attribute. Die Qualitätsmerkmale entsprechen den Qualitätszielen des ISO-Standards 9126 [IEEE830].

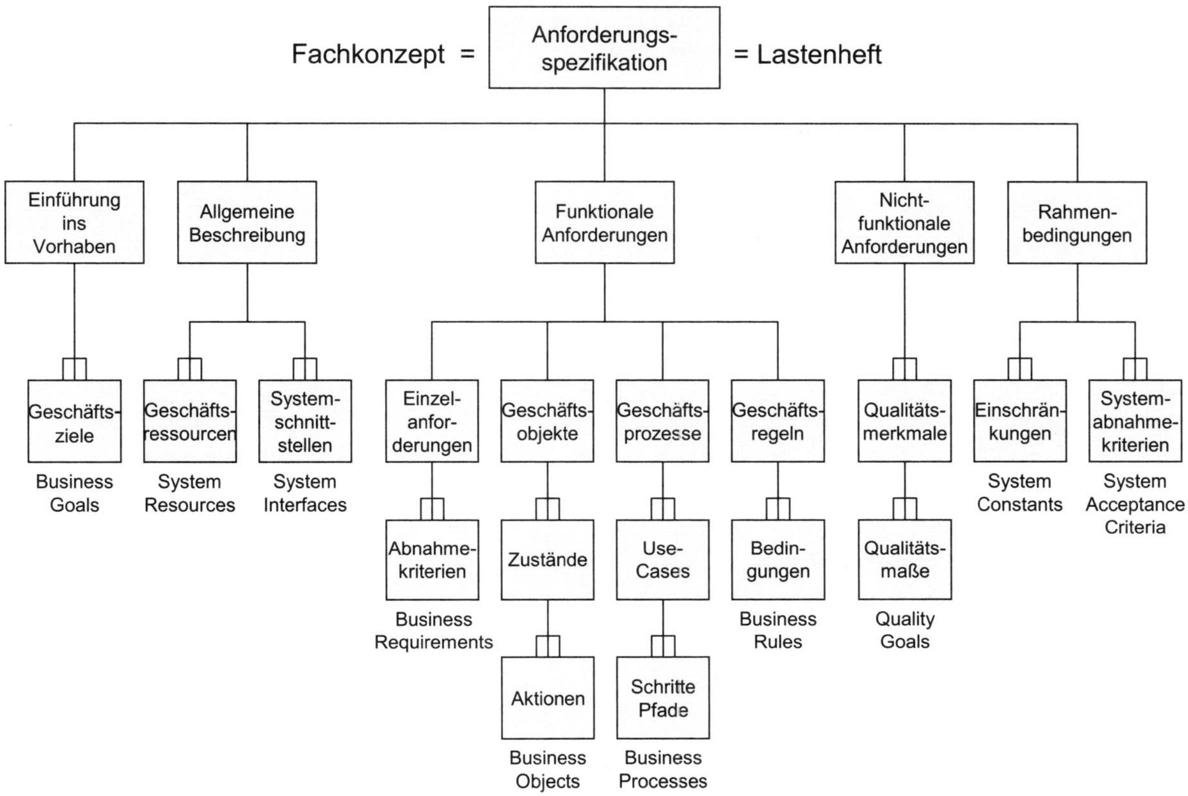

Abbildung 2.3 Gliederung der Anforderungsdokumentation

Eine Verschmelzung der OMG-Spezifikationsnorm mit dem ANSI/IEEE-Standard führt zur folgenden Struktur einer Anforderungsspezifikation (siehe Abbildung 2.3):

- Einführung mit Geschäftszielen
- Allgemeine Beschreibung mit Geschäftsressourcen und Systemschnittstellen
- Funktionale Anforderungen mit
  - einzelnen Anforderungen
  - Geschäftsobjekten samt Zuständen und Aktionen
  - Geschäftsprozessen einschließlich Use-Cases
  - Geschäftsregeln mit Bedingungen
- Nichtfunktionale Anforderungen mit Qualitätsmaßen
- Rahmenbedingungen mit Einschränkungen und Abnahmekriterien

2.3 Zur Praxis der Anforderungsdokumentation

Problematisch bleibt die Praxis der Anforderungsdokumentation. Von einer formalen Spezifikationssprache wie VDM oder Z ist die Praxis noch weit entfernt. Die Object Management Group versucht, über die UML-Schiene die Object Constraint Language ins Spiel zu bringen. Diese Sprache mit ihrer mengenorientierten Ausdrucksweise kommt der natürlichen Sprache etwas näher, lässt sich aber trotzdem nicht leicht anwenden [WARM03]. Sie erfordert eine zumindest formale Denkweise und stellt somit hohe Ansprüche an den Analytiker. Für die Spezifikation einzelner Verarbeitungsregeln als Ergänzung zu den UML-Klassendiagrammen ist sie gut geeignet, für die Beschreibung einer kompletten Anwendung mit allen Facetten eher nicht (dafür ist sie wiederum zu restriktiv). Graphische Diagramme wie Prozessablaufdiagramme, Datenflussdiagramme und Baumdiagramme sind zwar nützliche Ergänzungen, unabhängig von den Texten reichen sie jedoch nicht aus. Dies belegt das Beispiel UML [BRIA05].

Tabellen sind geeignete Instrumente, um Beziehungen zwischen Geschäftselementen zu beschreiben, zum Beispiel die Beziehung zwischen Prozessen und Objekten, Prozessen und Regeln sowie zwischen Bedingungen und Aktionen. Die in den Tabellen vorkommenden Elemente müssen aber irgendwo erläutert werden, und zwar durch wörterbuchähnliche Begriffsdefinitionen.

Am besten wäre es, Systemanforderungen in Form einer Mischung aus Diagrammen, Tabellen, Begriffsverzeichnissen und formalen Ausdrücken darzustellen. Dann wäre es viel leichter, die Anforderungen zu analysieren und zu kontrollieren. Dies wird auch schon länger gepredigt, und nicht erst seit dem Aufstieg des Model Driven Development. Schon die CASE-Werkzeuge der 80er-Jahre haben diesen modellgestützten Ansatz zur Anforderungsdokumentation unterstützt. Das Haupthindernis zur Verwirklichung dieser Vorstellung war und bleibt der Mensch [FRAN06].

Der Mensch ist es gewohnt, sich in seiner Alltagssprache zu artikulieren. Für ihn ist es leichter, Reden zu halten oder Texte zu schreiben, als Diagramme zu malen, Tabellen zu füllen oder Gleichungen zu konstruieren. Die Alltagssprache „fordert“ wenig, was allerdings auch eine Frage der Ausbildung ist. Menschen werden von klein auf geschult, Aufsätze zu schreiben. Also bleibt dies für sie die natürliche Ausdrucksweise. Hinzu kommt ein weiterer Aspekt: die Undeutlichkeit. Texte sind nicht so präzise. Der Mensch kann sein Unwissen in verschwommenen Sprachformulierungen verstecken (wozu sich die deutsche Sprache besonders gut eignet). Außerdem – was ebenso wichtig ist – braucht man sich in dem Prosatext nicht so genau festzulegen. Die natürliche Sprache ist mehrdeutig. So kann der Verfasser über die Sprache mehrere Interpretationsmöglichkeiten offenlassen. Gerade diese Praxis führt oft zu falschen Ergebnissen und nicht selten zu Gerichtsprozessen. Dennoch kann der Verfasser sich immer wieder herausreden, er habe es anders gemeint.

Leider bleibt die überwiegende Zahl der Anforderungsdokumente bzw. Fachkonzepte auch heute, im Zeitalter der Modellierung, der Prosatext. Auch Use-Case-Beschreibungen sind nur strukturierte Texte mit reservierten Stichworten. Es bleibt dem Nutzer der Fachkonzepte nichts anderes übrig, als sich mit diesen englischen oder deutschen Aufsätzen auseinan-

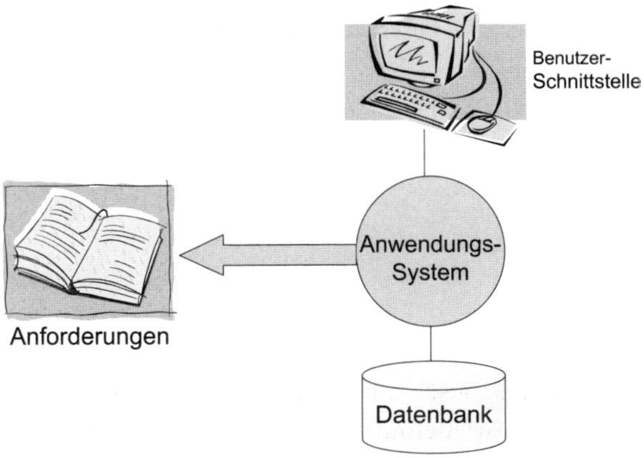

Abbildung 2.4
Funktionaler Test = Test gegen Anforderungen

der zu setzen. Aus Angst vor den Konsequenzen einer genauen Festlegung weicht der Mensch lieber in abstrakte Formulierungen aus und überlässt es den Entwicklern und Testern, seine vagen Absichten zu deuten. Das erschwert die Arbeit der Tester erheblich, denn ein funktionaler Test ist ein Test gegen die Anforderungen und kann nur so gründlich sein wie die Anforderungen selbst (siehe Abbildung 2.4).

2.4 Das V-Modell-XT Lastenheft

Das V-Modell-XT ist inzwischen die Norm für alle öffentlichen Ausschreibungen in Deutschland [HÖHÖ08]. Das V-Modell-XT sieht zwei Dokumente als Basis der Ausschreibung vor – das Lastenheft und die Prüfspezifikation. Auf den Inhalt der Prüfspezifikation wird im nächsten Kapitel eingegangen. Hier geht es um das Lastenheft.

Das Lastenheft im V-Modell-XT sieht folgende Inhalte vor:

- die Einleitung
- die Ausgangssituation
- die Zielsituation
- die funktionalen Anforderungen
- die nicht-funktionalen Anforderungen
- die Anwendungsfälle
- der Lieferumfang
- die Abnahmekriterien
- das Begriffsverzeichnis [UFAB06]

Die Einleitung beschreibt als Prosatext die Ziele des Vorhabens. Erläutert wird der versprochene Nutzen des Projekts. Dieser Abschnitt ist nur insofern für den Test interessant, als es um die Verwirklichung des Nutzens geht. Der Systemtest bzw. der Abnahmetest soll feststellen, ob der geforderte Nutzen vorhanden ist oder nicht. Wenn nicht, soll festgestellt werden, mit welchem Grad das Ziel verfehlt wird.

Die Ausgangssituation ist eine Erläuterung des Ist-Zustandes. Hier wird das bestehende System beschrieben. Für den Test ist es wichtig, festzustellen, dass die Funktionalität des alten Systems durch das neue System voll abgedeckt ist. Jede aus der Nachdokumentation des bestehenden Systems hervorgehende Funktion ist zugleich eine Anforderung an das neue System. Sie sollte in der Liste der Anforderungen auftreten. Wenn nicht, handelt es sich um ein Versäumnis. Diese Inkonsistenz lässt sich durch die automatische Analyse des Lastenheftes erkennen und ausweisen.

Die Zielsituation ist eine Beschreibung des angestrebten Zustandes. Hier werden die Veränderungen gegenüber der Ausgangssituation erläutert. Es müsste für den Test erkennbar sein, ob die Veränderungen eingetreten sind oder nicht. Zu diesem Zweck besteht dieser Abschnitt fast ausschließlich aus Zustandsbeschreibungen, die der Tester in eine Checkliste überführen kann, um zu kontrollieren, ob die Ziele wirklich erreicht werden.

Die funktionalen Anforderungen sind tabellenartig aufzulisten. Jede Anforderung sollte ein eindeutiges Kennzeichen bzw. eine Anforderungsnummer, einen Titel, einen Verantwortlichen und eine Priorität haben. Die Anforderung selbst wird mit einem oder höchstens drei Sätzen beschrieben. Jeder Satz sollte möglichst mit einem Subjekt, einem Prädikat und einem oder mehreren Objekten formuliert sein. Funktionale Anforderungen beschreiben fachliche Aktionen, Zustände und Regeln, die zu implementieren sind. Eine funktionale Anforderung könnte folgendermaßen aussehen:

```
Kennzeichen:     FA-UEB-01
Titel:           Informationsübertragung
Verantwortlich:  Müller
Gewicht:         hoch
Anforderung:     Alle verarbeitungsrelevanten Informationen sind signiert
                 zu übertragen.
```

Die nicht-funktionalen Anforderungen haben das gleiche Format wie die funktionalen. Sie beschreiben jedoch keine fachlichen Funktionen, sondern technische Anforderungen, die umzusetzen sind. Zum Zwecke der Kontrolle sollten sie entweder Zahlen, wie maximale Antwortzeiten, oder binäre Entscheidungen, die mit ja oder nein zu beantworten sind, enthalten. Nicht-funktionale Anforderungen beschreiben die Qualitätseigenschaften des Zielsystems. Im Folgenden ein Beispiel einer nicht-funktionalen Anforderung:

```
Kennzeichen:     NA-ANT-22
Titel:           Antwortzeiten
Verantwortlich:  Maier
Gewicht:         hoch
Anforderung:     Eine einzelne Suchanfrage muss innerhalb von 5 Sekunden
                 beantwortet sein.
```

Die Anwendungsfälle müssen nicht im Lastenheft vorkommen. Die Erfahrung hat jedoch gezeigt, dass es besser ist, wenn der Auftraggeber sie vorgibt, denn nur er kann wissen, welche Vorgänge von welchen Akteuren auszulösen sind und welche Vor- und Nachbedingungen bestehen müssen. Außerdem erleichtert es die Anforderungsanalyse, wenn die Fachlichkeit in einem Dokument zusammengefasst ist. Wenn die Anwendungsfälle hier angegeben werden, sollten sie auch Verweise zu den Anforderungen, die sie erfüllen, umfassen. Ein Anwendungsfall kann eine oder mehrere Anforderungen erfüllen. Für die Beschreibung der Anwendungsfälle wird ein Musterformat empfohlen. Ein Anwendungsfall könnte demnach folgendermaßen aussehen:

Attribut	Beschreibung
UseCase	Kurse_anzeigen
Anforderungen	3.2/6, 3.2/8
Ziel	Gewählten Kurs mit Detailinformationen anzeigen.
Auslösendes Ereignis	Nutzer wählt Menü zur Anzeige der Kurse aus.
Akteure	ZAK, WWD
Vorbedingungen	Kurs ist im System vorhanden.
Nachbedingung im Erfolgsfall	Kurs wird mit all seinen Detailinformationen auf dem Bildschirm angezeigt.
Nachbedingung bei Misslingen	Fehlermeldung „Kurse nicht vorhanden" wird auf dem Bildschirm angezeigt.
Hauptpfad	1. System zeigt Liste der Kurse an. 2. Nutzer wählt einen Kurs aus. 3. System zeigt den gewählten Kurs mit all seinen Detailinformationen an.
Alternative Pfade	

Der Lieferumfang gibt vor, welche Ergebnisse in welcher Reihenfolge zu übergeben sind. Es handelt sich nicht nur um Softwarepakete, sondern auch um sämtliche Dokumente, die nach V-Modell-XT vom Auftraggeber an den Auftragnehmer abzuliefern sind: Pflichtenheft, Implementierungsplan, Testdokumentation usw. Im Falle einer iterativen Entwicklung wird es mehrere Releases geben. Hier wird der Inhalt der einzelnen Releases spezifiziert. Für den Systemtest ist wichtig zu wissen, was, wie und wann geliefert wird, um dessen Qualitätssicherung vorzubereiten.

Die Abnahmekriterien werden in der Prüfspezifikation ausführlich behandelt. In diesem letzten Abschnitt des Lastenhefts geht es nicht nur darum, die Prozedur für die Systemabnahme zu umreißen und Fehlerkategorien abzustecken. Es ist ferner zu klären, wie Fehler gemeldet werden und in welchen Zeitabständen sie zu beheben sind. Schließlich sind hier die Abnahmebedingungen zu stellen, nach denen sich der Auftragnehmer richten muss.

2.5 Zur Analyse natursprachlicher Anforderungen

Die Analyse natursprachlicher Texte ist seit Langem Gegenstand zahlreicher Forschungsprojekte. Diese Forschung wird als „Natural Language Processing" bezeichnet und begann schon in den 50er-Jahren. Wenn auch nicht der erste, so doch der berühmteste Ansatz dieser Art war das Elisa-Projekt von Professor Weizenbaum an der M.I.T. in den 60er-Jahren. Hier wurde ein Roboter dazu gebracht, mit Menschen einen Dialog aufzunehmen

[WEIZ66]. In seinem Buch über die Kommunikationstheorie hatte auch Shannon sich mit der menschlichen Sprache auseinandergesetzt. Er war bemüht, das Unwesentliche aus den sprachlichen Mitteilungen – das so genannte „Geräusch“ – herauszufiltern und die Nachrichten auf die Kernaussagen zu reduzieren. Dafür setzte er Grammar Patterns ein. Diese wurden wiederum aus der Definition der Kommunikationsziele abgeleitet [SHAN49]. Ähnliche Ansätze bilden die Grundlage für die heutigen Suchmaschinen im Internet. Patterns bzw. Wortmuster bilden eine Schablone, mit der über den Text nach ähnlichen Inhalten gesucht wird.

Die Anwendung natursprachlicher Verarbeitung zur Analyse von Systemanforderungen ist hingegen relativ jung. Auf dem Gebiet des Requirement Engineerings begann van Lamsweerde mit der Analyse „Goal-oriented Requirements“ in den 90er-Jahren. In seiner Forschung ging es darum, die Ziele, die ein System zu erfüllen hat bzw. die „Essential Requirements“ der Anforderungsdokumentation über Mustererkennung zu identifizieren [LAMS00].

Die Szenario-basierte Anforderungsanalyse steht im Mittelpunkt der Forschung auf dem Gebiet des Requirements-Engineering. Angestoßen wurde sie durch einen Bericht von Yu und Mylopoulos Anfang der 90er-Jahre über die Modellierung der Rollen von Anwendern in den Geschäftsprozessen [YUMY94]. Ein ähnliches Szenario-basiertes Modell war der Ausgangspunkt für die Forschung von Ryser und Glinz, die ein Werkzeug entwickelten, um aus Anforderungstexten Zustandsübergangsdiagramme zu generieren, aus denen sie wiederum Systemtestfälle ableiten konnten. Ihre Arbeit war von nicht unerheblichem Einfluss auf die Entwicklung einer Automatentheorie für den Systemtest [RYSE99].

Eine verwandte Arbeit unter dem Titel „Test Scenario Generation from Structured Requirements Specification“ wurde auf dem Symposium für Computer-Based Systems im Jahre 1999 präsentiert. Allerdings setzte diese Analyse ein semiformales Dokument voraus [CUNN99]. Eine strenge objektorientierte Spezifikation der Aktionen auf die Objekte setzt die Analysemethode von Grau und Kowsari voraus [GRAU97]. Die meisten Ansätze zur Analyse von Anforderungen sind statischer Art. Ein Werkzeug liest den Text und sucht nach bestimmten Schlüsselwörtern oder Satzmustern. Einen etwas anderen Ansatz wählte Lalioti. Er setzte die Anforderungen in Geschäftsprozessmodelle um und ließ dann die Geschäftsabläufe animieren. Seine Arbeit zur Animation von Geschäftssystemanforderungen ist für die Erkennung potenzieller Testfälle besonders wertvoll. Der gleiche Autor hatte sich etwas früher mit der Visualisierung von Systemkonzepten befasst [LALI97].

Ein Forscher, der seit Langem auf diesem Gebiet arbeitet und mehrfach veröffentlicht hat, ist Professor Sutcliffe von der Universität Manchester, dessen wissenschaftlicher Schwerpunkt u.a. formale Methoden, insbesondere Spezifikationssprachen, sind. Sutcliffe hat sich auf die Analyse und Formalisierung englischsprachiger Anforderungen spezialisiert. Das Hauptziel seiner Arbeit ist die Validierung der Anforderungen bzw. deren Prüfung auf Konsistenz, Vollständigkeit und fachliche Richtigkeit. Um dieses Ziel zu erreichen, müssen die Anforderungen in eine Form versetzt werden, in der sie maschinell verarbeitet werden können. Diese Form ist eine tabellarische Repräsentation. Für jeden Enddatentyp und jede Beziehungsart sowie für jede Aktion, jeden Zustand und jede Regel gibt es eine Tabelle. Die jeweiligen schematischen Elemente werden im Prosatext erkannt, herausgeschnitten und in die entsprechenden Tabellen versetzt. Voraussetzung dafür ist natürlich ein Metamodell, aus dem die Elementdefinitionen hervorgehen [SUT02].

Sind die Begriffstabellen einmal aufgebaut und die Synonyme und Homonyme aufgelöst, lässt sich der Inhalt nach verschiedenen Methoden weiterverarbeiten. Ein Ansatz ist die Visualisierung bzw. die graphische Darstellung des Modells, ein anderer die dynamische Interpretation bzw. Animation der Abläufe und Zustandsübergänge. Ein dritter Ansatz benutzt die Tabellen, um Abfragen bezüglich der Zusammenhänge zwischen Systemelementen zu beantworten. Sutcliffe setzt Bayesian Belief Nets ein, um die Erfüllung der Qualitätsziele bzw. der nichtfunktionalen Anforderungen vorauszusagen. Neben der Zuverlässigkeit werden auch die Performanz und die Sicherheit gemessen. Das Werkzeug – der System Requirements Analyzer – wurde bereits zur Voraussage der Qualität komplexer Waffensysteme eingesetzt. Die Ableitung der Systemtestfälle ist ein nützliches Beiprodukt des Werkzeugs. Hier baut Sutcliffe auf der Arbeit von Seyff, Grinbacher, Marden und Toscar auf. Ihr ARTSCENE-System generiert automatisch Testfälle aus einem Anforderungsnetzwerk, das aus den normalen, alternativen und Ausnahmepfaden durch die Anwendungsfälle aufgebaut wird [SEYF04]. Zhu und Jin hingegen erstellten ein Verzeichnis einzelner Aktionen aus dem Text heraus und benutzten dieses als Basis für funktionale Testfälle [ZHU00]. Sutcliffe geht darüber hinaus und erzeugt auch Testfälle, um die nichtfunktionalen Anforderungen wie Antwortzeit und Belastbarkeit zu testen [SUT05].

Alle diese Ansätze, einschließlich jener von Sutcliffe, leiten Szenarien aus den Anforderungsbeschreibungen ab, die sie dem Benutzer zur Bestätigung und Ergänzung präsentieren. Das heißt, es gibt eine Interaktion mit den verantwortlichen Menschen, die die Möglichkeit haben, die Ergebnisse der Textanalyse noch zu korrigieren bzw. zu ergänzen, ehe sie als Basis für Berechnungen verwendet werden. Eine derartige Rückkopplung mit den Verfassern der Anforderungen ist wegen der inhärenten Ungenauigkeit der Anforderungstexte unumgänglich. Szenarien geben den Verfassern noch einmal die Möglichkeit, ihre Aussagen zu konkretisieren.

Im deutschsprachigen Raum hat die Forscherin und Praktikerin Chris Rupp von der „Sophist"-Gruppe den Weg zu einer maschinellen Analyse deutschsprachiger Anforderungstexte geebnet. Auf der einen Seite hat Rupp die genormte Gestaltung der Anforderungsdokumente durch die Einhaltung der OMG-Richtlinien propagiert und auf der anderen Seite grammatikalische Regeln und wiederverwendbare Muster für die Formulierung der Inhalte selbst aufgestellt. Die Regeln schreiben vor, wie deutsche Sätze eindeutig, vollständig, widerspruchsfrei und nachvollziehbar zu formulieren sind. Die Muster sind Schablonen zur Zusammenstellung einzelner Sätze, um einen gewissen wiederholt vorkommenden Sachverhalt zu beschreiben. Sie können verwendet werden, um die Konzepte zu vereinheitlichen. Die Regeln werden angewandt, um Präzision in die Ausdrucksweise zu bringen [RUPP07]. Die Einhaltung der so genannten Rupp-Regeln und die Anwendung ihrer Muster erleichtern die maschinelle Textanalyse und steigern den Wert der Analyseergebnisse.

Heute werden die Ansätze zur Textanalyse unter dem Begriff „Text Mining" zusammengefasst. Text Mining ist ein weitestgehend automatisierter Prozess der Gewinnung von neuem und potenziell nützlichem Wissen aus Textdokumenten. Er bedient sich der Techniken aus den älteren Forschungsgebieten Natural Language Processing (NLP), Information Retrieval, Information Extraction und Künstliche Intelligenz [HIPP06]. Vor allem im Internet mit seinen ungeheuren Textmengen wird Text Mining immer wichtiger. Geheimdienste und Militär befassen sich schon seit Langem mit der maschinellen Analyse von Prosatexten. Jetzt werden auch Geschäftsdokumente einer Textanalyse unterzogen. Die Ergebnisse sind erstaunlich gut [MILL05]. Aber auch für den Systemtest hat Text Mining eine große Bedeutung. Hier kommt es darauf an, die Testfälle bzw. Abnahmekriterien aus dem Anforderungstext zu gewinnen. Dazu muss der Text in einzelne Textbausteine – Sätze, Titel, Aufzählungen, Tabellen usw. – zerlegt werden. Anschließend werden die Textbausteine geparst und jedes Wort gemäß seiner Stellung im Satz – z.B. Subjekt, Prädikat, Objekt – etikettiert. Heutige Textparser erreichen eine Genauigkeit von bis zu 90%. Für die deutsche Sprache hat Wauschkuhn mit seinem Werkzeug zur partiellen syntaktischen Analyse deutscher Textkorpora eine Abdeckung von 85,7 % aller Sätze erreicht [WAUS96].

Mit dem Werkzeug *TextAnalysator* haben die Autoren sogar über 95% aller Sätze in deutschsprachigen Anforderungsdokumenten korrekt analysieren können. Dies liegt in erster Linie daran, dass die Dokumente eine Untermenge der deutschen Sprache verwenden. Es ist mit Hilfe vorgegebener Schlüsselwörter gelungen, fast alle Satzarten und deren Inhalte zu erkennen und in Tabellen einzuordnen. Aus dieser Information werden nicht nur Testfälle, sondern auch Metriken und graphische Sichten gewonnen. Im Prinzip handelt es sich hier um eine Art Reverse Engineering [SNEE05].

2.6 Anforderungsbasierte Testfallermittlung

Es lässt sich feststellen, dass die theoretische Forschung zum Thema Anforderungsanalyse viel weiter fortgeschritten ist als die Praxis . Viele qualitätssichernde Maßnahmen sind damit bereits abgedeckt, von der Vollständigkeits- und Konsistenzprüfung über die Testfallgenerierung bis hin zu Zuverlässigkeitsaussagen. Weil dieses Buch sich mit dem Systemtest befasst, beschränken wir uns hier auf die Generierung von Systemtestfällen, doch sollten wir nicht vergessen, dass die Anforderungsanalyse auch etliche andere Ziele verfolgt. Softwarequalitätssicherung ist mehr als nur der Test, ob die Anforderungen erfüllt sind.

Der Ausgangspunkt für den Systemtest ist allerdings die Anforderungsdokumentation [MOS93] als Test-Vorgabe. Man könnte „sonst nichts" hinzufügen, doch wäre dies eine zu strenge Auslegung. Wie bei den Forschungsarbeiten ist es unumgänglich, den Auftragsgeber mit den Ergebnissen der Anforderungsanalyse zu konfrontieren, damit er darauf reagieren kann. Durch die Auseinandersetzung mit den eigenen Aussagen werden die Verfasser der Fachkonzepte erkennen, was sie alles vergessen oder unklar formuliert haben. Schon aus diesem Grund müssen die Tester gleich zu Beginn des Projekts eingeschaltet werden, um möglichst früh einen Dialog mit dem Verfasser der Anforderungen aufzunehmen. Demnach gibt es zwei Informationsquellen für den Systemtest:

- die Anforderungsdokumentation
- die Verfasser der Anforderungsdokumentation

Hinzu kommen die Anwender, in deren Namen die Anforderungen verfasst werden.

Im Dialog mit den Verfassern werden die aus dem Fachkonzept abgeleiteten Szenarien verfeinert und zusätzliche Testfälle definiert, im Gespräch mit den Anwendern offene Fragen geklärt. Der Fokus liegt hier auf den Anwendergruppen, weil es davon immer mehrere gibt – von den Sachbearbeitern bis zu den verantwortlichen Betriebsleitern. Jeder hat seine eigene, spezifische Sicht hinsichtlich der Anforderungen und setzt andere Prioritäten. Es ist erforderlich, dass der Tester nicht nur mit den Analytikern spricht, sondern auch direkt mit den Benutzern. Als Anwalt der Anwender ist es wichtig zu wissen, wie Letztere das Fachkonzept ansehen, wie sie die Anforderungen beurteilen und ob sie mit dem Inhalt überhaupt einverstanden sind. An diesem Punkt wird die Aufgabe des Testers politisch. Es ist nicht seine Aufgabe, einen Keil zwischen Anwender und Analytiker zu treiben, doch muss er aufspüren, ob die dokumentierten Anforderungen mit den wahren Anforderungen übereinstimmen, ehe er beginnt, den Test darauf aufzubauen.

Nachdem feststeht, dass das Fachkonzept bzw. Anforderungsdokument den eigentlichen Wünschen des Anwenders entspricht, kann man mit der Analyse des Dokuments beginnen. Dies kann manuell oder automatisiert erfolgen. In beiden Fällen sind die Grundprinzipien gleich. Testfälle dienen dazu, den Wahrheitsgehalt einer Aussage über das Systemverhalten zu bestätigen. Es gibt drei Klassen von Aussagen [LAMS01]:

- Aussagen über Aktionen
- Aussagen über Zustände
- Aussagen über Beziehungen zwischen Zuständen und Aktionen

Im Mittelpunkt der Betrachtung stehen die Objekte der Verarbeitung. Objekte sind die logischen Gegenstände der Informationsverarbeitung, sichtbare Gegenstände wie Artikel, Bildschirmfenster, Bankkarten und Druckknöpfe sowie unsichtbare Objekte wie Konten, Kurse, Aktien und Darlehen. Hinzu kommen Ereignisse wie Vereinbarungen, Kreditvergaben, Geschäftsabschlüsse und dergleichen. Objekte sind Hauptwörter im Text, doch nicht alle Hauptwörter sind Objekte. Viele Hauptwörter haben mit der eigentlichen Aufgabe nichts zu tun und sind nebensächlich. Daher ist es zu Beginn einer Textanalyse erforderlich, alle relevanten Objekte zu identifizieren und sie in einem Objektverzeichnis zu registrieren.

Der nächste Schritt besteht darin, alle Vorgänge bzw. Geschäftsvorfälle zu identifizieren. Vorgänge sind Anwendungsfälle. Der Kunde erteilt einen Auftrag, der Buchhalter erstellt eine Rechnung, der Lagerverwalter liefert die Ware aus. Alle diese Ereignisse sind Schritte in einem Geschäftsprozess bzw. in einer Ereigniskette. Mittlerweile sind die Fachkonzepte meist nach Prozessen und Anwendungsfällen gegliedert. Die Anwendungsfälle, sprich Vorgänge, bilden die untersten Gliederungsstufen. Also ist es leicht, sie zu erkennen und zu erfassen. Wenn nicht, ist die Anforderungsdokumentation nicht fein genug gegliedert und demzufolge nicht testbar. In diesem Fall wäre es Aufgabe des Testers, auf einer Nachbesserung des Fachkonzepts zu bestehen, doch wird dies nicht immer möglich sein. Wenn nicht, bleibt dem Tester nichts anderes übrig, als das Fachkonzept selbst im Dialog mit den Anwendern nachzubessern und die Vorgänge einzufügen.

Nachdem die Listen der Objekte und Vorgänge vorliegen, kann die eigentliche Anforderungsanalyse beginnen. Ziel ist es, festzustellen, was mit den Objekten geschieht und wann die Objekte in welche Zustände übergehen können. Daraus folgen:

- die Aktionen auf die Objekte,
- die Zustände der Objekte und
- die Bedingungen bzw. Regeln.

(Siehe Abbildung 2.5.)

Aktionen auf Objekte:	Das Kundenkonto wird gesperrt Das gewünschte Geld wird ausgezahlt
Objektzustände:	Das Kundenkonto ist überzogen Die Kundenkarte ist abgelaufen
Regeln:	▪ Sofern das Konto überzogen ist, wird kein Geld ausgezahlt ▪ Wenn die Karte ungültig ist, wird sie eingezogen ▪ Kundenkonten werden gesperrt, wenn sie mehr als 3 Monate überzogen sind ▪ Im Falle eines Netzausfalls wird der Geldautomat ausgeschaltet

Abbildung 2.5 Anforderungen beinhalten Aktionen, Zustände und Regeln.

Für jede Aktion, jeden Zustand und jede Bedingung soll es einen Testfall geben, der die Aussage prüft.

Nehmen wir ein Girokonto als Beispiel. Das Konto wird eröffnet, es wird Geld auf das Konto eingezahlt, vom Konto abgebucht, das Konto wird gesperrt und irgendwann aufgelöst. All dies sind Aktionen auf das Objekt Konto. Sie sind an Hand der Aktionszeitwörter erkennbar, zum Beispiel „Kunde löscht Konto“. Ein Konto hat auch Zustände. Es ist leer, wenn noch kein Geld eingezahlt wurde. Es ist im Plus, wenn der Kontostand größer null ist, im Minus, wenn der Kontostand kleiner null ist. Es ist überzogen, wenn der Minusbetrag die Überziehungsgrenze überschreitet. Es ist gesperrt, wenn die Überziehungsgrenze nach einer gewissen Zeitdauer immer noch überschritten ist. Dies sind die Zustände eines Objekts, die in der Beschreibung vorkommen sollten. Erkennbar sind sie anhand der Zustandsverben – ist, sein, war, wird usw., zum Beispiel „das Konto ist überzogen“.

Die Bedingungen oder Regeln verknüpfen Aktionen mit Zuständen. Eine Aktion wird durch einen Zustand ausgelöst: Wenn der Sollstand über die Kreditgrenze steigt, wird das Konto als überzogen markiert. Sobald der Sollzustand unter die Kreditgrenze sinkt, wird das Konto als nicht überzogen markiert. Sollte das Konto mehr als sechs Monate überzogen sein, wird es gesperrt. Bedingungen sind an den Bedingungswörtern wie wenn, sobald, solange, ob, insofern usw. zu erkennen. In der Regel beziehen sich Bedingungen auf ein Objekt, sie können aber durch logische UND/ODER-Operatoren sowie andere Verknüpfungsarten mit mehreren Objekten verbunden sein, wie in der folgenden Aussage:

„Falls das Konto überzogen ist und der Kunde seinen Arbeitsplatz verliert, wird das Konto gesperrt.“ Hier wird eine Beziehung zwischen dem Zustand des Kontos und dem Zustand des Kunden hergestellt. Die Auslösung einer Aktion kann also sehr wohl durch den Zustand mehrerer Objekte bedingt sein. Wichtig in diesem Zusammenhang ist, dass jede Bedingung zwei Testfälle benötigt – den einen, um den positiven Ausgang, und den anderen, um den negativen Ausgang zu testen. Wenn also ein Bedingungswort im Text erscheint, sind gleich zwei Testfälle abzuleiten.

Für jeden deklarierten Objektzustand ist ein Testfall zu spezifizieren, um zu prüfen, ob dieser Zustand tatsächlich eintritt, und für jede Aktion auf ein Objekt ist ein Testfall zu spezifizieren, um diese Aktion durchzuführen. Auf diese Weise entstehen drei Testfallmengen:

- Aktionsbasierte Testfälle
- Zustandsbasierte Testfälle
- Regelbasierte Testfälle

Es wird mindestens für jede Bedingung zwei Testfälle und für jede Aktion und Zustandsdeklaration jeweils einen Testfall geben. Weil Bedingungen auch Aktionen und Zustände beinhalten, wird es zu redundanten Testfällen kommen. Die Redundanzen können jedoch bei der Zusammenführung der drei Testfallmengen – der aktionsbasierten Testfälle, der zustandsbasierten Testfälle und der regelbasierten Testfälle – bereinigt werden [POTS94].

2.7 Beispiel der Testfallermittlung

Die Methode zur Ableitung von Testfällen aus einem deutschen Text wird anhand der folgenden Beschreibung einer Auftragsbearbeitung erläutert. Hier beginnt die Anforderungsspezifikation in Anlehnung an die Empfehlungen der OMG mit einem Kontextdiagramm, um den Rahmen des Vorhabens abzustecken (siehe Abbildung 2.6).

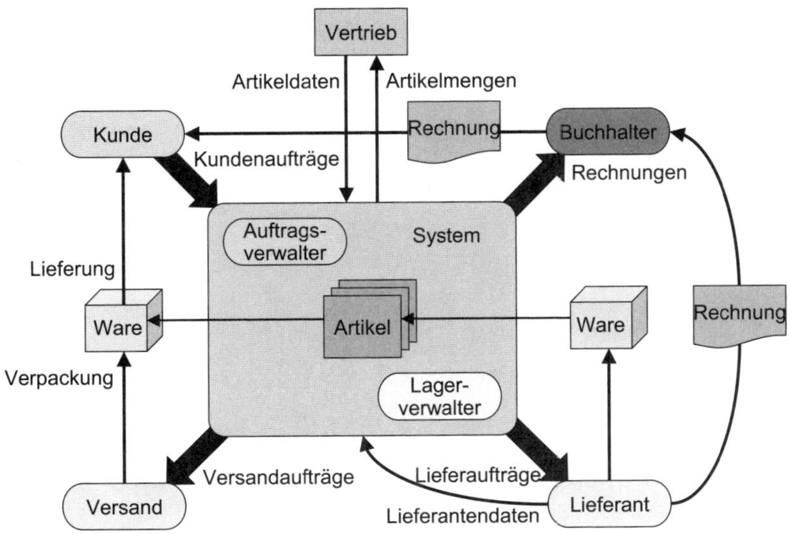

Abbildung 2.6
Kontextdiagramm der Auftragsbearbeitung

Anschließend werden die Systemakteure identifiziert (siehe Abbildung 2.7).

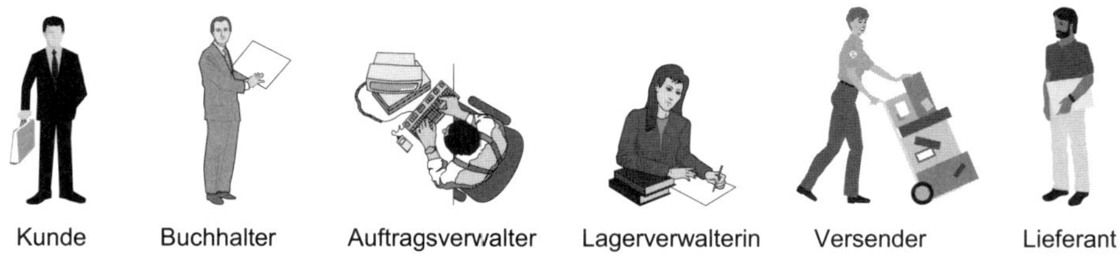

Kunde	→	Kundenauftragsbearbeitung
Buchhalter	→	Rechnungsstellung
Auftragsverwalter	→	Rückstellungsbearbeitung
Lagerverwalter	→	Lieferauftragsbearbeitung
Versender	→	Versandbearbeitung

Abbildung 2.7 Identifikation der Systemakteure

Ein Use-Case-Diagramm beschreibt die Interaktion zwischen den Systemakteuren und dem System sowie die Erweiterungen der Anwendungsfälle innerhalb des Systems (siehe Abbildung 2.8).

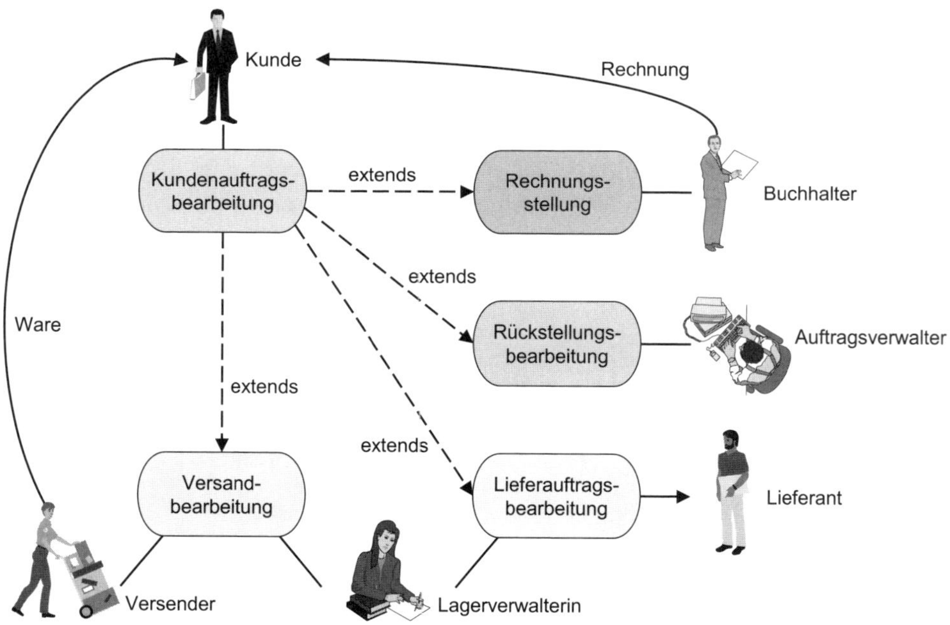

Abbildung 2.8 Use-Case-Diagramm der Auftragsbearbeitung

Als Beispiel dient die Kundenauftragsbearbeitung. Kundenaufträge sind durch das neue System zu bearbeiten. Bei der Kundenauftragsbearbeitung wird zunächst geprüft, ob der Kunde bekannt ist, das heißt, ob er in der Kundendatenbank geführt wird. Wenn er bekannt ist, wird seine Bonität geprüft. Falls der Kunde unbekannt oder kreditunwürdig ist, wird der Kundenauftrag abgelehnt, sonst werden seine Bestellposten der Reihe nach abgearbeitet. Bei der Bearbeitung einer Bestellung wird zuerst geprüft, ob der bestellte Artikel vorrätig ist. Wenn nicht, wird der Bestellposten abgewiesen. Wenn ja, wird geprüft, ob die Artikelmenge ausreichend ist bzw. ob die Artikelmenge größer als die Bestellmenge ist. Falls die Artikelmenge nicht ausreichend ist, wird die Bestellung zurückgestellt und ein Rückstellposten gebildet. Der Rückstellposten übernimmt die Daten von dem Kundenvertrag. Sofern die Artikelmenge ausreichend ist, wird die Bestellmenge von der Artikelmenge abgezogen und ein Versandauftrag erstellt.

Die Versandaufträge werden gesammelt und am Ende des Tages an die Lagerverwaltung übertragen. Bei jeder Reduzierung der Artikelmenge wird geprüft, ob die Artikelmenge noch oberhalb der Mindestmenge des Artikels ist. Wenn die Artikelmenge unter die Mindestmenge sinkt, wird ein Lieferposten erzeugt. Die Lieferposten werden gesammelt und nachts im Batch-Betrieb weiterverarbeitet. Für jede erfüllte Bestellung wird ein Rechnungsposten geschrieben. Ein Rechnungsposten besteht aus Daten vom Kundenauftrag und vom Artikel. Hinzu kommt der Zahlungsbetrag als die Bestellmenge, multipliziert mit dem Artikelpreis. Der Lieferposten wird dem Lieferanten mit dem niedrigsten Lieferpreis zugeordnet. Am Ende wird ein Lieferauftrag für jeden Lieferanten mit mindestens einem Lieferposten ausgestellt. Die Rechnungsposten werden ebenfalls gesammelt. Einmal pro Woche wird eine Rechnung pro Kunde mit mindestens einem Rechnungsposten ausgestellt. Falls ein Bestellposten abgewiesen oder zurückgestellt wird, werden die restlichen Bestellposten des Auftrags trotzdem verarbeitet, jedoch eine Fehlermeldung ausgegeben.

Diesen Zusammenhang zwischen den Datenobjekten zeigt das folgende Entity/Relationship-Diagramm, ergänzt durch ein Schnittstellen-Diagramm. Das E/R-Diagramm zeigt die Beziehungen zwischen den Objekten innerhalb des Systems (siehe Abbildung 2.9).

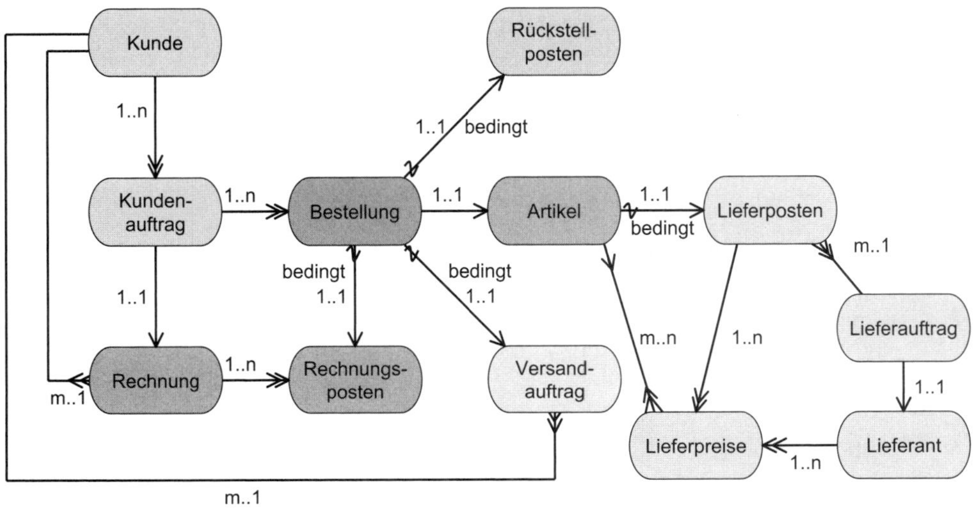

Abbildung 2.9 Entity/Relationship-Diagramm der Auftragsbearbeitung

Das Schnittstellen-Diagramm zeigt die Interaktionen zwischen dem System und seiner Umgebung (siehe Abbildung 2.10).

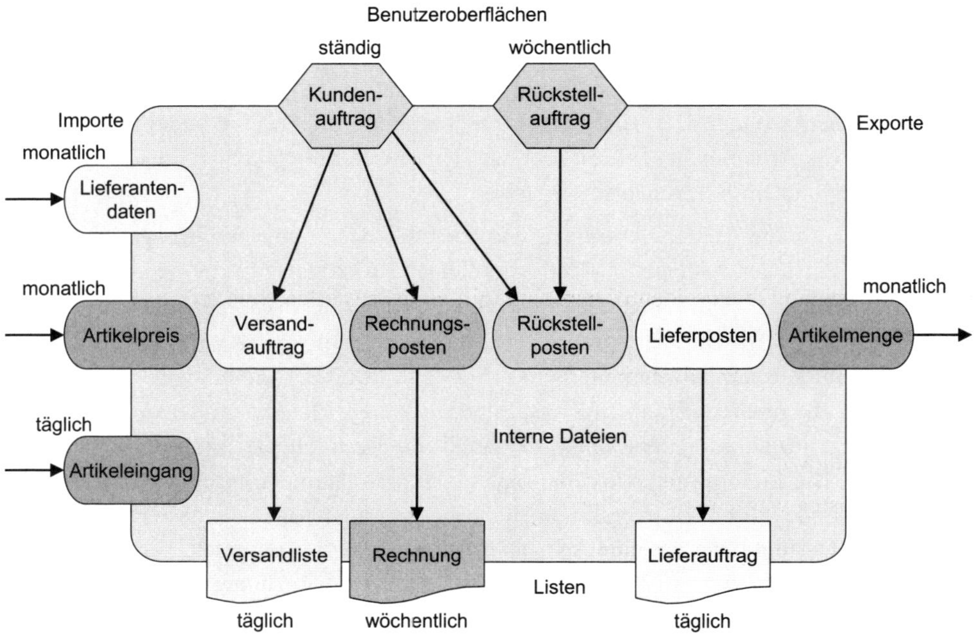

Abbildung 2.10 Schnittstellen-Diagramm der Auftragsbearbeitung

Der erste Schritt auf dem Weg zur Ableitung der Testfälle aus diesem Text ist die Identifikation der Objekte. Alle Hauptwörter sind potenzielle Anforderungsobjekte. Ob sie es tatsächlich sind, hängt von der Bedeutung für die Anwendung ab. Oft verwenden die Verfasser von Fachkonzepten Begriffe, die mit der Anwendung selbst direkt nichts zu tun haben. Sie beziehen sich auf die Umgebung, in der die Anforderungen stattfinden, oder auf das Fachkonzept selbst. Ebenfalls auszuschließen sind substantivische Ereigniswörter wie Bearbeitung oder Verwaltung. Sie stellen keine Objekte dar. Als Objekte gelten hier in diesem Zusammenhang nur Gegenstände, mit denen Aktionen ausgeführt oder deren Zustände abgefragt werden.

In unserem Beispiel sind die Kundenauftragsbearbeitung und die Bearbeitung einer Bestellung keine Objekte, sondern Ereignisse. Echte Objekte sind:

- Kundenauftrag
- Kunde
- Bonität
- Bestellposten
- Artikel
- Versandauftrag

- Mindestmenge
- Lieferposten
- Lieferant
- Lieferpreis
- Rechnungsposten
- Zahlungsbetrag
- Artikelmenge
- Bestellmenge
- Rückstellposten

Sobald die echten Objekte identifiziert sind, gilt es festzustellen, was mit ihnen geschieht. Die Aktionen auf die Objekte:

- Kundenaufträge werden bearbeitet
- Es wird geprüft, ob der Kunde bekannt ist
- Die Bonität wird geprüft
- Bestellposten werden abgearbeitet
- Es wird geprüft, ob der bestellte Artikel vorhanden ist
- Es wird geprüft, ob die Artikelmenge ausreichend ist
- Ein Rückstellposten wird gebildet
- Bestellmenge wird von der Artikelmenge abgezogen
- Ein Versandauftrag wird erstellt
- Die Artikelmenge wird reduziert
- Es wird geprüft, ob die Artikelmenge über der Mindestmenge ist
- Ein Lieferposten wird erzeugt
- Lieferposten wird dem Lieferanten mit dem niedrigsten Lieferpreis zugeordnet
- Ein Lieferauftrag wird ausgestellt
- Rechnungsposten werden gesammelt
- Eine Rechnung pro Kunde wird ausgestellt
- Restliche Bestellposten werden verarbeitet
- Eine Fehlermeldung wird ausgegeben

Neben den Aktionen auf die Objekte sind auch die Zustände der Objekte festzustellen. Dabei handelt es sich um die folgenden:

- ob der Kunde bekannt ist oder nicht
- ob er kreditwürdig ist oder nicht
- ob der bestellte Artikel vorhanden ist oder nicht
- ob die Artikelmenge ausreichend ist oder nicht

- ob die Artikelmenge noch oberhalb der Mindestgrenze liegt oder nicht
- ob ein Lieferant der billigste ist oder nicht
- ob ein Bestellposten erfüllt ist oder nicht
- ob ein Rückstellposten erzeugt wurde oder nicht
- ob ein Lieferposten erstellt wurde oder nicht
- ob ein Rechnungsposten erstellt wurde oder nicht

Schließlich sind die Bedingungen aus dem Text herauszuholen. Diese sind:

- Falls der Kunde unbekannt oder kreditunwürdig ist
- Wenn der Artikel auf Lager ist
- Wenn ja (vorhanden)
- Falls die Artikelmenge nicht ausreichend ist
- Sofern die Artikelmenge ausreichend ist
- Wenn die Artikelmenge unter die Mindestmenge sinkt
- Gesetzt den Fall, dass Umsatzsteuer fällig ist
- Wenn ein Bestellposten abgemessen wird

(siehe Abbildung 2.11)

Objekte	Aktion	Bedingungen
Kundenauftrag	ablehnen annehmen	if Kunde unbekannt or Kundenbonität schlecht if Kunde bekannt and Kundenbonität not schlecht
Bestellung	erfüllen ablehnen zurückstellen	if Artikel vorhanden and Artikelmenge > Bestellmenge if Artikel not vorhanden if Artikelmenge not > Bestellmenge
Versandauftrag	erstellen	if Bestellung erfüllt
Rückstellposten	bilden	if Bestellung zurückgestellt
Rechnungsposten	erstellen	if Bestellung erfüllt
Artikel	verändern	if Artikelmenge > Bestellmenge
Lieferposten	erstellen	if Artikelmenge < Mindestmenge
Lieferant	auswählen	if Lieferpreis = Mindestmenge (Lieferpreise)
Lieferauftrag	schreiben	if Lieferant vorhanden and Lieferposten vorhanden

Abbildung 2.11
Geschäftsregel der Auftragsbearbeitung

Jede Aktion, jeder Zustand und jede Bedingung, bezogen auf ein für die Aufgabe relevantes Objekt, ist ein potenzieller funktionaler Testfall. Aktionen müssen mindestens ein Mal ausgeführt, Zustände abgefragt werden, ob sie auftreten, und Bedingungen müssen mal erfüllt und mal nicht erfüllt werden. Daraus folgen für jede Bedingung bzw. Regel zwei Testfälle – der positive und der negative Ausgang. Natürlich gibt es zwischen diesen semantischen Elementen einige Überlappungen. Aktionen lassen sich in bedingte und unbedingte unterscheiden. Bedingte Aktionen werden durch die Bedingungstestfälle abgedeckt, zum Beispiel im folgenden Fall:

„Falls die Artikelmenge nicht ausreichend ist, wird der Bestellposten zurückgestellt.“

Der Bedingungstest „Artikelmenge nicht ausreichend“ wird die Aktion „Bestellposten zurückstellen“ auslösen. Ergo sind nur für die unbedingten Aktionen eigene Testfälle zu kreieren. Dabei wird sich aber herausstellen, dass fast alle Aktionen (wie hier in der Auftragsbearbeitung) von den vorherigen abhängig und somit bedingt sind. Nur dort, wo Aktionen von außen angestoßen werden, sind eigene Testfälle nötig.

Das Gleiche gilt für die Objektzustände. Zustände werden in der Regel abgefragt – zum Beispiel, ob der Kunde kreditwürdig oder ob die Artikelmenge ausreichend vorhanden ist. In diesem Fall handelt es sich um bedingte Zustände. Bedingte Zustände werden ebenfalls durch die Bedingungstestfälle abgedeckt. Es bleiben also nur die unbedingten Zustände übrig, wie „Bestellposten erfüllt“ oder „Auftrag erledigt“. Diese Zustände werden im Anforderungstext nicht explizit abgefragt, bedürfen aber eigener Testfälle.

Daraus folgt, dass zunächst die Bedingungen im Anforderungstext zu identifizieren und dafür Testfälle zu generieren sind. Dies geschieht im ersten Durchgang. Sollte es dennoch Aktionen und Zustände geben, die nicht bedingt sind, werden diese im zweiten Durchgang identifiziert und dafür Testfälle generiert – einen für jede unbedingte Aktion und jeden unbedingten Zustand. Zum Schluss ergibt sich eine Menge nicht redundanter, funktionaler Testfälle. In unserem Beispiel sind es:

- ein Kundenauftrag von einem unbekannten Kunden (Kundenname ist kein Element der geführten Kundennamen)
- ein Kundenauftrag von einem bekannten Kunden mit unzureichender Bonität (Kundenbonität < Mindestbonität)
- ein Kundenauftrag von einem bekannten Kunden mit ausreichender Bonität, aber ohne Bestellposten

  `Bestellposten(i).Menge = 0`
- ein Kundenauftrag von einem bekannten Kunden mit ausreichender Bonität mit mindestens einem Bestellposten, in dem der bestellte Artikel nicht auf Lager ist

  `Bestellposten(i).Menge > 0`

  `Artikelnummer ist kein Element der Menge der vorhandenen Artikel`
- ein Kundenauftrag von einem bekannten Kunden mit ausreichender Bonität mit mindestens einem Bestellposten, in dem der bestellte Artikel auf Lager ist, aber in dem die bestellte Menge größer als die Artikelmenge des betreffenden Artikels ist

  `Bestellposten(i).Menge > Artikel(Artikelnummer).Menge`
- ein Kundenauftrag von einem bekannten Kunden mit ausreichender Bonität mit mindestens einem Bestellposten, in dem der bestellte Artikel auf Lager ist, die bestellte Menge aber kleiner als die Artikelmenge des betreffenden Artikels ist

  `Bestellposten(i).Menge <= Artikel(Artikelnummer).Menge`
- ein Kundenauftrag von einem bekannten Kunden mit ausreichender Bonität mit mindestens einem Bestellposten, in dem der bestellte Artikel auf Lager und die bestellte Menge kleiner als die Artikelmenge des betreffenden Artikels und die reduzierte Arti-

kelmenge kleiner als die Mindestmenge ist

```
Bestellposten(i).Menge <= Artikel(Artikelnummer).Menge &
Artikel(Artikelnummer).Menge - Bestellposten(i).Menge <
    Artikel(Artikelnummer).Mindestmenge
```

- ein Kundenauftrag von einem bekannten Kunden mit ausreichender Bonität mit mehr als 10 Bestellposten

(siehe Abbildung 2.12)

Type	Number	Pos	Use_Case	TestObject	Precondition	Postcondition	Arguments	Input_Value	Results
Func	101285	1	Auftragsbearbeitung	Kundenauftrag	Kunde ~E(Set)Kunden	keine Änderung	Kundennr	1014710	Response_Msg
Func	101286	1	Auftragsbearbeitung	Kundenauftrag	Kunde E(Set)Kunden	keine Änderung	Kundennr	1014711	Response_Msg
Func	101286	2		Kundenauftrag	Position(1).ArtNr ~E(Set)Artikel.ArtNr		Position(1).ArtNr	300	Response_Msg
Func	101287	1	Auftragsbearbeitung	Kundenauftrag	Kunde E(Set)Kunden	keine Änderung	Kundennr	1014711	Response_Msg
Func	101287	2			Position(1).ArtNr E(Set)Artikel.ArtNr		Position(1).ArtNr	305	Response_Msg
Func	101287	3			Position(1).Menge > Artikel.Menge		Position(1).Menge	22	Response_Msg
Func	101287	4					Artikel.Menge	20	Artikel.Menge
Func	101288	1	Auftragsbearbeitung	Kundenauftrag	Kunde E(Set)Kunden	Artikelmenge <	Kundennr	1014711	Response_Msg
Func	101288	2			Position(2)ArtNr E(Set)Artikel.ArtNr	Last.Artikelmenge	Position(2).ArtNr	305	Artikel.Menge
Func	101288	3			Position(2)Menge < Artikel.Menge		Position(2).Menge	5	
Func	101288	4					Artikel.Menge	20	Artikel.Menge
Func	101289	1	Auftragsbearbeitung	Kundenauftrag	Kunde E(Set)Kunden	Artikelmenge <	Kundennr	1014711	Response_Msg
Func	101289	2			Position(3)ArtNr E(Set)Artikel.ArtNr	Last.Artikelmenge	Position(3).ArtNr	305	Artikel.Menge
Func	101289	3			Position(3)Menge = Artikel.Menge		Position(3).Menge	15	
Func	101289	4					Artikel.Menge	15	Artikel.Menge

Abbildung 2.12 Testfälle der Auftragsbearbeitung

Letztendlich ergeben sich 8 Testfälle aus dem Vorgang bzw. Anwendungsfall „Kundenauftrag bearbeiten“. Diese 8 Testfälle reichen aus, um alle Bedingungen, Aktionen und Zustände in der Vorgangsbeschreibung abzudecken. Ob die Beschreibung wirklich dem entspricht, was der Anwender haben will, oder ob sie vollständig ist, bleibt dahingestellt. Aus der Sicht des funktionalen Tests wird nur getestet, was beschrieben ist. Sollte sich herausstellen, dass wichtige Testfälle fehlen, ist dies ein Zeichen dafür, dass die Anforderungsspezifikation unvollständig war. Dann ist es besser, statt zusätzliche Testfälle zu schaffen, den Anforderungstext zu ergänzen. Ein solcher Fall wäre hier z.B., was zu tun ist, wenn zwei Lieferanten denselben Artikel zum selben Preis anbieten.

2.8 Zur Automatisierung der Testfallermittlung

Ein Verfahren zur Ermittlung von Testfällen an Hand der Anforderungsdokumente lässt sich meist zum Großteil automatisieren. Mit einem Textanalysator ist es möglich, die Hauptwörter, die Aktionswörter und die Zustandswörter zu erkennen und auszuweisen. Durch das Zusammenwirken mit dem menschlichen Partner kann der Automat auch die Testfälle erzeugen und aufbereiten. Ein solcher Automat ist der Textanalysator der Firma ANECON. Der automatisierte Prozess, so wie er vom Textanalysator durchgeführt wird, besteht aus sechs Schritten:

- Aufbereitung des Texts
- Anzeige potenzieller Objekte
- Selektion der tatsächlichen Objekte
- Parametrisierung der Analyse
- Analyse des Texts
- Protokollierung der Testfälle

(siehe Abbildung 2.13)

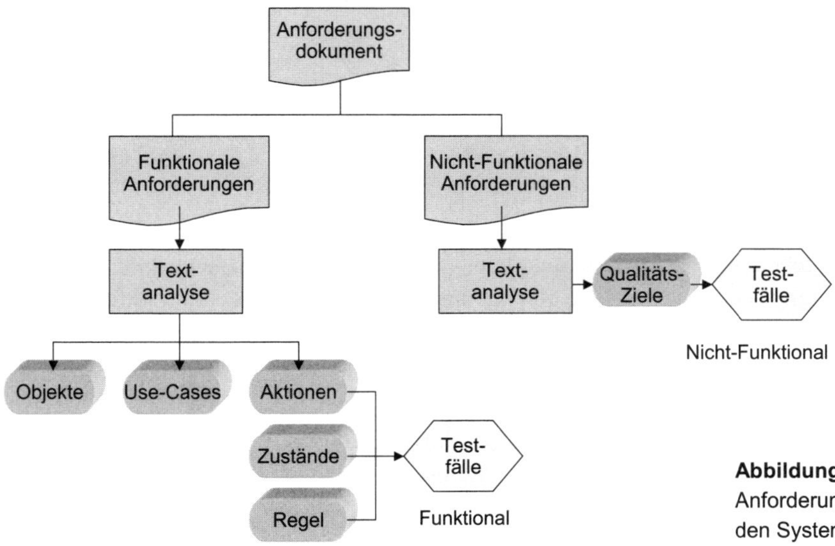

Abbildung 2.13
Anforderungsanalyse für den Systemtest

Im ersten Schritt muss der Text in eine verarbeitbare Form gebracht werden. Oft sind Anforderungsdokumente als Word- oder PDF-Dateien gespeichert. Zwecks der automatisierten Analyse müssen diese Dateien in reine Textdateien umgewandelt werden. Außerdem ist es dienlich, alle Inhalte, die nicht unmittelbar mit der Analyse selbst zu tun haben, beiseitezulassen, so zum Beispiel die Projektrahmenbedingungen, die Zielerklärung und die Vertragsregelungen. Die Eingabe zur Textanalyse sollte sich auf funktionale und nicht-funktionale Anforderungen beschränken.

Im zweiten Schritt wird der Preprozessor des Werkzeugs angestoßen. Er liest sich durch die Texte und sammelt alle Hauptwörter ein, die danach in einer Checkliste alphabetisch sortiert aufgelistet werden.

Im dritten Schritt ist eine manuelle Überarbeitung erforderlich. Der Tester muss durch die Texte der Hauptwörter gehen und alle markieren, die aus Sicht der Anwendung potenzielle Objekte sind.

Im vierten Schritt wird die eigentliche Textanalyse parametrisiert. Hier muss der Tester angeben, welche Schlüsselwörter zur Erkennung von Anforderungen, Benutzeroberflächen, Schnittstellen, Berichten, Use-Cases und deren Eigenschaften zu verwenden sind. Es gäbe im Prinzip beliebig viele Parameter, die man bei einer solchen Textanalyse setzen könnte. Hier wird angestrebt, sie auf einem Minimum zu halten und den Rest dem Werkzeug zu überlassen.

Im fünften Schritt wird die Hauptanalyse durch das Werkzeug angestoßen. Der lexikalische Analysator zerlegt jeden Textabsatz in einzelne Sätze und unterzieht jeden Satz einer grammatikalischen Analyse. Zunächst wird geprüft, ob sich ein Satz auf ein oder mehrere relevante Objekte bezieht. Wenn ja, wird nach den Aktionswörtern und Zustandswörtern gesucht. Bezieht sich ein Aktionswort auf ein Objekt, wird daraus eine Aktion abgeleitet. Wird ein Objektzustand definiert, wird daraus ein Zustand abgeleitet. Tritt in einem Satz ein Bedingungswort auf, wird die Bedingungsklausel als Regel abgeleitet. Das Werkzeug sammelt die Aktionen, Zustände und Bedingungen und ordnet sie sowohl nach Objekt als auch nach Anwendungsfall. Für jeden dieser semantischen Ausdrücke wird ein Testfall formuliert.

Im sechsten Schritt geht der Automat durch die von ihm selbst erzeugten Testfälle und eliminiert alle redundanten Fälle. Danach speichert er sie nach Anwendungsfall und summiert die Anzahl (siehe Abbildung 2.14).

Im siebten und letzten Schritt untersucht der Tester die Tabelle oder die Testfälle und entfernt die irrelevanten Testfälle. Die verbleibenden Testfälle werden vom Tester bewertet und nach einem bestimmten Kriterium, z.B. nach deren Risikoaussetzung, priorisiert. Die endgültigen Testfälle werden sowohl im Excel- als auch im XML- und im Textformat abgespeichert.

Somit ist die Ermittlung der funktionalen Testfälle durch die Analyse der Anforderungen größtenteils automatisierbar. Die Qualität der Testfälle ist jedoch in hohem Maße von der Qualität und Vollständigkeit der Anforderungsdokumente abhängig. Der Tester muss demnach die Analyse nur steuern und kontrollieren. In der Praxis wird es jedoch immer notwendig sein, den automatisiert abgeleiteten Testfallkatalog zu ergänzen und zu überarbeiten, da die Analysedokumente zum überwiegenden Teil viele Wünsche hinsichtlich Klarheit, Detaillierung, Aktualität und Vollständigkeit offenlassen und einige Informationen auch zwischen den Zeilen stehen werden.

Daher gibt es auch einige nützliche Zusatzleistungen dieser automatisierten Analyse: zunächst einen Prüfbericht, in dem alle Regelverletzungen aufgelistet sind. Christ Rupp hat in ihrem Buch „Requirements Engineering und Management“ 25 Regeln für die Verfassung

```
Testfall-ID  UseCase Bezeichnung              Type    Action, State or Rule
-----------------------------------------------------------------------------------------------
AUFTRAG0025  Kundenauftragsbearbeitung confirm State   Die Lieferposten werden in einer XML Datei
                                                       aufbewahrt, um spaeter, einmal pro Tag, im
                                                       Batchmodus verarbeitet zu werden.
AUFTRAG0027  Kundenauftragsbearbeitung perform Action  Fuer jede erfuellte Bestellung wird
                                                       ein Rechnungsposten geschrieben.
AUFTRAG0028  Kundenauftragsbearbeitung confirm State   Ein Rechnungsposten entsteht aus den
                                                       Bestellposten.
AUFTRAG0029  Kundenauftragsbearbeitung perform Action  Auch die Rechnungsposten werden in einer XML
                                                       Datei aufbewahrt uus der einmal pro Woche die
                                                       Rechnungen erstellt werden.
AUFTRAG0031  Kundenauftragsbearbeitung checks  Rule    Bei der Kundenauftragsbearbeitung wird
                                                       zunaechst geprueft, ob der Kunde ueberhaupt
                                                       bekannt ist.
AUFTRAG0033  Kundenauftragsbearbeitung checks  Rule    ob der Kunde überhaupt in der Kundendatenbank
                                                       gefuehrt wird.
AUFTRAG0035  Kundenauftragsbearbeitung checks  Rule    Wenn er bekannt ist, wird seine Bonitaet
                                                       geprueft.
AUFTRAG0037  Kundenauftragsbearbeitung checks  Rule    Falls der Kunde unbekannt oder
                                                       kreditunwuerdig ist, wird der Kundenauftrag
                                                       abgelehnt, sonst werden seine Bestellungen
                                                       der Reihe nach abgearbeitet.
AUFTRAG0039  Kundenauftragsbearbeitung checks  Rule    Bei der Bearbeitung einer Bestellung wird
                                                       zuerst geprueft, ob der bestellte Artikel
                                                       vorhanden ist.
AUFTRAG0041  Kundenauftragsbearbeitung checks  Rule    Wenn nicht, wird die Bestellung abgewiesen.
AUFTRAG0043  Kundenauftragsbearbeitung checks  Rule    Wenn ja, wird geprueft, ob die Artikelmenge
                                                       ausreichend ist.
AUFTRAG0045  Kundenauftragsbearbeitung checks  Rule    Falls die Menge nicht ausreichend ist,
                                                       wird die Bestellung zurueckgestellt und ein
                                                       Rueckstellposten gebildet.
AUFTRAG0049  Kundenauftragsbearbeitung checks  Rule    Jedes Mal, wenn die Artikelmenge reduziert
                                                       wird, wird geprueft, ob die Artikelmenge noch
                                                       oberhalb der Mindestmenge des Artikels ist.
...
```

Abbildung 2.14 Testfälle aus der Anforderungsanalyse

sung eines Fachkonzepts beschrieben. Diese Regeln beziehen sich auf den Satzaufbau, dieAusdrucksweise und die Verwendung bestimmter Wörter. Es sind Stilregeln für die Verwendung der deutschen Sprache zur Beschreibung von Systemanforderungen. Der Textanalysator prüft zwar nicht alle, doch den größten Teil der Regeln. Außerdem wird geprüft, ob alle Muss-Attribute der Anwendungsfälle wirklich angegeben sind, sowie, ob alle im Inhaltsverzeichnis angegebenen Abschnitte mindestens zwei Sätze haben.

Außerdem wird ein Metrikbericht generiert, in dem die Größenmaße, Komplexitätsmaße und Qualitätsmaße des Fachkonzepts enthalten sind. Zu den Größenmaßen zählen neben der Anzahl der Objekte, Anwendungsfälle, Aktionen, Zustände, Regeln und Testfälle auch die Function-, Data-, Object- und Use-Case-Points. Komplexitätsmaße sind die Textdichte, die Bedingungsdichte und die Querverweisdichte. Qualitätsmaße sind die Vollständigkeit, die Konsistenz und die Modularität des Dokuments.

Die automatische Anforderungsanalyse liefert neben den funktionalen und nichtfunktionalen Testfällen also auch eine Qualitätsbewertung des Dokuments und eine Messung der Größe und Komplexität des Vorhabens. Dies ist ein wichtiger Beitrag zur Qualitätssicherung der weiteren Entwicklung, ein Beitrag, den man manuell kaum leisten könnte (siehe Abbildung 2.15).

```
+-----------------------------------------------------------------------+
|           C O N C E P T   Q U A N T I T Y   M E T R I C S            |
|                                                                       |
|       Number of Text Members analyzed          =======>      1       |
|       Number of Text Lines analyzed            =======>    363       |
|       Number of Concept Titel Lines            =======>      1       |
|       Number of Text Segments analyzed         =======>      8       |
|       Number of Text Members referenced        =======>     26       |
|       Number of User Interfaces specified      =======>      8       |
|       Number of Reports specified              =======>      3       |
|       Number of Parameters specified           =======>      3       |
|       Number of Objects specified              =======>    286       |
|       Number of Attributes specified           =======>     10       |
|       Number of Predicates specified           =======>     41       |
|       Number of Constants specified            =======>      3       |
|       Number of States specified               =======>     15       |
|       Number of Usage Actors specified         =======>      5       |
|       Number of Actions specified              =======>     51       |
|       Number of Rules specified                =======>     24       |
|       Number of Use Cases specified            =======>      6       |
|       Number of Use Case Steps specified       =======>      5       |
|       Number of Test Cases extracted           =======>    107       |
|       Number of Sentences contained in texts   =======>    150       |
|       Number of Words contained in texts       =======>   1066       |
|       Number of Conditions contained in texts  =======>     24       |
|       Number of Nouns contained in texts       =======>    277       |
|       Number of Verbs contained in texts       =======>     89       |
|       Number of Function-Points                =======>    206       |
|       Number of Data-Points                    =======>    646       |
|       Number of Object-Points                  =======>    472       |
|       Number of Use Case Points                =======>     52       |
+-----------------------------------------------------------------------+
```

Abbildung 2.15 Metrik aus der Anforderungsanalyse

2.9 Erfahrung mit der automatisierten Anforderungsanalyse

Die Erfahrungen mit der automatisierten Anforderungsanalyse haben gezeigt, dass es sehr wohl möglich ist, Anforderungsdokumente zu prüfen, zu messen und daraus logische Testfälle abzuleiten. Voraussetzung ist jedoch ein strukturiertes Dokument – wie das Lastenheft im V-Modell-XT. Zunächst muss das Dokument analysefähig sein, d.h. die Anforderungen müssen gekennzeichnet sein, es muss zwischen funktionalen und nicht-funktionalen Anforderungen unterschieden werden, die Sätze müssen klar formuliert sein, und die Anwendungsfälle sollten vorgegeben werden. Falls das Anforderungsdokument noch nicht die erforderliche Qualität hat, muss es vor der Analyse überarbeitet werden. Dies wird als Requirements Reengineering bezeichnet und ist eine Aufgabe der Qualitätssicherung. Die Sicherung der Anforderungsqualität ist sogar die wichtigste Leistung, die eine Qualitätssicherung zu erbringen hat.

Besonders gute Erfahrung wurde im öffentlichen Bereich gemacht, wo nach V-Modell-XT gearbeitet wird. Da dort das Lastenheft als Basis der Ausschreibung dient, müssen das Dokument wohl strukturiert und die Anforderungen exakt definiert sein. In einigen Projekten der Autoren konnte mit der automatischen Analyse aus den Lastenheften ein gutes Set an

Testfällen gewonnen werden. Diese Testfälle konnten Tester in einem weiteren Schritt nachbessern und vervollständigen. In einem weiteren Projekt wurde die automatisierte Lastenheftanalyse genutzt, um die Function-, UseCase- und Test-Points zu zählen und den Projektaufwand zu schätzen.

Die Erfahrung mit der Analyse von Lastenheften nach V-Modell-XT lehrt uns, dass es nicht nur möglich ist, die Texte zu prüfen und daraus logische Testfälle abzuleiten. Es ist ferner möglich, Function-, UseCase- und Test-Points für die Aufwandsschätzung zu ermitteln und eine Prüfspezifikation für die Testplanung zu generieren. Mit der automatisierten Anforderungsanalyse beginnt der Weg in den automatisierten Systemtest.

3

3 Systemtestplanung

3.1 Zweck der Testplanung

Der System- bzw. Abnahmetest ist ein Projekt für sich, das neben dem eigentlichen Entwicklungs- bzw. Integrations-, Migrations- oder Installationsprojekt läuft. Als solches muss es wie andere Projekte definiert, kalkuliert, organisiert und geplant werden. Ziel des Testprojekts ist es, die Produktionsreife der vom Hauptprojekt gelieferten Software festzustellen. In der Praxis hat sich ein anderes Ziel manifestiert, nämlich, die Fehler für die Entwickler zu finden. Angesichts des gewohnten Zeitdrucks stellte sich heraus, dass man Zeit gewinnt, wenn der Entwickler von der Last des Testens befreit ist. Außerdem ist so mancher Entwickler angesichts der zunehmenden Komplexität moderner IT-Systeme schlichtweg überfordert. Trotz aller Mahnungen, die eigene Qualität zu sichern, trotz aller neuen Entwicklungsmethoden und ausgeklügelter Modultestwerkzeuge bleibt die Fehlerzahl erschreckend hoch. Die Erfahrung zeigt, dass Software, die vom Entwickler kommt, 3 bis 18 Fehler pro 1000 Anweisungen aufweist [GRAV00]. Mit immer neuen Programmiertechnologien steigt die Fehlerrate. Demnach haben alle Bemühungen, echte Qualität in die Entwicklung zu bringen, nicht gefruchtet. Ob prozedural, objektorientiert oder agentenorientiert, die Entwicklung von Software bleibt ein fehlerhaftes Unterfangen. Und trotz aller Versuche, Entwickler dahin zu bringen, ihre eigenen Komponenten systematisch zu testen, testen sie nach wie vor höchst ungern. Oft fehlt ihnen auch die Zeit dazu. Es gibt psychologische Barrieren, die verhindern, dass Entwickler ihre eigenen Fehler finden wollen [WEIN72]. Ergo bleibt nichts anderes übrig, als jemand anders einzusetzen, der stellvertretend für den Entwickler testet: den Tester, dessen Projekt der System- bzw. der Abnahmetest ist.

Dieses Projekt, der unabhängige Test, erfordert ein eigenes Budget und einen eigenen Zeitplan. Um beides zu beantragen – das Geld wie auch die Zeit –, muss die zu leistende Testarbeit kalkuliert werden. Aus der Testkalkulation geht hervor, wie viele Tester wie lange testen müssen, um alle erforderlichen Testfälle durchführen zu können und notfalls zu wiederholen. Oder, umgekehrt, kommt dabei heraus, wie viele Testfälle die Tester in der vorgegebenen Zeit durchführen können. Ist einmal erkannt, wie viele Tester für wie lange benötigt werden, kann das Testmanagement dazu übergehen, die Testarbeit zu verteilen. Dies ist eine Frage der Testorganisation. Schließlich muss das Testmanagement gewisse Kontrollmechanismen installieren, um den Testfortschritt zu verfolgen, die Testkosten zu überwachen und die Qualität der Testarbeit zu sichern. Darin unterscheidet sich ein Testprojekt nicht von anderen Projekten. Die Voraussetzung dafür ist ein Testplan, in dem die Ziele abgesteckt sind.

Der Testplan regelt, was, warum, wann, wo, wie, womit und von wem getestet wird (siehe Abbildung 3.1). Für die Planung eines strukturierten Systemtests müssen die folgenden Fragen beantwortet werden:

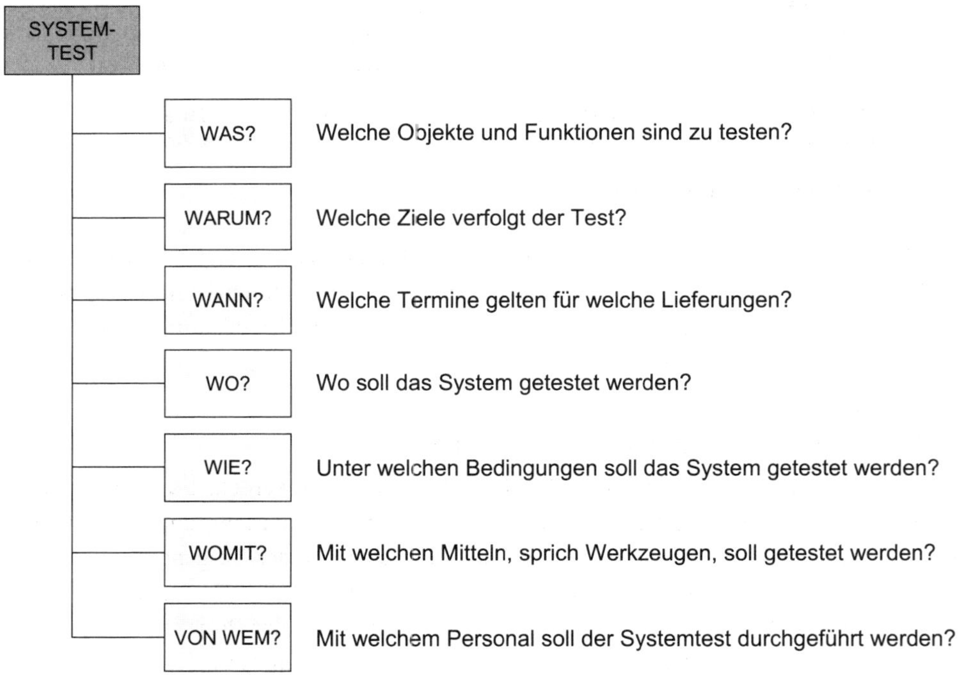

Abbildung 3.1 Die 7 Ws der Testplanung

Das *Was* bezieht sich auf die zu testenden Objekte und Funktionen des Systems. Ein System umfasst verschiedene von außen erkennbare Objekttypen, darunter die Benutzeroberflächen, die Datenbanken, die Berichte und die Systemschnittstellen. Sie gehen aus den Anforderungen hervor, auch dann, wenn sie nicht explizit beschrieben sind und stellen die Gegenstände eines Black-Box-Tests dar. Die Funktionen sind die Anwendungsfälle, die explizit oder implizit in der Anforderungsspezifikation beschrieben sind. Aus der Anforderungsanalyse geht hervor, welche Objekte, Funktionen und Qualitätseigenschaften es zu testen gilt, also die Quantität und Qualität des Produktes. Die Quantität drückt sich in der Zahl der erforderlichen Testfälle aus, die Qualität in den Maßstäben der einzelnen Qualitätsziele. Der Testplan hält den Leistungsumfang des Testprojekts fest. Er bestimmt, wie viele Fälle zu testen und welche Qualitätseigenschaften zu messen sind. Mit dem Testplan verpflichtet sich das Testmanagement, den definierten und vereinbarten Umfang abzudecken (siehe Abbildung 3.2).

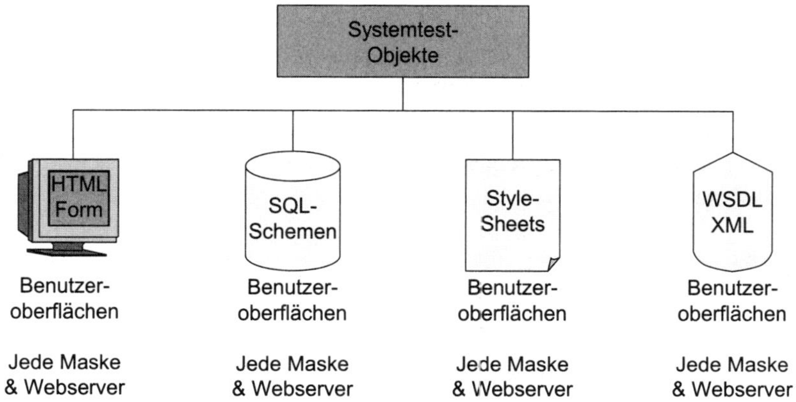

Abbildung 3.2 Beispiele für Systemtestobjekte

Das *Warum* ist eine Frage der Zielsetzung. Was sollte der Test erreichen? Welche Ziele werden angestrebt? Gerade beim Test, einer Arbeit, die sehr undurchsichtig ist, kommt es darauf an, die Leistungen präzise zu definieren. Nach der Grundlektüre „Basiswissen Softwaretest" hat der Test zwei Hauptziele:

- Fehler zu finden
- Vertrauen in das System zu gewinnen [SPILL02]

Diese Hauptziele können jedoch nur über Nebenziele erreicht werden. Da man nie genau wissen kann, wie viele Fehler eine Software hat, kann man sie nur aufgrund der Erfahrung der Vergangenheit projektieren. Es wird anhand der Fehlerrate der Vergangenheit hochgerechnet. Umso wichtiger ist es, die Fehlerrate aller vergangenen Projekte festzuhalten. Die Fehlerrate ist das Verhältnis der gefundenen Fehler zur Größe des Projekts, sei es in Anweisungen, Function-Points, Object-Points oder in beliebigen anderen Kategorien. Diese bisherige Fehlerrate wird herangezogen, um die Fehlerrate des geplanten Projekts zu schätzen. Das Vertrauen in der Software wird indirekt über diverse Überdeckungsmaße aufgebaut. Bei der Testplanung geht es darum, diese Überdeckungsgrade mit der Projektleitung abzustimmen und festzuschreiben. Typische Überdeckungsgrade beim Systemtest sind die Überdeckung aller Anforderungen aus dem Fachkonzept, die Überdeckung aller Qualitätsziele und die Überdeckung aller Schnittstellen. Es ist auch möglich, den Softwarecode zu instrumentieren und die Überdeckung aller Source-Bausteine wie Methoden und Prozeduren zu messen. Jedenfalls ist es unerlässlich, eindeutig messbare Ziele – so genannte Testendekriterien – für den Systemtest zu setzen.

Das *Wann* ist eine Frage der Termine. Bis zu welchem Termin wird welcher Test abgeschlossen. Jede Testaktivität soll einen Starttermin und einen Endtermin haben. Welche

Zeitpunkte das sind, hängt vom Zeitpunkt der Softwarelieferung und dem Status der anderen Projekt- und Testaktivitäten ab. Es gilt außerdem, gewisse Abhängigkeiten zwischen den Testaktivitäten zu betrachten. Zum Beispiel ist es nicht sinnvoll, mit dem Lasttest zu beginnen, bevor der Funktionstest nicht in einer fortgeschrittenen Phase ist. Die Software wird meistens in Paketen geliefert. Der Test von einem Paket kann erst beginnen, wenn das Paket installiert ist. Oft lässt sich ein Paket nicht testen, bevor nicht ein anderes getestet wurde. Im Testplan werden diese zeitlichen Abhängigkeiten geregelt und die Termine bestimmt, zum Beispiel in Form von Netzplänen oder von Gantt-Diagrammen (siehe Abbildung 3.3).

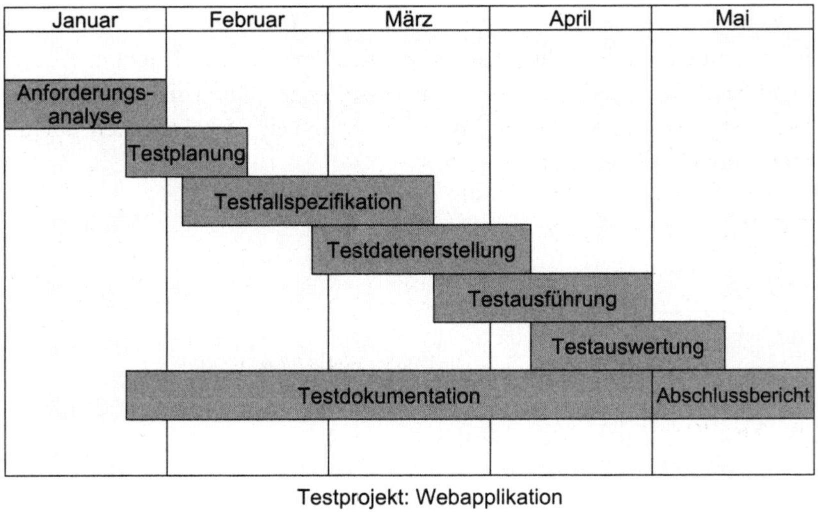

Abbildung 3.3 Testprojektplan

Das *Wo* ist eine Frage des Orts, an dem der Test ausgeführt wird. Dies muss nicht unbedingt in einem extra dafür bereitgestellten Testraum sein. Die Tester können bei den Entwicklern sitzen oder bei den Endanwendern. Sie können auch zu Hause sitzen oder irgendwo in einem anderen Land. Moderne Kommunikationsmittel ermöglichen es, eine Arbeit von verschiedenen Orten aus gleichzeitig durchzuführen, was jedoch voraussetzt, dass die Arbeit genau spezifiziert ist und alle offenen Fragen per E-Mail geklärt werden. Ist dies nicht der Fall, sollten die Tester zumindest in der Nähe der Entwickler sitzen, um jederzeit persönlich nachfragen zu können. Die Tester müssen auch nicht alle zusammen in einem Raum oder Gebäude sitzen. Wichtig ist nur, dass sie – wo auch immer sie sich aufhalten – Zugriff auf das Testobjekt, die Testwerkzeuge und die Verfasser der Anforderungen haben. Die Frage der Örtlichkeit des Tests sollte im Testplan geregelt werden.

Das *Wie* ist eine Frage der Testmethode. Wie werden die einzelnen Tests durchgeführt? Einen Funktionstest können Tester vom Bildschirmarbeitsplatz aus durchführen, indem sie eingeben, was ihnen gerade einfällt – so etwas nennt man kreatives Testen. Deshalb wurde Testen ursprünglich als Kunst angesehen [MYER79]. Viele Entwicklungsbetriebe versuchten, billiges, unqualifiziertes Personal als Tester einzusetzen. Sie hätten sich genauso gut

Affen aus dem lokalen Tiergarten ausleihen und sie auf die Bildschirmarbeitsplätze loslassen können. Deshalb bezeichnet man diesen Test als Affentest [BEIZ95]. Die Ergebnisse blieben unter dem Strich negativ – wenig Geld für wenig Fehler. Die solchermaßen aufgedeckten Fehler sind auch eher trivial. Andererseits kann der Betrieb qualifizierte Tester anweisen, sich strikt an die spezifizierten Testfälle zu halten. Sie sollten die spezifizierten Testfälle vor sich haben und einen nach dem anderen bearbeiten. Dies ist der systematische Test. Er deckt mehr und anspruchsvollere Fehler auf, kostet aber entsprechend mehr. Schließlich könnten die spezifizierten Testfälle dazu benutzt werden, einen Automaten zu bedienen, der sie der Reihe nach durchführt. Das ist der automatisierte Test. Der automatisierte Test bringt die gleichen Vorteile wie der systematische Test, kostet aber nur einen Bruchteil davon, insbesondere im Regressionstest. Der Last- und Performanztest wird ohnehin mit Automaten durchgeführt, weil es gar nicht anders geht. Kurzum: Hier wird entschieden und beschrieben, wie die einzelnen Tests durchzuführen sind. Am Ende muss ein Testprozess festgelegt werden, indem man die einzelnen Testaktivitäten auf die Reihe bringt (siehe Abbildung 3.4).

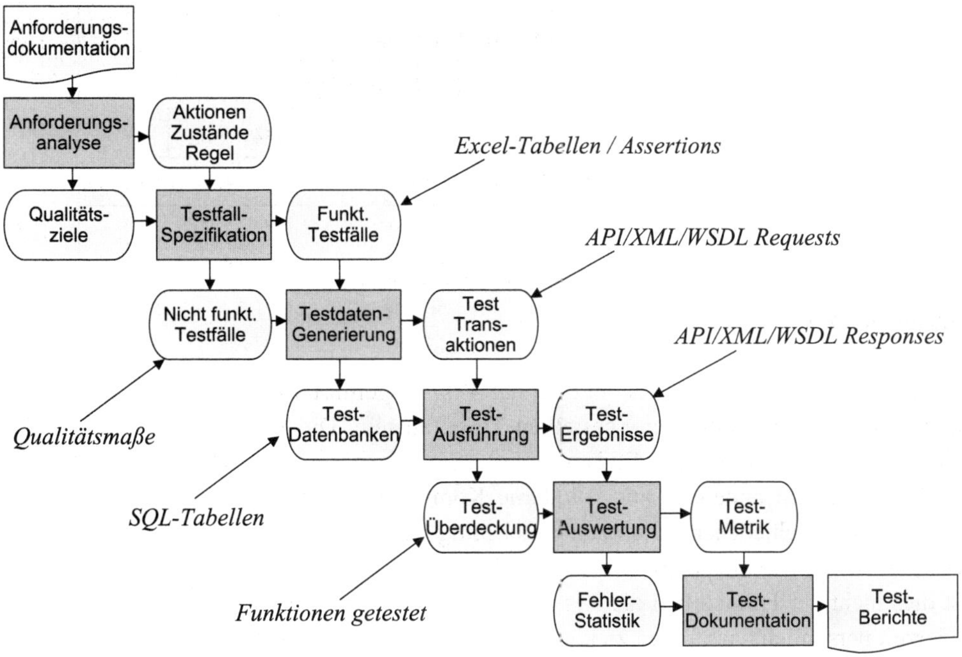

Abbildung 3.4 Festlegung des Testprozesses

Das *Womit* ist eine Frage der Testwerkzeuge. Um den Test zu beschleunigen und gleichzeitig die Qualität und Effektivität des Tests zu steigern, werden Werkzeuge eingesetzt. Es beginnt schon mit der Analyse der Anforderungen und der Ermittlung der Testfälle. Auch dafür lassen sich Werkzeuge einsetzen. Für die Validierung der Ergebnisse bzw. den Abgleich der Soll- und Ist-Ergebnisse bieten sich andere Werkzeuge an. Werkzeuge werden auch für das Aufzeichnen und Zurückspielen der Testfälle eingesetzt. Statt manuell zu testen, kann man mit Automaten bzw. Testrobotern testen. Mit Werkzeugen werden Testdaten generiert, Testergebnisse kontrolliert, Testabläufe verfolgt und Testüberdeckung gemessen. Ohne Werkzeuge ist es gar nicht möglich, Performanz und Systemauslastung zu messen. Das Fehlermanagement ist ebenfalls nur mit Hilfe eines Werkzeuges möglich. Dennoch wird vor einer übertriebenen Abhängigkeit von Werkzeugen gewarnt. Der Tester muss seine Werkzeuge beherrschen und notfalls für sie einspringen, da er nicht für jede Testaufgabe das geeignete Werkzeug finden wird. Auch wenn das Werkzeug geeignet ist, setzt es eine anspruchvolle Bedienung voraus. Je komplexer die Aufgabe, desto komplexer das Werkzeug und umso anspruchsvoller die Bedienung. Testautomaten befinden sich immer noch in einer frühen Phase. Deshalb wird das Testmanagement des Öfteren gezwungen, bei vielen Testaufgaben auf qualifizierte Menschen zurückzugreifen. Auf Affen kann es verzichten.

Dies leitet über zur letzten Frage, die der Testplan zu beantworten hat. *Wer* führt die Testaufgaben durch? Auch wenn Testwerkzeuge eingesetzt werden, braucht man Menschen, um die Werkzeuge zu bedienen. Hier geht es also um Arbeitsteilung. Wer macht was? Das Testmanagement muss die zu leistenden Testaufgaben auf das vorhandene Testpersonal verteilen. Dabei soll es auch auf die Neigungen und die Qualitäten der einzelnen Tester Rücksicht nehmen. Dies geschieht in Form einer Zuordnungsmatrix mit zwei Vektoren. Im einem stehen die Aufgaben, im anderen die Namen damit jeweils befassten Mitarbeiter[CRAI02]. So hat das Testmanagement für jede Aufgabe einen Verantwortlichen. Dies entspricht der üblichen Projektorganisation. Allerdings ist sie hier auf das Testprojekt beschränkt (siehe Abbildung 3.5).

Zusammenfassend besteht der Zweck der Testplanung darin, die oben gestellten Fragen – was, wann, wo, wie, womit und von wem – zu beantworten und verbindlich zu dokumentieren. Man sollte genau wissen, wozu man testet. Der Testplan kann als Basis für einen Testauftrag – z.B. einen extern beauftragten unabhängigen Test – dienen.

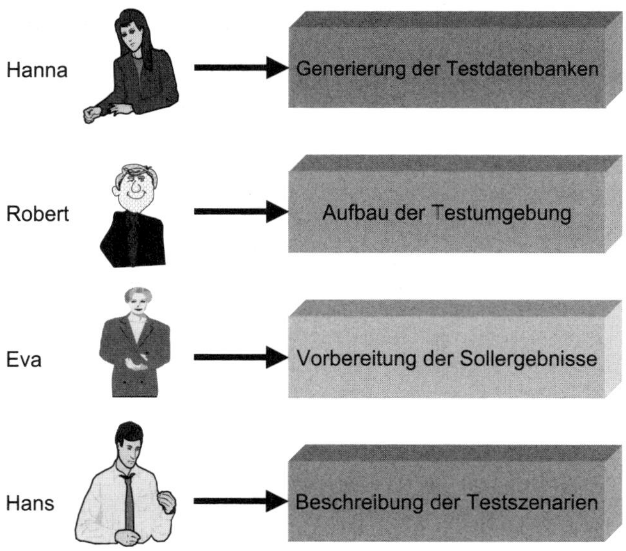

Abbildung 3.5
Zuteilung der Testaufgaben

Ein gutes Beispiel für den Vergleich eines personalintensiven Massentests mit einem schlanken, automatisierten Systemtest liefert ein Projekt eines der Autoren dieses Buches. So arbeiteten 2003 noch ca. 90 Tester in der Systemtestabteilung, meistens Studenten und Hilfskräfte. Nur das Führungspersonal war fest angestellt. Es waren Releases mit rund 2,5 Millionen Anweisungen vierteljährlich zu testen, hinzu kamen zwischenzeitlich Hotfixes und Patches. Von 10 Fehlern wurden 6 vor der Auslieferung gefunden. Heute arbeiten ca. 25 hoch qualifizierte, fest angestellte Tester in der gleichen Testabteilung in einem hoch automatisierten Testprozess und finden in der gleichen Zeitspanne 9 von 10 Fehlern. Es lohnt sich also durchaus, gut ausgerüstete, qualifizierte Tester einzusetzen.

3.2 Voraussetzungen einer systematischen Testplanung

Eine systematische Testplanung, die die oben gestellten Fragen sinnvoll beantwortet, setzt gewisse Informationen voraus, ohne die eine genaue Planung nicht möglich ist. Wer planen will, was zu testen ist, muss wissen, welche und wie viele Fälle zu testen sind. Diese Informationen lassen sich bei neuen Systemen nur aus den Anforderungen und bei bestehenden Systemen nur aus der Systemdokumentation bzw. der Codeanalyse ableiten. Darum ist die Anforderungsanalyse eine unabdingbare Voraussetzung für die Testplanung. Sie muss vor der Testplanung stattfinden. Beim Komponententest ist es erforderlich, erst den Source-Code der Komponente zu analysieren, um die Ziele des Tests abzustecken. Beim Integrationstest ist es erforderlich, erst die Architektur des Systems zu analysieren. Beim Systemtest ist es das Konzept bzw. die Anforderungsspezifikation, welche vorher zu analysieren ist, um den Umfang des Systemtests abzustecken.

Zur Definition der Testziele – des Warum – werden zum einen die Größenmaße des Systems – zum Beispiel die Größe in Function-Points, Object-Points oder Anweisungen – und zum anderen die Fehlerrate vergangener oder ähnlicher Projekte benötigt. Für neue Systeme müssen die Größenmaße aus der Analyse der Anforderungen gewonnen werden. Für existierende Systeme, die ersetzt, saniert, migriert oder integriert werden sollten, ist es notwendig, das alte System erst durch Reverse Engineering nachzudokumentieren und anschließend die Größenmaße aus der Nachdokumentation zu gewinnen. Die Fehlerrate bisheriger Projekte lässt sich aus einer Analyse der Fehlerdatenbank ermitteln. Ohne diese Messwerte wird es kaum möglich sein, messbare Testziele zu setzen.

Die Bestimmung der Testtermine – des Wann – hängt von den Lieferterminen ab. Diese werden im allgemeinen Testplan festgelegt. Demzufolge setzt die Testplanung die allgemeine Projektplanung voraus. Als Erstes muss ein Projektplan vorliegen, dann kann der Testplan darauf aufbauen.

Die Regelung der Testörtlichkeit – des Wo – setzt Kenntnisse der Verfügbarkeit voraus. Der Testmanager muss zum Zeitpunkt der Testplanung bereits wissen, mit welcher Hardware-Ausstattung getestet wird und ab wann diese Geräte verfügbar sind. Die Entscheidung, den Test zu verteilen oder zentralisiert durchzuführen, hängt u.a. auch von der Verfügbarkeit der Rechnerressourcen ab.

Die Wahl der richtigen Testmethode – des Wie – setzt voraus, dass der Testplaner die Art der Anwendung kennt. Er muss wissen, worauf es ankommt, wo die Risiken liegen und wo die meisten Fehler auftauchen könnten. Nur mit diesen Kenntnissen ist er in der Lage, die geeignete Vorgehensweise auszuwählen und diese wiederum dem Projekt anzupassen. Hier werden also sowohl System- als auch Anwendungskenntnisse gefordert. Darüber hinaus muss der Testplaner mit den gängigen Systemtestmethoden vertraut sein. Sonst wird er nicht wissen, welche Ansätze überhaupt zur Auswahl stehen.

Zum Einsatz von Testwerkzeugen – dem Womit – ist es erforderlich zu wissen, welche Werkzeuge zur Auswahl stehen und für welche Aufgaben die Werkzeuge geeignet sind. Denn im Gegensatz zum Entwurf eines neuen Systems, bei dem meistens ein Werkzeug ausreicht, braucht man beim Test eines Systems viele verschiedene Werkzeuge – für jede Art von Testaktivitäten eines. Der Testplaner benötigt Informationen zur Funktionalität und Qualität der in Frage kommenden Werkzeuge. Er muss auch wissen, wie viel Zeit die Einarbeitung in die Handhabung der Werkzeuge beansprucht. Wenn der Termin zu knapp ist, werden die Tester nicht die Zeit haben, sich mit den Werkzeugen vertraut zu machen. Andererseits werden manche Aufgaben ohne Werkzeug nicht zu bewältigen sein. Der Testmanager steht hier vor einer sehr schweren Entscheidung.

Zur Verteilung der Testarbeit – dem Wem – muss der Testmanager seine Mitarbeiter kennen und wissen, wozu sie imstande sind. Auf der einen Seite stehen die zu bewältigenden Testaufgaben, auf der anderen die verfügbaren Mitarbeiter. Man muss beide kennen, um sie einander zuordnen zu können. Auch das Testen verlangt spezielle Kenntnisse. Seinen Skills entsprechend werden jedem Tester andere Themen vertraut sein, z.B. auf den Gebieten der Technik, Methodik oder Fachlichkeit. Es obliegt dem Testmanagement, die Tester optimal zu koordinieren.

Schließlich benötigt der Testplaner einige Daten aus der Vergangenheit, um die Testaufwände und die Testdauer abschätzen zu können. Zum einen geht es um die bisherige Fehlerrate. Zur Berechnung der Anzahl der zu erwartenden Fehler braucht der Planer Angaben über die Anzahl gefundener Fehler in den bisherigen Projekten. Die Fehlerdichte, das heißt die Anzahl der Fehler pro tausend oder hundert Größeneinheiten, ist ein Maß, das sich auf das neue System übertragen lässt. Die Größeneinheit könnten Codezeilen, Anweisungen, Function-Points oder auch Testfälle sein. Dieses Maß muss durch den Grad der Testüberdeckung relativiert werden. Deshalb genügt es nicht, nur die absolute Anzahl der Fehler zu kennen, man muss auch die Größe der betroffenen Software und den Grad der Testüberdeckung kennen, wie wir bei der Schätzung der Testaufwände gleich sehen werden.

Zum anderen geht es um die Produktivität der Tester. Tester sollten Fehler finden und Vertrauen in das System aufbauen. Dazu müssen sie möglichst viele und möglichst effektive Testfälle ermitteln. Die dafür benötigte Zeit hängt von ihrer Produktivität ab. In der Softwareentwicklung ist die Produktivität ein Maß für die Anzahl der Größeneinheiten, die ein Entwickler pro Zeiteinheit erstellen kann, zum Beispiel die Anzahl der Anweisungen pro Tag oder Function-Points pro Monat. Beim Systemtest ist die Produktivität ein Maß für die Anzahl der Testfälle, die ein Tester pro Zeiteinheit auszuführen in der Lage ist. Natürlich wird dies von Projekt zu Projekt variieren und hängt u.a. vom Grad der Testautomatisierung ab. Dennoch lassen sich künftige Aufwände nur aufgrund bisheriger Produktivitäten voraussagen. Der Testplaner benötigt eine Erfahrungsdatenbank, aus der das Verhältnis geleisteter Testtage zu ausgeführten Testfällen hervorgeht.

Diese beiden Metriken – die Fehlerrate und die Testproduktivität – sind unerlässliche Voraussetzungen für den nächsten Schritt – die Schätzung der Testaufwände.

3.3 Schätzung der Testaufwände

Ein Plan lässt sich nicht erstellen, wenn man nicht weiß, wie viel Kapazität und wie viel Zeit eine Aufgabe erfordert. Auch wenn die Projektumstände Zeit und Kapazität diktieren, muss der Testmanager über Zeit und Aufwand des Tests Bescheid wissen. Jede Aufgabe, auch der Systemtest, braucht ihre Zeit. Zeit ist wiederum eine Frage des Aufwands und lässt sich durch den Einsatz von mehr Personal verkürzen, was aber nur bedingt möglich ist. Das Verhältnis zwischen Aufwand und Zeit ist nicht linear, das heißt, wir können ein Projekt von 12 Mannmonaten nicht auf 6 Mannmonate reduzieren, indem wir die Anzahl der Projektbeteiligten verdoppeln. Diese Annahme ist ein Softwaremythos[BROK75]. Je mehr Menschen an einem Projekt arbeiten, desto größer ist der Kommunikations-, Organisations- und Administrationsaufwand. Die Produktivität sinkt mit jedem zusätzlichen Mitarbeiter. Zeit und Aufwand sind daher nicht beliebig austauschbar, wie alle Studien zur Softwareaufwandskalkulation beweisen. Sie beeinflussen sich gegenseitig. Der Schlüssel zur Ermittlung beider ist die Produktivität (siehe Abbildung 3.6).

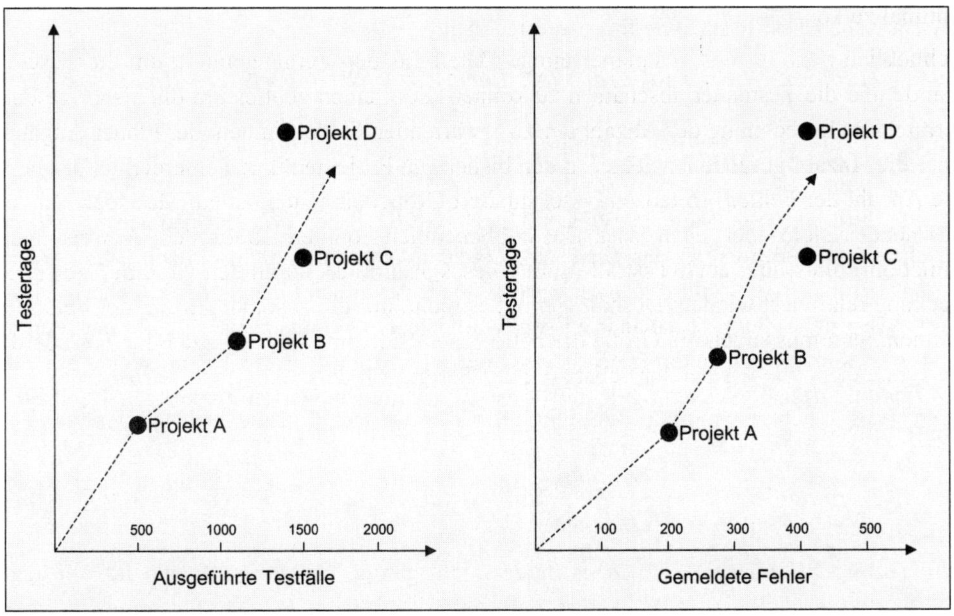

Abbildung 3.6 Ermittlung der Testproduktivität

3.3.1 Test-Points

Testproduktivität drückt sich in der Anzahl der Test-Points pro Testertag aus. Test-Points sind die Anzahl der Testfälle, ergänzt durch die Anzahl der zu testenden System- und Benutzerschnittstellen. Da jede Schnittstelle einen zusätzlichen Aufwand bedeutet, muss sie in die Kalkulation einbezogen werden. Der Begriff Test-Points stammt ursprünglich von einem belgischen Testanbieter, der sein Testaufwandsschätzverfahren auf einer STAR-Konferenz im Jahre 1999 vorstellte [COLL99]. Es stellt den Versuch dar, etwas Ähnliches wie die Function-Points für die Entwicklung auch für den Test einzuführen. Dies ist insofern gelungen, als die holländische Firma Sogeti die Methodik in ihr Testverfahren TMAP aufnahm und weltweit propagierte [KABV06]. Nach TMAP ist die endgültige Anzahl der Test-Points die Summe der dynamischen und der statischen Test-Points. Die dynamischen Test-Points sind äquivalent zur Anzahl der logischen Testfälle aus den Anforderungen. Die Anzahl statischer Test-Points wird aus der Anzahl der Testobjekte abgeleitet. Als Testobjekte sind im Systemtest die zu testenden Systemschnittstellen, Benutzeroberflächen und Datenbanken anzusehen. Diese sind übrigens auch die Objekte der Function-Point-Analyse. Martin Poll hat für TMAP den Begriff TOSM – Test Object Size Meter – geprägt, wonach ein Test-Point in etwa 1,5 bis 3 Arbeitsstunden entspricht [KOPO99].

Jedes Testobjekt sollte wie bei der Function-Point-Methode in Abhängigkeit von seiner Komplexität gewichtet werden. Da zum Zeitpunkt der Schätzung die Komplexität der einzelnen Testobjekte aber selten bekannt ist, empfiehlt es sich, den Objekten einen Standardwert zuzuweisen. Der im letzten Kapitel vorgestellte Textanalysator zählt nicht nur die logischen Testfälle bzw. die dynamischen Test-Points, sondern auch die Anzahl der Testobjekte, zumindest die Benutzeroberflächen, die Berichte und die Systemschnittstellen, um die statischen Test-Points wie folgt zu errechnen.

$$TestPoints = Nr\_TestCases + (Nr\_Panels*4) + (Nr\_Reports*2) + (Nr\_Services*1)$$

3.3.2 Testproduktivität

Die Testproduktivität hängt im Wesentlichen vom Grad der Testautomatisierung und der Erfahrung und Motivation der Tester ab. Leider lässt sie sich nicht einfach „aus der Luft holen“. Produktivität will gemessen werden und zwar anhand der Statistik bisheriger Projekte. Also muss der Testmanager wissen, wie viele Test-Points es pro Projekt gegeben hat und wie viele Testertage dafür gearbeitet wurde. Dazu muss er die Testumstände bzw. die Einflussfaktoren berücksichtigen, um diese Beziehung bewerten zu können [ANSE03]. Demnach ist:

$$Testproduktivität = \frac{TestPoints}{Testertage} * Einflussfaktor$$

Die Testproduktivität zu kennen, ist leider nicht genug, um den Aufwand für ein neues Testprojekt zu kalkulieren. Es gehört mehr dazu, denn jedes Produkt hat seine Besonderheiten, und jedes Projekt findet unter anderen Bedingungen statt. Daher empfiehlt sich die

COCOMO-II Formel von Boehm für die Schätzung des Testaufwands [BOEH99]. Außer der Produktivität berücksichtigt COCOMO-II drei weitere Faktoren:

- Projektbedingungen
- Produktqualität
- Systemtyp

Die Projektbedingungen werden in einem Exponenten von 0,91 bis 1,23 zusammengefasst. Die fünf Bedingungen, die Boehm vorschlägt und die zu einem Testprojekt relativ gut passen, sind:

- Grad der Testwiederholbarkeit
- Stabilität der Testumgebung
- Kenntnis der Anwendung
- Zusammengehörigkeit des Testteams
- Reife des Testprozesses

Jede dieser Bedingungen wird auf der nominalen Skala

- Sehr niedrig = 1,23
- Niedrig = 1,10
- Mittel gut = 1,00
- Hoch = 0,96
- Sehr hoch = 0,91

eingestuft. Der Skalierungsexponent ist der arithmetische Mittelwert dieser fünf Bedingungen. Wenn also

- die Testwiederholbarkeit mittel gut,
- die Stabilität der Testumgebung hoch ist,
- die Kenntnisse der Anwendung niedrig sind und
- die Zusammengehörigkeit des Testteams niedrig sowie
- die Reife des Testprozesses mittel gut ist,

wäre die Skalierungsexponente:

$$\frac{1{,}0 + 0{,}96 + 1{,}10 + 1{,}10 + 1}{5} = 1{,}03$$

3.3.3 Komplexität und Qualität

Um den Testaufwand zu kalkulieren, müssen zwei weitere Faktoren berücksichtigt werden – Qualität und Komplexität. Die Softwarequalität ist aus Sicht des Tests deren Testbarkeit, das heißt, wie leicht bzw. wie schwer es ist, dieses System zu testen. Die Softwarekomplexität ist eine Frage der Anzahl der Beziehungen zwischen Entitäten. Hier kommen mindestens vier Komplexitätsmaße in Frage:

- Komplexität der Benutzeroberflächen
- Komplexität der Systemschnittstellen
- Komplexität der Datenbanken
- Komplexität der Anwendungsfälle [KROP03]

Alle vier Komplexitätsmaße sind rationale Maße auf der Skala von 0,0 bis 1,0. Die Komplexität der Benutzeroberfläche ist das Verhältnis der Anzahl der Steuerungseingaben zur Summe der Oberflächeneingaben insgesamt. Je mehr Steuerungseingaben – Radio-Buttons, Menüeinträge, Checkboxen usw. –, desto komplexer der Test einer Benutzeroberfläche, wohingegen einfache Textfelder, die den weiteren Ablauf nicht beeinflussen, die Komplexität nicht erhöhen.

$$\frac{Steuerungseingaben}{Gesamteingaben}$$

Die Komplexität der Systemschnittstellen ist das Verhältnis der Anzahl verschiedener Datentypen zur Anzahl der Datenelemente pro Schnittstelle. Je mehr verschiedene Datentypen es gibt, desto aufwändiger ist es, eine Systemschnittstelle zu testen.

$$\frac{Datentypen}{Datenelemente}$$

Die Komplexität der Datenbanken ist das Verhältnis der Schlüssel (Primär- und Fremdschlüssel) und der Indizes zur Gesamtanzahl aller Attribute. Je mehr Attribute einer Datenbank Teil von Primär- und Fremdschlüsseln sind und je mehr Attribute indiziert sind, umso schwieriger ist die Testdatenaufbereitung.

$$\frac{Schlüsselattribute + Indizes}{Attribute}$$

Die Komplexität der Anwendungsfälle ist schließlich das Verhältnis der Bedingungen zu den Aktionen. Je mehr Bedingungen einen Vorgang steuern, desto größer ist der Aufwand, den Vorgang bzw. den Anwendungsfall zu testen.

$$\frac{Bedingungen}{Aktionen}$$

Möglicherweise wird der Testplaner nicht über genügend detaillierte Systeminformationen verfügen, um diese Zahlen zu ermitteln. In diesem Fall kann er die Komplexität mit Hilfe einer nominalen Skala schätzen:

- Sehr hoch = 0,8
- Hoch = 0,6
- Durchschnittlich = 0,5
- Niedrig = 0,4
- Sehr niedrig = 0,2

Die Systemtestkomplexität ist der arithmetische Mittelwert der einzelnen Testkomplexitäten. Der Testbarkeitsfaktor ist die gemessene oder geschätzte Komplexität, dividiert durch die mittlere Komplexität = 0,5 [SNEE06].

$$Testbarkeitsfaktor = \frac{gemessene\ Komplexität}{mittlere\ Komplexität}$$

3.3.4 Die COCOMO-II Gleichung

Der Systemtyp hat eine große Auswirkung auf den Aufwand. Boehm teilt die Systeme in vier Kategorien ein:

- Standalone-Systeme, Single-User-Systeme
- Verteilte Multi-User-Systeme
- Integrierte, verteilte Systeme mit mehreren Benutzern
- Embedded-Systeme

Standalone Systeme sind mit 0, verteilte Systeme mit 1, integrierte Systeme mit 2 und Embedded Systeme mit 4 gewichtet. Wesentlich ist, dass man nach Möglichkeit immer mit dem gleichen Systemtyp vergleicht. Der Systemtyp darf nur in die Berechnung einbezogen werden, wenn das geplante System von einem anderen Typ ist als das System, von dem die Produktivität entnommen wird. Mit diesen Parametern lässt sich der Testaufwand mit folgender Gleichung schätzen:

$$Testaufwand = Systemtyp * \left(\frac{Test-Points}{Testproduktivität}\right)^{Skalierungsexponente} *Testbarkeitsfaktor$$

Angenommen, es werden 1600 Test-Points anhand der Konzeptanalyse gezählt. Im letzten ähnlichen Projekt wurden 1000 Test-Points in 150 Personentagen getestet. Das ergibt eine Testproduktivität von 1000/150 = 6,6 Test-Points pro Personentag.

Die Skalierungsexponente für dieses Projekt wird wie folgt eingeschätzt.

- Testwiederholbarkeit = mittel = 1,00
- Stabilität der Testumgebung = hoch = 0,96
- Kenntnis der Anwendung = niedrig = 1,10
- Zusammengehörigkeit des Testteams = hoch = 0,96
- Testprozessreife = hoch = 0,96

Daraus folgt der arithmetische Mittelwert 0,99.

Die Analyse der Software deutet auf eine überdurchschnittliche Komplexität dieses Systems von 0,60 hin. Durch die Komplexität des Vergleichsystems von 0,5 ergibt dies einen Testbarkeitsfaktor von 1,2. Schließlich handelt es sich um denselben Systemtyp wie bisher – ein verteiltes Client/Server-System, also Typ 1. Demzufolge ist der geschätzte Testaufwand:

$$Testaufwand = 1*\left(\frac{1600}{6,6}\right)^{0,99}*1,2 = 275 Personentage$$

Die geringfügig besseren Projektbedingungen, die durch den Exponent 0,99 erfasst sind, werden durch die 20% überdurchschnittliche Komplexität des neuen Systems ausgeglichen, so dass am Ende die Testproduktivität bei 5,8 Testpunkten pro Testertag 12% niedriger ausfällt. Dieser Aufwand umfasst genau jene Testaktivitäten, die die alte Produktivitätsmessung umfasst. Wenn dort der Aufwand für die Testplanung nicht mit erfasst wurde, wird er auch hier nicht berücksichtigt. Darum ist es unerlässlich, bei der Produktivitätsmessung konsistent zu bleiben und immer die gleichen Aufwände zu erfassen. Nur so lässt sich eine genaue Hochrechnung für künftige Projekte sichern [SNEE03].

3.4 Schätzung der Testdauer

Nach dem COCOMO-Modell von Boehm besteht ein algorithmisches Verhältnis zwischen dem Aufwand für ein Projekt und der Projektdauer. Die Gleichung für die Dauer einer Softwareentwicklung war in COCOMO-I:

$$TDEV = 2,5 * (Aufwand)^{Exponent}$$

wobei der Exponent folgendermaßen gewählt wird:

- 0,38 für Standalone-Systeme
- 0,35 für verteilte Systeme
- 0,32 für Embedded-Realtime-Systeme [BOEH84]

Nach der ursprünglichen COCOMO-I-Formel wäre die Dauer eines Testprojekts mit dem geschätzten Aufwand von 275 Personentagen bzw. 14 Personenmonaten:

$$TDEV = 2,5*(14)^{0,35} = 6,3 Monate$$

Das wäre die minimale Dauer des Projekts mit zwei Testern. COCOMO-I geht jedoch von der Entwicklung als nur bedingt teilbare Aufgabe aus. Testprojekte sind aber wie Migrationsprojekte besser teilbar. Bis auf die Anfangsphasen der Analyse und Planung können Tester besser nebeneinander arbeiten. Damit lässt sich die Dauer eines Testprojekts zwar nicht ganz, aber doch stark komprimieren. Daher ist die COCOMO-II-Zeitformel für den Test besser geeignet.

Im neuen COCOMO-II-Modell ist die Gleichung:

$$TDEV = (C*(PM)^{F})*\left(1-\frac{SCED\%}{100}\right)$$

wobei

$$F = (D + 0,2 * (E-B))$$

In dieser Gleichung sind die Parameter wie folgt definiert:

- B = Untergrenze der Skalierungsexponente = 0,91
- C = Multiplikator = 3,67 für Neuentwicklung
- D = Zeitbasiskoeffizient = 0,28 für Neuentwicklung
- E = Skalierungsexponent der Entwicklung = 0,91 : 1,23
- F = Skalierungsexponent für die Projektdauer
- PM = geschätzter Aufwand in Personenmonaten
- SCED % = % Kompression des Projekts
- TDEV = Zeit für die Entwicklung [BOEH00]

Danach ist die Dauer des Testprojekts wie folgt zu berechnen:

$$F = (0{,}28 + 0{,}2 * (0{,}96 - 0{,}91)) = 0{,}29$$

$$TDEV = 3{,}67 * (14)^{0{,}29} = 7{,}9 Monate$$

Dies ist die Testdauer, wenn man, wie im früheren Projekt, zwei Tester einsetzt. Nun kommt aber der Schedule-Compression-Faktor hinzu, und dieser ist beim Testen hoch. Wir können die Zeit zum Testen durch die Verteilung der Arbeit auf mehrere Tester um mindestens 60% verkürzen. Das heißt:

$$TDEV = 7{,}9 * \left(1 - \frac{60}{100}\right) = 3{,}2 Monate$$

Demnach könnten wir z.B. fünf Tester einsetzen. Anforderungsanalyse und Testplanung werden von zwei Testern bewerkstelligt. Danach kämen drei weitere hinzu, die zusammen mit den beiden ersten die Testfälle spezifizieren, die Testdaten generieren, die Testumgebung aufbauen, den Test durchführen und die Testergebnisse auswerten. Das gesamte Testprojekt könnte innerhalb von drei Monaten abgeschlossen sein. Es ist schließlich eine Frage der Projektorganisation und der Rollenverteilung.

3.5 Testprojektorganisation

Testen ist in großem Ausmaß von der Umgebung abhängig. Spezifizieren, Entwerfen und Codieren sind Aktivitäten, die auch ohne Rechnernutzung ausgeführt werden könnten bzw. der Rechner wird nur zum Zeichnen und Texte-Editieren verwendet – Aufgaben, die im Prinzip per Hand zu erledigen wären. Im Grunde benötigt man den Rechner erst beim Kompilieren (wie in der Frühzeit der Softwareentwicklung). Zum Testen war man aber schon immer auf den Rechner angewiesen.

3.5.1 Organisation der Testressourcen

Es gab Zeiten, als Rechenkapazität noch nicht im Überfluss vorhanden war. Damals konnte es vorkommen, dass die Rechnernutzung für Tests zum Engpass des Projekts wurde.

Nur eine begrenzte Anzahl von Menschen durfte eine bestimmte Zeit lang mit dem Rechner arbeiten. Falls der Test im Batch-Betrieb lief, waren die Tester gezwungen, ihre Tests als Batchjobs auf Band, Lochkarten oder Lochstreifen vorzubereiten und dann bei den Operatoren abzugeben. Auf diese Weise konnte man pro Tag maximal drei Tests fahren. Notfalls konnte ein Projekt den Rechner für sich bekommen, um mehrere Tests hintereinander zu fahren, doch war dies nur nachts möglich. Bei seinen ersten Testprojekten Ende der 70er-Jahre durfte der Autor nur nachts arbeiten, bei Siemens in München von 16.00–24.00 Uhr und bei der Spardat in Wien von 18.00–02.00 Uhr. Ergo musste das Testen sehr strikt organisiert werden, um die beschränkte Rechnerzeit optimal auszunutzen. Oft musste die Rechnerzeit Monate im Voraus bestellt werden. Heute sieht das anders aus: Rechnerkapazität ist im Überfluss vorhanden, dafür gibt es andere Engpässe.

Der Hauptengpass beim heutigen Testen ist nicht die Rechnernutzung, sondern die Datennutzung. Zum Testen braucht man einen Bildschirmarbeitsplatz, eine Verbindung zum Server, die Software auf dem Server und die Daten auf dem Server. Die Serversoftware ist in der Regel multiserverfähig, und wenn nicht, lässt sie sich für jeden Test duplizieren. Leider trifft dies für die Daten nicht immer zu. Für den Test braucht jeder Tester seine eigenen Daten, um den Vorzustand jederzeit wiederherstellen und somit den Nachzustand validieren zu können, ohne Gefahr zu laufen, dass eine andere Person seine Daten in der Zwischenzeit absichtlich oder unabsichtlich verändert. Es ist deshalb dringend notwendig, die Testdaten für jeden Tester getrennt zu halten. Dies hört sich banal an, ist aber für viele Projekte ein großes Problem, weil die Plattenspeicherkapazität nicht ausreicht oder weil das Datenbanksystem nur eine Kopie einer Datenbank zulässt [MOSL00].

Die Verfügbarkeit der Testdaten ist ein organisatorisches Problem, das es bereits bei der Testplanung zu berücksichtigen gilt. Der Testmanager muss dafür sorgen, dass jeder Tester einen Testarbeitsplatz mit Verbindung zum Server hat, dass der Server genügend Hauptspeicherkapazität für die gleichzeitige Bedienung aller Tester hat, dass das Kommunikationsnetz die Testlast verträgt sowie – vor allem –, dass genügend externe Speicherkapazität vorhanden ist, um jedem Tester eine eigene Testdatenbank zur Verfügung zu stellen. Die Datenbankkommunikation muss auch gewährleisten, dass das Datenbanksystem mehrere Kopien der gleichen Datenbank nebeneinander verwalten kann. Die Ressourcenplanung ist also ein wichtiger Bestandteil der allgemeinen Testplanung und darf nicht vernachlässigt werden. Es kommt darauf an, Kapazitätsengpässe bei der Testdurchführung zu vermeiden. Dies erreicht man am besten, wenn der Kapazitätsbedarf rechtzeitig geregelt wird (siehe Abbildung 3.7).

3.5.2 Organisation des Testpersonals

Die Bereitstellung der nötigen Maschinenressourcen ist nur die eine Seite der Testorganisation. Die andere Seite ist die Bereitstellung der nötigen Humanressourcen. Menschen sind erforderlich, um die Testfälle zu spezifizieren, die Testdaten zu ermitteln, die Testumgebung aufzubauen, den Test durchzuführen und die Testergebnisse zu kontrollieren. Auch wenn Testwerkzeuge zu diesem Zweck eingesetzt werden, braucht man Menschen, um die

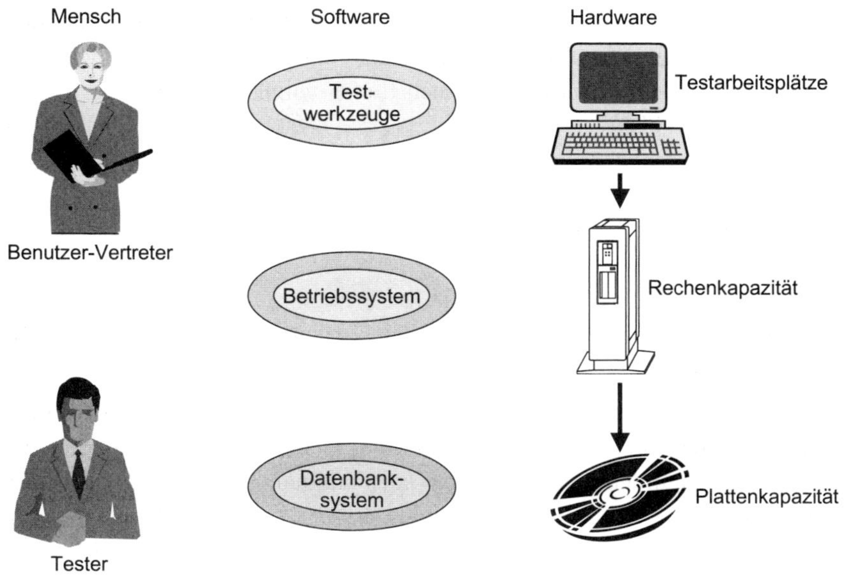

Abbildung 3.7 Einteilung der Testressourcen

Werkzeuge zu bedienen. Hier stellt sich die Frage, welche Menschen gebraucht werden und wie viele. Ein Entwickler eignet sich nicht immer als Tester. Viele Entwickler haben eine Abneigung gegen das Testen und sind dafür nicht zu begeistern. Sie haben weder die nötige Geduld und Ausdauer noch die nötige Aufmerksamkeit für Details. Außerdem fehlen ihnen die Fachkenntnisse. Dafür hätten sie die erforderlichen technischen Kenntnisse und Fähigkeiten. Sachbearbeiter von der Fachabteilung bringen die Fachkenntnisse der Anwendung mit. Sie verfügen auch meist über die nötige Ausdauer und Aufmerksamkeit in Detailfragen. Was ihnen fehlt, sind die erforderlichen technischen Kenntnisse und Fähigkeiten sowie das Vermögen, sich in die Feinheiten der Softwarekonstruktion hineinzudenken. Demzufolge können sie sich nur schwer vorstellen, welche Art von Fehler auftreten könnte. Systemanalytiker bzw. diejenigen, die zwischen den Anwendern und den Entwicklern vermitteln sollten, sind die am besten geeigneten Kandidaten. Sie besitzen die technischen Fähigkeiten und die besten Kenntnisse hinsichtlich des Systems. Immerhin haben sie die Anforderungen spezifiziert, die jetzt getestet werden sollten. Was ihnen fehlt, sind Geduld, Aufmerksamkeit für Details und die nötige Ausdauer. Hinzu kommt, dass sie sich mit Routinetestarbeiten nicht gerne abgeben. Analytiker sind kreative Menschen, die nur ungern wiederholte Tätigkeiten ausführen. Summa summarum: Es ist nicht ganz einfach, geeignete Tester zu finden. Im Grunde genommen braucht man eine Mischung aus Entwickler, Analytiker und Anwender, die noch dazu in der Anwendung gängiger Testmethoden und Testwerkzeuge geschult ist. Da diese Mischung nur selten in einer Person anzutreffen ist, sieht sich der Testmanager gezwungen, ein gemischtes Testteam zu bilden, das aus Entwicklern, Analytikern, Anwendern und professionellen Testern besteht.

Oft umfassen Tests auch monotone Tätigkeiten mit Wiederholungscharakter, wie zum Beispiel das Erfassen Hunderter Testdatensätze oder die fünfte Wiederholung ein und desselben simplen Testfalles. Wo die Testautomatisierung noch nicht entsprechend fortgeschritten ist, benötigt man auch Personal, das von außen rekrutiert werden kann, zum Beispiel über eine Personal-Leasing-Agentur, oder in Form von Studenten der lokalen Universität. Man sollte dies aber nur als vorübergehende Lösung betrachten. Angestrebt ist die Automatisierung des Tests [FEWS99].

3.6 Testrisikoanalyse

Der Systemtest ist, wie andere IT-Unterfangen, nicht ohne Risiken. Es kann immer etwas vorkommen, was den Testtermin gefährdet. Die häufigsten Risiken:

- Die vorliegenden Anforderungsdokumente sind mangelhafter als erwartet.
- Die zu testende Software wird nicht rechtzeitig geliefert.
- Die Testwerkzeuge funktionieren nicht wie erwartet.
- Die geforderten Rechnerressourcen stehen nicht rechtzeitig bereit.
- Die Speicherkapazität reicht nicht aus.
- Performanzengpässe treten auf.
- Wichtiges Personal fällt aus.
- Die Software ist um einiges fehlerhafter als erwartet, so dass der Test mehrmals wiederholt werden muss [COHE04].

Jedes Risiko kann das Projekt verzögern, und mehrere Risiken zusammen können den Aufwand und die Dauer des Tests vervielfachen. Planen heißt auch vorbauen. Der Testmanager muss bei der Terminzusage einen Puffer vorsehen, um in der Lage zu sein, eventuelle Risiken zumindest teilweise aufzufangen. Für die Schätzung der Pufferzeit empfiehlt es sich, einen Risikozuschlag zu berechnen. Dafür muss jedes einzelne Risiko mit der Risikowahrscheinlichkeit RW und der Risikoaussetzung RA multipliziert werden. Die Risikowahrscheinlichkeit entspricht der Wahrscheinlichkeit in Prozent, dass dieses Risiko auftritt. Die Risikoaussetzung ist die prozentuale Zunahme der Projektdauer, zum Beispiel, dass die Zeitdauer um 25% verlängert wird. Die Summe der Produkte dieser beiden Faktoren für alle Risiken ergibt den Gesamtrisikofaktor, zum Beispiel 0,64. Dieser wird mit eins addiert und mit der geplanten Testdauer in Wochen oder Monaten multipliziert, um die potenzielle Gesamttestdauer unter der Berücksichtigung der Risiken zu errechnen.

$$Gesamttestdauer = (1 + \Sigma\, Risiko\ (RA * RW)) * geplante\ Testdauer$$

Bei einem Webprojekt hat einer der Autoren als Testplaner eine Zeitverschiebung von 3 Wochen vorgesehen (siehe Abbildung 3.8). Diese Verschiebung ist tatsächlich eingetreten und zwar genau um 3 Wochen. Es obliegt dem Testmanagement, risikomindernde Maßnahmen mit deren Hilfe die Zeitverschiebung reduziert werden könnte, vorzuschlagen. Beispiele dafür wären:

- Reservetester
- zusätzliche Rechenressourcen
- weitere Testwerkzeuge usw.

Die offensichtlichen Risiken des Tests sind:

- Verschiebungen der Lieferungen mit einer Wahrscheinlichkeit von 40%
- Hohe Fehlerhaftigkeit der gelieferten Software mit einer Wahrscheinlichkeit von 30%
- Technische Probleme mit der Testumgebung mit einer Wahrscheinlichkeit von 25%
- Probleme mit den Testwerkzeugen mit einer Wahrscheinlichkeit von 20%
- Ausfall wichtiger Projektmitarbeiter mit einer Wahrscheinlichkeit von 15%

- Die Auswirkung der Terminverschiebung auf die Testdauer könnte zwischen 2 bis 12 Wochen liegen.
- Die Fehlerhaftigkeit der Software könnte 1 bis 6 Wochen kosten.
- Technische Probleme mit der Testumgebung können 1 bis 4 Wochen kosten.
- Probleme mit den Testwerkzeugen können ebenfalls 1 bis 4 Wochen kosten.
- Der Ausfall von Personal kann das Projekt nicht mehr als 2 Wochen zurückwerfen, da genügend Reserven vorhanden sind und Tester sich mit geringem Aufwand ersetzen lassen.

Eine Analyse dieser Risiken führt zu folgendem Risikozuschlag:

Terminverschiebung	= [Max – Min Zeitverlust]/2 = 5 Wochen * 0,4 = 2 Wochen
Fehlerhaftigkeit	= [Max – Min Zeitverlust]/2 = 2,5 Wochen * 0,3 = 0,75 Wochen
Testumgebung	= [Max – Min Zeitverlust]/2 = 1,5 Wochen * 0,25 = 0,38 Wochen
Werkzeugprobleme	= [Max – Min Zeitverlust]2 = 1,5 Wochen * 0,20 = 0,30 Wochen
Mitarbeiterausfall	= [Max – Min Zeitverlust]/2 = 1 Woche * 0,15 = 0,15 Wochen

Der maximale Zeitverlust wäre die Summe aller Höchstgrenzen = 28 Wochen, bzw. 7 Monate.
Der wahrscheinlichste Zeitverlust wäre die Summe der einzelnen Risikofaktoren = 3,58 Wochen

Abbildung 3.8 Beispiel einer Testrisikoanalyse

Der Testmanager hat jedoch auf viele Risiken wie die Fehlerhäufigkeit, die Lieferpünktlichkeit und die Performanzengpässe keinen Einfluss. Er kann sie allenfalls zu Protokoll geben, um sich später, wenn sie eintreten, zu rechtfertigen. Denn nach Murphys Law werdensie eintreten. Ein Softwaretester, und erst recht ein Softwaretestmanager, muss von Natur aus pessimistisch sein und trotz aller Widrigkeiten des Testgeschäfts die Fassung bewahren.

3.7 Festlegung der Testendekriterien

Eine unvermeidliche Aufgabe eines jeden Testprojektleiters ist es, die Testendekriterien festzulegen. Hier geht es um die schwierige Frage, wann der Test zu Ende ist. Es gibt Projekte, die ewig dahinlaufen, weil niemand entscheiden kann, ob der Test ausreichend ist. Diesen Zustand muss man von vornherein vermeiden. Dazu braucht das Testprojekt messbare Endekriterien. Vorneweg ist festzustellen, dass sich kein komplexes Softwaresystem jemals vollständig testen lässt. Auch wenn es theoretisch möglich wäre, würde es zu lange dauern und zu viel Geld kosten. Darüber wurde schon genügend geschrieben [MUSA89]. Software ist wie das Universum, in dem wir leben, nach Einstein prinzipiell endlich, aber für alle praktischen Zwecke endlos. Ergo können wir einen vollständigen, 100%igen Test von Anfang an ausschließen. Umso mehr brauchen wir realistische Ziele für unseren Systemtest. Ein solches Ziel wäre die Fehlerüberdeckung. Aufgrund der Erfahrung mit ähnlichen Projekten aus der Vergangenheit wird die Anzahl der Fehler hochgerechnet. Man nimmt die alte Anzahl der Fehler und justiert sie durch die Größe und Komplexität des neuen Systems. Hatte das letzte Projekt dieser Art zum Beispiel 400 gemeldete Fehler bei einer Größe von 5000 Function-Points und einer Systemkomplexität von 0,54, wären beim neuen System, das auf 6000 Function-Points mit einer Komplexität von 0,6 geschätzt wird, 533 Fehler zu erwarten. Zunächst justieren wir die Größe des letzten Systems durch seine Komplexität.

$$gewichtete\ Größe_{alt} = 5000 * \frac{0,54}{0,50} = 5400$$

Diese Größe dividieren wir durch die Anzahl der Fehler, um die Fehlerdichte zu ermitteln.

$$Fehlerdichte = \frac{400}{5400} = 0,074$$

Im nächsten Schritt justieren wir die geschätzte Größe des neuen Systems durch die geschätzte Komplexität.

$$gewichtete\ Größe_{neu} = 6000 * \frac{0,6}{0,5} = 7200$$

Diese justierte Systemgröße wird jetzt mit der Fehlerdichte des letzten Systems multipliziert, um die erwartete Fehlerzahl zu errechnen.

$$erwartete\ Fehleranzahl = 7200 * 0,074 = 533\ Fehler$$

Das eigentliche Testendekriterium wäre dann so lange zu testen, bis ein gewisser Prozentsatz der geschätzten Fehler aufgedeckt wird. Diese geschätzte Fehlerzahl muss auch nicht starr bleiben. Sie sollte dynamisch angepasst werden. Wenn der Testmanager beim Test der ersten Teilsysteme oder der ersten Version feststellt, dass die Fehlerdichte höher ist, zum Beispiel 0,09 statt 0,074, kann er die Anzahl der erwarteten Fehler hochschrauben, zum Beispiel von 533 auf 648.

Fehlerüberdeckung ist nicht das einzige Endekriterium. Es gibt auch die Abdeckung der Funktionalität, die Abdeckung der Daten oder die Abdeckung des Codes. Daraus folgen die drei Überdeckungskriterien:

- Funktionsüberdeckung
- Datenüberdeckung
- Codeüberdeckung

Funktionsüberdeckung ist der Prozentsatz, zu dem die spezifizierten Funktionen getestet werden. Aus der Anforderungsanalyse geht hervor, welche Anwendungsfälle mit welchen Aktionen und unter welchen Bedingungen es zu testen gilt. Ein messbares Testziel wäre es, einen vereinbarten Prozentsatz jener Funktionen auszuführen, zum Beispiel 90%.

Datenüberdeckung ist der Prozentsatz, zu dem die spezifizierten Datenattribute in den Datenbanken, Systemschnittstellen und Benutzeroberflächen getestet werden. Für jedes zu testende Attribut sollte es eine Assertion geben, in der die Pre- und Postwerte des Attributs spezifiziert sind. Die Datenüberdeckung ist demnach der Prozentsatz der ausgeführten Assertions relativ zur Anzahl aller Attribute. Hier lässt sich auch ein gewisser Prozentsatz als Testendekriterium vereinbaren.

Schließlich gibt es die altbekannten Codeüberdeckungsmaße. Es sollte nicht das Ziel eines Systemtests sein, 90% Zweigüberdeckung zu erreichen. Bei einem System mit einem hohen Anteil an wiederverwendetem Code, wird ein Großteil des Codes nie benutzt. Er ist nur deshalb da, weil es zu schwierig ist, den benutzen Code vom unbenutzten zu trennen. Die Codeüberdeckung ist eher ein Ziel des Unittests [BIND99]. Was jedoch gemessen werden kann, ist die Modul- bzw. die Methodenüberdeckung. Wie dies zu bewerkstelligen ist, wird erst später bei der Testauswertung behandelt. Hier genügt es, einen gewissen Modulüberdeckungsgrad als Testziel zu vereinbaren und dies auch konsequent anzustreben. Wenn er erreicht ist, ist das Testendekriterium erfüllt (siehe Abbildung 3.9).

1. Es werden mindestens 80% aller aus der Anforderungsanalyse abgeleiteten Testfälle ausgeführt (Testfallüberdeckung)
2. In jeder Datei bzw. Datenbank werden mindestens 90% aller Attribute durch Assertions validiert (Datenüberdeckung)
3. Jeder Anwendungsfall wird mindestens 2 mal getestet – für einen positiven und einen negativen Ausgang (Funktionsüberdeckung)
4. In jeder Systemschnittstelle werden mindestens 90% aller Einzelergebnisse bestätigt (Schnittstellenüberdeckung)

Abbildung 3.9
Mögliche Testendekriterien

3.8 Gestaltung des Testplans nach ANSI/IEEE-829

Der letzte Akt der Testplanung ist die Verfassung des Testplandokuments. Bis dahin soll der Testprojektleiter, genauso wie jeder Autor einer wissenschaftlichen Arbeit, alle Fakten zusammengetragen haben.

- Er hat die Testziele gesetzt.
- Er hat die Testobjekte und Testfunktionen erkannt.
- Er hat die erforderlichen Soll-Testfälle gezählt.
- Er hat die Testressourcen identifiziert.
- Er hat den Testaufwand und die Testdauer geschätzt.
- Er hat die Testrisiken analysiert.
- Er hat einen Personenplan aufgestellt.
- Er hat die Testendekriterien aufgestellt.

Letzteres ist eine unbedingte Voraussetzung für die Testplanung. Der Testprojektleiter muss noch mit dem Gesamtprojektleiter und dem zuständigen Produktmanager darüber einig werden, wann der Test ausreichend ist bzw. wann man damit aufhören darf. Einige mögliche Endekriterien sind im letzten Abschnitt vorgestellt worden. Sie reichen von einer gewissen Code-, Daten- oder Funktionsüberdeckung bis hin zur Findung einer bestimmten Anzahl an Fehlern. Hinzu kommen die Einschätzungskriterien, wie die Errechnung der Budgetgrenze und die Überschreitung des Endtermins. Wichtig ist, dass die Verantwortlichen unter sich einig sind, welche Kriterien für diesen Test gelten sollen. Wenn dies feststeht, kann mit der Verfassung des Testplans begonnen werden. Als Muster für den endgültigen Testplan sollte das Gliederungsschema nach dem ANSI/IEEE-Standard 829 verwendet werden und zwar nicht nur, weil dieser die herrschende internationale Norm ist, sondern auch, weil er sich in der Praxis bewährt hat und vielfach zitiert wird [IEEE829]. Dieser Standard sieht ein Dokument mit 16 Abschnitten vor (siehe Abbildung 3.10).

1. Testplan-Identifikation
2. Testplan-Einführung
3. Zu testende Objekte
4. Zu testende Funktionen
5. Nicht zu testende Funktionen
6. Testvorgehensweise
7. Testendekriterien
8. Testabbruchskriterien
9. Testergebnisse
10. Testaufgaben
11. Testumgebung
12. Testverantwortlichkeiten
13. Testpersonalbedarf
14. Testzeitplan
15. Testrisiken und Notfallpläne
16. Genehmigung

Abbildung 3.10
Aufbau des Testplans
(nach ANSI/IEEE-Standard 829)

3.8.1 Testkonzept-ID

Hierbei handelt es sich um ein eindeutiges Kennzeichen des Dokuments, um es einerseits mit einer Suchanfrage wieder zu finden und andererseits von anderen Dokumenten aus zu referenzieren. Im Falle eines XML-Dokuments ist es das Attribut „ID“.

3.8.2 Einführung

Dies ist eine kurze Zusammenfassung der zu testenden Hard- und Softwareeigenschaften und eine Zielerklärung, was mit dem Test erreicht werden soll, zum Beispiel, welche Risiken zu vermeiden sind. Falls es mehrere hierarchisch geschachtelte Testpläne gibt, muss jeder untergeordnete Testplan den übergeordneten referenzieren. In der Einleitung soll auch etwas über den Umfang des zu testenden Systems stehen. Hier soll es auch Hinweise auf für den Test relevante Dokumente geben. Diese sind:

- Spezifikationsdokumente bzw. das Fachkonzept
- Entwurfsdokumente bzw. das technische Konzept
- Benutzerhandbücher bzw. die Bedienungsanleitung
- Betriebshandbücher
- Installationsunterlagen

3.8.3 Zu testende Objekte

Hier sind sämtliche zu testende Objekte – Oberflächen, Schnittstellen, Datenbanken und Programme einschließlich der Versionsnummer bzw. Revisionsnummer – aufzuführen. Ausdrücklich nicht zu testende Objekte sollten ebenfalls aufgeführt werden.

3.8.4 Zu testende Funktionen

Hier wird die Benennung sämtlicher zu testender Funktionen und Funktionskombinationen verlangt. Falls das Anforderungsdokument nach Anwendungsfällen gegliedert ist, sind die Anwendungsfälle die zu testenden Funktionen. Für jede zu testende Funktion bzw. Funktionskombination sollte es einen Querverweis auf das dazugehörige Testskript oder die Testfallbeschreibung geben. In einem XML-Dokument wird dies das Attribut „href" sein. In der Praxis kann diese Liste sehr lang werden, vor allem bei großen Systemen.

3.8.5 Nicht zu testende Funktionen

Besonders zu erwähnen sind jene Funktionen, die – aus welchen Gründen auch immer – nicht zu testen sind. Sie sind vom Systemtest ausgeklammert. Mit dieser Ausklammerung entzieht sich das Testteam der Verantwortung für die Funktionsfähigkeit dieser Funktionen bzw. erzwingt eine Festlegung an anderer Stelle, wer für die Qualitätssicherung der Funktionen verantwortlich sein sollte.

3.8.6 Testvorgehensweise

An dieser Stelle erfolgt eine Beschreibung des allgemeinen Testvorgehens bzw. der Teststrategie. Die Testphasen und Testaktivitäten sind hier anzugeben. Auch die einzusetzenden Techniken und Testwerkzeuge sind zu spezifizieren. Das Vorgehen sollte so weit beschrieben werden, dass es möglich ist, die einzelnen Testaufgaben zu identifizieren, zu schätzen und zuzuteilen. Außerdem sind alle bedeutenden und bekannten Einschränkungen des Testvorgangs aufzuführen, wie zum Beispiel Verfügbarkeit der Testobjekte, Ressourcen und Termine.

3.8.7 Testendekriterien

Hier geht es um Messkriterien für die Beendigung des Tests bzw. um die Frage, wann der Test fertig ist. Es müssen konkrete, messbare Ziele gesetzt werden, Ziele wie das Erreichen eines bestimmten Testüberdeckungsgrades, die Aufdeckung einer bestimmten Anzahl an Fehlern oder die Ausführung einer bestimmten Anzahl der Testfälle. Die Erfüllung dieser Endekriterien muss mit einem einfachen Ja oder Nein zu beantworten sein. Entweder ist das Kriterium erfüllt oder nicht. Nur wenn das Kriterium erfüllt ist, kann der Test als beendet betrachtet werden. Sonst gilt er als nicht abgeschlossen oder abgebrochen.

3.8.8 Testabbruchkriterien

An dieser Stelle sind jene Kriterien zu beschreiben, die eine Unterbrechung aller oder eines Teils der Testaktivitäten bedingen. Typische Abbruchkriterien:

- Schwerwiegende Fehler, die den Test behindern
- Zu viele Fehler
- Ungenügende Hardwarekapazitäten
- Die vorausgesetzten Softwareprodukte funktionieren nicht.
- Die Frist für den Test ist überschritten.

Falls ein oder mehrere dieser Kriterien auftreten, wird der Test zunächst unterbrochen. Wieder aufgenommen wird er erst, wenn die Probleme behoben sind, oder wenn eine Umgehungsmöglichkeit besteht. Hier kann auch festgelegt werden, unter welchen Bedingungen ein Test fortzusetzen ist.

3.8.9 Testergebnisse

Die Testergebnisse sind jene Produkte, die das Systemtestteam im Laufe des Tests zu liefern hat. Daran wird der Fortschritt des Tests gemessen. Die Liste beginnt mit dem Testplan und endet mit dem Testabschlussbericht. Die von der Norm vorgeschlagenen Ergebnisse sind:

- Testplan
- Testentwurf
- Testfallspezifikation
- Testskripte
- Testausführungsprotokolle
- Fehlerberichte
- Testabschlussbericht

Weitere Ergebnisse können hinzukommen, doch sind diese Produkte das Minimum dessen, was in einem Testprojekt erstellt werden sollte.

3.8.10 Testaufgaben

Neben den vom Test zu produzierenden Ergebnissen folgen hier die Aufgaben, die der Test zu erledigen hat. Es handelt sich um alle Tätigkeiten, die zur Vorbereitung, zur Ausführung und zur Auswertung des Tests erforderlich sind. Typische Testaufgaben:

- Erstellung des Testplans
- Entwurf eines Testkonzepts
- Spezifikation der Testfälle
- Generierung der Testskripte
- Bereitstellung der Testdaten
- Aufbau der Testumgebung

- Durchführung diverser Tests
- Protokollierung der Tests
- Fehlerberichterstattung
- Fehlerverfolgung
- Verfassung der Testberichte

Dies sind nur die wichtigsten Testaufgaben. In der Praxis wird es etliche Ausprägungen dieser Aufgabentypen geben. Man sollte Aufgaben definieren, die eine oder höchstens zwei Personen in wenigen Tagen erledigen können. Je feiner die Aufgaben definiert sind, umso leichter ist es, sie zu kontrollieren.

3.8.11 Testumgebung

Hier werden die erforderlichen Eigenschaften der Testumgebung festgelegt. Neben den gewünschten Hardwaregeräten wie Testarbeitsplätzen, Vermittlungsrechnern und Servern, Druckern und Speichergeräten werden die nötigen Softwareprodukte angegeben: Betriebssysteme, Datenbanksysteme und Middleware sowie Office-Produkte und spezielle Frameworks. Sollten Testwerkzeuge benötigt werden, sind diese auch hier zu beschreiben. Ebenso werden hier räumliche Anforderungen gestellt, so zum Beispiel zusätzliche Testräume mit Netzanschlüssen oder Funkverbindungen. Für alle Materialien, die im Moment noch nicht zur Verfügung stehen, ist eine Quelle zu nennen.

3.8.12 Testverantwortlichkeiten

Hier sind die verantwortlichen Gruppen bzw. Dienststellen für Management, Design, Vorbereitung, Ausführung, Beglaubigung, Überprüfung und Support zu definieren. Soweit bekannt, werden die einzelnen Testaufgaben verantwortlichen Personen oder Stellen zugewiesen. Es geht also auch um die Organisation des Testprojekts und die Zuteilung der Rollen.

3.8.13 Testpersonalbedarf

Ausgehend von den Rollen im Testverfahren wird hier ein Personalbedarfsplan aufgestellt. Die verschiedenen Rollen setzen gewisse Fähigkeiten voraus, zum Beispiel die des Datenbankspezialisten, des Netzspezialisten, des Sicherheitsexperten oder des XML-Kenners. Zusätzlich zu diesen Spezialkenntnissen wird ein Ausbildungsplan für das Testpersonal vorgelegt, damit die Tester besser in der Lage sind, ihre Rollen zu erfüllen. Dazu gehören die Schulung der Testmethodik und der Bedienung der Testwerkzeuge sowie Schulungen bezüglich der Testobjekte, der zu testenden Applikationen selbst.

3.8.14 Testzeitplan

Im Zeitplan werden die Meilensteine im Testprojekt sowie die Liefertermine der Testobjekte festgehalten. Auch zusätzliche Meilensteine können aufgeführt werden. Für jede

Testaufgabe ist der Zeitbedarf zu schätzen, damit sich ein Netzplan oder PERT-Diagramm erstellen lässt, aus dem der kritische Pfad hervorgeht. Zur Darstellung des Zeitplans können konventionelle Projektmanagementmittel – wie GANTT-Diagramme – herangezogen werden. Aufgrund des Testplans ist schließlich für jede Testressource – Hardware, Software oder Personal – festzuhalten, wann sie zu welchem Zweck gebraucht wird.

3.8.15 Testrisiken und Risikomanagement

Jeder Systemtest ist mit Risiken behaftet. Es gibt vertragliche, technische, betriebliche und menschliche Risiken. Hier sind die einzelnen Risiken zu identifizieren und deren Auswirkung und Wahrscheinlichkeit abzuschätzen. Typische Testrisiken:

- Mängel in den Anforderungsdokumenten (Verfügbarkeit, Aktualität, Qualität)
- Fehlender Zugriff auf die Verfasser der Anforderungsdokumente
- Verzögerungen bei der Softwarelieferung
- Schwerwiegende Konstruktionsfehler in der Software
- Hardwareausfälle
- Performanzengpässe
- Instabile Grundsoftware
- Nichtfunktionierende Testwerkzeuge
- Personalprobleme

Für jedes mögliche Risiko ist eine Gegenmaßnahme vorzusehen, zum Beispiel: zusätzliche Hardwarekapazität beschaffen, den Softwarelieferanten Konventionalstrafen androhen, Personal austauschen, Überstunden anordnen und auf andere Werkzeuge ausweichen. Die Maßnahmen sind zu bewerten, inwieweit sie geeignet sind, Risiken zu mindern.

3.8.16 Genehmigungen

Am Ende des Testplans kommen die Namen und Titel aller Verantwortlichen, die diesen Testplan genehmigen müssen. Ihre Unterschrift bezeugt, dass sie mit dem Inhalt des Testplanes einverstanden sind. Zu Dokumentationszwecken sollte eine gedruckte Kopie des Testplans unterzeichnet und archiviert werden. Es empfiehlt sich, die elektronische Version des Testplans zu speichern und bereitzustellen. So kann er jederzeit wieder abgerufen und mit den anderen Dokumenten des Projekts leichter verbunden werden.

Im Gegensatz zu vielen anderen Normen, die eher akademischer Natur sind, ist der IEEE Standard 829 sehr praxisbezogen. Er wird nicht nur von der Firma ANECON, sondern auch von etlichen anderen Testfirmen, wie z.B. der SQS in Köln und der IFS Consulting in Eschborn, praktiziert. Die IFS hat einen interessanten Erfahrungsbericht über die Umsetzung des Standards im GI Software Management-Rundbrief veröffentlicht [SLAD05]. Anhang A dieses Buches enthält einen Testplan aus der ANECON-Testpraxis.

3.9 Die Prüfspezifikation nach V-Modell-XT

In Projekten für den öffentlichen Dienst wird kein Testplan, sondern eine Prüfspezifikation verlangt. Eine Prüfspezifikation unterscheidet sich von einem Testplan hauptsächlich in der Terminologie. Statt vom Testen ist von Prüfen die Rede weil Prüfen ein umfassenderer Begriff ist. Er umfasst auch die verschiedenen Formen des statischen Testens wie Reviews, Inspektionen und Analysen. Die Analyse der Anforderungsdokumente durch den Textanalysator sowie die Inspektion des Codes durch einen CodeAuditor sind Prüfungen, aber kein Test. Test impliziert die dynamische Ausführung einer Software. Insofern ist der deutsche Begriff „Prüfen" weiter gefasst. Die Prüfspezifikation aus dem V-Modell-XT schließt sämtliche Prüfaktivitäten ein, sowohl die Prüfung der Dokumente als auch den Test der Programme [UFAB05]. Der Testplan aus dem amerikanischen IEEE-Standard bezieht sich ausschließlich auf den Systemtest. Das Problem besteht darin, dass in Projekten der öffentlichen Hand Prüfspezifikationen abgegeben werden müssen. Ergo muss der Inhalt des IEEE-Testplanes in das Format einer V-Modell-XT-Prüfspezifikation gegossen werden. Dies ist, wie die folgende Inhaltsbeschreibung zeigt, einigermaßen gelungen. Es ist sogar möglich, aus der Anforderungsanalyse eine Prüfspezifikationsvorlage mit einigen vorgefertigten Inhalten wie den zu testenden Objekten und Funktionen sowie die Aufwandsschätzung automatisch zu generieren.

1. Einleitung
2. Prüfziele
3. Prüfobjekte
4. Prüfstrategie
5. Prüffälle
6. Prüfkriterien
7. Prüfergebnisse
8. Prüfaufgaben
9. Prüfumgebung
10. Prüffallzuordnung
11. Prüfaufwand
12. Risikovorkehrung
13. Abkürzungsverzeichnis
14. Literaturverzeichnis

Abbildung 3.11
Aufbau der Prüfspezifikation (nach V-Modell-XT)

3.9.1 Einleitung

Diese Prüfspezifikation beschreibt alle vorgesehenen Prüfaktivitäten im Rahmen des jeweiligen Projekts. Die hier beschriebenen Prüfaktivitäten beziehen sich sowohl auf den Abnahmetest des fertigen Systems als auch auf die Prüfung der Zwischenergebnisse, die laut Vertrag abzuliefern sind. Zur Abnahme des fertigen Systems gehört die Planung, Vorbereitung, Organisation, Durchführung und Auswertung des Gesamtsystems. Getestet wird das System gegen die funktionalen und nicht-funktionalen Anforderungen des Lastenheftes. Laut V-Modell-Vorschrift darf nur das geprüft werden, was das Lastenheft explizit vorschreibt. Deshalb handelt es sich hier um einen anforderungsbasierten Test. Es gilt, jede einzelne Anforderung auf seine Erfüllung zu prüfen, ehe das Produkt abgenommen wird. Dazu gehört eine ganze Reihe von Prüffällen. Neben den funktionalen und nicht-funktionalen Anforderungen sind die in diesem Dokument identifizierten Risiken zu prüfen.

Für die Prüfung der abgelieferten Dokumente sind Reviews und Inspektionen vorzusehen, die von der betrieblichen Qualitätssicherung zu überwachen sind. Für die Prüfung des abgegebenen Source Codes ist eine toolgestützte statische Analyse durchzuführen, bei der die Sourcen gegen die vereinbarten Codierregeln geprüft und anhand der vereinbarten Quantitäts-, Komplexitäts- und Qualitätsmetriken gemessen werden. Es handelt sich hier um projektbegleitende Qualitätssicherung und Abnahmetests in Anlehnung an die Vorgaben des QS-Handbuches.

3.9.2 Prüfziele

Das Prüfziel besteht darin, die Ist-Eigenschaften des gelieferten Systems mit den Soll-Eigenschaften laut Lastenheft abzugleichen und die Differenz zu dokumentieren. Dazu gehören folgende Soll/Ist-Abgleiche:

- Abgleich der Soll/Ist-Funktionalität
- Abgleich der Soll/Ist-Performanz
- Abgleich der Soll/Ist-Benutzbarkeit
- Abgleich der Soll/Ist-Zuverlässigkeit
- u.s.w.

In diesem Abschnitt werden die Ziele der Prüfungen eindeutig festgelegt, so dass sie im gleichen Maße für Auftraggeber und Auftragnehmer verständlich sind.

3.9.3 Prüfobjekte

Die Objekte der Prüfung:

- Pflichtenheft
- Implementierungsplan
- Entwurfsdokumente
- Source Programme
- Benutzeroberflächen
- Berichte
- Datenbanken
- Schnittstellen
- Subsysteme

In diesem Abschnitt werden die einzelnen Prüfobjekte aufgezählt und kurz beschrieben.

3.9.4 Prüffälle

Die Prüffälle sind nach ihrer Herkunft zu klassifizieren. Sie ergeben sich zum Teil aus dem Lastenheft, zum Teil aus der Risikoanalyse und zum Teil aus der Erfahrung mit früheren Projekten dieser Art. Daraus folgen drei Arten von Prüffällen:

- Anforderungsbasierte Prüffälle (Funktional und Nicht-Funktional)
- Risikobasierte Prüffälle
- Erfahrungsbasierte Prüffälle

An dieser Stelle sind sämtliche aus der Anforderungsanalyse gewonnenen Prüffälle aufzulisten. Hinzu kommen die Prüffälle aus der Risikoanalyse sowie jene aus der Erfahrung des Testers. Da es in der Regel mehrere Hundert Prüffälle gibt, empfiehlt es sich, sie in eine Tabelle im Anhang zur Prüfspezifikation auszulagern. Hier werden die Prüffallarten identifiziert, und es wird auf sie hingewiesen.

3.9.5 Prüfstrategie

Hier geht es darum, die Prüf- bzw. Teststrategie zu erläutern. Die Teststrategie ist mit der Testvorgehensweise im IEEE-Testplan zu vergleichen. Zusätzlich folgt eine Vorgehensweise für die Prüfung und Abnahme der Dokumente, die der Auftraggeber liefert. Dazu gehört das Pflichtenheft, der Implementierungsplan, die Entwicklertestdokumentation usw. Der Auftraggeber benötigt eine Strategie, wie er sie zu prüfen gedenkt.

3.9.6 Prüfkriterien

In diesem Abschnitt sind die Kriterien für die Abnahme der Zwischen- und Endergebnisse aufzuzählen. Falls man die Dokumente und die Programm-Sourcen gegen Richtlinien prüft, muss man hier auf die Richtlinien verweisen. Für den Abnahmetest werden die Testendekriterien spezifiziert – Kriterien wie Funktionsüberdeckung, Erfüllung der Anforderungen und Restfehlerwahrscheinlichkeit. Diese Kriterien sind vertraglich verbindlich und sollten deshalb juristisch unanfechtbar formuliert werden. Zu den Prüfkriterien gehören auch die Abbruchkriterien aus dem IEEE-Testplan, d.h. die Bedingungen, unter denen der Abnahmetest abgebrochen wird, z.B. wenn die Fehlerrate eine bestimmte Grenze überschreitet.

3.9.7 Prüfergebnisse

Bei den Prüfergebnissen kommen zu den Testberichten auch die Protokolle der Dokumentenprüfungen. Der Test als solcher liefert die Prüffälle, den Testentwurf, die Testprotokollierung, den Abnahmetestbericht und die Fehlerberichte. Die Prüfungen liefern Mängelberichte und Abnahmeprotokolle sowie Verbesserungsvorschläge, also die üblichen Ergebnisse.

3.9.8 Prüfaufgaben

Die Prüfaufgaben folgen aus den zu liefernden Prüfergebnissen. Für jedes Prüfergebnis gibt es eine Prüfaufgabe, die das Ergebnis erzeugt. Typische Prüfaufgaben in einem V-Modell-XT-Projekt sind:

- Prüfung des Pflichtenheftes
- Prüfung des Implementierungsplanes
- Prüfung der Entwurfsdokumente
- statische Analyse des Source-Codes
- Prüfung der Entwicklertestdokumentation
- Entwurf des Abnahmetests
- Spezifikation der Testfälle
- Erstellung der Testdaten
- Aufbau der Testumgebung
- Durchführung des Abnahmetests
- Auswertung des Abnahmetests

3.9.9 Prüfumgebung

Die allgemeine Prüfumgebung wird bereits in den zugehörigen Implementierungs-, Integrations- und Prüfkonzepten beschrieben. In diesem Abschnitt beschreiben wir notwendige Ausgestaltungen und Erweiterungen der allgemeinen Prüfumgebung oder speziell notwendige Prüfumgebungen für das konkrete Prüfobjekt. Es werden Anforderungen sowohl an die Hardware als auch an die Software gestellt. Hier werden die erforderlichen Kapazitäten genau vorgegeben.

3.9.10 Prüffallzuordnung

Im originalen V-Modell-XT-Ton heißt es hier: „Die aus den Anforderungen abgeleiteten Prüffälle werden in einer Abdeckungsmatrix den Anforderungen zugeordnet. Hier soll sichtbar werden, ob der gewünschte Abdeckungsgrad und die Prüfqualität gegeben sind, besonders in Bezug auf die vorher festgelegte Prüfstrategie." Im Klartext bedeutet dies, dass die Prüffälle mit den Anforderungen in einer Tabelle vereint werden. Für die automatisch aus dem Lastenheft abgeleiteten Prüffälle erledigt dies bereits das Textanalysator-Tool, wie das folgende Beispiel verdeutlicht. Für die hinzugekommenen Prüffälle muss dies noch erfolgen. Es geht hier darum festzustellen, dass jede Anforderung, ob funktional oder nicht-funktional, durch mindestens einen Prüffall abgedeckt ist.

Zur Prüffallzuordnung gehört auch die Zuordnung der Prüffälle zu den verantwortlichen Prüfern bzw. Testern. Jeder Prüffall sollte einen Zuständigen haben, der darauf achtet, dass dieser Fall tatsächlich geprüft und abgenommen wird. Dies wird ebenfalls von dem Textanalysator-Werkzeug unterstützt. Sofern der Verfasser des Lastenheftes die Anforderungen

```
+-----------------------------+----------------+
| Anforderung                 |  Testfall      |
+-----------------------------+----------------+
| FUNC-REQ 1_Artikelanzeige   | AUFTRAG0001    |
| FUNC-REQ 1_Artikelanzeige   | AUFTRAG0002    |
+-----------------------------+----------------+
| FUNC-REQ 2_Artikelbestellung | AUFTRAG0003    |
| FUNC-REQ 2_Artikelbestellung | AUFTRAG0004    |
| FUNC-REQ 2_Artikelbestellung | AUFTRAG0005    |
| FUNC-REQ 2_Artikelbestellung | AUFTRAG0006    |
+-----------------------------+----------------+
| FUNC-REQ 3_Versandauftrag   | AUFTRAG0007    |
```

Abbildung 3.12
Zuordnung von Anforderungen zu Testfällen

jemandem zuordnet, wird dem Verantwortlichen für die Anforderung auch die Verantwortung für die Prüffälle dieser Anforderung übertragen.

3.9.11 Prüfaufwand

An dieser Stelle wird der geschätzte Aufwand für die Prüfungsaktivitäten vorgegeben. Diese Aufwandsschätzung ist besonders wichtig, wenn der Auftrag zur Qualitätssicherung des Projekts ausgeschrieben wird, aber auch wenn der Auftraggeber die Prüfaufgaben selber übernimmt, sollte er wissen, wie viel Kapazität er dafür vorsehen muss. Der Textanalysator erzeugt diese Schätzung automatisch aufgrund der rohen Anzahl an Test-Points, wenn er das Prüfspezifikationsmuster generiert. Das folgende Beispiel wurde automatisch generiert.

```
Der Aufwand für die Vorbereitung, Ausführung und Auswertung des Abnahme-
tests setzt sich aus folgenden Posten zusammen:
     Personalkosten = Anzahl Testpunkte / Testproduktivität
     Anzahl Testfälle = 409
     Anzahl Test-Points = 685
     Testproduktivität = 8 Test-Points pro Testtag
     685 / 8 = 86 Testertage
```

3.9.12 Risikovorkehrungen

Für jedes Prüfobjekt mit einem Gefährdungspotenzial bei der Prüfung, das nicht normal getestet werden kann, wird beschrieben, welche Vorkehrungen und Maßnahmen durchzuführen sind, damit bei seiner Prüfung keine Gefährdungen auftreten können. So heißt es im originalen V-Modell-XT-Text. Diese Vorsichtsmaßnahmen gelten für die Prüfung von Geräten. Für die Prüfung von IT-Systemen gilt es hier die Gegenmaßnahmen für eventuelle Risiken beim Test festzuschreiben. Solche Risiken können zur Verschiebung bzw. zum Abbruch des Tests führen. Somit haben sie eine Auswirkung auf das Gesamtprojekt. Zum Abfangen jener Ereignisse sind Vorkehrungen zu treffen.

Die Prüfspezifikation endet mit den üblichen Abkürzungs- und Literaturverzeichnissen. Wie aus dieser kurzen Inhaltsschilderung hervorgeht, lässt sich die Prüfspezifikation aus dem V-Modell-XT durchaus mit dem Testplan aus dem ANSI/IEEE-Standard kombinieren. Die wesentlichen Inhalte des Testplanes passen dort gut hinein. Von Fall zu Fall sollte man den Unterschied zwischen Prüfen und Testen im Auge behalten.

4

4 Spezifikation der Testfälle

4.1 Aufbau der Testfälle nach ANSI-Standard 829

Durch die Analyse der Anforderungsdokumente werden Testfälle ermittelt. Heißt es hier: „fällt die Artikelmenge auf Lager unter die Mindestmenge, muss automatisch nachbestellt werden“, dann geht aus dieser bedingten Aktion ein Testfall hervor. Dieser Testfall ist zunächst aber nur eine Absichtserklärung, nämlich: „Teste, ob ein Lieferposten erzeugt wird, wenn die Artikelmenge unter die Mindestmenge fällt.“ Man spricht auch von einem abstrakten Testfall.

Wie dieser Testfall konkret zu implementieren ist, bleibt offen. Es fehlen explizite Angaben zur Höhe der Mindestmenge und zum momentanen Stand der Artikelmenge sowie zum Inhalt des Lieferpostens. Es fehlen ebenso Informationen über den Stand der Umgebung (engl. context), in der dieser Testfall ausgeführt wird. Um einen Testfall durchzuführen und kontrollieren zu können, müssen die aktuellen Wertzustände der betroffenen Objekte vereinbart sein. Für jedes Objekt – in diesem Fall der Artikel und der Bestellposten – muss sein Vor- und Nachzustand anhand der Werte aller Attribute gesetzt bzw. geprüft werden. Der Vorzustand des Objektes wird gesetzt und der entsprechende Nachzustand geprüft. In unserem Beispiel muss hier im Vorzustand die Artikelmenge knapp über der Mindestmenge liegen, und die Bestellmenge muss kleiner als die Artikelmenge, aber größer als die Differenz zwischen Artikelmenge und Mindestmenge sein. Im Nachzustand wird die Artikelmenge kleiner als die Mindestmenge sein, und es wird einen neuen Lieferposten geben, mit der Nummer und der Liefermenge des betroffenen Artikels. Die Deklaration dieser Vor- und Nachbedingungen gehört zur Testfallspezifikation und beschreibt dann einen konkreten Testfall.

Dazu gehören ebenso die Vorgänger- und Nachfolgetestfälle, d.h. welche Testfälle unmittelbar vor und unmittelbar nach diesem Testfall ausgeführt werden müssen. Hinzu kommen die Beschreibung der Umgebung und die prozeduralen Anforderungen. Es ist auch sinnvoll, die Quelle und den Status des Testfalles anzugeben. Schließlich hat jeder Testfall

1. Testfall-Identifikation
2. Zweck des Testfalls
3. Testgegenstände
   * Anforderungsspezifikation
   * Systementwurf
   * Benutzerhandbuch
   * Bedienungsanleitung
   * Installationsanleitung
4. Spezifikation der Eingabe-Daten
5. Spezifikation der Ausgabe-Daten
6. Spezifikation der Testumgebung
   * Hardware
   * Software (OS/DBS/DCS)
7. Prozedurale Anforderungen
8. Abhängigkeiten zu anderen Testfällen

Abbildung 4.1
ANSI/IEEE 829-Vorschlag zur Testfallbeschreibung

einen Zweck und ein eindeutiges Erkennungsmerkmal, das ihn von den anderen Testfällen unterscheidet.

Der ANSI/IEEE-Standard 829 schlägt vor, welche Mindestattribute ein Testfall haben soll [IEEE829] (siehe Abbildung 4.1). Das V-Modell-XT bietet keine Anhaltspunkte, wie ein Prüffall auszusehen hat. Das TMap-Verfahren von Sogeti unterscheidet zwischen logischen und physikalischen Testfällen. Nach TMap hat ein logischer Testfall einen Ausgangszustand, einen erwarteten Endzustand und eine Aktion mit Eingabe, Verarbeitung und Ausgabe [KABV06]. Ansonsten werden in der Testliteratur nur abstrakte Ziele vorgegeben, die ein Testfall zu erfüllen hat. Nach Kaner, Falk und Nguyen soll ein Testfall einen Zweck erfüllen, nicht redundant sein, repräsentative Werte und Grenzwerte haben und weder zu einfach noch zu komplex sein [KFN99]. Black beschreibt einen Testfall als eine Tabelle, in der die Zeilen Ein- und Ausgabedaten und die Spalten deren Werte sind [BLAC07]. Spillner und Linz verwenden auch Tabellen, um darzustellen, wie Testfälle aussehen könnten, geben aber keine konkrete Empfehlung, wie sie zu spezifizieren sind [SPLI03]. Zusammenfassend ist festzustellen, dass die Definition von Testfällen den Testern bzw. den Testwerkzeugen überlassen ist. Von den Testwerkzeugen kommen andererseits Vorschläge, welche Attribute ein Testfall haben sollte; diese lassen sich dann den eigenen Bedürfnissen anpassen.

In der Literatur haben auch Sneed und Winter ein umfassendes Muster für die Spezifikation von Systemtestfällen geliefert [SNWI02]. Dieses Muster sieht folgende Attribute vor:

- Testfallkennzeichen
- Testfallzweck
- Testfallquelle

- Testanforderung
- Testvorgang
- Testobjekte
- Testfallvorzustände
- Testfallnachzustände
- Vorgängertestfälle
- Nachfolgetestfälle
- Testumgebung
- Testfallargumente (Eingaben)
- Testfallergebnisse (Ausgaben)
- Testfallstatus

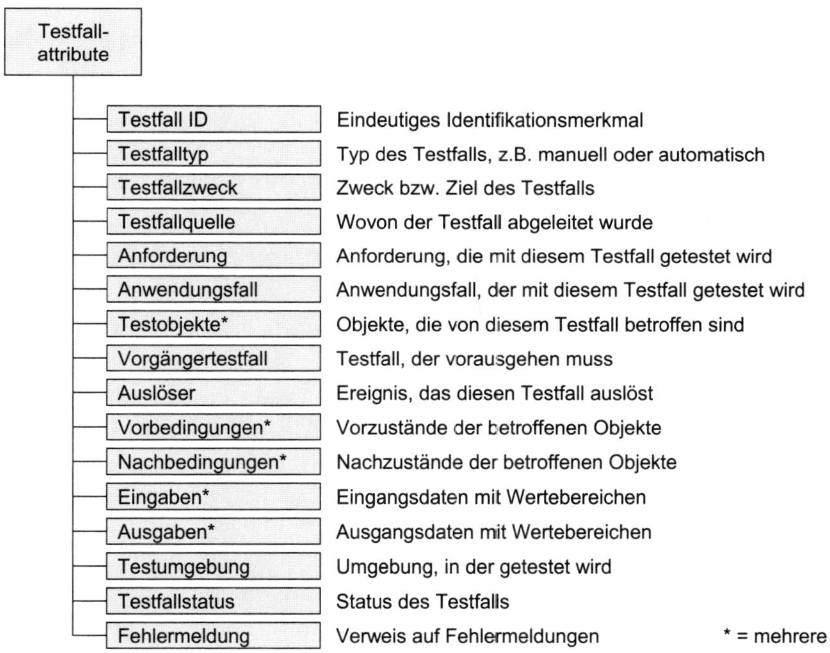

Abbildung 4.2 Testfallattribute nach Sneed

4.1.1 Das Testfallkennzeichen

Das Testfallkennzeichen ist eine alphanumerische Zeichenfolge, die den Testfall eindeutig identifiziert. Es empfiehlt sich, einen Namen mit einer laufenden Nummer zu verbinden, z.B. „TC-AUF-011". „TC" definiert, dass es sich um einen Testfall (Testcase) handelt, „AUF" ist die erkennbare Abkürzung für den Anwendungsnamen „Auftrag" und 011 die Nummer des Testfalles in der Sequenz der Auftragstestfälle. Am einfachsten ist es, die Nummer fortlaufend zu führen.

4.1.2 Der Testfallzweck

Der Testfallzweck ist die Anforderung aus dem Anforderungstext, die hiermit bestätigt werden sollte, z.B. der Satz „Teste, ob ein Lieferposten erzeugt wird, wenn die Artikelmenge unter die Mindestmenge fällt.“ Dieser Satz erklärt den Zweck des Testfalls und wird als Textglied nachher in der Testfalldatenbank aufbewahrt, um festzuhalten, wozu dieser Testfall ermittelt wurde. Der Zweck des Testfalls entspricht dem Testfallziel.

4.1.3 Die Testfallquelle

Die Quelle des Testfalles ist das Dokument bzw. das Programm oder die Fehlermeldung, aus dem der Testfall abgeleitet wurde. Testfälle werden aus verschiedenen Quellen gewonnen, nicht nur aus der Anforderungsdokumentation. Sie können auch bestehenden Programmen, der Produktion, Change Requests oder eingehenden Fehlermeldungen entnommen werden. Hier empfiehlt sich ein Verweis auf den Abschnitt im Anforderungsdokument, dem dieser Testfall entnommen wurde, z.B. „Fachkonzept für das System Auftragswesen, Kapitel 3: Kundenauftragsbearbeitung, Abschnitt 3.2: Geschäftsregel für die Aktualisierung der Artikeldaten“. Der Eintrag wäre demnach „Kundenauftragsbearbeitung 3.2“. Solche Querverweise zum Anforderungsdokument sichern die Verbindung zwischen den Testfällen und dem Anforderungsdokument, aus dem sie abgeleitet wurden. Später, in der Wartungsphase, wird dies immer wichtiger, denn die Anforderungen und die Testfälle neigen dazu, auseinanderzudriften. Dazu ist es von Vorteil, die Referenzen und IDs nach einem gemeinsamen Schema zu vergeben. Werkzeuge können dann v.a. Anforderungen (z.B.: RQ-ABC-001), Testfälle (z.B.: TC-AUF-011), Change Requests (z.B.: CR-TEV-933) und deren Abhängigkeiten verwalten.

4.1.4 Die Testanforderung

Die zu testende Anforderung geht oft aus dem Testzweck hervor. Anforderungen werden vom Zielsystem erfüllt. Es gibt funktionale und nicht funktionale Anforderungen. Für jede Anforderung muss es mindestens einen Testfall geben. Um dies prüfen zu können, soll jeder Testfall einen Verweis auf die von ihm getestete Anforderung enthalten. Die Anforderung aus unserem Beispiel wäre hier „Das System soll automatisch einen Lieferposten erzeugen, wenn die Artikelmenge unter die Mindestmenge fällt“.

4.1.5 Der Testvorgang

Der Testvorgang ist der Anwendungsfall (bzw. Use-Case), zu dem dieser Testfall gehört. Hier in unserem Beispiel ist dies der Anwendungsfall „Kundenauftragsbearbeitung“. Wie bei der Verknüpfung des Testfalles mit der Anforderung ist es hier erforderlich, den Testfall mit dem Anwendungsfall zu verknüpfen. Damit ist sicherzustellen, dass jeder Anwendungsfall mindestens einen Testfall hat. Anforderungen sind nicht gleich Anwendungsfälle bzw. Vorgänge. Es ist wichtig, die Testfälle mit beiden zu verknüpfen.

4.1.6 Die Testobjekte

Die Testobjekte sind alle von diesem Testfall betroffenen Objekte. Ein Testfall gehört eigentlich zum Anwendungsfall, und ein Anwendungsfall durchläuft die Methoden mehrerer Objekte. Dies wird durch die Sequenzdiagramme deutlich. Die Objekte liegen dort wie einzelne Ortschaften, der Anwendungsfall entspricht einer Straße, die sie durchquert. Ein Testfall gleicht einer Fahrt entlang der Straße. Da die Straße mehrere Verzweigungen haben kann, kommt es zu mehreren Testfällen, wenn jede Verzweigung überquert werden soll. Also durchläuft ein Testfall mehrere Ortschaften bzw. Objekte. In unserem Beispiel ist das Objekt Kunde betroffen, weil der Kunde geprüft wird. Der Bestellposten ist betroffen, weil er bearbeitet wird. Der Artikel ist betroffen, da seine Menge reduziert wird. Der Lieferposten ist betroffen, weil er erzeugt wird. Am Anfang steht noch der Kundenauftrag, der das Ganze auslöst. Ergo sind fünf Objekte durch diesen Testfall betroffen:

- Kundenauftrag
- Kunde
- Bestellposten
- Artikel
- Lieferposten

Dies ist der Wirkungsbereich (die Impact Domain) dieses Testfalls im Objektmodell. Er ist meist eine Untermenge des Wirkungsbereichs des Anwendungsfalls, denn im Anwendungsfall „Kundenauftragsbearbeitung“ werden nicht alle Testfälle bis zum Artikel-Objekt kommen, und nur dieser Testfall wird einen Lieferposten erzeugen.

Daraus ist zu schließen, dass die von einem Testfall betroffenen Objekte eine Untermenge aller vom Anwendungsfall betroffenen Objekte darstellen. Auf diese hinzuweisen, ist zwar nicht zwingend nötig, aber nützlich.

4.1.7 Die Testfallvorzustände

Die Testfallvorzustände sind die Zustände der betroffenen Objekte vor der Ausführung des Testfalls. Der Kunde muss z.B. vorhanden und kreditwürdig sein. Die bestellte Menge in dem Bestellposten muss kleiner als die Menge dieses Artikels auf Lager sein und die Artikelmenge knapp über der Mindestmenge liegen. Außerdem darf es noch keinen Lieferposten für diesen Artikel geben. Dies sind Vorzustände bzw. die Vorbedingungen, damit dieser Testfall ausgeführt werden kann.

4.1.8 Die Testfallnachzustände

Die Testfallnachzustände sind die Zustände der betroffenen Objekte nach der Ausführung des Testfalls. Die Frage lautet: Was hat sich bezüglich der Vorzustände der betroffenen Objekte geändert? Geändert hat sich die Artikelmenge, die jetzt unter die Mindestmenge abgesunken ist, und es existiert ein Lieferposten für den betroffenen Artikel. Es ist zu betonen, dass hier noch keine genauen Daten erscheinen, sondern nur die Existenz und die

Beziehung der Daten zueinander. Vor- und Nachbedingungen können am besten mit einer formalen Sprache wie OCL beschrieben werden, vorausgesetzt, der Tester beherrscht sie. Sie können aber auch, wie hier gezeigt wurde, in der natürlichen Sprache umschrieben werden. Es ist nur etwas umständlicher. Jedenfalls gehören sie zu jeder objektorientierten Testfallspezifikation.

4.1.9 Die Vorgängertestfälle

Analog zum Vorzustand, der den Zustand der Objekte vor Ausführung eines Testfalls beschreibt, gibt der Vorgängertestfall an, welcher Testfall unmittelbar vorher ablaufen muss. Oft hängen die Vorzustände vom Vorgängertestfall ab. Weil der Tester die Vorzustände von außen nicht manipulieren kann, müssen sie durch die vorangehenden Testfälle herbeigeführt werden. Die Ausführung eines Testfalls setzt die Ausführung eines anderen voraus. In dem Beispiel der Auftragsbearbeitung kann der Testfall „Erstelle einen Lieferantenauftrag“ erst dann stattfinden, wenn mindestens ein Bestellposten für den Lieferanten X vorliegt. d.h., der Testfall „Erzeuge einen Lieferposten, wenn die Artikelmenge unter die Mindestmenge sinkt“ ist ein Vorgängertestfall für den Testfall „Erstelle einen Lieferantenauftrag“.

4.1.10 Die Nachfolgetestfälle

Die Angabe der Nachfolgetestfälle ist nur wegen der Konsistenzprüfung erforderlich. Falls ein Testfall andere Testfälle voraussetzt, ist er logischerweise Nachfolger jener Testfälle. Es soll hier dokumentiert werden, in welcher Reihenfolge die Testfälle abzulaufen haben. Über die Vorgänger- und Nachfolgerbeziehungen lassen sich die Testfälle topologisch sortieren. Daraus entstehen die Testprozeduren. Eine Testprozedur ist eine Kette von untereinander abhängigen Testfällen, die mehrere Anwendungsfälle miteinander verbinden.

4.1.11 Die Testumgebung

Die Testumgebung ist eine Beschreibung der Umstände, unter denen der jeweilige Testfall auszuführen ist, z.B. ob dieser nur für den Batch-Betrieb gedacht ist oder ob er nur in Verbindung mit einem bestimmten Webserver an einem bestimmten Arbeitsplatz gültig ist. Die Testumgebung beschreibt die technischen Bedingungen, unter denen der Testfall zu laufen hat. Da die gleichen Bedingungen für mehrere Testfälle gelten können, genügt es, wenn sie für den ersten Testfall einer Testprozedur beschrieben sind. Diese Bedingungen werden von den darauf folgenden Testfällen geerbt. Für den Test der Kundenauftragsbearbeitung könnte man beispielsweise einen Apache-Webserver im Kontext eines JBoss-Application-Servers und einer Oracle-Datenbank voraussetzen.

4.1.12 Die Testfallargumente

Die Testfallargumente sind die Eingaben zum jeweiligen Testfall. Je nachdem, wie genau die Testfälle zu spezifizieren sind, könnte der Tester sich auf die Attributnamen beschränken, z.B. Bestellmenge und Artikelmenge, oder er spezifiziert auch noch die Attributwerte, z.B. Bestellmenge = 5 und Artikelmenge = 10. Für die Testautomatisierung ist Letzteres zwingend erforderlich, zumindest was die Vergleichswerte angeht. Ein Testautomat kann zwar Zufallswerte generieren, aber die Wahrscheinlichkeit, dass zwei oder drei Werte in einer gewissen Beziehung zueinander stehen werden, ist äußerst gering. Also muss der Tester sie vorgeben.

Auch ohne Testautomatisierung spricht einiges dafür, die Eingabewerte explizit anzugeben, weil damit der Testfall wiederholbar wird. Wenn es dem Tester überlassen ist, die Werte erst zur Testzeit zu erfinden, wird er immer auf andere Wertkombinationen kommen. Diese produzieren dann immer andere, unvorhersehbare Testergebnisse, weshalb für einen automatisierten Test die Attributwerte spezifiziert werden müssen.

In dem Testfall „Teste, ob ein Lieferposten erzeugt wird, wenn die Artikelmenge unter die Mindestmenge fällt" könnten die Testfallargumente wie folgt aussehen:

```
Bestellposten.Artikelnr     = 4711
Bestellposten.Artikelmenge = 7
Artikel.Artikelnummer       = 4711
Artikel.Artikelmenge        = 14
Artikel.Mindestmenge        = 10
Artikel.Liefermenge         = 50
```

Die Subtraktion der bestellten Menge 7 von der vorhandenen Menge 14 führt dazu, dass die Mindestmenge 10 unterschritten wird.

4.1.13 Die Testfallergebnisse

Die Testfallergebnisse sind das Pendant zu den Testfallargumenten. Sie beschreiben, welche Attribute von dem Testfall erzeugt oder verändert werden. Auch hier könnte man die Attributwerte weglassen und nur die Namen der Ausgabeattribute auflisten. In diesem Fall wäre es aber nicht möglich, die Nachzustände zu kontrollieren. Ein Testautomat benötigt die genauen Sollwerte bzw. zumindest einen Sollwertbereich, um festzustellen, ob die Ergebnisse korrekt sind. Ein menschlicher Tester könnte jedes Mal neu beurteilen, ob die Testergebnisse plausibel erscheinen, er könnte sogar jedes Mal nachrechnen. Dies ist jedoch viel aufwändiger, als sie einmal zu berechnen und zu dokumentieren. Erst dann wird der Test einfach wiederholbar. Es lohnt sich, die Arbeit für die Ergebnisvoraussage einmal bei der Spezifikation zu leisten, statt jedes Mal bei jedem neuen Test.

Für den Testfall „Teste, ob ein Lieferposten erzeugt wird, wenn die Artikelmenge unter die Mindestmenge fällt" sind die veränderten bzw. neu erzeugten Attribute:

```
Artikel.Artikelmenge       = 7 (14 - 7)
Lieferposten.Artikelnr     = 4711
Lieferposten.Liefermenge = 50
Lieferposten.Datum         = Current_Date
```

Damit ist ein Automat in der Lage, die Testergebnisse mit den Sollergebnissen zu vergleichen und deren Korrektheit zu verifizieren. Natürlich könnte man statt der genauen Ergebniswerte eine Rechenformel angeben. Z.B.:

```
Artikel.Artikelmenge =
        @pre.Artikel.Artikelmenge - Bestellposten.Artikelmenge
```

Darauf kommen wir im nächsten Kapitel zu sprechen.

4.1.14 Der Testfallstatus

Jeder Testfall hat einen Status. Wenn der Testfall identifiziert ist, erhält er den Status „ermittelt". Sind alle Testfallattribute beschrieben, ist er „spezifiziert". Wenn er vom Fachbereich bzw. den Analytikern abgenommen ist, erhält er den Status „reviewed". Nach der Ausführung gilt er als „getestet". Sind die Ergebnisse korrekt, ist er „ok". Falls die Testergebnisse mit den Sollergebnissen nicht übereinstimmen, ist er „fehlerhaft". Wird ein fehlerhafter Testfall später einem erfolgreichen Retest unterzogen, erhält er den Status „validiert". Die 5 groben Zustände sind demnach:

- ermittelt
- spezifiziert
- reviewed
- getestet
  - ok
  - fehlerhaft
- validiert

Falls der Status „fehlerhaft" ist, empfiehlt es sich, hier auf die Fehlermeldung zu verweisen, z.B. durch Angabe jener durch das Fehlermeldungssystem vergebenen Fehlermeldungsnummer. Damit wird die Verbindung zwischen den Testfällen und den Fehlermeldungen hergestellt.

Zusammenfassend lässt sich ein Testfall als Objekt mit einzelnen Attributen und Beziehungen nach außen darstellen. Als Operationen auf dem Objekt zählen die vier Methoden

- Testfall ermitteln
- Testfall spezifizieren
- Testfall testen
- Testfall validieren

Somit lässt sich der Testfall durchaus als eine Klasse mit Assoziationen und Vererbungen abbilden. Einzelne Testfälle können von übergeordneten generischen Testfällen erben und sind mit den anderen Entitäten wie Anforderungen, Anwendungsfällen, Objekten und Fehlermeldungen assoziiert (siehe Abbildung 4.3).

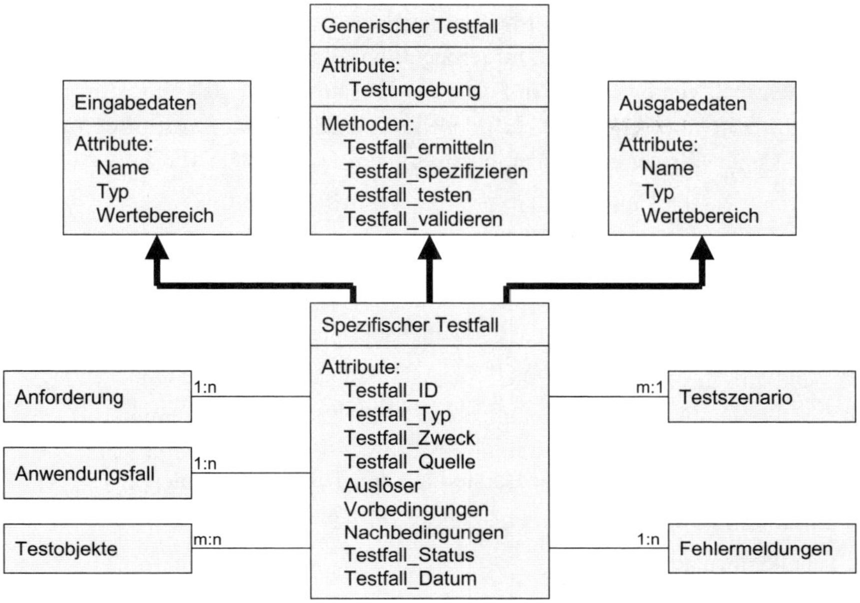

Abbildung 4.3 Der Testfall als Klasse

4.2 Darstellung der Testfälle

Testfälle sind ein wesentlicher Bestandteil des Produktes Software. Wie alle Softwareprodukte müssen sie in einer Sprache dargestellt werden, die sowohl für Menschen als auch für Maschinen verständlich ist.

Die Programme sind in einer Programmiersprache verfasst. Es kann sich um eine Assemblersprache, eine prozedurale Sprache, eine objektorientierte Sprache oder eine 4GL-Sprache handeln. Alle diese Sprachen lassen sich von Menschen schreiben und lesen sowie von einem Compiler verarbeiten, der daraus Maschinen- oder Byte-Code generiert. Die Entwürfe sind in mindestens einer graphischen Sprache dargestellt. Früher war diese eine Structured-Design-Sprache, dann eine Objektmodellierungssprache, woraus die Unified Modelling Language UML wurde.

Diese Entwurfssprachen bieten ganz bestimmte Diagrammtypen an, wie z.B. das Datenflussdiagramm aus dem Structured Design oder das Klassen- oder Sequenzdiagramm der UML. Ursprünglich bestand UML aus Standarddiagrammtypen, die der Mensch verwenden konnte, um sein Anwendungssystem zu beschreiben. Diese Diagramme lassen sich nun vom Menschen zeichnen, können aber auch von der Maschine verarbeitet werden.

Die Fachkonzepte werden noch immer zum größten Teil in natürlicher Sprache verfasst. Der Mensch kann sie leicht schreiben und auch leicht lesen, aber Maschinen tun sich damit sehr schwer. Es ist nicht einfach, die deutsche oder die englische Sprache zu parsen. Deutsch funktioniert aufgrund der strengeren Grammatik etwas besser, ist aber ebenfalls voller Ungenauigkeiten. Wie schon bei der Anforderungsanalyse festgestellt, wäre es für die Software viel günstiger, die Anforderungen möglichst formal zu erfassen. Außerdem wäre der Gebrauch viel einfacher. In Form von Prosatext stellen sie eine große Herausforderung an die Softwaretechnik dar. Mit der vierten Schicht eines Softwareprojektes – den Testfällen – stehen wir vor einem ähnlichen Problem. Wir könnten diese:

- in Prosatext wie die Konzepte,
- in einer graphischen Notation wie die Entwürfe oder
- in einer formalen oder semiformalen Sprache wie die Programme

darstellen. Dabei ist zu bedenken, dass sowohl Menschen wie auch Maschinen in der Lage sein müssen, diese Testfälle zu verstehen. Der Mensch soll sie erfassen, editieren und interpretieren können. Die Maschine soll sie generieren, analysieren und ausführen können. Deshalb geht es darum, eine Form zu finden, die für beide Seiten akzeptabel ist [POST96].

Hier werden vier Möglichkeiten zur Darstellung von Testfällen erläutert:

- als formatierter Prosatext
- im Tabellenformat
- im XML-Format
- als formale Sprache (siehe Abbildung 4.4)

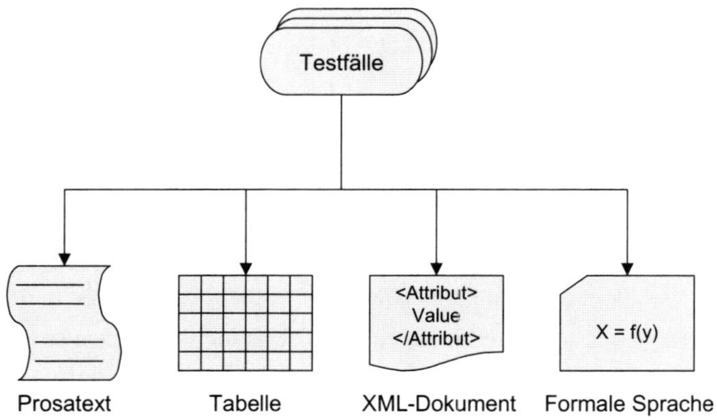

Abbildung 4.4
Testfall-Darstellungsformen

4.2.1 Testfälle im Textformat

Für den Menschen ist es am einfachsten, die Testfälle in seiner natürlichen Sprache zu formulieren. Damit hat er den größten Spielraum. Es sollte nur, wie bei den Anwendungsfällen, ein Muster mit Gliederungspunkten geben. Zu jedem Gliederungspunkt werden mehrere deutsche oder englische Textzeilen geschrieben [HUTC03]. Das Werkzeug hierfür könnte des Anwenders liebste Textverarbeitung sein. Das Ergebnis sähe folgendermaßen aussehen:

```
Testfallkennzeichen:     Auftrag-011

Testfallzweck:           Teste, ob ein Lieferposten erzeugt wird, wenn die
                         Artikelmenge unter die Mindestmenge fällt.

Testvorgang:             Kundenauftragsbearbeitung_3.2 (siehe Fachkonzept
                         für das Auftragswesen, Kapitel 3: Kundenauftrags-
                         bearbeitung, Abschnitt 3.2:Geschäftsregel für die
                         Aktualisierung der Artikeldaten).

Testobjekte:             Kundenauftrag, Kunde, Bestellposten, Artikel und
                         Lieferposten.

Testfallvorzustand:      Kunde ist vorhanden und kreditwürdig. Bestellte
                         Menge ist kleiner als die Artikelmenge, Artikel-
                         menge ist knapp über der Mindestmenge, es exis-
                         tiert kein Lieferposten für diesen Artikel.

Testfallnachzustand:     Artikelmenge ist kleiner als die Mindestmenge,
                         Lieferposten für diesen Artikel existiert.

Vorgängertestfälle:      Teste Auftrag gegen diesen Artikel, der die
                         Artikelmenge fast auf die Mindestmenge reduziert.

Nachfolgertestfälle:     Lieferauftragserstellung für Lieferanten.

Testumgebung:            Internetumgebung mit Microsoft Internet Explorer
                         und JBoss Application Server.

Testfallargumente:       Kundenauftrag:
                             Kundennummer      = 210
                             Kundenname        = Huber
                             Bestellpostennr.  = 2
                             Bestellposten     = (2)
                             Artikelnummer     = 4711
                             Bestellmenge      = 7
                         Artikel:
                             Artikelnummer = 4711
                             Artikelmenge  = 14
                             Mindestmenge  = 10
                             Liefermenge   = 50

Testfallergebnisse:      Kundenauftrag
                         Meldung: „Artikel 4711 bestellen"
                         Artikel.Artikelmenge         = 7
                         Lieferposten.Artikelnummer = 4711
                         Liefermenge                  = 50
                         Datum                        = Current_Date

Testfallstatus:          Spezifiziert
```

Damit ist zwar der Testfall aus menschlicher Sicht spezifiziert, aber aus maschineller Sicht die Spezifikation nicht verarbeitbar; ein Parser ist nicht imstande, klar zu erkennen, wo eine Aussage endet und die nächste beginnt. Falls die Schlüsselwörter wie Testvorgang und Testobjekte nicht immer einheitlich geschrieben sind, werden sie nicht erkannt. Außerdem sind die Wertzuweisungen und die Zuordnung der Attribute zu den Objekten rein willkürlich. Sie unterliegen keiner strengen Grammatikregel. Ergo gibt es viele potenzielle Fehlinterpretationen bei der maschinellen Analyse des Textes. Es wird nicht einfach sein, diesen Testfall automatisch zu prüfen oder daraus ein Testskript zu generieren (siehe Abbildung 4.5).

```
Testfall: TF_1
{ Kundennummer = 1;
  Kalendername = " ";
}
Testfall: TF_2
{ Kundennummer = 2;
  Kundenname   = "Meyer";
  Wochenzahl   = 0;
}
Testfall: TF_3
{ Kundennummer = 3;
  Kundenname   = "Untermeier";
  Wochenzahl   = 53;
}
Testfall: TF_4
{ Kundennummer = 4;
  Kundenname   = "Mittelmeier";
  Wochenzahl   = 1;
  Wochentag    = "Monday";
}
```

```
Testfall: TF_5
{ Kundennummer = 4;
  Kundenname = "Mittelmeier";
  Wochenzahl = 1;
  Wochentag  = "Montag";
  Aktivität (1)
  { Startzeit   = 0000;
    Endezeit    = 2400;
    Bezeichnung = "schlafen";
  }
  Aktivität (2)
  { Startzeit   = 2400;
    Endezeit    = 2430;
    Bezeichnung = "schlafen";
  }
```

Abbildung 4.5 Testfälle als Testskript

4.2.2 Testfälle im Tabellenformat

Aus obigen Gründen empfiehlt es sich, die Testfälle in einer Form zu erfassen, die sowohl von einem Menschen als auch von einer Maschine verarbeitbar ist. Dafür bietet sich das Tabellenformat an [BERG82]. In einer Tabelle bilden die Testfälle die Zeilen und die Testfallattribute die Spalten. In der Kopfzeile bzw. der ersten Zeile stehen die Bezeichnungen der Attribute, in den darauf folgenden Zeilen die Inhalte. Wenn alle Attribute erfasst sind, wird es mindestens 15 Spalten geben (siehe Abbildung 4.6).

Für viele Anwender ist die Erfassung in Tabellen die einfachste Art, Testfälle zu dokumentieren. Dennoch bleibt die maschinelle Verarbeitung anspruchsvoll. Für die maschinelle Auswertung und Weiterverwendung empfiehlt sich daher noch XML als Erfassungsalternative.

4.2.3 Testfälle im XML-Format

Die gängige Form für die Erfassung strukturierter Texte ist die Extended Markup Language – XML. XML wird weltweit als Datenaustausch- und Datendarstellungssprache verwendet [BOX00]. Sie eignet sich besonders gut für die Darstellung, Speicherung und den Austausch der Testfälle. Damit lassen sich die Attribute der Testfälle gruppieren und mit Etiketten markieren. Für die Beschreibung der Testfallstruktur dient ein XML-Schema. Das Schema ist eine Metabeschreibung, die die Gruppen, Elemente und Typen identifiziert. Jeder Testfall besteht aus fünf Attributgruppen:

- Identifikationsattribute
- Beziehungsattribute

Testfallkz	Testfallbezeichnung	Testobjekt	Eingabeparameter	Parameterwerte
SEND0001	Hauptvorschreibung	Vorschreibungsformular	Aussendungsnummer	#1-9
			Verarbeitungsjahr	Dieses Jahr
			Aussendedatum	Aktuelles Datum
			Kontostand_per	Eingabeende_Datum
			Guthaben	Zero
			UKZ	Zero
SEND0002	Hauptvorschreibung_Guthaben	Vorschreibungsformular	Aussendungsnummer	#1-9
			Verarbeitungsjahr	Dieses Jahr
			Aussendedatum	Aktuelles Datum
			Kontostand_per	Eingabeende_Datum
			Guthaben	> 0
			UKZ	Zero
SEND0003	Hauptvorschreibung_UKZ_1	Vorschreibungsformular	Aussendungsnummer	#1-9
			Verarbeitungsjahr	Dieses Jahr
			Aussendedatum	Aktuelles Datum
			Kontostand_per	Eingabeende_Datum
			Guthaben	Zero
			UKZ	# 1

Abbildung 4.6 Testfälle im Tabellenformat

- Beschreibungsattribute
- Datenattribute
- Zustandsattribute

Die Identifikationsattribute dienen der eindeutigen Identifizierung des Testfalls. Sie sind:

- Testfallkennzeichen
- Testfallzweck

Die Beziehungsattribute dienen der Verknüpfung des Testfalls mit den zu testenden Systemelementen:

- das zu testende System
- der zu testende Vorgang bzw. Anwendungsfall
- die zu testende Komponente der Schnittstellen
- die zu testenden Objekte
- die Vorgängertestfälle
- die Nachfolgertestfälle
- die Fehlerberichte
- der zuständige Mitarbeiter

Die Beschreibungselemente geben die für die Ausführung des Testfalls erforderlichen Details an; nämlich:

- die Testfallargumente = die Eingabewerte
- die Testfallergebnisse = die erwarteten Ausgabewerte

Die Statuselemente definieren schließlich, in welchem Zustand sich der Testfall befindet.

- Status
- Zeitstempel der letzten Ausführung

Aus diesen fünf Gruppen und deren Elementen wird ein XML-Schema abgeleitet. Anhand des Schemas lassen sich die Testfallausprägungen als Objekte weitgehend generieren. Es steht ein Rahmen, auch wenn einige Attribute fehlen. Die restlichen Attribute können mit einem XML-Editor eingefügt werden (siehe Abbildung 4.7).

```
<TestFall Id = "TF-AUF-002" >
   <Anforderung Id = "RE-AUF-037" >
     <Anforderungsname>Attribute GH1</Anforderungsname>
     <Anforderungsprioritaet>1</Anforderungsprioritaet>
     <Verantwortlicher>Maier</Verantwortlicher>
   </Anforderung>
   <TestFallInfo>
     <TestFallTyp>Zustand</TestFallTyp>
     <Testziel>verify:- Ort des Objekts ist aus Auswahlbox auszuwaehlen;</Testziel>
     <Testumgebung>MS-Windows</Testumgebung>
     <Testvorgang>Attribute GH1 zuweisen</Testvorgang>
     <TestObjekte>
       <TestObjekt>Ort</TestObjekt> <TestObjekt>Objekt</TestObjekt>
     </TestObjekte>
   </TestFallInfo>
   <TestFallBedingungen>
     <VorgaengerFall>TF-AUF-001</VorgaengerFall>
     <Ausloeser>Zustandsabfrage</Ausloeser>
     <Vorbedingungen>
       <Vorbedingung>- Ort des Objekts ist am Schirm angezeigt</Vorbedingung>
     </Vorbedingungen>
     <Nachbedingungen>
       <Nachbedingung>- Ort des Objekts ist ausgewaehlt</Nachbedingung>
     </Nachbedingungen>
   </TestFallBedingungen>
   <TestFallDaten>
     <TestEingaben>
       <TestEingabe>
          <EingabeTyp>List</EingabeTyp><EingabeNr>Ort</EingabeNr><EingabeWert>5,92</EingabeWert>
       </TestEingabe>
     </TestEingaben>
     <TestAusgaben>
       <TestAusgabe>
          <AusgabeTyp>Text</AusgabeTyp><AusgabeNr>Bestaetigung</AusgabeNr><AusgabeWert>Ort_angenommen</AusgabeWert>
       </TestAusgabe>
     </TestAusgaben>
   </TestFallDaten>
   <TestFallZustand>
      <TestFallStatus>spezifiziert</TestFallStatus>
      <TestDatum>2007-01-11</TestDatum>
      <Tester>Sneed</Tester>
      <Testergebnis>offen</Testergebnis>
      <Fehlermeldung Id = "keine" />
   </TestFallZustand>
</TestFall>
```

Abbildung 4.7 Testfall im XML-Format

4.2.4 Testfälle in einer formalen Sprache – TTCN

Schließlich können Testfälle wie auch Programme in einer formalen Sprache formuliert werden. Beispielhaft dafür ist die für den Test von Telekommunikationsanlagen entwickelte Sprache TTCN (Testing und Test Control Notation) [NAIK92]. Ursprünglich war sie für die Spezifikation von Testfällen gedacht und wurde unterdessen auf die Steuerung der Testausführung erweitert. Innerhalb der Telekommunikationsbranche hat sie, zumindest in Europa, den Status eines internationalen Standards erreicht. Die vorletzte Version TTCN-2 wurde benutzt, um die Konformität der Telekommunikationsprotokolle zu bestätigen. Die letzte Version, TTCN-3, ist eine allgemeingültige Testspezifikationssprache, mit der auch Testdaten generiert und validiert werden.

Die Sprache TTCN hat einen festen Sprachkern und mehrere variable Spracherweiterungen. Durch die Spracherweiterungen lässt sich TTCN mit IDL und XML vereinigen. Die Standardisierung und Fortschreibung der Sprache unterliegen der Kontrolle durch die ETSI – European Telecommunications Standards Institute. Es versteht sich, dass TTCN in erster Linie für den Test von Telekommunikationssystemen geeignet ist. Allerdings wird TTCN immer mehr auf anderen Anwendungsgebieten eingesetzt, und dieser Tatbestand forciert die Spracherweiterung [WILL05].

Eine TTCN-Spezifikation besteht aus vier Abschnitten:

- Übersicht
- Deklarationen
- Einschränkungen (Constraints)
- Dynamisches Verhalten

Die Übersicht in natürlicher Sprache beschreibt den Zweck und den Umfang des Testszenarios. Die Deklarationen sind die zu versorgenden Parameter und Kontrolldaten. Die Einschränkungen erlauben die Zuweisung spezifischer Werte zu den betroffenen Daten. Im Abschnitt „Dynamisches Verhalten“ wird der Steuerfluss des Tests vorgegeben. Die Ereignisse werden in Sequenzen oder Auswahlstrukturen eingebettet. Der gesamte Teststeuerungsfluss wird mit einer Reihe eigener prozeduraler Module implementiert.

TTCN-3 ist die neueste Version der TTCN-Testtechnologie für die Spezifikation und Implementierung von Tests. Sie unterstützt sowohl Black-Box- als auch Grey-Box-Tests für reaktive, zentralisierte oder verteilte Systeme aus Telekommunikation, Mobilkommunikation, Informationstechnologie und sogar eingebetteten Systemen. Sie besteht nach wie vor aus einer textuellen Kernsprache mit einer Schnittstelle zu verschiedenen Datenbeschreibungssprachen. Gleichzeitig erlaubt TTCN-3 die Anbindung verschiedener, auch graphischer Präsentationsformate an die Kernsprache. So sind im gegenwärtigen TTCN-3-Standard zwei Präsentationsformate definiert – ein tabellennotiertes Format in Anlehnung an die TTCN-3-Vorgängerversion und ein graphisches Format, das Testverhalten in Form von Sequenzdiagrammen visualisiert. Durch diesen Ansatz ist TTCN-3 unabhängig von spezifischen Anwendungen und somit universell einsetzbar.

In TTCN-3 bestehen Möglichkeiten zur abstrakten Definition von Testszenarien unabhängig von der konkreten Implementierung des zu testenden Systems. Auf diese Weise kann sie für bestimmte Programmiersprachen wie Java und C++ nach Bedarf erweitert werden. Testszenarien werden durch TTCN-3-Module und die darin enthaltenen Testfälle abgebildet. Die wichtigsten Sprachmittel von TTCN-3 sind folgende:

- Die abstrakte Beschreibung der Schnittstellen des zu testenden Systems, welche nachrichten- oder prozedurorientiert sind
- Eigene Anweisungen zur Beschreibung von Testdaten über Templates als TTGlobal-Data mit einer Vielzahl von Matching-Mechanismen
- Operationen zur Beschreibung von Sequenz, Auswahl und Wiederholung des Testablaufs
- Operationen zur Erzeugung und Terminierung von Testkomponenten und Kommunikationskanälen
- Operationen zur nachrichtenbasierten und prozeduralen Kommunikation mit dem zu testenden System

TTCN-3 unterscheidet zwischen externen Funktionen, Funktionen zur Definition von Testverhalten, Verhaltensfunktionen und Testfällen als spezielle Verhaltensfunktionen. Zudem liefern Testfälle im Ergebnis immer ein Signal, ob der Fall bestanden (Pass) oder nicht bestanden (Fail) hat. Globale Daten können in Form von Modulparametern, externen Konstanten oder Templates manipuliert werden. Die Anpassung einer abstrakten TTCN-3-Test Suite an eine konkrete Testplattform und an ein zu testendes System zwecks Testdurchführung erfolgt über zwei standardisierte Schnittstellen – die Laufzeitschnittstelle und die Kontrollschnittstelle. Ziel dieser Schnittstellenbeschreibungen ist, eine einfache und wiederverwendbare Anpassung einer als TTCN-3 angegebenen Test-Infrastruktur zu gewährleisten.

Somit setzt TTCN voraus, dass der Tester nicht nur mit dem Anwendungsgebiet gut vertraut ist, sondern auch, dass er gut programmieren kann, denn für die Funktionen, die er testen möchte, muss er Schattenfunktionen in TTCN erstellen. Diese Schattenfunktionen sind im Grunde genommen Klassen bzw. Templates, die Parameterwerte zuweisen und Ergebniswerte prüfen. Es muss eine Klasse für jeden Nachrichtentyp geben. Aus ihr werden n einzelne Nachrichten bzw. Instanzen produziert, die an den Prozess unter Test gesendet werden. Die Klassen werden Schnittstellen zugewiesen, so genannten Ports, die es zu testen gilt. Über die Schnittstelle werden Eingangsnachrichten – Requests – gesendet und Ausgangsnachrichten – Responses – empfangen. Der TTCN-Testfall beschreibt die gesendete Eingabenachricht sowie die empfangene Ausgabenachricht. Im Falle einer Ausnahmesituation wird auch eine Timeout-Nachricht vorgesehen. Folgendes Beispiel für die Abfrage eines Verzeichnisdienstes erläutert, wie ein solcher Testfall aussehen könnte:

```
Testcase ExampleTestGetEntry () runs on DICClient {
  Timer replyTimer;
  serverPort.send (a_DICRequest (100021, "Maier" ) );
    replyTimer.start ( 20.0 );
alt {

  // Gültige Antwort wird geliefert
  [] serverPort.receive (a_DICResponse (100021, "r.maier@example.com") ){
      setVerdict ( pass );
      replyTimer.stop;
      }

  // Ungültige Antwort wird geliefert
  [] serverPort.receive {
      setVerdict ( fail );
```

```
            replyTimer.stop;
         }

   // Keine Antwort wird geliefert
      [] replyTimer.timeout {
            setverdict ( fail );
            replyTimer.stop;
         }
   }
```

In dieser Hinsicht ähnelt TTCN-3 einer Schnittstellendefinitionssprache wie IDL und WSDL. Sie ist ausgerichtet, nachrichtenbasierte Kommunikation zu testen. Darüber hinaus hat sie auch eine prozedurale Struktur. TTCN-3 steuert den Test durch die Einbettung der Nachrichtensendungen in einen prozeduralen Ablauf. In einer Testprozedur können mehrere verschachtelte Testfälle ausgelöst werden. Damit lassen sich auch komplexe Testfälle abbilden.

Beim Test mit TTCN-3 wird ein Programm in einer Sprache gegen ein anderes in einer anderen Sprache – der Testsprache – getestet. Demzufolge hat TTCN-3 wie andere Programmiersprachen jede Menge eigene Datentypen wie charstring, integer, boolean und float sowie eigene Anweisungen wie if, alt, for, while, return usw. Für die Zuweisung von Testwerten hat sie value lists und value ranges für Wertebereiche. Insofern hat TTCN-3 viel mit anderen objektorientierten Sprachen gemein. Sie erfordert die Vereinbarung von Datentypen und unterstützt die Bildung von Modulen. Ein Modul ist eine Testprozedur mit mehreren Testfällen. Sie steuert die Ausführung der Testfälle über die üblichen Steuerungsanweisungen, erzeugt Objekte bzw. Nachrichten und empfängt die Ergebnisobjekte. Durch die Weiterentwicklung wird die Sprache immer mächtiger.

Im Grunde stellt TTCN-3 ein Referenzsystem auf, gegen das das System getestet wird. Um damit arbeiten zu können, benötigt der Tester gute Programmierkenntnisse.

Seit der Einführung von TTCN-3 in Europa wird die Sprache von zahlreichen Telekommunikationsanbietern eingesetzt, darunter Nokia, Ericsson, Siemens, Alcatel und die Deutsche Telekom. Die Arbeit an der Ergänzung und Erweiterung der Norm geht weiter. In Deutschland ist die Professorin Ina Schieferdecker von der TU Berlin federführend an der Weiterentwicklung beteiligt [SCHI04].

4.3 Erstellung der Testfälle

4.3.1 Generierung der Rahmendaten aus dem Anforderungstext

Bei der statischen Analyse der Anforderungstexte lassen sich noch einige Daten aus dem Text automatisch generieren. Dazu gehört:

- der Testfallzweck
- das Zielsystem
- der Zielvorgang oder Anwendungsfall
- das Zielobjekt

- der Vorgängertestfall
- der Nachfolgertestfall
- die Testfallargumente
- die Testfallergebnisse

Der Testfallzweck besteht darin, entweder eine Aktion auf ein Objekt auszuführen, den Zustand eines Objektes zu bestätigen oder eine Bedingung einmal positiv und einmal negativ zu beantworten. Der Vorgängertestfall muss unmittelbar vor diesem Testfall ablaufen, um die Vorzustände dafür zu schaffen. Der Nachfolgertestfall muss unmittelbar auf den gegenwärtigen folgen. Dessen Vorzustände sind die Nachzustände des gegenwärtigen Testfalls. Die Testfallargumente sind die Eingabedaten. Bei einer Bedingung sind sie die Prädikate der Bedingungen, bei einer Aktion die sie steuernden Parameter. Bei einer Zustandsbestätigung sind sie die Attribute eines Objektes. Testfallergebnisse sind die Namen jener Daten, die durch den Testfall erzeugt oder geändert werden. Sowohl die Argumente als auch die Ergebnisse lassen sich nur zum Teil aus dem Anforderungstext ableiten. In der Regel sind die Anforderungen auf einer zu hohen Abstraktionsebene formuliert, um daraus solch detaillierte Angaben zu entnehmen.

Dennoch ist es durchaus möglich, mindestens die Hälfte aller Attribute einer Testfallbeschreibung automatisch aus dem Anforderungstext zu gewinnen. Dadurch lässt sich viel Aufwand einsparen. Auch die Identifizierungsattribute Testfallnummer und Testfallkennzeichen können automatisch vergeben werden. Es bleiben also:

- die Zielkomponente
- der Vorzustand
- der Nachzustand
- der Auslöser
- die Testumgebung

und die Eingabe- und Ausgabewerte. Diese Angaben müssen manuell eingefügt werden.

4.3.2 Ergänzungen der Testfälle

Die Zielkomponenten werden erst nach Fertigstellung der Software bekannt. Die Vor- und Nachzustände sind die Zustände der Zielobjekte vor und nach der Ausführung des Testfalls. Beispielsweise liegt die Artikelmenge vor dem Testfall knapp über und danach unter der Mindestmenge. Auslöser ist das diesen Zustandswechsel verursachende Ereignis. Möglicherweise ist es im Anforderungstext erwähnt, andernfalls muss ihn der Tester namentlich angeben, z.B. „Reduzierung der Artikelmenge". Auslöser können Anwendungsfälle oder, wie im vorliegenden Fall, Funktionsschritte eines Anwendungsfalls sein. Außerdem können sie interne Ereignisse sein, wie ein bestimmtes Datum oder eine Uhrzeit.

Was der Tester auf alle Fälle liefern muss, sind die Ein- und Ausgabewerte bzw. die eigentlichen Testdaten. Hier wird angegeben, welche Nummern, Boolesche Variablen oder Zeichenfolgen bei den Argumenten zu setzen und bei den Ergebnissen zu erwarten sind, z.B. der Artikelname „Stift“ und die Bestellmenge „50“. Wenn die Artikelmenge „100“ beträgt, steht zu erwarten, dass sie nach dem Testfall auf „50“ reduziert wurde.

Es wird oft diskutiert, ob es sinnvoll ist, die Testdaten in die Testfallbeschreibungen direkt einzubauen, weil damit die Testfälle überladen werden. Dies ist eine Frage der Testdatengenerierung. Wenn die Testdaten automatisch generiert und die Ergebnisse automatisch validiert werden, genügt es, an dieser Stelle mit einem Link auf die jeweiligen Testprozeduren bzw. Testskripte zu verweisen. Wenn der Tester allerdings beabsichtigt, die Testfälle manuell zu starten, ist es besser, alles in einem Dokument zusammenzufassen, um ein umständliches Herumblättern in verschiedenen Dokumenten zu vermeiden.

4.4 Speicherung der Testfälle

Auf jeden Fall sind die erfassten Testfälle für die spätere Nutzung aufzubewahren, am besten in einer Form, die sich später leicht fortschreiben lässt. Hierzu bieten sich die folgenden drei Formate an:

- Text
- Tabelle
- XML-Datei

4.4.1 Testfälle als Texte

Bei der ersten Alternative werden die Testfälle als Texte in einer Word-Datei oder einem ähnlichen Textformat abgelegt. Dies bedeutet, dass sie auch mit einem Texteditor erfasst werden können. In diesem Fall muss ein Text-Template bzw. eine Word-Vorlage (DOT-Datei) als Masterformat vorliegen. Der Tester kopiert das Template mit der Struktur der Testfallbeschreibung und tippt seine Inhalte ein. Wenn er fertig ist, speichert er das ausgefüllte Blatt als Dokument ab. Es wird ein Dokument bzw. eine DOC-Datei pro Testfall und ein Verzeichnis für alle Testfälle geben. Dieses Verzeichnis kann wiederum in beliebige Unterverzeichnisse gegliedert werden, z.B. ein Verzeichnis für jedes Teilsystem mit einem Unterverzeichnis pro Anwendungsfall. Es liegt nahe, die Testfälle nach Anwendungsfall zu gruppieren, da sie auch entsprechend ausgeführt werden.

Testdokumente haben den Vorteil, dass jeder Testfall unabhängig von jedem anderen erfassbar und veränderbar ist. Außerdem sind sie auf diese Weise leicht reproduzierbar. Man braucht nur den Text zu kopieren und zu verändern. Von Nachteil ist, dass Textdokumente für einen Automaten sehr schwer zu analysieren sind, vor allem wenn jeder Tester ein anderes Format oder andere Schlüsselwörter verwendet. Die Textdokumente lassen sich außerdem nicht ohne weiteres miteinander oder mit den Testprozeduren verknüpfen. Dennoch ziehen viele Unternehmen das Textformat vor, weil es ihnen als die einfachste Form der Dokumentation erscheint.

4.4.2 Testfälle als Tabellen

Die zweite Alternative ist, die Testfälle im Tabellenformat zu erfassen und zu speichern. Viele Anwender, vor allem die in der Fachabteilung, sind es gewöhnt, mit Tabellen bzw. mit Spreadsheets zu arbeiten. Tabellen helfen, Daten in einem numerischen Format wie auch in einem Zeichenformat zweidimensional in Zeilen und Spalten zu strukturieren.

In dieser Tabelle sind die Zeilen Testfälle und die Spalten Attribute der Testfälle. So kann eine Tabelle eine Reihe aufeinander folgender Testfälle darstellen. Weil einzelne Attribute oft mehrere Ausprägungen haben können, müssen mehrere Zeilen pro Testfall vorgesehen werden. In diesem Fall braucht man pro Zeile eine Positionsnummer. Wichtig ist, dass jede Zeile eindeutig identifizierbar ist. Dazu dient das Testfallkennzeichen in Verbindung mit der Positionsnummer. Die anderen Attribute des Testfalls – der Zweck, der Anwendungsfall, das Testprojekt, der Auslöser, die Nachbedingung, die Querverweise usw. – bilden von links nach rechts die Spalten. In den Spalten stehen Zahlen oder Zeichenfolgen (siehe Abbildung 4.8).

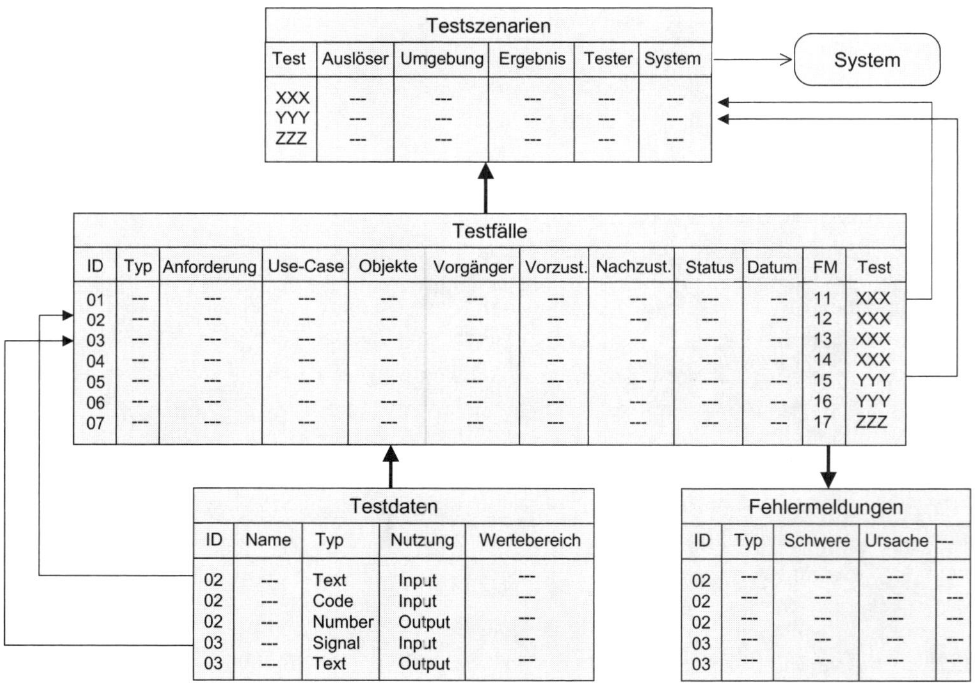

Abbildung 4.8 Struktur der Testfalldatenbank

Weil sich Tabellen in CSV-Dateien umsetzen lassen, kann man die Testfälle leicht in Werkzeuge importieren und exportieren. Man kann sie ebenso leicht in relationalen Datenbanken ablegen, um sie dort abzufragen und auszuwerten. Daher spricht vieles dafür, Testfälle in Tabellen zu speichern. Was dagegen spricht, ist die Länge der Attribute. Viele Attribute bestehen aus langen Zeichenfolgen und machen die Tabelle unübersichtlich. Sie erschweren es auch, die Tabellen auszudrucken. Schließlich zwingt das Tabellenformat, leere Spalten zu halten, wenn Attribute fehlen [BOUR97].

4.4.3 Testfälle als XML-Format

Die dritte Alternative besteht darin, die Testfälle im XML-Format zu halten. Mit einem XML-Schema kann die Struktur der Testfälle festgelegt werden, z. B. entsprechend den folgenden Gruppen:

- Identifikationsmerkmale
- Querverweise
- Beschreibung
- Daten
- Statusinformation

Für jede Gruppe werden die dazugehörigen Elemente vereinbart, z.B. für die Querverweise:

- das System
- der Anwendungsfall
- das Testobjekt
- die Vorgängertestfälle

Jeder Testfall wird demnach als eigenständiges Objekt in einem verdichteten Textformat abgespeichert. Das Objekt ist durch das Testfallkennzeichen eindeutig identifiziert. Dieses dient auch als Hauptsuchbegriff. Es ist aber auch möglich, die Testfälle über die sekundären Suchbegriffe wiederzufinden und zu ordnen, so z.B. über das System, den Anwendungsfall und das Testobjekt.

Die XML-Lösung bietet viele Vorteile. Zum Ersten können die Testfälle als Objekte gespeichert und abgerufen werden, zum Zweiten ist die Semantik des Testfalls in der Schemabeschreibung festgehalten. Drittens lassen sich die Testfälle in einem beliebigen Format darstellen. Viertens kann man ein XML-Dokument gut parsen. So ist es möglich, die Testfälle automatisch zu analysieren. Zum Fünften können die XML-Dokumente beliebig miteinander verknüpft und daraus schließlich die Testskripte für die Testausführungen am besten generiert werden.

Es spricht also vieles für die Speicherung der Testfälle als XML-Objekte. Anlegen und editieren kann man sie immer noch im Tabellenformat. Pflege und Fortschreibung sowie Druckaufbereitung gestalten sich damit am einfachsten und effektivsten. Eigentlich sind Testfälle für die Speicherung in einer objektrelationalen Datenbank prädestiniert [ECK04]. Ein XML-Schema zur Speicherung von Testfällen befindet sich im Anhang B.

4.5 Qualitätssicherung der Testfälle

Weil Testfälle ein essenzieller Bestandteil des Produktes Software sind, sollten sie genau wie die Anforderungsdokumente, Entwurfsdokumente und der Source-Code behandelt und einer Qualitätssicherung unterzogen werden. Voraussetzung ist, dass sie in einem einheitlichen Format hinterlegt sind und für ihre Dokumentation eine Richtlinie vorliegt. Die Richtlinie gibt vor, welche Attribute sie haben müssen und welche sie haben können. Wenn Muss-Attribute fehlen, ist ein Testfall unvollständig. Es ist wichtig, die Testfälle genauso wie die Programme zu kontrollieren. Dafür braucht man einen Test-fallauditor, um die Testfälle unabhängig von ihrer Darstellung zu scannen und zu prüfen. Das Ergebnis ist ein Konformitätsbericht (siehe Abbildung 4.9).

```
+----------------------------------------------------------------------+
|          T E S T A N A L  A U D I T O R   T E S T C A S E            |
|                C O M P L I A N C E    R E P O R T                    |
|   TESTPROC: AUFTest                                DATE: 12.04.07    |
|   SYSTEM:   AUFMIX                                 PAGE:        1    |
+--------------+------+------------------------------------------------+
| TF-AUF-011     |ACTION|DIE_TABELLE_GH_IST_ZU_SPERREN                   |
| Problem:       |Msg:06|Test Case is not assigned to a tester           |
| Missing:       |Msg:07|Test Case has no UseCase reference              |
| Missing:       |Msg:08|Test Case has no Post Condition                 |
| Missing:       |Msg:12|Test Case automation status is missing          |
| Warning:       |Msg:14|Test Case source is missing                     |
| TF-AUF-012     |RULE  |NUR_USER_MAIER_HAT_ZUGRIFF_AUF_DIE_DATEN        |
| Problem:       |Msg:06|Test Case is not assigned to a tester           |
| Missing:       |Msg:07|Test Case has no Pre  Condition                 |
| Missing:       |Msg:08|Test Case has no Post Condition                 |
| Missing:       |Msg:12|Test Case automation status is missing          |
| Warning:       |Msg:14|Test Case source is missing                     |
| TF-AUF-014     |STATE |FUER_DIE_DATEN_MMA_IST_EINE_AUSNAHME_ANZUGEBEN |
| Problem:       |Msg:06|Test Case is not assigned to a tester           |
| Missing:       |Msg:07|Test Case has no UseCasereference               |
| Missing:       |Msg:08|Test Case has no Object reference               |
| Missing:       |Msg:12|Test Case automation status is missing          |
| Warning:       |Msg:14|Test Case source is missing                     |
+------------------+------+--------------------------------------------+
|   Number of major Rule Violations =    349                           |
|   Number of media Rule Violations =    939                           |
|   Number of minor Rule Violations =    362                           |
|   Total Number of Rule Violations =   1650                           |
|   Number of Functional Test Cases =    313                           |
|   Number of Test Case Attributes  =   4382                           |
|   Rate of Attribute Conformity    =  0.625                           |
+----------------------------------------------------------------------+
```

Abbildung 4.9 Testfallkonformitätsbericht

Darüber hinaus regelt die Richtlinie, zu welchem Detaillierungsgrad die Testfälle zu spezifizieren sind und wie komplex sie sein dürfen, denn Testfälle weisen wie Source-Code eine Quantität, eine Qualität und eine Komplexität auf [CHER01], müssen also gemessen werden.

4.5.1 Testfallquantität

Die Quantität der Testfälle ist deren absolute Anzahl. Die Zahl der Testfälle, die für den Systemtest erstellt wurden, ist relativ zur Zahl, die für das Produkt erforderlich wäre, das heißt, es gibt hier eine Relation von Ist-Testfällen zu Soll-Testfällen. Die Ist-Testfälle sind leicht zu zählen. Man muss nur die Zahl der Dokumente in dem Testfallverzeichnis, die Zahl der Einträge in den Testfalltabellen oder die Zahl der Objekte in den Testfall-XML-Dateien ermitteln. Die Soll-Testfälle zu zählen, ist nicht so einfach.

Getestet werden sollten alle Anforderungen, sowohl funktionale als auch nicht-funktionale. Weil jede Anforderung mehrere Abnahmekriterien haben kann, sind das mehrere Testfälle pro Anforderung. Ein Anwendungsfall hat mehrere Ausgänge und hinterlässt mehrere Zustände. Daher muss es für jeden Ausgang und jeden Zustand einen Testfall geben. Die Zahl der Soll-Testfälle lässt sich am einfachsten aus einem formalen oder semiformalen Modell ableiten, z.B. aus Entscheidungsbäumen oder Entscheidungstabellen, aus Aris-EPK-Diagrammen oder UML-Aktivitätsdiagrammen [GROS05]. In einem Modell sind die Pfade durch die Vorgänge visuell erkennbar. Mit einem Werkzeug ist es leichter, die Ausgänge und Zustände zu zählen. Diese Zählung ist stark vom Detaillierungsgrad der Anforderungen abhängig.

```
+-------------------------------------------------------------------+
|   T S T A N A L   T E S T C A S E   M E T R I C   R E P O R T     |
|  TXT-TYPE: TestCase                                DATE: 12.04.06 |
|  MODULE:   ThisTest                                PAGE:        1 |
+-------------------------------------------------------------------+
|        T E S T C A S E   Q U A N T I T Y   M E T R I C S          |
|      Number of System Modules  analyzed    =======>       1       |
|      Number of System Documents analyzed   =======>       1       |
|      Number of Test Procedures analyzed    =======>       2       |
|      Number of Text Cases analyzed         =======>     313       |
|      Number of Test Case Attributes specified =======>  4382       |
|      Number of Requirements to be tested   =======>      69       |
|      Number of Use Cases to be tested      =======>      28       |
|      Number of Data Objects to be tested   =======>     519       |
|      Number of Requirements tested         =======>      59       |
|      Number of Use Cases tested            =======>      22       |
|      Number of Data Objects tested         =======>     372       |
|      Number of Actions to be tested        =======>     154       |
|      Number of States to be tested         =======>      87       |
|      Number of Rules to be tested          =======>      72       |
|      Number of other Features to be tested =======>       0       |
|      Number of different Test Case types   =======>       3       |
|      Number of Test Case sources           =======>       1       |
|      Number of Test Case Goals             =======>     313       |
|      Number of automated Test Cases        =======>       0       |
|      Number of Triggers specified          =======>     313       |
|      Number of Preconditions specified     =======>     156       |
|      Number of Postconditions specified    =======>     123       |
|      Number of Test Case Inputs            =======>     924       |
|      Number of Test Case Outputs           =======>     664       |
|          T E S T C A S E    S I Z E    M E T R I C S              |
|      Number of Test Points                 =======>    1256       |
|      Number of Function Points             =======>     426       |
|      Number of Data Points                 =======>    2076       |
+-------------------------------------------------------------------+
```

Abbildung 4.10 Bericht über die Testfallquantität

Bei Texten in natürlicher Sprache ist es aber viel schwieriger, die Anzahl der erforderlichen Testfälle zu zählen. Ein geschulter Analytiker kann durch den Text gehen und die Aktionen, Zustände und Regeln sowie die nicht-funktionalen Anforderungen identifizieren. Daraus lässt sich wiederum die Anzahl der Testfälle ableiten, was jedoch ein aufwändiger und teurer Prozess ist.

Wirtschaftlich ist die Ermittlung der Soll-Testfälle nur bei Vorliegen eines entsprechenden Werkzeuges. Mit einem derartigen Textanalysator findet man innerhalb kurzer Zeit heraus, wie viele fachliche Testfälle man braucht, um mindestens das zu testen, was das Anforderungsdokument vorgibt. Diese Zahl sollte mit einem Multiplikationsfaktor justiert werden – z.B. mit 1,5 – für alle im Text nicht beschriebenen Fälle. Damit hat man eine Zahl der Soll-Testfälle, die man mit der Zahl der Ist-Testfälle vergleichen kann. In dem Maße, wie sich die Zahl der Soll-Testfälle der Zahl der Ist-Testfälle annähert, steigt die relative Quantität der Testfälle (siehe Abbildung 4.10).

$$Testfallvollständigkeit = \frac{Ist-Testfälle}{Soll-Testfälle}$$

4.5.2 Messung der Testfallkomplexität

Die Komplexität der Testfälle drückt sich in vier Komplexitätsmaßen aus:

- Testdatendichte
- Testdatenkomplexität
- Testdatenvolumen
- Testfallintensität

Die *Testdatendichte* ist in Anlehnung an die Halstead-Metrik die Anzahl der unterschiedlichen Testdatentypen relativ zur Anzahl der Testdatenausprägungen [HAL78]. Je mehr Datentypen es gibt, umso schwieriger ist es, diese Datentypen zu erzeugen, ganz gleich, ob dies manuell oder maschinell geschieht. Sie müssen unterschiedlich behandelt werden. Andererseits ist es leicht, aus einem Datentyp viele Instanzen zu generieren. Daher lautet der Komplexitätskoeffizient:

$$Testdatendichte = \frac{Testdatentypen}{Testdaten}$$

Die *Testdatenkomplexität* wird in Anlehnung an die Chapin-Q-Metrik in Bezug auf das Verhältnis der steuernden Testdaten zur Summe aller Testdaten gemessen [CHAP79]. Ein steuerndes Testdatum bestimmt den Verlauf des Testfalls. Nur wenn es ganz bestimmte Werte annimmt, schlägt das System den beabsichtigten Pfad ein. Es gibt also in der Software Entscheidungen, die vom Wert der Variablen abhängen. Diese Daten müssen beim Test gezielt manipuliert werden, damit das erwartete Ergebnis eintritt. Je mehr Steuerdaten vorliegen, umso aufwändiger ist der Test. Daher lautet der Komplexitätskoeffizient:

$$Testdatenkomplexität = \frac{Steuernde\ Testdaten\ (Prädikate)}{Alle\ Testdaten}$$

Das *Testdatenvolumen* ist in Anlehnung an die Fan-in/Fan-out-Metrik ein Maß für das Verhältnis der Ein- und Ausgabedaten zu den Testfällen. Jeder Testfall verlangt, dass ein oder mehrere Eingabedaten gesetzt werden. Diese Argumente bilden eine Input-Domain. Andererseits erwartet jeder Testfall ein oder mehrere Ausgabedaten bzw. Ergebnisse. Je mehr Argumente ein Testfall besitzt, umso aufwändiger ist die Testdatengenerierung. Je mehr Ergebnisse ein Testfall aufweist, umso komplizierter gestaltet sich wiederum die Validierung der Testergebnisse. Die Komplexität eines Testfalls steigt mit der Anzahl seiner Ein- und Ausgaben. Deshalb ist der Komplexitätskoeffizient wie folgt definiert:

$$Testdatenvolumen = 1 - \frac{Testfälle}{Argumente + Ergebnisse}$$

Die *Testfalldichte* geht schließlich aus dem Verhältnis der Testfälle zu den Anwendungsfällen hervor. Jeder Anwendungsfall muss mindestens zwei Testfälle haben, und zwar einen für den positiven und einen für den negativen Ausgang. Je nachdem, wie komplex der Anwendungsfall ist, kann er beliebig viele Testfälle haben, einen für jeden Zustand und jeden möglichen Ausgang. Je mehr Testfälle es pro Anwendungsfall gibt, desto größer die Testfalldichte. Deshalb lautet der Komplexitätskoeffizient:

$$Testfalldichte = 1 - \frac{Anwendungsfälle}{Testfälle}$$

Die *aggregierte Testfallkomplexität* ist der arithmetische Mittelwert der einzelnen Komplexitätsmaße. Sie hat einen negativen Einfluss auf den Testaufwand. Der Komplexitätsfaktor zur Justierung der Testquantität ist die aggregierte Testfallkomplexität, dividiert durch die mittlere Testfallkomplexität = 0,5. D.h.:

$$Komplexitätsfaktor = \frac{Aggregierte\ Testfallkomplexität}{Mittlere\ Testfallkomplexität}$$

4.5.3 Messung der Testfallqualität

Es bieten sich einige Möglichkeiten an, die Qualität der Testfälle zu beurteilen, wobei manche sich statisch messen lassen, während andere nur dynamisch feststellbar sind. Zum ersten Typ gehören die Testfallauswirkung, die Testfallmodularität, die Testfallwiederverwendbarkeit und die Testfallvollständigkeit, zum zweiten Typ die Testfalleffektivität und die Testfallbedienbarkeit. Die zweite Sorte wird später in Bezug auf die Testauswertung behandelt. Hier werden nur jene Metriken vorgestellt, die sich durch eine statische Analyse der Testfälle ermitteln lassen. Dies sind die Qualitätsmaße:

- Testfallauswirkung
- Testfallmodularität
- Testfallwiederverwendbarkeit
- Testfallvollständigkeit

Die *Testfallauswirkung* steht mit der Anzahl der einzelnen Objekte in Zusammenhang, die durch den Testfall verarbeitet werden. Anwendungsfälle erzeugen, verändern und löschen Objekte, je nachdem, welchen Pfad sie einschlagen. Dies ist wiederum von den Entscheidungen abhängig. Weil eine Entscheidung von einer anderen Entscheidung abhängen kann, entsteht eine Hierarchie von Entscheidungen, ein so genannter Entscheidungsbaum. Die Entscheidungen bestimmen, welche Aktionen auf welche Objekte ausgeführt werden. Um zu den einzelnen Aktionen am Fuß des Baumes zu gelangen, müssen viele Bedingungen erfüllt werden. Die Wahrscheinlichkeit, eine Aktion zu erreichen, sinkt mit der zunehmenden Tiefe des Baumes. Bei einem guten Testfall werden möglichst viele Aktionen für viele Objekte ausgelöst, d.h. er hat einen großen Auswirkungsbereich (Impact Domain). Gemessen wird dies anhand des Verhältnisses zwischen einem Testfall und der Anzahl der betroffenen Objekte. Die gesamte Auswirkung aller Testfälle ermittelt der folgende Koeffizient:

$$Testfallauswirkung = 1 - \frac{Testfälle}{betroffeneObjekte}$$

– wobei als betroffenes Objekt nur jene gezählt werden, die von mindestens einem Testfall betroffen sind.

Die *Testfallmodularität* ist die Unabhängigkeit der Testfälle voneinander. Einzelne Testfälle können voraussetzen, dass andere Testfälle unmittelbar vor ihnen ablaufen. Diese sind als Vorgängertestfälle zu betrachten. Sie können auch voraussetzen, dass andere Testfälle unmittelbar nach ihnen folgen. Je weniger ein Testfall von anderen Testfällen abhängig ist, umso höher ist seine Modularität. Deshalb lautet der Qualitätskoeffizient:

$$Testfallmodularität = 1 - \frac{Testfälle}{Vorgänger - und\ Nachfolger - Testfälle}$$

Die *Testfallvollständigkeit* ist eine Frage der Mussattribute. Um als vollständig zu gelten, müssen alle Mussattribute mit plausiblen Werten nach der Testfallrichtlinie gefüllt sein. Daraus folgt die einfache Formel:

$$Testfallvollständigkeit = \frac{ausgefüllte\ Testfallattribute}{alle\ Testfallattribute}$$

Die *Testfallwiederverwendbarkeit* ist abhängig vom Grad der Testautomatisierung, da nur automatisierte Testfälle ohne großen Aufwand wiederholt werden können. Um einen Testfall manuell zu wiederholen, muss der Tester ihn aussuchen, die Eingabedaten erfassen, den Testfall starten und anschließend die Ergebnisse kontrollieren. Das Ganze kann bis zu einer Stunde dauern. Ist der Testfall automatisiert, werden die Eingabedaten generiert, der Test angestoßen und die Ergebnisse automatisiert ausgewertet. Dies wiederum dauert für einen Testfall nur Sekunden. In einer Stunde könnten schon 1000 Testfälle durchgeführt werden. Dies bedeutet, dass nur ein automatisierter Testfall wirklich wiederverwendbar ist. Die Testfallwiederverwendbarkeit ergibt sich somit aus dem Verhältnis:

$$Testfallwiederverwendbarkeit = \frac{automatisierte\ Testfälle}{alle\ Testfälle}$$

Die aggregierte Testfallqualität ist der arithmetische Mittelwert der einzelnen Qualitätsmaße. Die Qualität hat einen positiven Einfluss auf den Testaufwand. Während die Komplexität den Aufwand steigert, wird der Testaufwand durch die Qualität der Testfälle reduziert. Deshalb wird die mittlere Qualität umgekehrt zur Komplexität durch die aggregierte Qualität wie folgt dividiert.

$$Qualitätsfaktor = \frac{mittlere\ Testfallqualität}{aggregierte\ Testfallqualität}$$

Der Qualitätsfaktor wird verwendet, um die Quantität des Tests bei der Testaufwandsschätzung zu justieren [SNEE06]. Sämtliche hier vorgestellte Messungen führt das in Kapitel 9 näher erläuterte Werkzeug Testfallanalysator durch (siehe Abbildung 4.11).

```
+----------------------------------------------------------------------+
|    T S T A N A L   T E S T C A S E   M E T R I C   R E P O R T       |
|   TXT-TYPE: TestCase                               DATE: 12.04.06    |
|   MODULE:   ThisTest                               PAGE:        2    |
+----------------------------------------------------------------------+
|                                                                      |
|          T E S T C A S E   C O M P L E X I T Y   M E T R I C S       |
|                                                                      |
|       Test Case Complexity Ratio               =======>   0.192      |
|       Test Case Density Ratio                  =======>   0.603      |
|       Test Case Intensity Ratio                =======>   0.224      |
|       Test Case Volumne Ratio                  =======>   0.320      |
|       Overall Test Complexity Rating           =======>   0.335      |
|                                                                      |
|            T E S T C A S E   Q U A L I T Y   M E T R I C S           |
|                                                                      |
|       System Testability Ratio                 =======>   0.899      |
|       System Test Coverage Ratio               =======>   0.658      |
|       System Test Case Conformity Ratio        =======>   0.626      |
|       System Test Case Reusability Ratio       =======>   0.080      |
|       Overall Test Case Quality Rating         =======>   0.566      |
|                                                                      |
+----------------------------------------------------------------------+
|                                                                      |
|          C O N C E P T   D E F I C I E N C Y   M E T R I C S         |
|                                                                      |
|       Number of Major Rule Violations          =======>     349      |
|       Number of Medium Rule Violations         =======>     939      |
|       Number of Minor Rule Violations          =======>     362      |
|       Number of Missing Attributes             =======>    1299      |
|       Number of Missing References             =======>     349      |
+----------------------------------------------------------------------+
```

Abbildung 4.11 Metriken der Testfallkomplexität und Qualität

4.6 Überführung der Testfälle in einen Testentwurf

Die IEEE-Standard 829 sieht nach der Testfallspezifikation einen Testentwurf vor. Laut IEEE Standard 610 ist der Testentwurf ein Konzept, wie die Testanforderungen umzusetzen sind. Wenn also die Testfälle das Was sind, ist der Testentwurf das Wie. Ein Testdesign hat nach IEEE-829 folgende Inhalte:

- Testentwurfskennung
- Testanforderungen
- Testansätze bzw. die auszuführenden Tests
- Testszenario für jeden Test
- Testendekriterien für jeden Test

Im Wesentlichen kommt es hier darauf an, den Testläufen die spezifizierten Testfälle zuzuordnen. Ein Testlauf entspricht einer Dialogsitzung oder einem Batchprozess. Er wird angestoßen und läuft bis zum vorgesehenen Ende oder bis zu einem intern oder extern verursachten Abbruch. Der Testlauf ist ein sehr wichtiger Begriff für den Systemtest, da ein Systemtest aus einer Reihe von Testläufen besteht. In einem Testlauf werden mehrere Testfälle der Reihe nach oder in einem Wiederholungszyklus ausgeführt. Es obliegt dem Testentwurf, die Testfälle den Testläufen zuzuordnen. Ein und derselbe Testfall kann in verschiedenen Testläufen vorkommen. Es hat aber wenig Sinn, den gleichen Testfall in einem Testlauf zu wiederholen.

Bezogen auf das Beispiel der Auftragsbearbeitung wäre ein Testlauf eine Bildschirmsitzung. Der Kunde bzw. Tester würde sich zunächst einloggen, dann erkundigen, welche Artikel angeboten werden, ein oder mehrere Artikel für seinen Warenkorb auswählen, bestellen und ausloggen. Das System würde den Kunden identifizieren und autorisieren, die Bonität des Kunden prüfen, die Artikel anbieten, die Verfügbarkeit der Artikel prüfen, entweder einen Rückstellposten bilden oder die Auslieferung der bestellten Artikel anweisen, den Artikelbestand aktualisieren, Artikel eventuell nachbestellen, wenn der Bestand zu niedrig ist, die Rechnung erstellen und die Sitzung schließen. Wie wir sehen, gibt es zwei Abläufe – einen Ablauf aus der Benutzersicht und einen Ablauf aus der Systemsicht. In jedem der beiden Läufe werden mehrere Testfälle ausgeführt.

Ein Testentwurf soll also vor allem die Testläufe identifizieren. Für jeden Testlauf soll er die Ziele, die Umgebung, die Voraussetzungen, die Testanforderungen, die Testobjekte, die Testeingaben, die Testausgaben, die betroffenen Testdatenbestände, die Testendekriterien und den Testablauf vorgeben. Der Testablauf wird natürlich mehrere Schritte haben, in denen einzelne Testfälle ausgeführt werden. In dem Testentwurf wird die Steuerung der Testschritte durch eine Testsprache spezifiziert. Hierfür kann z.B. XML verwendet werden. Jeder Testprozess beinhaltet folgende Informationen:

- Ziele (TestObjectives)
- Umgebung (TestEnvironment)
- Voraussetzungen (TestPrerequisites)

- Anforderungen (Testrequirements)
- zu testende Anwendungsfälle (TargetUseCases)
- relevante Testobjekte (TestObjects)
- zu bedienende Benutzeroberflächen (TargetGUIs)
- zu prüfende Ergebnisse (TestResults)
- Eingaben (TestInputs)
- Ausgaben (TestOutputs)
- zu generierende Stammdaten (Testdatabases)
- auszuführende Ablaufschritte (ProcessSteps)
- zu kontrollierende Endkriterien (TestEndCriteria)

Die Testfälle sind in den Testschritten eingebettet, in denen mit einem Href-Verweis auf sie hingewiesen wird. Zu finden sind sie in der Testfalltabelle bzw. Testfalldatenbank. Der Verweis auf das Testfallkennzeichen stellt die Verbindung vom Testentwurf zu den Testfällen her.

Neben der XML-Beschreibung des Testentwurfs ist eine graphische Darstellung der einzelnen Testläufe zu empfehlen. Damit wird für den Tester ersichtlich, welche Stammdatenbestände er bereitstellen muss, welche Eingaben er generieren und welche Ausgaben er validieren soll.

4.7 Wartung und Weiterentwicklung der Testfälle

Softwaresysteme unterliegen einem permanenten Wandel. Sie werden ständig nachgebessert, geändert und ergänzt. Ein Softwaresystem, welches sich nicht mehr ändert, gilt als tot, denn es gibt nichts in der flüssigen und instabilen Welt der Informationstechnologie, das nicht verbesserungsfähig wäre. Solange dies der Fall ist, gilt es die zugrunde liegende Software anzupassen. Nach den Gesetzen der Softwareevolution muss Software ständig angepasst werden, um überhaupt nützlich zu bleiben. Andernfalls entsteht eine Kluft zwischen dem Stand der Software und dem Stand der betrieblichen Umgebung, die sie abbildet, und die Software wird immer nutzloser [LEBE85].

Die Frage ist demnach nicht, ob Software sich ändern muss, sondern wie schnell und in welchem Umfang. Release-Intervalle sind die Zeiteinheiten zwischen Systemfreigaben. Sie können in Jahren, Monaten, Wochen oder gar Tagen gemessen werden. Tatsache ist, dass die Release-Intervalle insgesamt immer kürzer werden. Früher wurden IT-Systeme alle Jahre geändert. Seit Beginn der 90er-Jahre hat sich die wirtschaftliche und technische Entwicklung beschleunigt. Seit dem Jahr 2000 hat das Internet die Voraussetzungen geschaffen, Systeme noch schneller auszutauschen, was die zunehmende internationale Konkurrenz ebenso erfordert. Die Release-Intervalle sind auf Monate und zum Teil auf Wochen gesunken. Wer es nicht schafft, seine Software schnellstens zu verbessern und zu verteilen, bleibt auf der Strecke.

Jetzt stellt sich noch die Frage nach dem, was geändert werden muss. Was ist Software? Laut Harlan Mills, ehemals renommierter Software-Wissenschaftler und Praktiker der Firma IBM, besteht ein Softwaresystem nicht nur aus dem Code, sondern aus allem, was dazu erforderlich ist, den Code in einem hohen Qualitätszustand zu halten. Dazu gehören die Anforderungsspezifikationen, Entwurfsdokumente, Benutzerhandbücher und natürlich auch die Testfälle [MILL80]. Wenn der Code sich ändert, müssen auch die passenden Testfälle geändert werden. Wenn neuer Code hinzukommt, müssen auch neue Testfälle geschaffen werden. Eine Wartung und Weiterentwicklung der Testfälle ist demnach unausweichlich.

Die wichtigste Voraussetzung für eine Evolution der Testfälle ist deren elektronische Speicherung. Es kommt nämlich darauf an, möglichst schnell und möglichst bequem Testfälle abzurufen, zu verändern und wieder abzuspeichern. Außerdem muss es möglich sein, neue Testfälle an beliebigen Stellen einzufügen und sie mit den bestehenden Testfällen zu verknüpfen. Mit Textdokumenten ist dies nicht so einfach, hier sind Tabellen und XML-Strukturen besser geeignet.

Ein besonderes Problem bleibt die Zuordnung der Testfälle zu den veränderten Anforderungen [SNEE04]. Wie bereits ausgeführt: Wenn der Code sich ändert, müssen sich die dazu passenden Testfälle ebenfalls ändern. Systemtestfälle sind aber nicht auf den Code, sondern auf die Anforderungen bezogen, die Anforderungen sind wiederum mit den Code-Komponenten verknüpft, indem die Code-Komponenten auf jene Anforderungen verweisen, die sie implementieren. So sollte es jedenfalls sein.

Daher ist es wichtig, von Anfang an in jedem neuen Testfall einen Verweis auf die damit zu testende Anforderung zu hinterlegen. Durch eine Inversion dieser Verknüpfung wird bei Änderung einer Anforderung ersichtlich, welche Testfälle dadurch betroffen sind. Falls eine neue Anforderung entsteht, werden dafür neue Testfälle angelegt, und zwar mit einem Link zu dieser Anforderung. Über die in einem Repository gespeicherten Anforderungen käme man über die Links zu jenen Testfällen, die erforderlich sind, eine bestimmte Komponente zu testen.

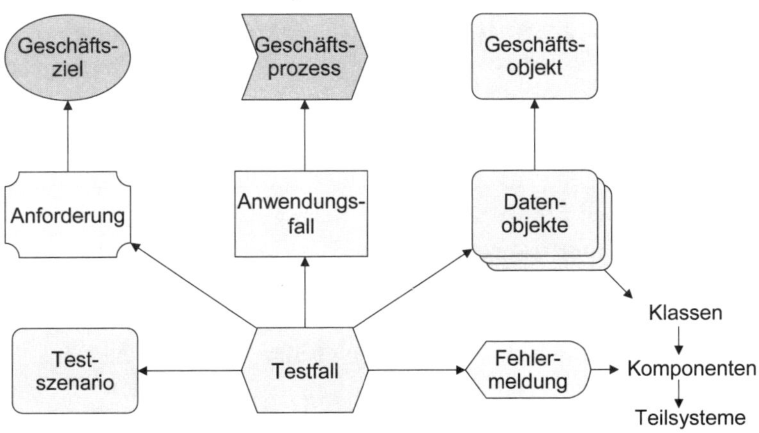

Abbildung 4.12 Testfall-Impaktanalyse

Die Verknüpfung der Testfälle mit den Anforderungen und Komponenten hat eine große Bedeutung für die Wartung und Weiterentwicklung der Software [SNEE03]. Ohne sie ist man gezwungen, blind zu testen, d.h. alles zu testen oder intuitiv zu testen. Mit den Verknüpfungen kann man hingegen gezielte, selektive Regressionstests fahren, die letztendlich viel effektiver und wirtschaftlicher sind als der blinde oder intuitive Test. Vorraussetzung dafür ist die Speicherung der Testfälle mit Querverweisen zu einander und zu den Anforderungen, die sie testen. Die dadurch entstehenden zusätzlichen Kosten werden durch die eingesparten Kosten bei der Testfallpflege hundertfach ausgeglichen (siehe Abbildung 4.12).

5

5 Bereitstellung der Testdaten

Der Übergang von den Testfällen zu den Testdaten ist ein schrittweiser Prozess. Immerhin sind einige Eingabe- und Ausgabewerte bereits in den Testfällen spezifiziert. Dennoch bleibt noch einiges zu tun, bis alle Testdaten bereitgestellt sind, was daran liegt, dass die Daten in den spezifizierten Testfällen – wie in der Regel auch bei einer funktionalen Spezifikation – meist unvollständig sind. Sie müssen noch ergänzt und verfeinert werden. Insofern entspricht die Testdatenerstellung beim Test der Code-Erstellung bei der Entwicklung. Beide setzen genaue Vorgaben voraus, aber beide Aktivitäten gehen weit über ihre Vorgaben hinaus.

Hinzu kommen die bei der Testfallspezifikation meistens zu kurz kommenden bzw. vernachlässigten beiden Datenquellen: Datenbanken und Systemschnittstellen. Die Datenbanken müssen mit Daten gefüllt werden, die zu den spezifizierten Testfällen passen. Die Systemschnittstellen müssen mit Daten generiert werden, die zu den Testfällen führen. Es bleibt daher in dieser Phase einiges zu tun, vor allem in Migrations-, Integrations- und Data-Warehouse-Projekten.

In *Migrationsprojekten* werden die neuen Programme gegen die Daten der alten Programme getestet. Diese Altdaten müssen aus der laufenden Produktion bzw. aus dem Source-Code selbst übernommen werden. Hier handelt es sich sowohl um die Datenbanken als auch um die Systemimporte und die Online-Transaktionen.

In *Integrationsprojekten* werden die alten Datenbanken vollständig und die Systemimporte teilweise verwendet. Sie müssen wegen der zu testenden Integrationsfunktionen übernommen werden. Integrationsprojekte stellen besonders hohe Anforderungen an die Testdaten, da diese alle neue Schnittstellen abdecken müssen.

In *Data-Warehouse-Projekten* werden Daten aus den operativen Datenbanken abgezogen und nach bestimmten Regeln in die informativen Datenbanken übertragen. Ziel eines Data-Warehouse-Testprojektes muss es sein, sämtliche Transformationsregeln abzudecken. Demzufolge müssen Testdaten generiert werden, die alle spezifizierten Regeln verifizieren lassen. Da dies mit den Produktionsdaten nur zum Teil erfüllt wird, müssen die operativen Daten anhand der Transformationsregeln gezielt angereichert werden.

Der Aufwand zur Bereitstellung der Testdaten hängt somit im Wesentlichen vom Projekttyp und von der Verfügbarkeit bereits vorhandener Testdaten ab. In Migrations-, Integrations-, Wartungs- und Informationsprojekten wird ein Großteil der Daten bereits vorliegen. Sie müssen lediglich verändert und ergänzt werden. In Neuentwicklungsprojekten gilt es hingegen die Testdaten aus der Anforderungs- und Entwurfsdokumentation zu gewinnen [WHIT00].

5.1 Testdatenquellen

Testdaten müssen aus bestimmten Quellen abgeleitet werden. Davon gibt es mindestens folgende:

- Anforderungsdokumentation
- Entwurfsdokumentation
- Source-Code
- Frühere Testdaten
- Produktionsdaten
- Testfall (siehe Abbildung 5.1)

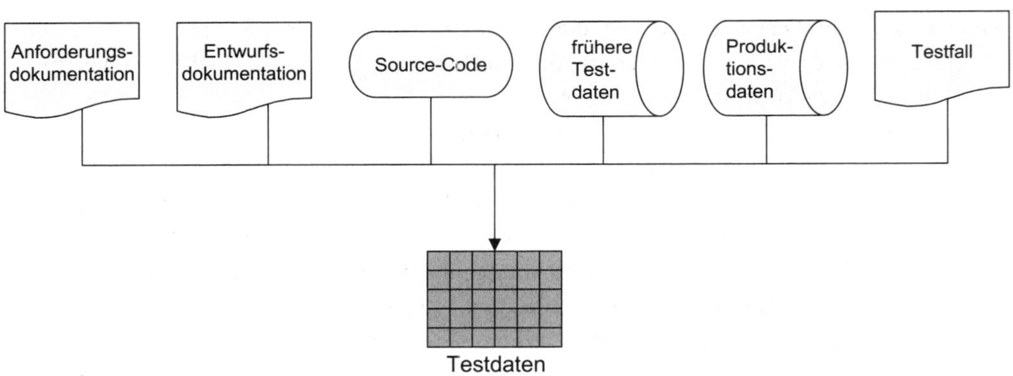

Abbildung 5.1 Testdatenquellen

5.1.1 Die Anforderungsdokumentation als Quelle von Testdaten

Weil die Wertebereiche Bestandteil der Anforderungsdokumentation sind, kann zumindest ein Teil der Testdaten daraus abgeleitet werden. Oft enthält ein Fachkonzept ein fachliches Datenmodell, in dem außer den Entitäten auch deren Attribute erfasst werden. Die Attribute werden in der Regel in einer Attributtabelle aufgelistet. Hier bietet sich die Möglichkeit, die Domäne bzw. Wertebereiche der einzelnen Attribute anzugeben, z.B. die möglichen IT-Berufe „Entwickler“, „Analytiker“, „Architekt“, „Tester“ usw. Ein numerisches Attribut wie Rechnungsbetrag könnte von einem Mindestbetrag von 1,00 bis zum maximalen

Betrag von 99.999,99 reichen. Aus den IT-Berufen können stellvertretende Werte und aus dem Rechnungsbetrag Grenzwerte erzeugt werden. Diese Quelle ist natürlich nur in dem Maß ergiebig, in dem die Wertebereiche präzise spezifiziert sind.

5.1.2 Die Entwurfsdokumentation als Quelle von Testdaten

Ebenso wie die Anforderungsdokumentation kann auch die Entwurfsdokumentation als Quelle der Testdaten dienen. Zu den Entwurfsdokumenten gehören die Klassendiagramme und die Schnittstellendefinitionen. Seit UML 2.0 ist es möglich, in den Klassendiagrammen neben den Typen auch die Werte der Attribute anzugeben. Mit Hilfe von Tags können OCL-Ausdrücke formuliert werden, die konkrete Datenwerte enthalten. Schließlich gibt es ausführliche Schnittstellendefinitionen in der Gastsprache oder in IDL oder XML. Darin sind Wertebereiche vereinbart. Mit Hilfe von Entwurfsanalyse-Werkzeugen ist es ohne Weiteres möglich, Testdaten aus diesen Wertvereinbarungen abzuleiten. Natürlich müssen auch hier die Datenspezifikationen vollständig und konsistent sein [GROS04].

5.1.3 Der Source-Code als Quelle von Testdaten

Der Source-Code kann eine ergiebige Quelle für Testdaten sein. Dazu werden aber mächtige Mining-Werkzeuge benötigt, die den Code statisch analysieren. Neben den Datendeklarationen werden auch der Datenfluss und die Entscheidungslogik verarbeitet. Es kommt darauf an, Daten zu erzeugen, die alle Bedingungen erfüllen. Für die if-Bedingung `if(Betrag => 0)` wäre es erforderlich, für den Betrag die Werte –1, 0 und +1 zu generieren. Für die Case-Anweisung `switch Typ case 1:, case 2:, case 3:, default:` wäre es erforderlich, die Werte 1, 2, 3 und 0 zu erzeugen. Für die Schleife `while(i <= n )` wäre es erforderlich, i mit den Werten 0, 1, n und n+1 zu versehen. Auf diese Weise kann ein Programm gegen sich selbst getestet werden. Dieser Ansatz ist vor allem bei einem Regressionstest von reengineered bzw. refaktoriertem Code einzusetzen. Die Daten werden aus der alten Programmversion generiert, um damit die neue Programmversion zu testen. Einer der Autoren hatte früher einmal ein Werkzeug namens CobRetest für den automatischen Regressionstest sanierter COBOL-Programme entwickelt. Mit Testdaten aus der alten Version gelang es, die neue, sanierte Programmversion vollständig zu testen und ihre Ergebnisse mit den Ergebnissen aus der alten Version abzugleichen. CobRetest war ein klassisches Beispiel für die Nutzung des Source-Codes als Testdatenquelle [VIGE04].

5.1.4 Die alten Testdaten als Quelle von Testdaten

Heutzutage wird fast jedes neue System iterativ und evolutionär entwickelt. Es wird zunächst ein Prototyp entwickelt und danach mehrere aufeinander folgende Versionen, so dass jede Version etwas mehr Funktionalität enthält. Bei dieser zyklischen Entwicklung produziert man mehrere Zwischenversionen, bis das System endlich reif ist. Der Vorteil für den Test besteht darin, dass jede neue Version gegen die vorhergehende getestet werden kann. Die Testdaten der letzten Version werden übernommen und im Hinblick auf die zusätzliche Funktionalität angereichert. Bei jeder Wiederholung des Entwicklungszyklus wächst der Umfang der Testdaten. So gesehen werden auch die Testdaten evolutionär weiterentwickelt, um mit dem System Schritt zu halten. Zum Schluss werden sie so umfangreich wie der Code selbst. Wichtig ist, dass die Testüberdeckung ständig gemessen wird, um sicherzustellen, dass System und Testdaten übereinstimmen [ROSE97].

5.1.5 Die Produktionsdaten als Quelle von Testdaten

Eine unentbehrliche Quelle für Testdaten ist die Produktion. Dies gilt vor allem für neue Versionen desselben Systems und für Ablösesysteme. Sie können mit den Produktionsdaten der alten Version getestet werden. Die Verwendung von Produktionsdaten ist auch dann möglich, wenn eine neue Anwendung bestehende Datenbanken oder Dateien benutzt. Die Produktionsdaten lassen sich kopieren und filtern. Dabei werden überflüssige Daten entfernt und sensible Daten verzerrt. Die Tester haben hierbei darauf zu achten, dass die Datenschutzbestimmungen eingehalten werden. Deswegen kann man viele Produktionsdaten nicht in ihrer ursprünglichen Form für Testzwecke wiederverwenden. Sie müssen verändert werden. [ROTH05].

5.2 Testdatenobjekte

Die Teststufen unterscheiden sich durch ihre Testobjekte. In einem Unittest ist das Testobjekt ein Modul oder eine Klasse. Testdaten werden aus der Klasse abgeleitet. Wenn dabei in einer Methode der Ablauf über eine Case-Variable gesteuert wird, z.B. Versandart, obliegt es dem Tester, die verschiedenen Fälle zu analysieren und für jeden Fall den entsprechenden Wert zu kreieren. In einem Integrationstest sind die Testobjekte die internen Schnittstellen. Komponenten sind miteinander über deren Schnittstellen verbunden. Diese Schnittstellen können Remote Method Invocations – RMIs –, Nachrichten in IDL oder XML oder auch Datenbanken sein, z.B. wenn Clients Aufträge in eine Datenbank speichern, damit sie der Server dort abholen kann. Der Integrationstester hat die Aufgabe, diesen internen Datenaustausch zu simulieren. Er soll die Eingangsnachrichten generieren und die Ausgangsnachrichten validieren. Die von ihm getesteten Schnittstellen sind jedoch interne Schnittstellen.

In einem Systemtest liegen die Testobjekte außerhalb des eigentlichen Systems. Sie sind die Schnittstellen vom System zur Umgebung. Eine Benutzeroberfläche ist z.B. die Schnittstelle zwischen dem System und einem Benutzer. Eine XML-Datei, die Daten von einem System an ein Drittsystem überträgt, bildet eine Schnittstelle zwischen den Systemen. Das Gleiche gilt für SOAP-Nachrichten in E-Business-Anwendungen, in denen Nachrichten zwischen Firmen ausgetauscht werden. Diese Nachrichten liegen außerhalb der einzelnen Systeme. Datenbanken liegen auch in der Regel jenseits der Systemgrenze. Sie gehören zu keinem System, wenn sie von mehreren Systemen benutzt werden. Daher sind sie als externe Ressource zu betrachten. Daraus folgt, dass es für den Systemtest drei Testobjektarten gibt:

- Benutzeroberflächen
- Systemschnittstellen
- Datenbanken

Dies sind die Objekte, die Systemtester überprüfen müssen. Das Problem dabei ist die Verbindung der physikalischen Testobjekte mit den aus den Anforderungen bereits abgeleiteten logischen Testfällen. Das Problem ist semantischer Natur. Es ergibt sich aus der Kluft zwischen der fachlichen Spezifikation auf der einen Seite und der technischen Implementierung auf der anderen. Die Testfälle beziehen sich auf fachliche, abstrakte Vorgänge und Objekte.

Die Spezifikation der logischen Testfälle bzw. der Prüffälle findet sehr früh im Projekt statt, nämlich sobald das Anforderungsdokument vorliegt. Nach dem V-Modell-XT passiert dies sogar vor der Ausschreibung, da die Prüfspezifikation eine Beilage zur Ausschreibung ist. D.h., es ist noch gar nicht entschieden, wer das System bauen sollte, aber die Prüffälle sind schon fertig. Sie fertigzustellen, ist Aufgabe des Auftraggebers. Jetzt folgt die Implementierung der Anwendung durch den Auftragnehmer. Die Programme werden z.B. in Java geschrieben, was aber für den Systemtest nicht von Belang ist. Die Nachrichten werden dann z.B. in XML implementiert, die Benutzeroberflächen in HTML abgebildet und die Datenbanken mit SQL kodiert. Falls es Services geben soll, werden sie mit WSDL spezifiziert. Für den Systemtest erforderlich sind nicht die Programme sondern die Datenbeschreibungen – die XML-Nachrichten, HTML-Webseiten, WSDL-Schnittstellen und SQL-Datenbanktabellen. Es ist nicht zu erwarten, dass die Datenbanktabellen 1:1 identisch mit den fachlichen Objekten sind. Manche Objekte in der Fachspezifikation werden zu Attributen einer Datenbanktabelle. Andere verschwinden ganz. Dafür kommen möglicherweise andere, technische Objekte hinzu.

Die Frage lautet: Wie kommt der Tester von den fachlichen Testfällen zu den physikalischen Daten. Er schafft dies, indem er zunächst die fachlichen Objekte in den Testfällen den physikalischen Testobjekten zuordnet. Er muss nachvollziehen, wie die Benutzeroberflächen, Systemschnittstellen und Datenbanken entstanden sind bzw. welche fachlichen Objekte sie abdecken. Deshalb ist es so wichtig, dass die betroffenen Fachobjekte mit den Testfällen verbunden werden. Sie stellen die Verbindung zu den Testdaten her.

Jetzt muss der Tester den Datenattributen des Testobjektes Werte zuweisen – repräsentative Werte, Grenzwerte, Kombinationswerte usw. Darauf wird später in diesem Kapitel eingegangen. Es genügt an dieser Stelle zu wissen, dass er die richtigen Werte aus dem Zweck des jeweiligen Testfalles ableitet. Heißt es: „Wenn die Stammdaten von den aktuellen Ereignisdaten abweichen, wird die Benachrichtigung der Benachrichtigungstabelle zugefügt“, so muss er für die Nachricht andere Werte vergeben als für die Datenbanktabelle. Bei dieser Arbeit muss der Tester oft mehrere Testobjekte vor sich haben. In diesem Falle sind es nur zwei, die Struktur der Benachrichtigung und das Datenbankschema der Benachrichtigungstabelle. Die Zuweisung der Testwerte lässt sich hier mit einer Skriptsprache unterstützen. Ein Werkzeug wie DataTest kann die Arbeit des Testers erleichtern, indem es aus den Datenbeschreibungen in SQL, XML, WSDL und HTML zumindest Skriptschablonen generiert, in denen alle Datennamen vorhanden sind. Der Tester braucht dann die Datennamen nicht aus der SQL oder XML zu kopieren, sondern nur die Wertzuweisung zu formulieren [SNEE08].

5.3 Testdatenerstellungsansätze

Prinzipiell gibt es vier Ansätze zur Erstellung von Testdaten:

- Blinder Ansatz
- Gezielter Ansatz
- Kombinierter Ansatz
- Mutationsansatz (siehe Abbildung 5.2)

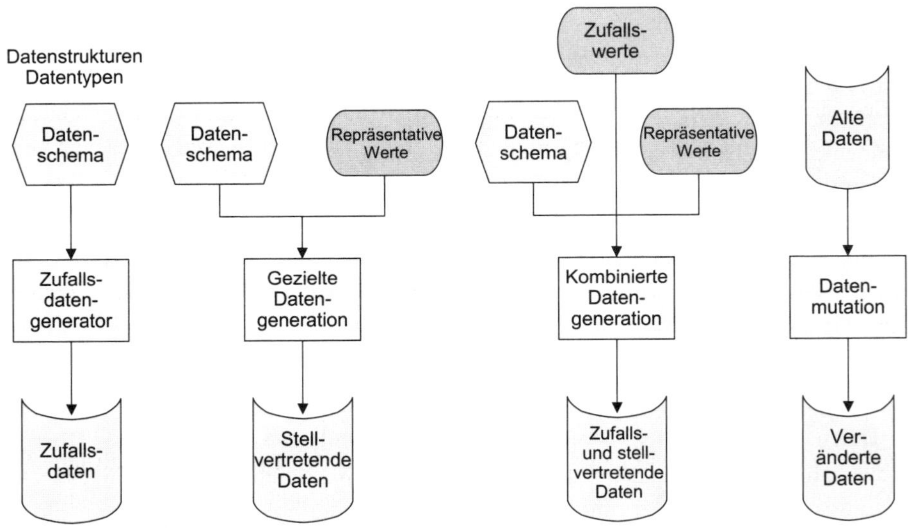

Abbildung 5.2 Ansätze zur Testdatenerstellung

5.3.1 Der blinde Ansatz zur Testdatenerstellung

Der blinde Ansatz verfolgt die Strategie, die der Name impliziert. Es werden einfach Zufallsdaten erzeugt, also Daten, die von der beabsichtigten Verwendung völlig unabhängig sind. Der Erzeuger der Daten sieht weder die Spezifikation noch den Code. Er kann auch nicht wissen, was mit den Daten geschieht. Er sieht allenfalls die nackte Datenbeschreibung: den Typ, die Bezeichnung und die Größe der Datenfelder.

Wesentlich für die Zufallsdatenerzeugung ist der Datentyp und eventuell die Länge. Für String-Daten werden alphanumerische Zeichenfolgen produziert, einmal mit Leerzeichen dazwischen, einmal ohne, sowie mit oder ohne Sonderzeichen. Beispiele für einen String wären:

```
„This is a string"
„Deutschland"
„Dichter aus Deutschland"
„Dichter aus *#@!"
```

Für numerische Daten werden diverse Zahlen erzeugt, für Integer-Daten ganze Zahlen, für reelle Daten Kommazahlen. Dazu gehören sowohl positive als auch negative Werte:

```
    0          0,0
  100        100,0
 9999       9999,9999
-9999      -9999,9999
```

Für numerische Daten gilt allenfalls die Regel der Grenzwertanalyse, wobei die größtmögliche und die kleinstmögliche Zahl mit einigen anderen Zahlen dazwischen verteilt produziert werden. Für alphanumerische Daten gilt es, möglichst alle Längen sowie alle möglichen Zeichen abzudecken.

Der blinde Testdatengenerator hofft, durch die Kombination aller stellvertretenden Werte alle Algorithmen in der Software abzudecken. Weil er diese nicht kennt, versucht er möglichst viele Wertekombinationen zu erzeugen.

Dieser Ansatz ist natürlich sehr Ressourcen-aufwändig und die Chancen, eine bestimmte Funktion zu testen bzw. einen latenten Fehler aufzudecken, sind sehr gering. Dennoch ist dies in manchen Fällen die einzige Möglichkeit, Daten zu kreieren, weil abgesehen von der Art der Daten keine weiteren Informationen zu diesen existieren.

Der Vorteil des blinden Ansatzes ist der geringe Aufwand, den ein Random-Testdatengenerator benötigt, um innerhalb kurzer Zeit Unmengen von Testdaten zu erzeugen. Dafür ist die Testausführung umso aufwändiger und die Testüberdeckung gering. Funktionen werden nur durch Zufall ausgeführt. [NATF84]

5.3.2 Der gezielte Ansatz zur Testdatenerstellung

Der gezielte Ansatz ist das Gegenteil des blinden Ansatzes. Es werden genau jene Daten erzeugt, die zu einem bestimmten Ausgang führende Funktionen auslösen, d. h., man leitet die Testdaten aus der Funktionsspezifikation ab. Wenn z.B. eine Funktion lautet:

```
„Alle Mitarbeiter mit einem Alter > 60 sind sofort zu entlassen"
```

wird ein Mitarbeiter mit dem Alter 60 und einer mit dem Alter 61 kreiert. Wenn die Funktion z.B. lautet:

```
„Kunden mit einer Bonität ‚schlecht' und einem Sollkontostand > Kredit-
grenze sind zu kündigen"
```

wird ein Kunde mit einer guten Bonität und einem Sollkontostand = Kreditgrenze und einer mit schlechter Bonität und einem Sollkontostand > Kreditgrenze generiert. Oberstes Prinzip der Testdatenerstellung ist hier das Maximum an Wirkung mit einem Minimum an Testdaten zu erreichen. Jeder Testfall zielt auf eine oder mehrere Funktionen mit dem Zweck, einen ihrer Ausgänge zu durchlaufen. Der gleiche Ausgang soll nur einmal ausgeführt werden. Dies gilt sowohl für die Fehlerausgänge als auch für die normalen. Für die Funktion:

```
„Erhöhe das Gehalt um 10% für Frauen, um 15% für Männer und um 5% für
Kinder"
```

Müssen eine Frau, ein Mann, ein Kind und ein Haustier für den Fehlerfall generiert werden. Im Grunde entspricht der gezielte Ansatz der White-Box-Testmethode, nur ist nicht der Code, sondern die Spezifikation der Gegenstand der Analyse. Von Vorteil ist die höhere Testüberdeckung mit weniger Daten, von Nachteil der höhere Aufwand für die Analyse der Funktionen und der Spezifikation der Testfälle. [OSTR88]

5.3.3 Der kombinierte Ansatz

Der kombinierte Ansatz vereint den blinden mit dem gezielten Ansatz. Zuerst werden einige Daten für jedes Datenbankattribut sowie für jede Eingabevariable wahllos generiert. Anschließend werden anhand der Funktionsspezifikation die wahllos generierten Daten manipuliert, um bestimmte Funktionen gezielt auszulösen. Der Vorteil hier besteht darin, dass einige kritische Funktionen gezielt, die anderen nur zufällig getestet werden. Dies stellt also einen Kompromiss zwischen den beiden Extremansätzen dar. Man spart auf der einen Seite etwas an Analyseaufwand und auf der anderen etwas an der Testausführung. Gleichzeitig erhöht sich die Testüberdeckung gegenüber dem reinen Zufallstest um einiges.

5.3.4 Der Mutationsansatz

Der Mutationsansatz sieht vor, dass ein bestimmter Datenbestand mutiert wird. Dies entspricht der schrittweisen, inkrementellen Vorgehensweise in der Entwicklung. Der Test beginnt mit nur wenigen Testdaten, die eine Art Smoke-Test verursachen. Danach wird der Testdatenbestand schrittweise ausgebaut, zum Teil durch Zufallsdaten, zum Teil durch gezielte Werte für den Test bestimmter Funktionen. Man kann also mit diesem Ansatz sehr früh mit dem Test beginnen und je nach der verbleibenden Zeit die Testdaten durch mehrere Iterationen anreichern. Nach jeder Iteration sollte die Funktionsüberdeckung sowie die Zahl der gefundenen Fehler zunehmen. Es kommt darauf an, die kritischen Funktionen zuerst ins Visier zu nehmen, um anschließend weitere Routinefunktionen in den Test einzubinden. Dies wird durch Hinzufügen zusätzlicher neuer Testdaten verwirklicht. [MICH01]

Ein Vorteil dieses Ansatzes besteht darin, dass der Test jederzeit abgebrochen werden kann, um das Produkt bzw. das Release auszuliefern. Die Software sollte stets lauffähig sein, auch wenn sie voller Fehler ist. Von Nachteil ist, dass man dazu neigt, mit einem Minimum an Testdaten und einer entsprechend niedrigen Testabdeckung auszukommen. Sobald die Tester merken, dass die Software einigermaßen funktioniert, legen sie ihre Arbeit nieder. Testen ist schließlich eine öde und langweilige Aufgabe.

5.4 Testdatentypen

Als Vorbedingung für die Erstellung von Testdaten muss der Tester zwischen den verschiedenen Testdatentypen unterscheiden. Diese Unterscheidung hängt vom Testobjekt ab. Testobjekte können Benutzeroberflächen, Systemschnittstellen oder Datenbanktabellen bzw. Dateien sein. Jedes dieser Testobjekte weist eine andere Art von Testdaten auf, die auf eine andere Art und Weise erzeugt werden (siehe Abbildung 5.3).

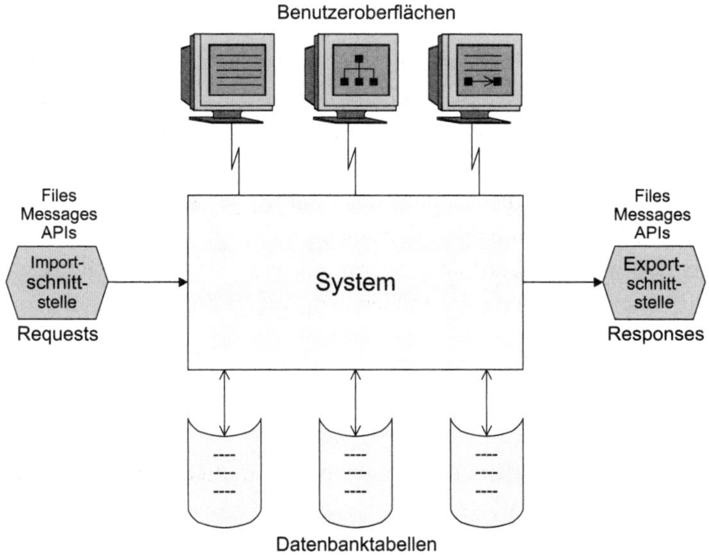

Abbildung 5.3
Testdatenobjekte

5.4.1 Datenbanken

Beginnen wir mit den Datenbanken. Sie bestehen aus zahlreichen verknüpften Tabellen bzw. Objekten mit einer Menge von Attributen. Ein Datenbankschema bzw. eine Create-Table-Anweisung beschreibt die Struktur der jeweiligen Tabelle sowie den Typ und die Länge der dazugehörigen Attribute. Es gibt heutzutage etliche Tabelleneditoren, mit denen man die Felder überschreiben und neue Zeilen einfügen kann.

Dabei muss der Tester aber wissen, welche Werte verlangt werden. Es hat keinen Sinn, einfach wahllos Werte einzugeben. Der Tester muss sich die Funktions- bzw. die Regelspezifizierung genau ansehen und die passenden Testdaten zuweisen.

Will er zum Beispiel prüfen, ob die Artikelmenge in der Artikeltabelle ausreicht, muss er sie in Abhängigkeit zur Bestellmenge setzen. Ist die Bestellmenge = 50, sollten die Artikelmengen bei gleicher Artikelnummer wie in der Bestellung einmal größer und einmal kleiner 50 sein. Damit bildet der Tester zwei Äquivalenzklassen. Der Wert 49 repräsentiert eine nicht ausreichende Artikelmenge und der Wert 51 die ausreichende. Der Tester muss auch dafür sorgen, dass die Schlüssel der Sätze zu den Suchbegriffen passen bzw. in einigen Fällen nicht passen.

Die gezielte Erstellung von Testdaten setzt also Anwendungskenntnisse bzw. eine sehr exakte Spezifikation der Testfälle voraus, und diese wiederum eine detaillierte Anforderungsbeschreibung. Dabei kommt es weniger auf die Quantität als auf die Qualität der Testdaten an. Es sollen Werte und Wertekombinationen vorkommen, die alle Datenverwendungsarten befriedigen. Prinzipiell gibt es vier Datenüberdeckungsgrade:

- Satzüberdeckung
- Attributenüberdeckung
- Wertüberdeckung
- Zustandsüberdeckung

Die Satzüberdeckung ist erreicht, wenn für jede Satzart bzw. jede Tabelle eine Ausprägung existiert. Attributüberdeckung ist gegeben, wenn jedes einzelne Attribut mindestens zwei verschiedene Ausprägungen aufweist. Eine Wertüberdeckung liegt dann vor, wenn jeder stellvertretende Wert im Wertebereich eines Attributes mindestens einmal vorkommt. In diesem Fall wird es so viele Datensätze geben wie die Anzahl stellvertretender Werte für das Attribut mit den meisten Werten. Die Werte der anderen Attribute werden wiederholt. Zustandsüberdeckung ist schließlich gegeben, wenn alle Kombinationen aller stellvertretenden Werte generiert werden. Dafür ist eine Vielzahl von Sätzen erforderlich. Deren Anzahl

```
CREATE TABLE [ADRESSE_KO] (
          [ADRESSE_ID] [ID] NOT NULL ,
          [ADRESSE_VF] [VALID] NOT NULL ,
          [ADRESSE_VT] [VALID] NOT NULL ,
          [HAUSNUMMERVON] [varchar] (30) NULL ,
          [HAUSNUMMERBIS] [varchar] (30) NULL ,
          [STRASSENNAME] [BEZEICHNUNG] NULL ,
          [STRASSSENWKNR] [varchar] (8) NULL ,
          [STRASSENSANR] [int] NULL ,
          [STIEGEVON] [varchar] (10) NULL ,
          [STIEGEBIS] [varchar] (10) NULL ,
          [TUER] [varchar] (10) NULL ,
          [STAATISOCODE] [char] (2) NULL ,
          [STAATKFZCODE] [char] (3) NULL ,
          [BUNDESLANDNAME] [varchar] (65) NULL ,
          [BUNDESLANDWKNR] [smallint] NULL ,
          [BUNDESLANDSANR] [smallint] NULL ,
          [PLZ] [varchar] (15) NULL ,
          [BEZIRKNAME] [BEZEICHNUNG] NULL ,
          [BEZIRKWKNR] [smallint] NULL ,
          [BEZIRKSANR] [smallint] NULL ,
          [GEMEINDENAME] [BEZEICHNUNG] NULL ,
          [GEMEINDEWKNR] [smallint] NULL ,
          [GEMEINDESANR] [int] NULL ,
          [ORTNAME] [BEZEICHNUNG] NULL ,
          [ORTSANR] [int] NULL ,
          [VALIDATED] [char] (1) NULL ,
          [POSTFACH] [BEZEICHNUNG] NULL,
          [STAATNAME] [BEZEICHNUNG] NULL,
          [HAUSNUMMERNZUSATZ] [BEZEICHNUNG] NULL,
          [X_KOORDINATE] [int] NULL,
          [Y_KOORDINATE] [int] NULL,
          [GEOCODESTATUS] [smallint] NULL,
          CONSTRAINT [PK_ADRESSE_KO] PRIMARY KEY  CLUSTERED
          ( [ADRESSE_ID])  ON [PRIMARY]
  ) ON [PRIMARY]
```

Abbildung 5.4
SQL-Generierungsskript für eine Datenbanktabelle

ist das Produkt der Anzahl der einzelnen Werte pro Attribut. Somit ist dieser Überdeckungsgrad nur mit einem Automaten herzustellen [REDW83].

Der Tester muss hinsichtlich der Bedeutung der jeweiligen Datenbanktabelle entscheiden, welchen Datenüberdeckungsgrad er anstreben sollte. Testdatenbanken werden in der Regel automatisch generiert und anschließend manuell editiert (siehe Abbildung 5.4).

5.4.2 Systemschnittstellen

Für Systemtests sind drei Arten von Systemschnittstellen interessant:

- Application Programming Interfaces (APIs)
- Messages/Nachrichten
- Import-/Export-Dateien

Application Programming Interfaces sind Schnittstellen zum Aufruf von fremden Systemen. Eine Komponente in einem anderen System ruft eine Methode oder Prozedur im eigenen System auf und übergibt eine Parameterliste. Dies kann auch als Remote Procedure Call (RPC) oder in Java als Remote Method Invocation (RMI) erfolgen. Der Test muss diese Aufrufe simulieren, denn oftmals wird es das fremde System noch gar nicht geben. Dafür muss der Tester eine kleine Klasse erstellen, die den gewünschten Aufruf absetzt. In dieser Klasse kann er eine Tabelle konstanter Testdaten deklarieren – eine Reihe für jeden Parameter – und vor jedem Aufruf den Parametern die nächsten Werte in der Reihe zuweisen. Nach dem Aufruf muss er den Return-Wert sichern, um ihn später kontrollieren zu können. Der Aufruf selbst ist in einer Schleife eingebettet, in der er so oft wiederholt wird, wie es neue, stellvertretende Parameterwerte gibt. Die Anzahl der Testaufrufe ist also gleich der Anzahl der Parameterwerte in der längsten Reihe.

Programmaufrufe sind synchroner Natur, d.h. der Aufrufer muss warten, bis die Steuerung wieder zurückgegeben wird. Messages bzw. Nachrichten sind asynchroner Natur. Eine Nachricht in Form einer formatierten Folge einzelner Datenelemente wird zusammengestellt und an das andere System gesendet. Typische Nachrichten sind EBXML oder SOAP-Messages. Hier besteht die Testaufgabe darin, die Nachrichten korrekt aufzubauen und zu versenden. Dazu muss der Tester eine Tabelle stellvertretender Datenwerte aufbauen und sie über eine kleine Prozedur der jeweiligen Nachricht zuweisen. Der Tester muss sich natürlich mit der Schnittstellensprache, z.B. XML, auskennen und in der Lage sein, sie zu bedienen. Bei XML-Schnittstellen soll das entsprechende Schema als Basis für die Testdatenerstellung dienen. Das Schema ist für Menschen verständlich, lässt sich aber auch maschinell analysieren, um daraus Testdaten zu generieren (siehe Abbildung 5.5).

Systemschnittstellen haben ähnliche Überdeckungsmaße wie Datenbanken. Es sind:

- Nachrichtenüberdeckung
- Parameterüberdeckung
- Wertüberdeckung
- Zustandsüberdeckung

```
<xs:element name="ErfassungsDaten" msdata:IsDataSet="true">
    <xs:complexType>
        <xs:choice maxOccurs="unbounded">
            <xs:element name="Benutzer">
                <xs:complexType>
                    <xs:sequence>
                        <xs:element name="BenutzerNummer" type="xs:int" minOccurs="0" />
                        <xs:element name="Name" type="xs:string" minOccurs="0" />
                        <xs:element name="Strasse" type="xs:string" minOccurs="0" />
                        <xs:element name="Jahr" type="xs:int" minOccurs="0" />
                    </xs:sequence>
                </xs:complexType>
            </xs:element>
            <xs:element name="Zusatzdaten">
                <xs:complexType>
                    <xs:sequence>
                        <xs:element name= "Gruppe" type="xs:string" minOccurs="0" />
                        <xs:element name= "Berechtigung" type="xs:string" minOccurs="0" />
                    </xs:sequence>
                </xs:complexType>
            </xs:element>
        </xs:choice>
    </xs:complexType>
    <xs:key name= "BenutzerNummer" msdata:PrimaryKey="true">
        <xs:selector xpath=".//mstns:Benutzer" />
        <xs:field xpath="mstns:BenutzerNummer" />
    </xs:key>
```

Abbildung 5.5 XML-Datenschema

Die Nachrichtenüberdeckung ist erreicht, wenn jeder Aufruf ein Mal stattfindet bzw. jede Botschaft einmal gesendet wird. Parameterüberdeckung ist gegeben, wenn der Wert eines jeden Parameters einmal variiert wird. Dazu benötigt man zwei Aufrufe bzw. Botschaften. Eine Wertüberdeckung ist gegeben, wenn jeder stellvertretende Wert eines jeden Parameters mindestens einmal vorkommt. Dafür muss es so viele Botschaften geben wie Werte in der längsten Parameterwertreihe. Zustandsüberdeckung ist schließlich jede mögliche Kombination aller stellvertretenden Parameterwerte (siehe Abbildung 5.6).

```
<complexType name="KorWsRequest">
        <sequence>
          <element name="korId" type="string" nillable="true"/>
          <element name="nuggoId" type="string" nillable="true"/>
          <element name="version" type="string" nillable="true"/>
        </sequence>
</complexType>
<binding name="KorWSInterfaceBinding" type="tns:ZbsWebServiceInterface">
....
<port name="KorWSInterfacePort" binding="tns:KorSWInterfaceBinding">
....
```

Abbildung 5.6 Ausschnitt einer WSDL-Web-Service-Schnittstelle

APIs und Messages müssen automatisch generiert und per Testtreiber abgesetzt werden. Web-Services sind typische Systemschnittstellen. Sie werden von einem Client über einen Web-Service-Request aufgerufen. Sie zu testen, heißt, diese WSDL-Request-Nachrichten zu generieren und als SOAP-Message abzusenden. Sie zu validieren, bedeutet, die Response-Nachrichten zu empfangen und gegen das erwartete Response abzugleichen. Ohne geeignete Testwerkzeuge ist es kaum möglich, solche Systemschnittstellen zu testen [DELA01].

5.4.3 Benutzeroberflächen

Benutzeroberflächen stellen für die Generierung der Testdaten das größte Problem dar, weil sie

- dynamischer Natur sind,
- dem technischen Wandel unterliegen und
- häufig geändert werden.

Datenbanken sind statische, ziemlich konstante Datenstrukturen. Auch Systemschnittstellen sind relativ statisch, wobei sich Parameterlisten in APIs durchaus verändern können. Das Format der Benutzeroberflächen war früher einmal zur Zeit der festen Masken relativ statisch, seit der Verbreitung der graphischen Oberflächen und erst recht mit der Einführung dynamischer Web-Sites werden sie jedoch immer variabler. Das macht sie für den Benutzer attraktiver, gestaltet aber auch die Bereitstellung geeigneter Testdaten schwieriger. Die Anzahl stellvertretender Datenkonstellationen steigt exponentiell in die Höhe. Zudem wird es immer schwieriger, den Test zu automatisieren bzw. die richtigen Daten zur richtigen Zeit den richtigen Elementen zuzuordnen [MEMO05].

Bei den alten, festen Masken hatte jede Eingabe- und Ausgabevariable ein Feld mit einer gewissen Startposition und einer festen Länge. Somit war es kein Problem, diesen Feldern Werte zuzuweisen. Bei graphischen Oberflächen erscheinen die Eingaben und Ausgaben temporär als Objekte an beliebiger Position auf der Oberfläche. Nicht nur ihre Position, auch ihre Größe und ihr Typ können sich von Fall zu Fall ändern. Das macht sie für die Testdatengenerierung zu bewegten Zielen. Der Aufwand, sie zu testen, vervielfacht sich relativ zum Testaufwand statischer Masken, bei denen allenfalls die Tabellen mit relativer Länge Probleme bereiten.

Daher wird von der Testseite die Forderung immer lauter, die Benutzeroberflächen vom Rest des Systems zu trennen. Das System soll eine statische Datenschnittstelle haben, womöglich in Form einer XML-Nachricht. Die Oberflächenkomponente sollte in Interaktion mit dem Endbenutzer die Daten sammeln, diese Nachricht daraus aufbauen und sie dann als fest formatiertes Datenobjekt an den Server weiterleiten. In umgekehrter Richtung soll sie die vom Server kommende statische Nachricht zerlegen und die einzelnen Werte dem Endbenutzer dynamisch präsentieren. Dabei kann die Oberflächenkomponente einige formale Plausibilitätsprüfungen auf die Daten durchführen, ohne weitere Logik zu beinhalten.

Damit besteht die Möglichkeit, das System ohne Benutzeroberflächen zu testen, indem die Nachrichten generiert und validiert werden. Die Oberflächen sollten separat daraufhin getestet werden, dass sie korrekte Eingangsnachrichten aus den Eingaben erzeugen und korrekte Ausgaben aus den Ausgangsnachrichten liefern. Dieser Test kann völlig unabhängig vom eigentlichen Systemtest stattfinden. Das System selbst wird nur über die Systemschnittstellen getestet, die u.a. auch von der Benutzeroberfläche stammen [MART05].

Testdaten für eine graphische Oberfläche zu erstellen, heißt letzten Endes die Oberfläche zu bedienen und die Dateninhalte aufzuzeichnen. Für jede Ausprägung einer Oberfläche gibt es dann ein Testdatenobjekt, das zur Testzeit wieder eingespielt wird. Das Problem dabei ist, dass sich die Oberflächengestaltung häufig ändern wird. Danach passen die alten Testdatenobjekte nicht mehr. Sie müssen modifiziert oder neu aufgezeichnet werden. Deshalb ist die Forderung nach einer leicht testbaren Systemschnittstelle an Stelle einer komplexen Benutzerschnittstelle durchaus gerechtfertigt.

Testbetriebe müssen zumindest die geplanten Eingaben und die erwarteten Ausgaben pro Testfall dokumentieren. Dies geschieht häufig in Form einer Excel-Tabelle oder einer XML-Datei. In jedem Fall sind die Testdaten nur eine Anleitung für die manuelle Eingabe. In einem Desktop-Fenster sieht der Tester seinen Testfall und in einem anderen bedient er die Oberfläche des Systems. Der Tester generiert die Testdaten bei jeder Wiederholung eines Testfalls selbst. Auf diese Weise spart der Betrieb die Kosten einer automatisierten Testdatengenerierung, zahlt jedoch für die Stunden der manuellen Bedienung.

Wenn es wenige Testfälle mit wenigen Daten gibt und der Test nie wiederholt wird, ist diese manuelle Datengenerierung gerechtfertigt. Gibt es aber z.B. einige Tausend Testfälle in einem Test, der mehrfach wiederholt wird, ist die automatische Testdatengenerierung auf jeden Fall günstiger. Zahlreiche Studien belegen dies [SHER91].

5.5 Testdatengenerierung

Die Generierung geeigneter Testdaten ist seit jeher eines der Hauptziele der Testautomatisierung gewesen. Es sollte möglich sein, mit einem Minimum an Aufwand ein Maximum an brauchbaren Testdaten zu produzieren. Wie die Testdaten generiert werden, hängt von den benutzten Quellen ab. Aus dem Nichts lassen sich nur Zufallsdaten erzeugen, und Zufallsdaten erzeugen einen Zufallstest. Es gibt Situationen, in denen dies gerechtfertigt ist, z.B. beim Lasttest. Für den Funktionstest benötigt man jedoch problembezogene Daten [HOW87]. Problembezogene Daten lassen sich aus vier Quellen ableiten:

- aus den spezifizierten Testfällen
- aus den Testprozeduren
- aus dem Source-Code
- aus den vorhandenen Daten (siehe Abbildung 5.7)

5.5.1 Datengenerierung aus den Testfällen

Die Testfälle sollten zum Zeitpunkt der Testdatenbeschaffung bereits vorliegen. Für jeden Testfall hat der Tester die Ist-Eingaben und die Soll-Ausgaben identifiziert. Wenn die Testfälle vollständig sind, werden neben den Datennamen auch die Datentypen und die Datenwerte vorhanden sein. Ein Beispiel:

```
Artikelnummer      Decimal          „4711"
Artikelname         String     „Bleistift"
Startknopf          Signal            „Ja"
```

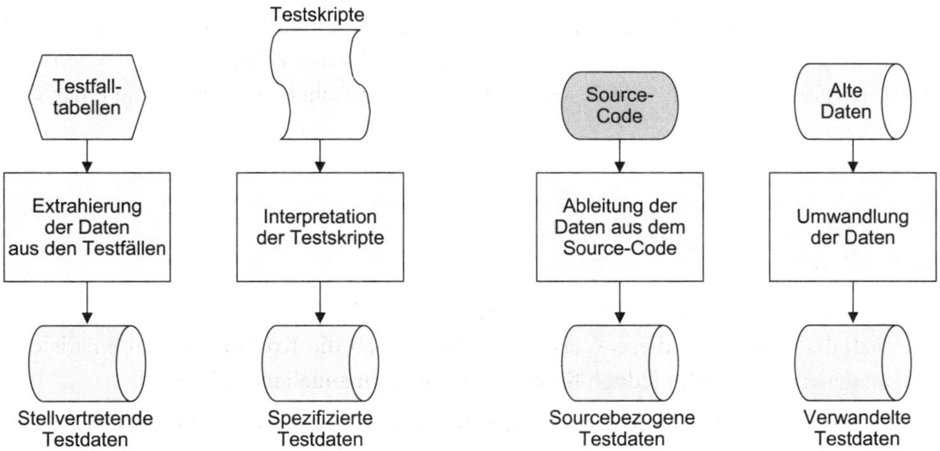

Abbildung 5.7 Testdatengenerierung

In der Testfallspezifikation stehen diese Angaben in einer Tabelle bzw. in einem Text. Die Aufgabe des Testdatengenerators ist, sie von der Tabelle bzw. dem Text in das entsprechende Eingabemedium zu übertragen, d.h. in die Datenbanktabelle, Schnittstellennachricht oder Benutzeroberfläche. Dazu braucht der Generator eine Beschreibung jener Eingabestruktur. Dies könnte sein:

- das Datenbankschema
- die Schnittstellenspezifikation
- das Bildschirmlayout

In der Eingabestrukturbeschreibung sind die Datennamen, Datentypen und deren Position vorgegeben. In einer Datenbank sind die Daten einer bestimmten Spalte zugewiesen, in der Reihenfolge, wie sie aufgelistet sind. In einer API gibt die Schnittstellendefinition an, in welcher Reihenfolge und welchem Typ die Parameter folgen sollten. Bei einer XML-Schnittstelle beschreibt das XML-Schema bzw. die Document Type Definition (DTD) die Struktur der Daten. Sie definiert neben deren Reihenfolge auch, ob sie alternativ oder mehrfach vorkommen, und wenn ja, wie oft. Der Typ der Daten ist als Attribut vorgegeben. Für den Test von Web-Services führt kein Weg an der Generierung der WSDL-Schnittstellen vorbei. Die Requests müssen per Werkzeug erzeugt werden (siehe Abbildung 5.8 auf der nächsten Seite).

Für die Benutzeroberflächen gibt es zahlreiche Oberflächenbeschreibungsdokumente, z.B. CICS, Makros, HTML, XSL, CSS und Java Server Pages, die alle denselben Zweck erfüllen: sie beschreiben das Layout der Oberfläche, teils statisch, teils dynamisch. Je statischer sie sind, desto leichter ist es, sie zu interpretieren. Der Testdatengenerator muss sie interpretieren, um die Testwerte aus der Testfallspezifikation an der richtigen Stelle und zum richtigen Zeitpunkt zu liefern.

```
<getData>
     <getData>
       <userId>X</userId>
       <komponentenId>ZZZZZZZ_ZZZZZZZZ_</komponentenId>
       <version>This-is-a-String</version>
     </getData>
   </getData>
   <getDataResponse>
     <getDataResponse>
       <attributeName>X</attributeName>
       <typ>0001</typ>
       <value>YYYYYYYYYYYYYYYYYYYYYYYYYYYYYY</value>
     </getDataResponse>
   </getDataResponse>
   <DatWsException>
     <exceptionMessage>ZZZZZZZ_ZZZZZZZZ_</exceptionMessage>
   </DatWsException>
   <getServerTimeResponse>
     <result>This-is-a-String</result>
   </getServerTimeResponse>
   <getServerTimeCalendarResponse>
     <result>2007-04-15:13:50:30</result>
   </getServerTimeCalendarResponse>
   <login>
     <login>
       <userId>X</userId>
       <komponentenId>ZZZZZZZ_ZZZZZZZZ_</komponentenId>
       <version>This-is-a-String</version>
     </login>
     <String_2>X</String_2>
     <String_3>YYYYYYYYYYYYYYYYYYYYYYYYYYYYYY</String_3>
   </login>
```

Abbildung 5.8 WSDL-Request mit Zufallsdaten

5.5.2 Datengenerierung aus Testprozeduren

Testprozeduren sind Skripte mit einer formalen Syntax, in denen den Attributen einer Datenbank, den Parametern einer Schnittstelle und den Feldern einer Benutzeroberfläche Testdatenwerte zugewiesen werden. Im Grunde genommen handelt es sich hierbei um eine Mini-Programmiersprache. Mit der Skriptsprache können Testdaten einfach, alternativ, mehrfach oder in beliebiger Kombination zugewiesen werden. Damit die Werte an die richtige Stelle der Datenbanktabelle, an die richtige Position in der Schnittstelle und in das richtige Feld auf der Benutzeroberfläche gelangen, muss die Testprozedur mit der jeweiligen Datenstrukturbeschreibung gepaart werden. Der Datengenerator braucht beides, um die Testobjekte zu erzeugen [ROSE95].

5.5.3 Datengenerierung aus dem Source-Code

Der Source-Code umfasst alle Informationen, die man braucht, um Testdaten zu generieren. Er enthält die Beschreibungen der Daten mit Typ und Name, und er beschreibt ebenso, was mit ihnen geschieht. Die Nutzung der Daten gibt an, welche Testdatenwerte zu generieren sind.

Den Parameterlisten ist zu entnehmen, welche Argumente welchen Typs zu generieren sind. Eine Analyse der Schleifen- und Auswahlbedingungen ergibt, welche Prädikate gesetzt werden müssen, um alle Bedingungen zu erfüllen. Die Namen und Typen der Daten sind in den jeweiligen Klassen und Methoden bzw. Prozeduren vereinbart. So ist es durchaus möglich, anhand einer statischen Analyse des Codes Testdaten zu erzeugen. Allerdings sind die Daten ein Spiegelbild der Programmlogik, d.h., sie testen den Code gegen sich selbst. Für neu entwickelte Komponenten hätte dies wenig Sinn. Man würde nur beweisen, dass sie leisten, was sie leisten sollen. Als Fehler würden nur technische Defekte wie fehlende Dateninitialisierung, falsche Parameterversorgung oder endlose Schleifen auftreten. Fehlende Funktionalität und Abweichungen von der Spezifikation bleiben unbemerkt. Auf diese Weise hat einer der Autoren die Testdaten für sein erstes, großes Testprojekt in den 70er-Jahren gewonnen. Damals wurden knapp 50% der Fehler gefunden. Dieser Ansatz hat jedoch durchaus seine Verwendung, und zwar im Zusammenhang mit dem Regressionstest bei Wartungs- und Reengineering-Projekten. Dort ist man nämlich bestrebt, die neue Version gegen die alte zu testen. Dafür ist die Gewinnung der Testdaten aus dem alten Code durchaus legitim. In der Regel hat man keine andere Wahl, weil es keinerlei Dokumentation gibt. Die funktionale Äquivalenz der neuen Version mit der alten lässt sich auf diese Weise nachweisen. Einer der Autoren hat diese Methode in zahlreichen Reengineering- und Migrationsprojekten mit Erfolg eingesetzt [SNEE94].

5.5.4 Datengenerierung aus vorhandenen Daten

Eine letzte Alternative zur Generierung von Testdaten ist die Nutzung der produktiven Daten. Hier werden repräsentative Ausschnitte aus dem vorhandenen Datenvorrat verwendet. Dabei handelt es sich um Datenbanktabellen, Systemschnittstellen – Dateien und Nachrichten – oder Benutzerinteraktionen. Die Benutzerinteraktionen müssen mit einem Terminalmonitor aufgezeichnet werden. Sind die Rohdaten erst einmal erfasst, können sie anschließend gefiltert werden, um redundante und überflüssige Ausprägungen zu entfernen. Am Ende bleibt eine Auswahl einmaliger, repräsentativer und redundanzfreier Daten übrig. Falls die Daten sensible Inhalte haben, z.B. die Namen von Kontoinhabern oder die Bonität von Kunden, müssen diese Inhalte noch unkenntlich gemacht werden. Dies geschieht über Scrambling-Algorithmen [BEIZ83].

Jetzt kommt es nur noch darauf an, die Daten in ein standardisiertes, weitverbreitetes Format zu bringen, z.B. in CSV (Comma Seperated Value) oder XML. In diesem Format können sie editiert und/oder manipuliert werden, um eben jene Daten zu produzieren, die man für den Test des neuen Systems benötigt. Von dem Werkzeug *DataTest* werden sie mit den Regeln für die neuen Daten kombiniert. Mehr dazu finden Sie im folgenden Abschnitt (siehe Abbildung 5.9 auf der nächsten Seite).

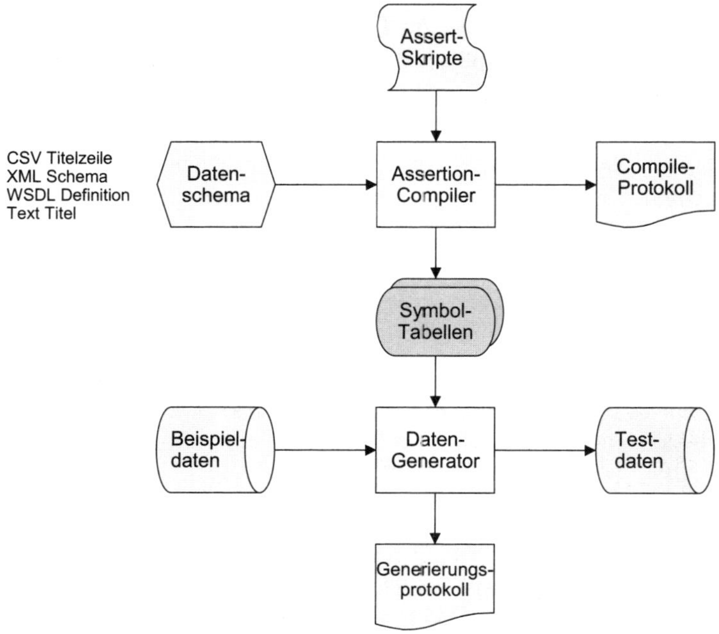

Abbildung 5.9
DataTest Testdaten-
generator

5.6 Werkzeuge für die Testdatengenerierung

In den frühen Tätigkeiten im Systemtestprozess, von der Anforderungsanalyse über die Testplanung bis zur Testfallspezifikation, sind spezielle Werkzeuge nicht unbedingt erforderlich. Die Tester können die Fachkonzepte auch manuell analysieren und Testfälle mit einfachen Office-Applikationen wie Word oder Excel spezifizieren. Sie werden nie so spezifiziert sein wie mit automatisierten Analysewerkzeugen, können aber die Aufgabe bewältigen, sofern genügend Tester verfügbar sind, die die Arbeit unter sich aufteilen.

Bei der Bereitstellung von Testdaten übersteigt die Quantität die menschliche Fähigkeit, sie innerhalb einer überschaubaren Zeit zu bewältigen. Die notwendige Aufmerksamkeit bezüglich der Details überfordert ebenfalls die meisten Menschen. Testdaten zu erstellen, ist letztlich ein Mengenproblem. Um die Menge in einer vertretbaren Zeit zu bewältigen, sind Testwerkzeuge unabdingbar. Bei großen Systemen ist nur ein automatisierter Test ein guter Test. Glücklicherweise hat sich in den letzten Jahren auf diesem Gebiet viel getan. Es bieten sich etliche Standard-Testdatengeneratoren von renommierten Firmen wie HP, IBM, Logica, Seague, Empirix und Compuware an. Hinzu kommen maßgeschneiderte Testwerkzeuge, die in jedem größerem Testbetrieb projektspezifisch entstanden sind. An dieser Stelle ist keine ausführliche Aufstellung sämtlicher Testdatengeneratoren auf dem Weltmarkt angebracht, sondern die Erklärung der Funktionsweise eines Testdatengenerators. Kapitel 9 stellt einige dieser Werkzeuge vor [POST92].

In dem Buch „Lessons learned in Software Testing" betonen die Autoren, wie wichtig es ist, zwischen Testgenerierung und Testausführung zu unterscheiden [KANE02]. Ausgeführt wird der Test mit Testskripten bzw. kleinen, zur Testzeit interpretierten Programmen. Die Testskripte setzten die Testwerte in den physikalischen Datenträgern, d.h. in den Benutzeroberflächen, den Systemschnittstellen und den Datenbanken. Abbildung 5.10 zeigt, wie ein solches Testskript aussehen kann. Bei der Testdatengenerierung kommt es darauf an, die Testdaten zu erzeugen. Ein Testdatengenerator hat in der Regel drei Parameter:

- die Beschreibung des Datenträgers
- die Testfälle
- die Steuerungsparameter (siehe Abbildung 5.10)

```
file: BENUTZER;
  when (new.Datum[9:2] = "24") then replace new.Datum[9:2] by "21";
  when (new.Datum[9:2] = "22") then replace new.Datum[9:2] by "21";
  if ( object = "User" &
       new.BenutzerNummer = old.BenutzerNummer &
       new.SubNummer = old.SubNummer );
     assert new.Name = old.Name;
     assert new.Datum = "2006-03-31";
     assert new.Geburtsdatum = old.Geburtsdatum;
     assert new.RechnungsBetrag = old.RechnungsBetrag + "100.00";
     assert new.Kun_Zeile = old.Kun_Zeile;
     assert new.Kundendatenfeld = old.Kundendatenfeld | "-" | "SNEED";
  endObject;
  when (new.Gruppe = "03") then skip;
  if ( object = "Admin" &
       new.BenutzerNummer = old.BenutzerNummer &
       new.Gruppe = old.Gruppe ! "15" &
       new.Jahr = old.Jahr );
     assert new.StandortOrt = old.StandortOrt;
     assert new.StandortStrasse = old.StandortStrasse;
     assert new.Betrag = {1.00:99.99};
     assert new.Gruppe = "100" ! "200" ! "300" ! "400" ! "500";
  endObject;
end;
```

Abbildung 5.10 Assertion-Script für die XML-Datengenerierung

Die Beschreibung des Datenträgers gibt die Position, den Typ und die Länge der Daten an. Es können dies Felder einer Maske, die Parameter einer Schnittstelle oder die Spalte einer Tabelle sein. Die Testfälle enthalten nicht selbst die repräsentativen Werte, sondern Verweise darauf. Da die Auswahl der Werte pro Attribut sehr unterschiedlich sein kann, empfiehlt es sich, die Datenwerte in separaten Tabellen zu halten. Eine andere Möglichkeit ist, die Datenwerte in den Testskripten zu enumerieren. Dort kann es heißen:

```
Farbe  = set(„rot", „gruen", „blau", „gelb");
Anzahl = range(1:99);
```

Eine dritte Möglichkeit besteht darin, die Daten in einer XML-Datei zu speichern. Der Vorteil hier ist, dass die Daten durch Tags markiert sind, was es leicht macht, sie maschinell zu verarbeiten. Allerdings kann dies wegen der vielen Tags sehr viel Speicherplatz in Anspruch nehmen.

Die Steuerungsparameter teilen dem Testdatengenerator mit, wie die Daten zu manipulieren sind; z.B. lassen sich numerische Werte in Intervallen und Zeichenfolgen mit verschiedener Länge erzeugen. Zahlen können aufsteigend oder absteigend generiert werden, und die Genauigkeit bzw. die Anzahl der Kommastellen kann variieren. Somit gibt es viele Möglichkeiten, die Testdaten zu manipulieren, doch muss es zunächst einen Grundstock an stellvertretenden Daten geben.

Bis die ersten Teilsysteme zum Test freigegeben sind, sollten die Testdaten für diese Teilsysteme vorliegen. Die Testdatenbanken sind gefüllt, die Systemschnittstellendateien geladen und die Testskripte zur Simulation des Dialogbetriebes generiert. Es dürfen keine Wartezeiten auftreten. Deshalb muss die Testdatengenerierung parallel zur Programmierung stattfinden. Weil die Programme zunehmend aus dem Entwurfsmodell generiert und die Entwicklungszyklen immer kürzer werden, entsteht die Notwendigkeit, auch die Testdaten automatisch zu generieren. Projektlaufzeiten werden nur verkürzt, wenn alle gegenseitig abhängigen Aktivitäten in gleichem Maße automatisiert werden. Außerdem führt in Anbetracht der Datenmenge für komplexe Systeme kein Weg an der Automatisierung der Testdatenproduktion vorbei, es sei denn, die Daten existieren schon. Die Testdatengeneratoren lassen sich in drei Klassen unterteilen:

- Datenbankgeneratoren
- Schnittstellengeneratoren
- Oberflächengeneratoren

5.6.1 Datenbankgeneratoren

Datenbankgeneratoren richten sich nach der Art des Datenbanksystems. Oft werden sie in Zusammenhang mit dem Datenbanksystem angeboten. Dennoch gibt es Generatoren für netzartige, relationale und objektorientierte Datenbanken. Die Generatoren haben zwar die gleichen Eingaben – das Datenbankschema, die Basistestwerte und die Steuerungsparameter –, doch die Ausgaben sind unterschiedlich. Der netzartige Datenbankgenerator produziert Sätze, Schlüssel und Beziehungen, der relationale Tabellen mit Primary- und Foreign-Keys. Der objektorientierte Datenbankgenerator produziert Objekte mit Querverweisen aufeinander.

5.6.2 Schnittstellengeneratoren

Was für die Datenbankgeneratoren gilt, trifft auch auf die Schnittstellengeneratoren zu. Hier sind die Ausgaben sequentielle Dateien, XML-Dateien, SOAP-Nachrichten, API-Aufrufe und Aufrufe von WSDL-Schnittstellen. Jeder Schnittstellentyp verlangt einen anderen Generator, der auf den jeweiligen Schnittstellentyp zugeschnitten ist. Die einzelnen Schnittstellenausprägungen bilden schließlich eine Sequenz, die der Reihe nach dem System zugeführt werden kann.

5.6.3 Oberflächengeneratoren

Oberflächengeneratoren sind Testroboter, die Dialoge aufzeichnen und aufbewahren. Wenn der Test beginnt, können sie die Dialogeingaben einschließlich der Mausklicks und Tastenbetätigungen wieder einspielen. Diese Art Datengenerator bezeichnet man als Capture/Replay-System. Eine andere Art Oberflächengenerator füllt die Oberflächen aus den Vorgaben in den Testskripten. Er muss gewährleisten, dass die Testwerte und -signale zur richtigen Zeit am richtigen Ort platziert werden. Dafür ist er auf die Oberflächenbeschreibung angewiesen. Der erste Generator ist für den Benutzer leichter zu bedienen, hat aber den Nachteil, dass die aufgezeichneten Daten nicht mehr gültig sind, wenn sich das Oberflächenformat ändert. Es muss nur ein Feld verschoben werden oder ein Mausklick ausfallen, und der Datenstrom passt nicht mehr zu dieser Oberfläche. Die zweite Art von Oberflächengenerator ist umständlicher zu bedienen. Der Tester muss entweder das Testskript anpassen oder solch präzise Testfälle entwickeln, dass sich aus ihnen automatisch Testskripte erzeugen lassen. Der Vorteil ist, dass die Daten von der Oberflächengestalt unabhängig sind. Die Datenzuweisung richtet sich nach der aktuellen Oberflächenbeschreibung, z.B. Style Sheet oder HTML-Seite oder Maske. Kompatibilitätsprobleme können nur dort auftreten, wo Datentypen sich ändern [SNEE02].

6

6 Systemtestausführung

Die Testausführung kann starten, sobald das erste Teilsystem und die dafür erforderlichen Testdaten bereitstehen. Es obliegt den Entwicklern, die Software termingerecht abzuliefern. Den Testern obliegt es, die Testdaten zur gleichen Zeit bereitzustellen. Die Abgabetermine der beiden – Programme und Testdaten – müssen deshalb aufeinander abgestimmt sein.

Wie der Systemtest ausgeführt wird, hängt im Wesentlichen vom Systemtyp ab. Im COCOMO-II-Modell unterscheidet Boehm zwischen alleinstehenden Systemen, integrierten Systemen, verteilten Systemen und eingebetteten Echtzeitsystemen (Embedded Real Time Systems) [BOEH99]. Für den Test gilt eine ähnliche Unterscheidung. Im Falle integrierter und verteilter Systeme ist außerdem zwischen den Dialogteilen und den Batch-Teilen zu unterscheiden. Deshalb wird hier der Batch-Test als eigener Typ betrachtet. Als zusätzlicher Systemtyp mit eigenen Testanforderungen sind webbasierte Systeme anzusehen. Dazu gehören z.B. E-Business-Anwendungen. Eine besondere Art von Web-basierten Systemen ist die Service-orientierte Architektur, die auf Web-Services aufbaut. Demzufolge wird in diesem Kapitel auf sieben verschiedene Testarten eingegangen:

- Tests alleinstehender Systeme
- Tests integrierter Systeme
- Tests verteilter Systeme
- Tests Web-basierter Systeme
- Tests Service-orientierter Systeme
- Tests vollautomatisierter Systeme
- Tests eingebetteter Echtzeitsysteme

Zunächst bedarf es jedoch einer kurzen Erklärung der einzelnen Systemtypen [SNEE05].

6.1 Systemtypen

6.1.1 Alleinstehende Systeme

Alleinstehende Systeme sind Single-User-Systeme wie z.B. die meisten Windows-Programme. Sie laufen in der Regel auf einem PC und werden von einem Benutzer bedient. Das muss nicht heißen, dass sie einfach sind. Alleinstehende Systeme wie Videospiele, Texteditoren oder Entwicklungswerkzeuge können äußerst komplex und vielfältig sein. Meistens ist ihre Benutzeroberfläche sehr anspruchsvoll. Sie haben eine eigene Datenhaltung und können auch komplexe Hintergrundprozesse beinhalten. Was sie von anderen Systemtypen unterscheidet, ist eben die Tatsache, dass sie zur gleichen Zeit von nur einem Benutzer bedient werden (siehe Abbildung 6.1).

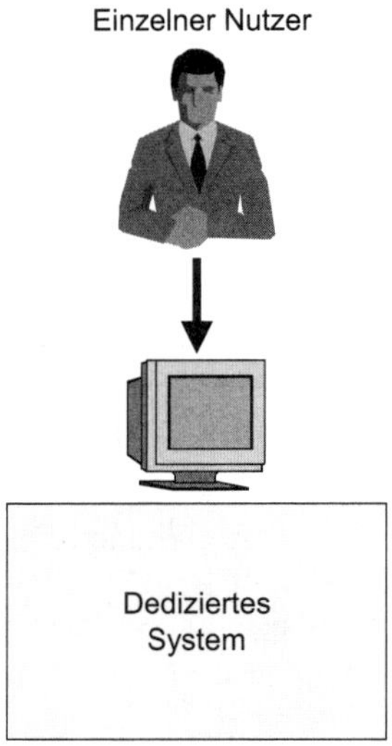

Abbildung 6.1
Alleinstehende Systeme

6.1.2 Integrierte Systeme

Integrierte Systeme sind Multi-User-Systeme, die auf einem Server mit *n* Clients laufen. Sie operieren vorwiegend im Dialogmodus bzw. im Online-Betrieb, haben aber auch im Hintergrund laufende Batch-Prozesse. Im Dialogmodus findet eine Interaktion zwischen den Clients und dem Server statt. Typisch für integrierte Systeme sind die Back-Office-Anwendungen wie die auf einem Mainframe oder auf einem mächtigen Unix- bzw. Linux-Server betriebenen ERP-Produkte. Sie umfassen zahlreiche Einzelkomponenten, in der Regel eine pro Transaktionsart, mit einer gemeinsamen Datenbank und sind in der Lage, mehrere Tausend Online-Transaktionen gleichzeitig zu bearbeiten, während zur selben Zeit Batch-Jobs im Hintergrund ablaufen. Die alten, betrieblichen Operations- und Informationssysteme gehören dazu, z.B. Flugbuchungssysteme, Lohn- und Gehaltssysteme und Kontenverwaltungssysteme (siehe Abbildung 6.2).

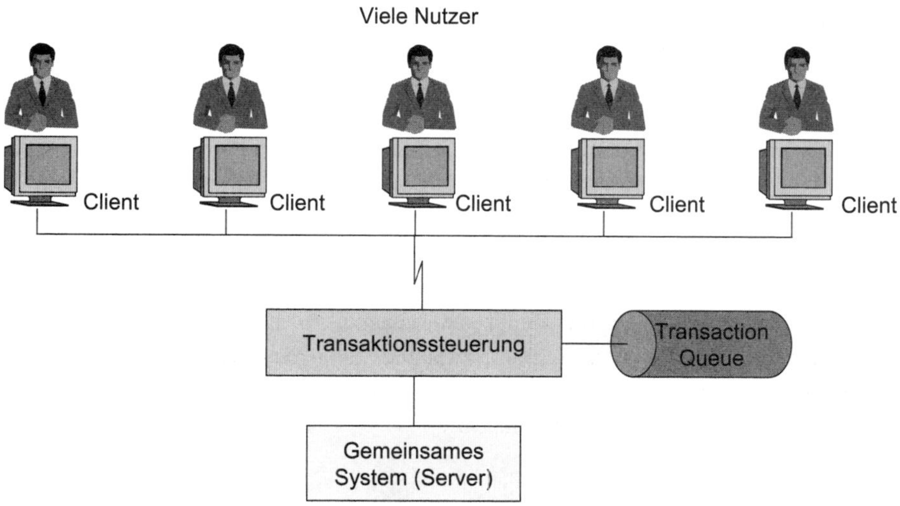

Abbildung 6.2 Integrierte Systeme

6.1.3 Verteilte Systeme

Verteilte Systeme sind Operations- und Informationssysteme sowie auch Kommunikationssysteme, die verschiedene Server haben. Hier können sich in einer Architekturschicht verschiedene Knoten befinden. Knoten innerhalb derselben Schicht tauschen Nachrichten untereinander aus – Peer-to-Peer-Kommunikation, genauso wie mit Knoten in tiefer oder höher liegenden Schichten der Hierarchie. Das Besondere an verteilten Systemen ist die horizontale und vertikale Kommunikation zwischen Rechnerknoten (siehe Abbildung 6.3).

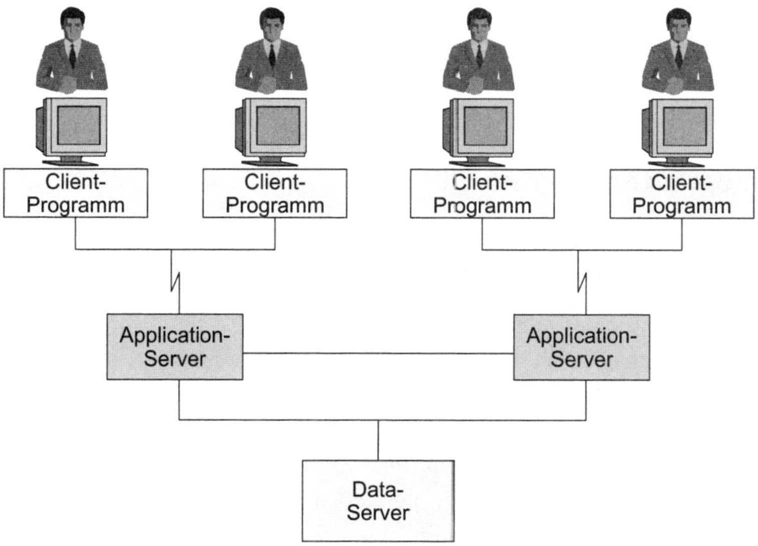

Abbildung 6.3 Verteilte Systeme

6.1.4 Web-basierte Systeme

Web-basierte Systeme unterscheiden sich von den anderen verteilten Systemen dadurch, dass sie das Internet als Kommunikationsmedium nutzen. Verteilte Systeme sind von der Umwelt abgeschottet und haben ihre eigenen Kommunikationsnetzwerke. Web-basierte Systeme sind hingegen auf das öffentliche Kommunikationsnetzwerk angewiesen. Das macht sie abhängig von der Performanz, Verfügbarkeit und Sicherheit dieses Netzwerkes. Sie sind dadurch allen Gefahren und Schwächen eines öffentlichen Netzes ausgesetzt. Hinzu kommt die Abhängigkeit von den öffentlichen Standards, die sie einhalten müssen, und von Produkten wie Web-Browsern, denen sie entsprechen müssen. Insofern erfordert ein Web-basiertes System weitaus mehr Testaufwand als ein übliches, verteiltes System (siehe Abbildung 6.4).

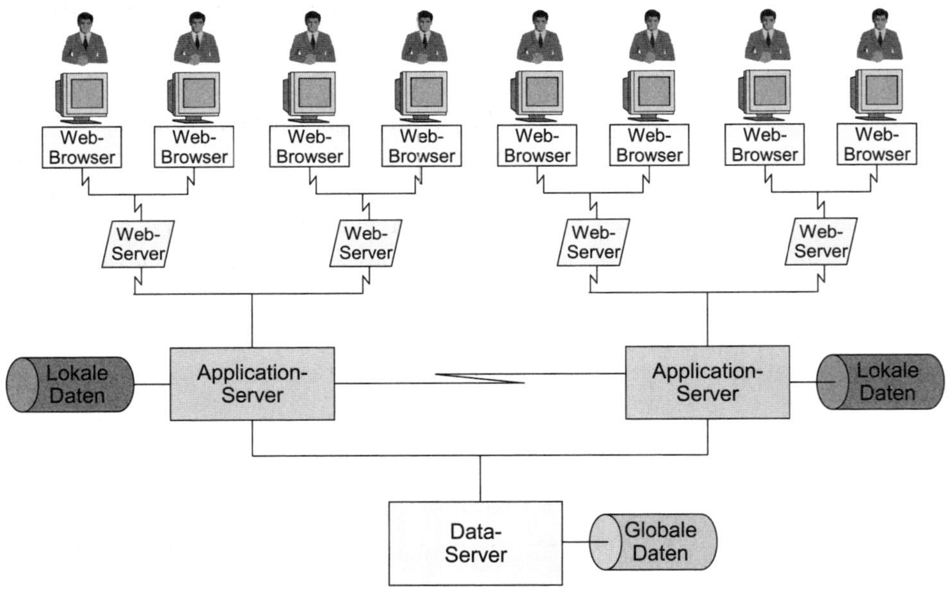

Abbildung 6.4 Web-basierte Systeme

6.1.5 Service-orientierte Systeme

Service-orientierte Systeme stellen verteilten Geschäftsprozessen Software-Funktionen zur Verfügung. Die Geschäftsprozesse werden mit einer Business Prozess-Modellierungssprache modelliert und mit einer Business Prozess-Ausführungssprache implementiert. Von den Geschäftsprozessen aus werden nach Bedarf Web-Services aufgefordert, Funktionen auszuführen und die Ergebnisse über das Netz zurückzuliefern. Diese Funktionen können im Umfang variieren, z.B. Rechnungen ausstellen oder nur einzelne Daten liefern. Die Services werden über eine WSDL-Schnittstelle angesprochen. Der lokale Prozess schickt Request-Nachrichten ab und erhält Response-Nachrichten wieder zurück. Die Interaktion zwischen dem Prozess und den Services findet im asynchronen Modus statt, d.h. der Sender kann nicht einfach eine Anfrage stellen und auf eine Antwort warten. Der Prozess schickt einen Auftrag ab und arbeitet weiter. Er kann zwischenzeitlich auch weitere Aufträge stellen. Die Reihenfolge, in der er auf seine Anfragen die Antworten erhält, muss nicht zwangsläufig die gleiche sein, in der er die Anfragen gestellt hat. Möglicherweise muss er die Ergebnisse sammeln und erst dann abarbeiten, wenn alle vorliegen [ERL05].

Der große Vorteil solcher Systeme ist die Flexibilität der Applikation. Services können unabhängig von bestimmten Anwendungen entwickelt und angeboten werden. Statt in jeder einzelnen Anwendung eine bestimmte Funktion, wie z.B. die Mehrwertsteuerberechnung, zu implementieren, wird diese Funktion nur einmal umgesetzt und allen Anwendungen zur Verfügung gestellt. Die Geschäftsprozesse werden nicht mit der Notwendigkeit belastet, jede Einzelfunktion selber zu beinhalten. Sie können schlank bleiben und sich auf die Steuerung der Ablauffolge beschränken. Die Detailfunktionalität wird nach Bedarf geholt und in den Prozess eingebaut.

Die erforderlichen Funktionen können auch von einem fremden Server aus angeboten werden. Lokale betriebsinterne Services können Aufträge an externe entfernte Services weitergeben. Am Ende entsteht ein komplexes Netzwerk gegenseitig abhängiger Softwareknoten. Die Zahl möglicher, in einem Prozess eingebundener Services und Interaktionen kann sehr hoch werden. Da jeder Service einen eigenen Lebenszyklus hat, ist nicht vorhersagbar, in welchem Zustand der Service sein wird, wenn er aufgerufen wird. In Anbetracht dieser dynamischen Natur stellt eine Service-orientierte Architektur den Test vor eine besonders große Herausforderung (siehe Abbildung 6.5).

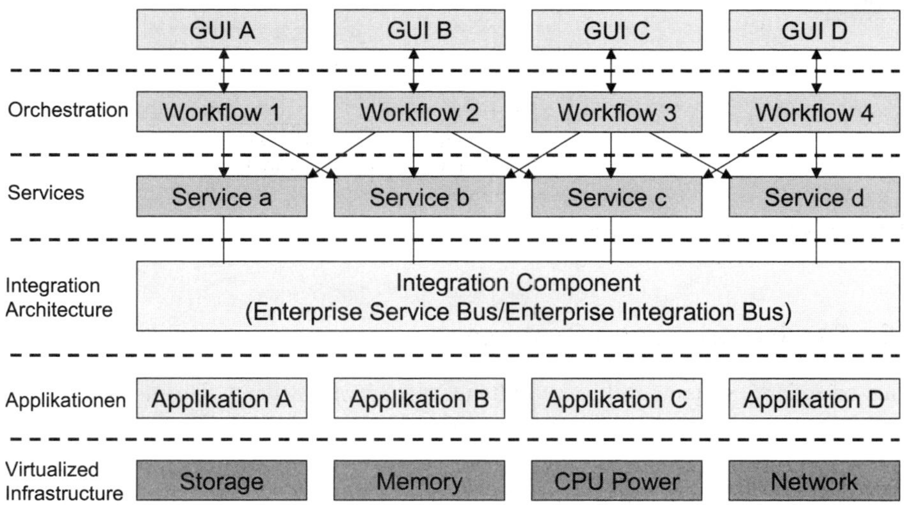

Abbildung 6.5 Service-orientierte Architektur (SOA)

6.1.6 Vollautomatische Systeme

Vollautomatische Systeme sind Batch-Systeme ohne Interaktion mit den Benutzern, d.h. alles spielt sich im Hintergrund ab. Die Abläufe werden durch externe oder interne Ereignisse ausgelöst und können Minuten, Stunden oder Tage dauern. Sie können dabei mehrere Rechnerknoten überqueren und auf mehrere Datenbanken zugreifen. In der Regel verarbeiten sie riesige Datenmengen und produzieren oder ändern ebenso große Mengen. Nach ihrem Ende hinterlassen sie eine völlig veränderte Datenlandschaft. Das Besondere an ihnen ist, dass alles unsichtbar geschieht. Von außen ist die Beziehung zwischen den Systemeingaben und den Ausgaben nicht zu erkennen. Es passiert etwas, und im Anschluss daran ist alles anders – es entstehen Ergebnisse, deren Zustandekommen nicht ohne Weiteres nachvollziehbar ist. Solche Systeme sind aufgrund ihrer mangelnden Transparenz besonders schwer zu testen. Dazu gehören nicht nur Data-Warehouse-Systeme und andere Massendatenverarbeitungssysteme, sondern auch Prozesssteuerungssysteme (siehe Abbildung 6.6).

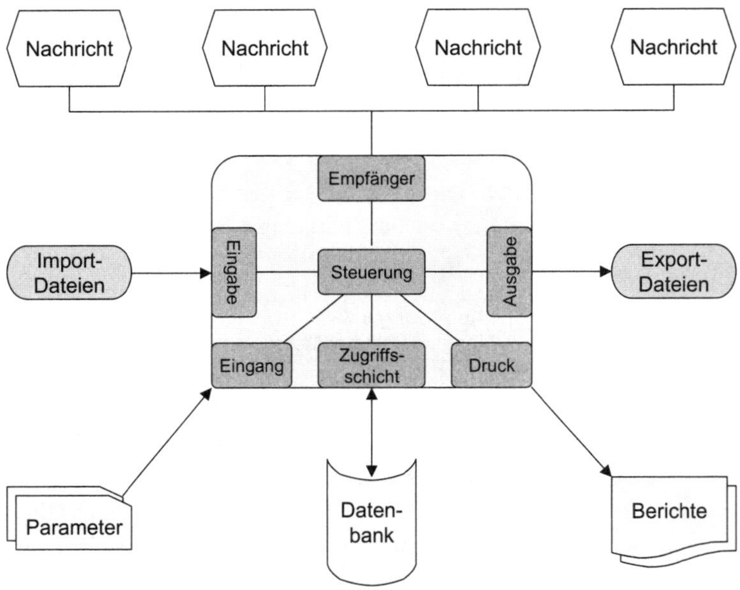

Abbildung 6.6 Vollautomatische Systeme

6.1.7 Eingebettete Echtzeitsysteme

Eingebettete Echtzeitsysteme sind Softwaresysteme, die in Geräten eingebaut sind und diese Geräte steuern. Sie sind permanent in Betrieb und warten nur auf ein Signal bzw. einen Auslöser von außen, um einen prädeterminierten Vorgang zu wiederholen. Solche Systeme laufen auf speziell gefertigten Prozessoren und haben strenge Performanz-Kriterien. Sie müssen sehr verdichtet sein, um in einen möglichst kleinen Speicherraum zu passen. Darüber hinaus müssen sie sehr schnell sein, um ihre Aufgaben in Sekundenbruchteilen zu erledigen. Sie empfangen Signale und senden Signale sowohl an den Gerätebediener als auch an andere Systeme im Gerät. Mittlerweile können sie auch Nachrichten über Satelliten mit anderen Geräten austauschen. Das alles macht sie besonders schwer zu testen. Wer dies tun will, ist gezwungen, ihre gesamte Umwelt zu simulieren (siehe Abbildung 6.7).

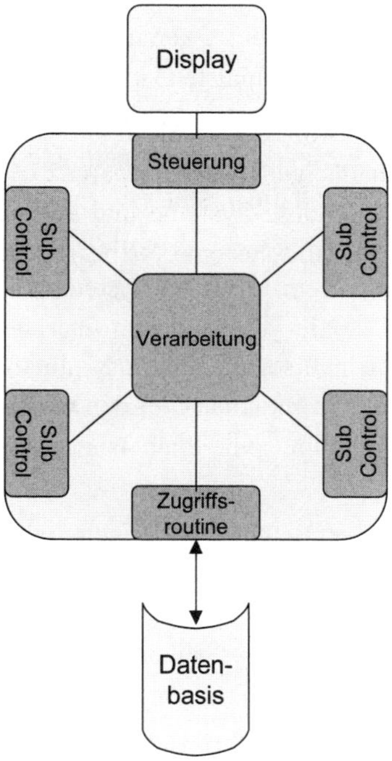

Abbildung 6.7
Eingebettete Echtzeitsysteme

Diese kurze Zusammenfassung der verschiedenen Softwaresystemtypen zeigt, wie heterogen die Softwarewelt und wie schwierig es ist, den Test der verschiedenen Systeme auf einen Nenner zu bringen. Die Art und Weise, wie der Test ausgeführt wird, hängt stark vom Systemtyp ab. Der Testansatz für ein integriertes System wird ein völlig anderer sein als der für ein vollautomatisiertes System. Deshalb gibt es keinen einzigen Testausführungsansatz, sondern viele, die nebeneinander zur Auswahl stehen.

6.2 Test alleinstehender Systeme

Da es sich bei einem alleinstehenden System um eine einzige, geschlossene Anwendung für einen Anwender handelt, muss der bzw. müssen die Entwickler in der Lage sein, das System selbst zu testen. Für einfache Anwendungen mag dies zutreffen – hier würde es sich kaum lohnen, Tester zu engagieren –, doch bei komplexen, alleinstehenden Anwendungen sowie Paketen, die mehrfach ausgeliefert werden, wäre es leichtsinnig, auf unabhängige Tests zu verzichten.

Der Hauptgrund für einen unabhängigen Test alleinstehender Systeme ist die Tatsache, dass die Entwickler damit schlicht überfordert wären. Sie haben nur eine beschränkte Sicht auf ihr Produkt, eine Sicht von innen heraus und erkennen den Wald vor lauter Bäumen nicht. Da sie sich die Benutzeroberfläche selbst ausgedacht haben, fehlt ihnen der kritische Blick. Weil sie die Anforderungen selbst in Code umgesetzt haben, sehen sie nicht, was sie weggelassen oder falsch interpretiert haben, sonst hätten sie es nicht vernachlässigt oder falsch interpretiert.

Sofern sie die Anforderungen selbst spezifiziert haben, werden sie nicht erkennen, welche wichtigen Aspekte sie unberücksichtigt ließen. Kurzum: Auch der genialste Entwickler ist nicht in der Lage, eine komplexe Aufgabe in voller Breite und Tiefe zu begreifen. Der Mensch stößt hier auf seine Grenzen. Daher braucht er andere Menschen mit einem anderen Blickwinkel auf die Problematik. Diese anderen Menschen sind die Tester.

Nun kommt es sehr darauf an, den richtigen Ansatz zu finden, um keine wertvolle Zeit zu verlieren. Wie bei allen anderen Tests, muss der Tester eines alleinstehenden Systems die Anforderungen analysieren und seine Testfälle daraus ableiten. Hier muss er sogar über die Anforderungen hinausgehen und sich in den Anwender hineinversetzen. Er muss hinterfragen, ob die Anforderungen wirklich das Problem abdecken. Somit spielt hier der kreative Test eine größere Rolle. Der einzelne Tester hat mehr Spielraum, seine Phantasie einzusetzen [COLW02].

Die Testdaten müssen so ausgewählt werden, dass sie alle wesentlichen Funktionen abdecken sowie – vor allem – auch die Grenzfälle. Der Tester muss darauf bedacht sein, das System an seine Grenzen zu bringen und zu entdecken, wo Letztere liegen, sowohl was die Funktionalität als auch was die Performanz anbetrifft. Dafür braucht er außerordentliche Testfälle mit Grenzdaten.

Der Tester geht diszipliniert und systematisch vor. Er testet einen Testfall nach dem anderen, gibt die vorgesehenen Daten aus der Testfalltabelle ein und prüft die Ausgaben gegen seine erwarteten Ergebnisse. Falls etwas vom Soll abweicht, geht er in das Fehlermeldungssystem, das er in einem separatem Fenster immer offen hat, und trägt seine Fehlermeldung ein. Danach setzt er seinen Test fort, bis alle Fälle in dem Szenario abgearbeitet sind. Da der Tester während dieser Zeit sehr konzentriert arbeiten muss, sollte es möglich sein, ein durchschnittliches Szenario innerhalb Stunden durchführen zu können. Danach erfolgt eine Pause bis zur nächsten Sitzung. Mehr als zwei bis drei Szenarien pro Tag werden nicht möglich sein. Weil in einer manuellen Testsitzung je nach Komplexität vier bis acht Testfälle durchgeführt werden können, sprechen wir hier von maximal acht Testfällen pro Sitzung. Mit zwei bis drei Sitzungen wird ein fleißiger Tester auf maximal 24 Testfälle pro Tag kommen. Dies gilt aber nur für die Testdurchführung. Rechnet man die Testfallermittlung, die Szenarioplanung, die Testdatenerstellung und die Testauswertung hinzu, reduziert sich diese Zahl deutlich auf circa vier bis acht Testfälle pro Personentag, über den ganzen Testzyklus. Weil auch alleinstehende Softwaresysteme sehr komplex werden können – mit mehreren Hundert Testfällen –, ist es offensichtlich, dass innerhalb einer kurzen Zeitspanne von z.B. einem Monat nur ein Teil der Testfälle durchführbar ist. Die große Herausforderung besteht darin zu entscheiden, welche Testfälle zu prüfen sind und welche nicht. Diese Entscheidung hängt davon ab, wie kritisch eine gewisse Funktionalität ist und wie groß die einzelnen Risiken sind. Die Priorisierung der Testfälle erfordert sowohl Testerfahrung als auch Sachgebietskenntnisse. Es läuft auf einen risikobasierten Test hinaus [BACH99].

Die Kommunikation mit den Entwicklern wird helfen, die Zeit optimal auszunutzen. Statt sich ausschließlich auf formale Dokumente zu verlassen, soll der Tester durch informelle Gespräche die Absichten der Entwickler herauskristallisieren und sie in Testfälle umsetzen. Durch die Konzentration auf das Wesentliche wird er in der knappen Zeit das testen, was den Erfolg des Produktes ausmacht. Der Rest der Funktionalität soll auf spätere Versionen verschoben werden, falls es überhaupt so weit kommt. Alleinstehende Systeme haben oft nur ein kurzes Leben. Aus dieser Erkenntnis heraus ist man wenig geneigt, allzu viel in deren Test und Qualitätssicherung zu investieren [CRIS01].

6.3 Test integrierter Systeme

Integrierte Systeme verfügen über eine Online-Transaktions-orientierte Verarbeitung sowie meist auch eine Datei-getriebene Batch-Verarbeitung. Der Test der Batch-Verarbeitung wird in einem späteren Abschnitt behandelt; hier geht es nur um den Test der Online-Transaktionen.

Online-Transaktionen wie Flugbuchungen, Stammdatenänderungen, Aktienbewegungen oder Artikelbestellungen gehen meist von einem Sachbearbeiter in einer Fachabteilung aus. Hier sind Endanwender im Spiel, die im Gegensatz zu den Internetsystemen in einer kontrollierten Umgebung arbeiten. Man kann also von ihnen erwarten, dass sie sich genau an die Benutzervorschriften halten. Eine Bildschirmoberfläche wird mit einer Reihe von Eingabedaten ausgefüllt und abgeschickt. In wenigen Sekunden wird die Antwort des Systems in derselben oder einer anderen Bildschirmoberfläche angezeigt. Unterdessen wird auf eine zentrale Datenbank zugegriffen, Stammdaten werden verändert und eventuell andere Transaktionen ausgelöst. An einem Tag werden Hunderte wenn nicht Tausende solcher Online-Transaktionen nebeneinander vom selben System am selben Rechner abgearbeitet. Somit stehen hier verschiedene Tests an, unter anderem:

- Funktionstest
- Belastungstest
- Benutzbarkeitstest [MOSL93]

6.3.1 Funktionstest

Mit dem Funktionstest prüft man, ob die Antworten des Systems korrekt sind, d.h. ob die auf dem Ausgabeschirm erscheinenden Daten den Erwartungen entsprechen. Weil es zahlreiche Transaktionstypen gibt, muss der Tester für jeden Typ stellvertretende Variationen bzw. Fälle durchspielen. Zum Beispiel könnte es bei einer Flugbuchung folgende Fälle geben:

- Die Buchung wird angenommen.
- Die Buchung wird abgewiesen, weil keine Plätze mehr vorhanden sind.
- Die Buchung wird abgewiesen, weil der Flug ausfällt.
- Die Buchung wird bedingt angenommen, der Kunde kommt auf die Warteliste.

Für jeden dieser Fälle erwartet man bestimmte Antworten. Es gilt, Ist-Antworten mit den Soll-Antworten abzugleichen. Außerdem wird der Zustand der Datenbank geändert. Bei einer bestätigten Buchung erhöht man die Zahl der Passagiere um eins. Bei einer schwebenden Buchung wird die Warteliste erweitert. Es genügt also nicht nur, die Antworten am Bildschirm zu prüfen. Der Tester muss auch die anderen, unsichtbaren Datenzustände kontrollieren.

Die Testobjekte in einem Funktionstest integrierter Systeme sind normalerweise von dreierlei Art:

- Bildschirmmasken
- Datenbanktabellen
- Berichte

Die Bildschirmmasken werden oft mit einer Makro- oder Definitionssprache beschrieben (siehe Abbildung 6.8). Jede Variable auf der Maske hat einen Namen und einen Typ, z.B. „Bestellmenge" mit dem Typ „dezimal". Jede Variable hat auch eine Position, z.B. in der 9. Zeile, in der 21. Spalte beginnend, mit der Länge vier.

Bei einem automatisierten Test wird jede Eingabevariable mit einer Anweisung der Skriptsprache zugewiesen, z.B. `assign Bestellmenge = 100;`

Jede Ausgabevariable wird ebenfalls mit einer Anweisung der Skriptsprache kontrolliert, z.B. `check Meldung = „Bestellung angenommen;"`

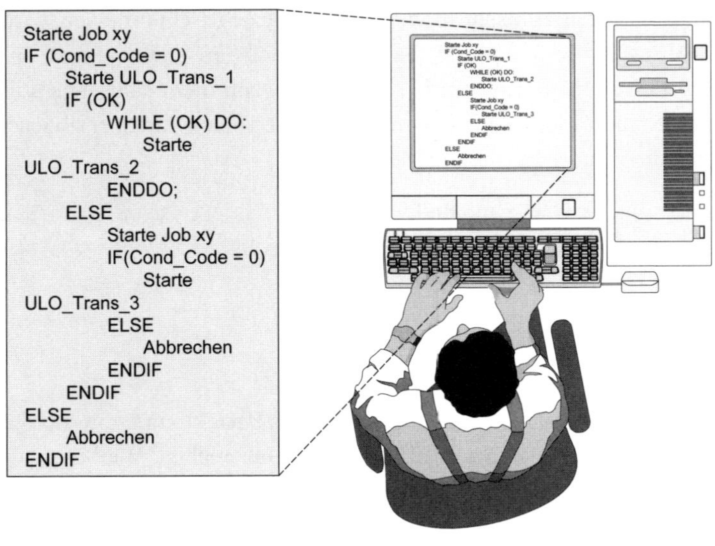

Abbildung 6.8
Beschreibung von Bildschirmmasken integrierter Systeme

Das Testskript bzw. die Testprozedur für eine Eingabemaske besteht aus einer Reihe von Zuweisungen für alle Argumente. Das Testskript für eine Ausgabemaske besteht aus einer Reihe von Prüfungen für alle Ergebnisse. Differenziert sind sie nach Testfall, so z.B.:

```
Input: Kundenauftragsmaske;

   TestCase 1:
      assign Kundenname     = „Meyer";
      assign Artikelname    = „Papier";
      assign Artikelnummer  = „4711";
      assign Bestellmenge   = „100";
      assign PF-Key         = „3";
   endCase;

   Testcase 2:
      assign Kundenname     = „Obermayer";
      assign Artikelname    = „Bleistift";
      assign Artikelnummer  = „4712";
      assign Bestellmenge   = „1000"
      assign PF-Key         = „3";
   endCase;

endInput;

Output: Kundenauftragsmaske;

   TestCase 1:
      check Meldung = „Bestellung angenommen";
   endCase;

   TestCase 2:
      check Meldung = „Bestellung zurückgestellt";
   endCase;

endOutput;
```

Falls der Test nicht automatisiert ist, obliegt es dem Tester, die Eingabemaske mit allen Variablen auszufüllen und die Enter-Taste zu betätigen. Anschließend muss er die entsprechende Ausgabemaske visuell kontrollieren. Wichtig ist, dass jeder dieser Tests wiederholbar ist. Dies setzt voraus, dass die Eingaben und Ausgaben in irgendeiner Form aufbewahrt werden, was sich z.B. über Screenshots umsetzen lässt [ROBI00].

6.3.2 Belastungstest

Der Funktionstest kann manuell ausgeführt werden. Für den Belastungstest wird ein Werkzeug benötigt, da es hier darauf ankommt, innerhalb kurzer Zeit mehrere Tausend Transaktionen hintereinander und nebeneinander auszuführen, d.h.: zur selben Zeit werden an verschiedenen Arbeitsplätzen mehrere Testskripte in einer Schleife ausgeführt [AVRI95]:

```
Do 1000 Times;
   Input: Kundenauftragsmaske;

   TestCase 1:
      assign <Testdaten> to Maske;
   endcase;

   TestCase 2:
      assign <Testdaten> to Maske;
   endcase;

enddo;
```

Dabei können die Arbeitsplätze auch simuliert werden. Es ist wichtig, darauf zu achten, dass auf die gleichen Daten von parallel laufenden Testsequenzen zugegriffen wird, hier beispielsweise auf den Artikel 4711, damit Warteschlangen vor der Datenbank entstehen. Auf diese Weise werden Dead-Lock-Situationen zutage gebracht.

Die Zeit für jede Transaktion zwischen Betätigung der Enter-Taste bzw. des Startsignals und der Rückgabe der Antwort wird gemessen. Am Ende erhält man eine mittlere Antwortzeit für alle Transaktionen sowie eine Gesamtdauer für die Abarbeitung von *n* Transaktionen. Außerdem wird festgestellt, ob das System einer solchen Belastung überhaupt gewachsen ist, ohne zusammenzubrechen oder irrezulaufen. Daher ist es auch hier notwendig, die Ergebnisse inhaltlich zu kontrollieren (siehe Abbildung 6.9).

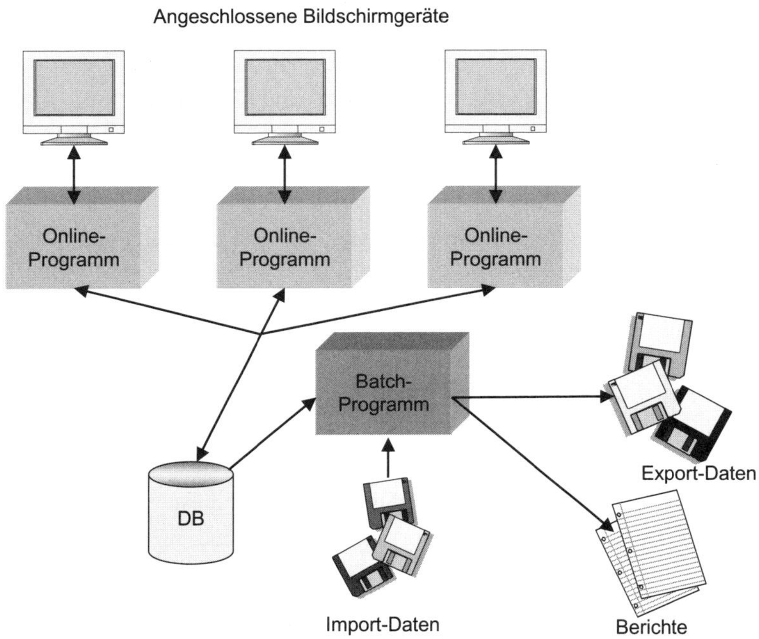

Abbildung 6.9
Systembelastungstest

6.3.3 Benutzbarkeitstest

Der Benutzbarkeitstest ist im Gegensatz zum Belastungstest nur manuell ausführbar. Hier muss geprüft werden, ob und inwieweit ein Benutzer mit dem System zurechtkommt. Deshalb empfiehlt es sich, einen Vertreter der Endbenutzer heranzuziehen. Dieser sollte repräsentative Transaktionen durchspielen. Man legt ihm das Benutzerhandbuch bzw. die Hilfefunktionen vor, und er muss versuchen, danach zu arbeiten. Dabei wird er nicht nur feststellen, inwieweit er mit dem System zurechtkommt, sondern auch, ob die Bedienungsanleitung ausreichend ist. Er testet also nicht nur die Bedienbarkeit des Systems, sondern auch, ob das System und die Bedienungsanleitung übereinstimmen. Abweichungen zwischen System und Anleitung sowie Unebenheiten und Schwierigkeiten bei der Systembedienung werden als Fehler gemeldet [STAL01].

Zusammenfassend ist zu notieren: Der Funktionstest testet die Korrektheit des Systems, d.h. ob auf jede mögliche Eingabe eine erwartete korrekte Ausgabe erfolgt. Der Belastungstest testet hingegen die Performanz des Systems, d.h., ob die Antwort- und Durchlaufzeiten den Anforderungen entsprechend eingehalten werden. Der Benutzungstest prüft letztlich, ob die vorgesehenen Endanwender mit dem System zurechtkommen. Erst wenn alle drei Tests bestanden sind, darf das integrierte System ausgeliefert werden [EHRL93].

6.4 Test verteilter Systeme

Der Test verteilter Systeme bringt einige zusätzliche Herausforderungen mit sich. Im Prinzip läuft es hier ähnlich ab wie beim Test integrierter Systeme. Einige Umstände sind unterschiedlich, weitere Tests kommen hinzu. Ein wichtiger Unterschied ist die Trennung von Client- und Server-Software und die Vervielfältigung der Kommunikationswege. Ein Rechner im Netz kann in einer Peer-to-Peer-Umgebung mit jedem anderen Rechner im Netz kommunizieren. Dies hat zur Folge, dass jede Softwarekomponente im Netz mit jeder anderen Komponente Daten austauschen kann. Die Daten befinden sich auch nicht mehr in einer gemeinsamen, zentralen Datenbank, sondern verteilt auf mehrere Datenbanken. Auf sie kann nur über interne Schnittstellen zugegriffen werden [GOGL93].

6.4.1 Interaktionstest

Die Verteilung der Software und Daten schafft viele Schnittstellen und somit einen erhöhten Testbedarf. Es gilt nicht nur eine Funktion zu testen. Es gilt, die Funktion in Zusammenhang mit jeder anderen Funktion auf einem fremden Rechnerknoten zu testen, die diese Funktion beansprucht. Damit wächst die Anzahl funktionaler Testfälle multiplikatorisch im Verhältnis zur Anzahl der Schnittstellen. Die Komplexität der Systeme erhöht sich, und mit der Erhöhung der Komplexität steigt der Testaufwand. Je mehr Knoten im Netz sind, desto mehr Beziehungen zwischen den Knoten sind zu testen [BROD06].

Eigentlich müsste jede Systemfunktion in Kombination mit jeder Verbindung im Netz getestet werden, um so die vollständige Korrektheit des Systems zu sichern. Dies wird aber aus Kostengründen kaum möglich sein. Man kann einen signifikanten Anteil der möglichen Interaktionen testen, was aber nur mit Hilfe von Werkzeugen möglich ist. Ein Testroboter an jedem Rechnerknoten im Netz führt ein Testskript aus, in dem alle Funktionen dieses Knotens angesprochen werden. Diese Funktionen werden ihrerseits Funktionen auf fremden Knoten auslösen. Damit entsteht eine Kettenreaktion. Wenn alle Skripte an allen Knotenpunkten gleichzeitig ausgeführt werden, kommt es zu einer Explosion der gegenseitigen Aufrufe. Das System erreicht seine Grenzen. Dies ist nicht nur ein Belastungstest, sondern auch ein Test zahlreicher Funktionskombinationen.

Um den Anteil der getesteten Funktionskombinationen zu steigern, können die Tester die Skripte variieren. Die lokalen Funktionen werden in unterschiedlicher Reihenfolge mit unterschiedlichen Eingabeparametern getestet. Auf diese Weise durchläuft man weitere Pfade im Netz.

6.4.2 Testverfolgung im Netz

Wichtig ist die Verfolgung der Ablaufpfade durch das Netz. Zu diesem Zweck soll jede Funktion auf jedem Rechnerknoten instrumentiert werden. Durch die Instrumentierung wird registriert, wann und von wem die einzelne Funktion bzw. Methode aufgerufen wird. Dieses Protokoll der Funktionsaufrufe führt man auf jedem Knoten in einer lokalen Trace-Datei zusammen. Damit können sämtliche Funktionspfade durch das Rechnernetzwerk rekonstruiert und die Ist-Pfade gegen die Soll-Pfade geprüft werden (siehe Abbildung 6.10).

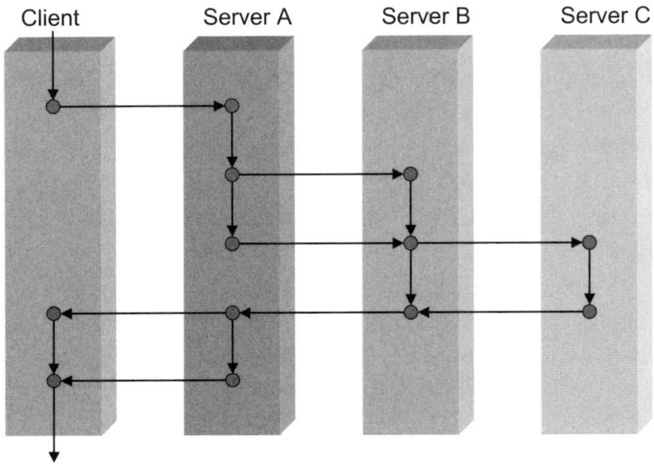

Abbildung 6.10
Test der Pfade durch verteilte Systeme

Beim Test verteilter Systeme kommt es also nicht nur darauf an, die Endergebnisse zu kontrollieren, sondern auch alle Interaktionen zwischen den Netzknoten. Der so genannte technische Test nimmt an Bedeutung zu. Das hat Konsequenzen für das Testteam. Die Tester müssen technisch viel versierter sein als beim Test alleinstehender oder integrierter Systeme. In diesem Fall kann sich der Anwender nicht auf die Umgebung verlassen, weil sie oft Teil der Anwendung ist. Sie muss mitgetestet werden. Je leistungsfähiger die Systeme werden, desto mehr wird das Fachliche mit dem Technischen vermischt. Es ist immer weniger möglich, das Fachliche getrennt zu testen. Zu sehr ist die Fachlichkeit mit der Technik vermischt.

6.4.3 Sicherheitstest

Abgesehen von der Funktionalität, der Belastbarkeit und der üblichen Benutzbarkeit gibt es bei verteilten Systemen einen weiteren Aspekt, nämlich den der Sicherheit.

So ist unter anderem die Abwehr unerlaubter Eingriffe ins Netz zu testen. Dazu muss ein Tester die Rolle eines bösartigen Hackers annehmen und gezielte Angriffe auf das System durchführen. Er kann versuchen, Zugriff auf Passwörter zu erhalten oder mit anderen Tricks ins Netzwerk einzubrechen und dort Daten zu manipulieren oder sie zu zerstören. Falls ihm das gelingt, hat das System den Test nicht bestanden. Dieser Sicherheitstest soll nachweisen, dass das System gegenüber derartigen Angriffe seitens unberechtigter Benutzer ausreichend geschützt ist [THOM03].

Aus dieser Erläuterung geht hervor, dass der Test verteilter Systeme um einiges aufwändiger ist als der Test integrierter Systeme. Er benötigt auch viel mehr technische Ausrüstung. Ohne leistungsstarke Werkzeuge ist dies kaum zu schaffen, und die Tester müssen außerdem besser qualifiziert sein. Wer also ein verteiltes System implementieren will, muss auch die Aufwände des Tests betrachten, die gerade hier relativ groß sind. Ansonsten geht man ein unvorhersehbares Risiko ein.

6.5 Test Web-basierter Systeme

Der Test Web-basierter Systeme umfasst alle Schwierigkeiten, die der Test verteilter Systeme mit sich bringt, und sogar einige mehr. Hauptproblem ist die Tatsache, dass Internetsysteme für jedermann gedacht sind. Es sind keine Sachbearbeiter, die das System bedienen, sondern Kunden, Bürger und Hacker. Jedermann hat Zugang zu einem offenen Web-System.

Deshalb muss das System besonders robust sein, und diese Robustheit muss getestet werden. Hinzu kommt, dass ein Internetsystem vielschichtiger ist. Vom Web-Browser über den Web-Server bis hin zum Applikationsserver und Datenserver führt ein langer Weg, auf dem vieles passieren kann, vor allem bei der Interaktion der Schichten (siehe Abbildung 6.11).

Ein weiteres gravierendes Problem ist die Vielfalt an Produkten, die miteinander kollaborieren müssen. Im Gegensatz zu den integrierten und auch den meisten der verteilten Systemen, die sich in einer homogenen Welt abspielen, sind Web-basierte Systeme fast immer heterogene Systeme mit Produkten aus unterschiedlichen Quellen. Umso mehr müssen die Schnittstellen zwischen diesen diversen Produkten getestet werden. Hier müssen proprietä-

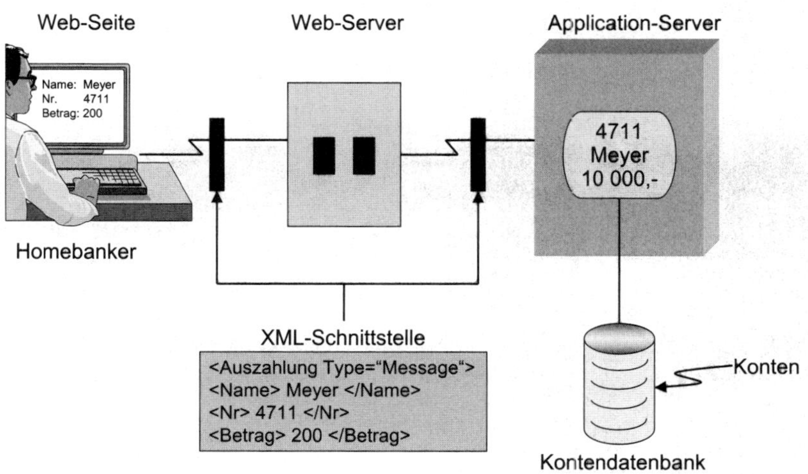

Abbildung 6.11 Test von Internet-Transaktionen

re Komponenten mit Komponenten der Open-Source-Welt sowie eigenen Komponenten zusammenwirken. Ob dies tatsächlich so gelingt, lässt sich nur über den Test feststellen. Der Test Web-basierter Internetsysteme muss daher besonders gut geplant und systematisch durchgeführt werden. In der Tat handelt es sich hierbei um zweierlei Tests, wobei jeder andere Forderungen stellt:

- Test der Architektur
- Test der Anwendung [SNEE00]

6.5.1 Test der Web-Architektur

Die Architektur eines Web-basierten Systems ist ein komplexes Gebilde, bestehend aus vielen Komponenten – Web-Browser, Web-Server, Applikationsserver und Daten-Server. Hinzu kommen Produkte für die Präsentation der Oberflächen, die Umsetzung der Schnittstellen und die Verwaltung der Daten. Zwischen diesen Komponenten existieren zahlreiche Beziehungen, die alle getestet werden müssen, vor allem im Hinblick darauf, dass sie nicht alle vom selben Hersteller stammen.

Ehe er mit dem Test seiner Anwendung beginnt, ist der Tester also erst damit konfrontiert, die Umgebung seiner Anwendung zu testen. Zu diesem Zweck muss er eine Anwendung simulieren. Er kann hier von außen nach innen testen – mit dem Outside-In-Ansatz. Im Falle des Outside-In-Ansatzes muss er die Server simulieren, im Falle des Inside-Out-Ansatzes die Clients. Um die Clients zu simulieren, muss er Nachrichten bzw. Requests generieren und an die Server abschicken. Diese könnten CORBA-, XML- oder WSDL-Nachrichten sein. Hierfür ist ein Web-Testtreiber erforderlich. Um die Server zu simulieren, muss er Teststubs oder Proxies schaffen, um die Nachrichten zu empfangen und künstliche Antworten bzw. Requests zu erzeugen. In jedem Fall gilt es eine beachtliche Vorbereitungsarbeit zu leisten. Es geht darum, die Interaktion der diversen Bestandteile in der eigenen Umgebung zu bestätigen. Die Inkompatibilität vieler Standard-Web-Komponenten ist allgemein bekannt. Der langjährige Gerichtsprozess zwischen Microsoft und Netscape über die Inkompatibilitäten ihrer Web-Browser hat uns dies vor Augen geführt. Hinzu kommen Tests hinsichtlich der Belastbarkeit und Sicherheit der Web-Architektur. Für den Belastbarkeitstest wird es erforderlich sein, große Mengen an künstlichen Nachrichten in kurzer Zeit zu produzieren und an den Server zu senden. Es gilt festzustellen, ob die Web-Architektur der vorgesehenen Last gewachsen ist, ehe man beginnt, in die Anwendung zu investieren. Das Gleiche gilt für die Sicherheit. Hier wird man prüfen, ob unberechtigte Zugänge und Zugriffe abgewehrt werden. Es hat wenig Sinn, eine teure Anwendung in einer unzulänglichen Umgebung zu implementieren [NGUY00].

6.5.2 Test der Web-Anwendung

Erst wenn feststeht, dass die Architektur kompatibel, zuverlässig, robust, belastbar und sicher ist, sollte man sich mit der Anwendung auseinandersetzen. Der Test der Anwendung vollzieht sich in drei Stufen:

- Integrationstest
- Funktionstest
- Benutzbarkeitstest

Im Integrationstest geht es wiederum um zwei Ziele: Zum einen gilt es zu bestätigen, dass die eigenen Komponenten miteinander erwartungsgemäß funktionieren. Zum anderen soll getestet werden, ob die eigenen Komponenten mit den Standardkomponenten der Web-Architektur wie erwartet kollaborieren. Für diesen Test empfiehlt es sich, mit künstlichen Daten zu arbeiten, um so die Schnittstellen gezielt auszutesten. Systemschnittstellen können mit Hilfe eines Werkzeugs generiert und validiert werden. Wichtig ist die Transparenz der Schnittstellen, damit die Tester den Datenaustausch leicht kontrollieren können.

Im Funktionstest wird von der Benutzeroberfläche aus getestet. Hier werden die Anwendungsfälle mit repräsentativen Eingabedaten und in unterschiedlichen Reihenfolgen ausgeführt. Weil die Befüllung der Webseiten mit Daten sehr aufwändig werden kann, empfiehlt es sich hier, bei größeren Anwendungen einen Testroboter einzusetzen, vor allem dann, wenn der Test mehrfach wiederholt wird.

Beim Benutzbarkeitstest wird schließlich die Handhabung der Web-Anwendung und die Einhaltung gewisser Standards (z.B. Barrierefreiheit) geprüft. Natürlich ist es zu diesem Zeitpunkt zu spät, um größere Änderungen an der Benutzeroberfläche vorzunehmen. Kleinere Korrekturen sind aber durchaus machbar. Deshalb lohnt es sich, stellvertretende Endbenutzer diese Tests durchführen zu lassen, um ihre Kritik an der Handhabung zu gewinnen. Dies ist bei Webanwendungen, die einem großen Publikum zur Verfügung gestellt werden, besonders wichtig. Nur Endbenutzer selbst können die komplexen Webanwendungen beurteilen. Andererseits müssen Anwendungen eine gewisse Reife erreicht haben, ehe ein Endbenutzer damit arbeiten kann [JOYC03].

6.6 Test Service-orientierter Systeme

Weltweit werden Service-orientierte Architekturen als die Zukunft der Informationstechnologie hingestellt. Das World Wide Web und vor allem Web 2.0 machen es möglich, von jedem Ort aus auf fertige Softwarekomponenten zuzugreifen und sie in eigene, individuelle Lösungen einzubauen. Die Anwendungen sollen künftig nur noch in Business-Process-Modellierungssprachen grob beschrieben werden. Mit den Implementierungsdetails von Einzelfunktionen sollen sich die Anwendungsentwickler nicht mehr plagen müssen [KRAT05]. Der Benutzer dieser Services muss sich nur mit deren Schnittstellen befassen. Er sendet Aufträge – Requests – an sie und erhält Antworten – Responses – zurück. Wie die Antworten zustande kommen, braucht ihn nicht zu kümmern. Er muss sich aber darauf verlassen können, dass die Ergebnisse korrekt sind und dass sie innerhalb einer angemessenen Zeit geliefert werden. Außerdem muss er sich darauf verlassen können, dass der Service jene Ergebnisse liefert, die in der Schnittstellenbeschreibung dokumentiert sind – so viel und nicht mehr, d.h.: Das eigentliche Verhalten der Services muss mit deren Spezifikation übereinstimmen. Aufgabe des Systemtests ist, das tatsächliche Verhalten der Web-Services zu prüfen.

Weil Geschäftsprozesse, die Web-Services benutzen, ständigen Anpassungen unterliegen, stellt der Test der Prozesse eine große Herausforderung dar. Für die Überprüfung der Korrektheit ist auch das Wissen der Fachabteilungen zwingend notwendig. Nur sie können beurteilen, ob ein Geschäftsprozess leistet, was sie von ihm erwarten. Für den Test der Services ist das System hier als die Summe aller Services für eine bestimmte Anwendung anzusehen [JURI04].

6.6.1 Vorbereitung des Servicetests

Nach der Spezifikation der Testfälle müssen pro Service die Requests und Responses erstellt werden. Ausgangsbasis für den Test von Web Services ist das WSDL-Schema. Es wird von den Entwicklern des Web Services bereitgestellt und dient den Testern als Quelle der Testdaten. Ein WSDL-Schema könnte z.B. folgendermaßen aussehen:

```
<message name = "UloWebService_getData">
  <part name="parameters" element="getData"/>
</message>
<portType name="UloWebServiceInterface">
  <operation name="getData">
    <input message = "Interface_getData"/>
    <output message = "getDataResponse"/>
    <fault name="UloWsException" message = "UloWsException"/>
  </operation>
</portType>
<bindingname="UloWebServiceInterfaceBinding"
 type="tns:UloWebServiceInterface">
<soap:binding transport="http://schemas.xmlsoap.org/soap/http"
              style="document"/>
```

Aus dem Schema lassen sich Testprozedurenschablonen automatisch generieren – eine für den Request mit der Liste aller Parameternamen und eine für den Response mit der Liste aller Ergebnisnamen. Es obliegt nun dem Tester, die Wertebereiche den Parametern und Ergebnissen zuzuweisen. In der Requestprozedur sind die Eingabewerte, in der Responseprozedur die erwarteten Ausgabewerte. Zur Beschreibung der Testdaten sind pre- und post-Assertions mit Grenzwerten, Äquivalenzklassen, Relationen und arithmetischen Ausdrücken zu verwenden. Sie können syntaktisch geprüft und kompiliert werden. Es folgt ein Beispiel für eine Assertionprozedur eines Web Service Requests:

```
file: ULO-WS;
  if ( object = "UloWsRequest" );
     assert new.dataId = old.dataId;
     assert new.assertionId = old.assertionId;
     assert new.userId = "4711";
     assert new.version = "1";
  endObject;

  if ( object = "UloWSProfile");
     assert new.attributeName = old.attributeName;
     assert new.typ = 21 ! 22 ! 23;
     assert new.value = "Sneed";
  endObject;

  if ( object = "UloWsAuthentificationAssertion" );
```

```
      assert new.userId = "Kati";
      assert new.version = "1";
      assert new.notAfter = "20090101";
      assert new.notBefore = "20081112";
   endObject;

end;
```

Vor Beginn des Tests werden die Testprozeduren kompiliert und die Requests sowie die Responseprüfungen generiert. Die Generierung findet auf der Basis der WSDL-Schemabeschreibungen statt. Die Datennamen in den Testprozeduren müssen mit den Namen in den Schemata übereinstimmen. Die Werte müssen zumindest mit den Datentypen in den Schemata vereinbar sein. Für jeden Testfall wird ein Request erstellt, für jede Request auch eine entsprechende Responseprüfung generiert. Die Responseprüfung prüft die realen Ergebnisse gegen die erwarteten Ergebnisse. Die generierten Requests und Responseprüfungen können als XML-Dateien abgelegt werden, wie das folgende Beispiel zeigt:

```
<UloWsAuthentificationAssertion>
        <userId>Kati</userId>
        <version>1</version>
        <UloWsConditions>
              <notAfter>20090101</notAfter>
              <notBefore>20081112</notBefore>
        </UloWsConditions>
</UloWsAuthentificationAssertion>
```

6.6.2 Ausführung des Web Service-Tests

Für die Testdurchführung liest ein Testtreiber die Web-Service-Requests und sendet sie an den Service. Weil die Kommunikation asynchron erfolgt, müssen die Requests mit einem eindeutigen Kennzeichen versehen sein, um die passenden Responses zuordnen zu können. Wenn die Responses geliefert werden, müssen die Testtreiber sie in eine Ergebnisdatei speichern (siehe Abbildung 6.12).

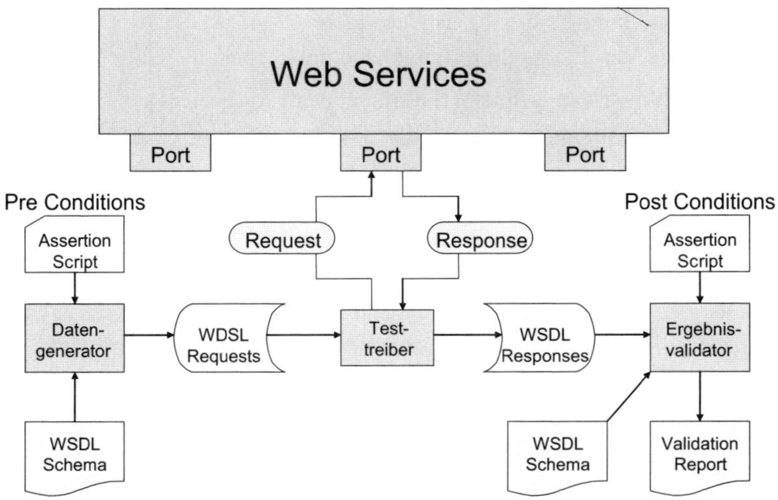

Abbildung 6.12 Web-Service-Testrahmen

Nach der Testausführung werden die Responses gegen die Responseprozedur geprüft. Jedes Ergebnis, für das es eine Post-Assertion gibt, wird gegen den in der Assertion definierten Sollwert verglichen. Stimmen sie nicht überein, wird das Ergebnis dem Ergebnisprotokoll als Abweichung gemeldet.

Zum Schluss wird die Testausführung des Web-Service ausgewertet und zu einem Testüberdeckungsbericht aufbereitet. In diesem letzten Schritt werden die Teststatistiken wie die Anzahl gemeldeter Fehler, die Anzahl abweichender Ergebnisse und die Anzahl getesteter Fälle bzw. Requests ausgewertet und die abschließende Testmetrik für den Web-Service errechnet. Dazu gehören unter anderem Restfehlerwahrscheinlichkeit und Testeffizienz. Dieser Testmetrikbericht ist ein wichtiger Bestandteil des Qualitätsnachweises eines getesteten Web-Services (SNHU06).

6.7 Test vollautomatisierter Systeme

Vollautomatisierte Systeme sind Komponenten ohne Interaktionen mit dem Endbenutzer. Sie werden angestoßen und laufen im Hintergrund ab. Ausgelöst werden sie durch ein internes oder externes Ereignis, d.h., sie können von außen durch einen Benutzer oder von innen durch eine andere Softwarekomponente gestartet werden. Einmal gestartet, laufen sie durch bis zu einem determiniertem Ende. Man bezeichnet sie auch als Batch-Läufe, weil sie früher in einer Warteschlange gesammelt und einer nach dem anderen unter der Kontrolle des Betriebssystems ausgeführt wurden. Viele Großbetriebe wie Banken und Versicherungen arbeiten heute noch in diesem Modus. Derartige Batch-Läufe werden von ihren Eingabedaten gesteuert. Diese Daten werden aus Bewegungsdateien oder von den Datenbanktabellen gelesen. Es ist Aufgabe der Tester, diese Dateien oder Datenbanken bereitzustellen. Auf der Ausgabeseite werden andere Dateien oder Datenbanken erstellt oder geändert. Es können auch Berichte oder Listen generiert werden. Die Tester müssen diese Ergebnisobjekte kontrollieren. Das Besondere daran ist die Abwesenheit einer Benutzeroberfläche. Die Verarbeitung ist weitgehend unsichtbar.

Somit steht der Tester vor der Aufgabe, die Eingabedatenquellen in einen bestimmten, vordefinierten Zustand zu versetzen, ehe er den Batch-Lauf anstößt. Dann laufen ein oder mehrere Job-Prozesse durch. Es kann vorkommen, dass die Abläufe vorzeitig abgebrochen werden. Wenn dies geschieht, muss der Tester die Ursache untersuchen. Laufen die Prozesse zu Ende, muss der Tester die Ergebnisdaten auf ihre Korrektheit prüfen. Wenn es sich um kleinere Datenmengen handelt, ist alles relativ einfach und ohne Werkzeuge zu bewältigen. Der Tester kann die Eingabedateien editieren und die Ausgabedateien analysieren. Wenn aber die zu bearbeitende Datenmenge zu groß wird, kommt er nicht ohne Werkzeug aus. Nur mit Hilfe von Werkzeugen lässt sich ein Massenverarbeitungstest bewältigen.

6.7.1 Werkzeuge für den automatisierten Test

Ein Testdatengenerator ist vor dem Test erforderlich, um die Eingabedaten und Datenbanken mit den erforderlichen Datenwerten zu füllen. Dies wird am besten über Testskripte mit Pre-Condition-Assertions gesteuert.

Ein Testmonitor ist erforderlich, um den Testdurchlauf zu überwachen. Hiermit registriert man, welche Funktionen in welchen Modulen in welcher Reihenfolge durchlaufen werden. Die Ablaufpfade werden in Trace-Protokollen festgehalten.

Ein Testvalidator ist nach dem Test erforderlich, um die Ausgabedateien, Datenbanken und Berichte gegen die erwarteten Ergebnisse zu prüfen. Die erwarteten Ergebnisse sind am besten in Form von Post-Condition-Assertions dokumentiert. Ausgabewerte, die mit den Sollwerten nicht übereinstimmen, werden in einem Abweichungsbericht ausgewiesen. Es obliegt dem Tester, nachzuforschen, warum diese Ergebnisse falsch sind (siehe Abbildung 6.13).

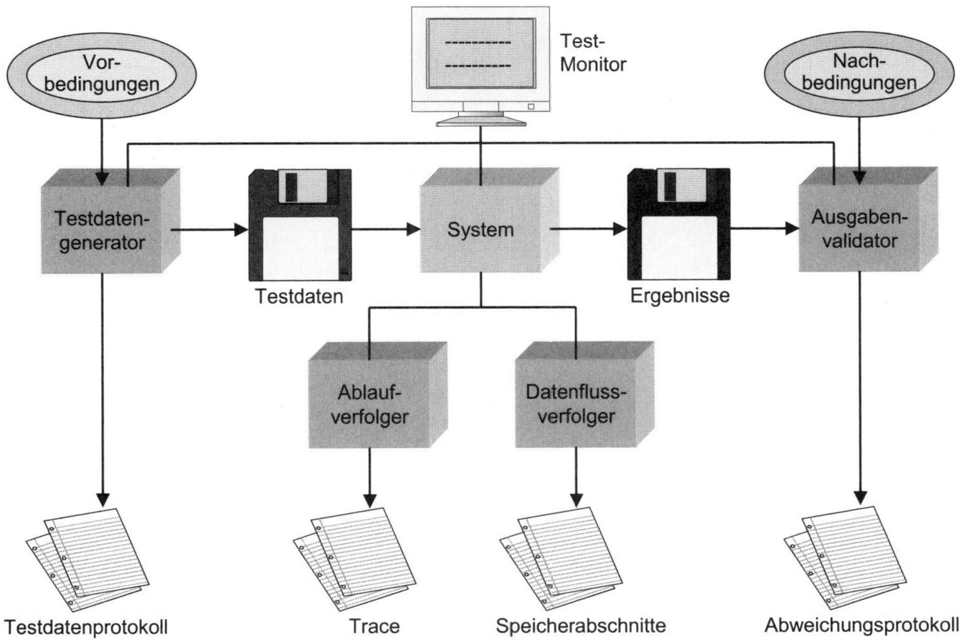

Abbildung 6.13 Test vollautomatischer Systeme

Weil dieser Test vollautomatisch abläuft, braucht man nur wenig Tester. Ihre Arbeit besteht hauptsächlich darin, die Pre- und Post-Condition-Assertion-Skripte zu verfassen. Hierzu müssen sie sich mit der Spezifikation der Verarbeitungsregeln auseinandersetzen. Je nachdem, wie viele Daten von wie vielen Regeln umgesetzt werden, kann diese Arbeit mehr oder weniger umfangreich sein. Wenn es zu viel wird, d.h. wenn mehrere Hundert Ergebnisdaten erzeugt werden, muss sich der Tester entweder auf Stichproben beschränken, oder die Assertions automatisch aus den Regelspezifikationen ableiten [SNEE06].

6.7.2 Tester für den automatisierten Test

Der Test von Systemen dieser Art setzt auch eine andere Art von Tester voraus mit viel mehr Systemkenntnissen und abstrakt logischem Denkvermögen, um sich die unsichtbaren Abläufe vorzustellen. Mathematische Fähigkeiten sind Voraussetzung für die Formulierung der Pre- und Postzustände im Zusammenhang mit den Verarbeitungsregeln. Demnach liegt hier die Betonung auf der Qualität statt auf der Quantität. Die Quantität bewältigen die Werkzeuge, für die Qualität benötigt man gut ausgebildete Tester.

6.8 Test eingebetteter Systeme

Der Test eingebetteter Systeme findet in einer ganz anderen Welt statt, in der besondere Anforderungen an die Tester gestellt werden. Hier herrschen andere Gesetze. Es gibt eine fließende Grenze zwischen Software und Hardware. Das System umfasst beides. Es wird sowohl die Hardware als auch die Software und die Interaktionen zwischen beidem getestet. Der Systemtester braucht Kenntnisse von beiden. Nirgendwo haben die frühen Tests mehr Bedeutung als beim Test eingebetteter Systeme. Hier müssen die einzelnen Komponenten schon vorher systematisch durchgetestet werden. Die Fehler in der Software müssen hier weitgehend auf Modulebene aufgedeckt werden. Danach folgt ein Integrationstest, wobei die Interaktion der Softwarekomponenten untereinander getestet wird. Dadurch müssten die Fehler in den Schnittstellen gefunden werden. Bis die Software zum Systemtest gelangt, sollte sie so weit wie möglich fehlerfrei sein, d.h. der Systemtest sollte wirklich ein Test der Interaktion zwischen der Software und ihrer Umgebung sein.

Falls die Software ein Gerät steuern soll, wie etwa einen Getränkeautomaten oder einen Röntgenapparat, muss dieses Gerät vorhanden sein. Es wird mitgetestet. Falls es noch nicht verfügbar ist – was oft der Fall sein wird, wie z.B. bei einer Walzstraße oder einem Fahrstuhl –, muss dieses Gerät simuliert werden. Eine Attrappe zu bauen, kann sehr teuer kommen, weshalb die Umgebung meist mit einer anderen Software simuliert wird. Man baut einen Software-Testrahmen, um die eigentliche Software zu testen. Typisches Beispiel ist ein Testbed für den Test eines Einspritzgerätes. Signale an das Gerät müssen in Abständen von 38 Millisekunden gesendet werden. Es werden immer 16 Signale zusammen gesendet. Das Gerät reagiert darauf und führt die erforderliche Menge an verdunstetem Benzin dem Motor zu. Aus einer digitalisierten Eingabe wird eine messbare physikalische Ausgabe. Diese Gerätesimulation kann aufwändiger sein als die Anwendungssoftware selbst. Außerdem hat man jetzt zwei mögliche Fehlerquellen, die Software unter Test und die Testsoftware (siehe Abbildung 6.14).

Trotzdem ist dies billiger als die Beschaffung der Geräte selbst. Man hat also keine andere Wahl, als viel in die Simulationssoftware zu investieren. Dies macht eingebettete Systeme so teuer – sowie die Tatsache, dass als Tester Ingenieure eingesetzt werden sollten.

Ein anderes Beispiel für einen derartigen Test ist die Überwachung von Düsenturbinen beim Flug. Eine komplexe Düsenturbine erhält nicht nur über circa 128 Signale vom Flug-

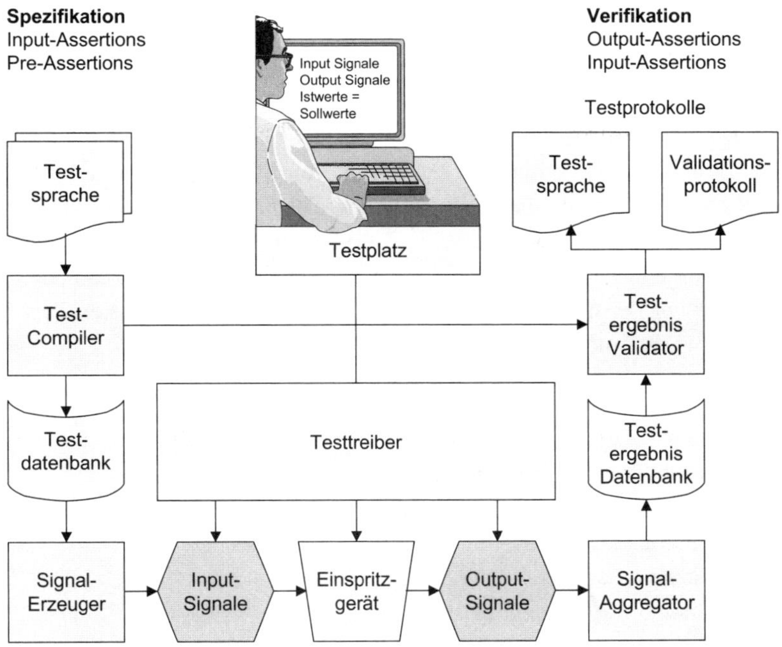

Abbildung 6.14 Test eines Einspritzgerätes

gerät, sie verfügt auch noch über mehr als 200 Messstellen. Wenn die Software für verschiedene Turbinentypen von verschiedenen Herstellern gelten soll, dann ergeben sich daraus nochmals 10 bis 20 Varianten. Hinzu kommen unterschiedliche Umweltbedingungen wie Höhe und Temperatur. Wer all diese Faktoren multipliziert, versteht schnell, wie komplex und aufwändig der Systemtest mit einer Simulationssoftware werden kann. Die Simulationssoftware muss von aeronautischen Ingenieuren konzipiert werden, und nur hochqualifizierte Ingenieure und Maschinenbauer können damit umgehen. Auch wenn alle diese Bedingungen erfüllt sind, brauchen die Tester lange, um die Testergebnisse auszuwerten. Sie sollten jede einzelne Messung unter die Lupe nehmen und kontrollieren, ob sie korrekt ist. Ohne Testauswertungswerkzeuge haben sie keine Chance. Also müssen diese auch gebaut und getestet werden. Hier wird klar, wie teuer der Test eingebetteter Softwaresysteme werden kann. Nur große Firmen mit ausreichenden Ressourcen können sich Derartiges leisten. Der Test der Systeme ist mindestens doppelt so teuer wie die Entwicklung derselben [THAL02].

6.9 Kein System ist wie das andere

Aus diesem Kapitel geht hervor, dass kein System wie das andere ist. Es gibt zwar die groben Systemklassen, auf die hier eingegangen wurde, doch innerhalb einer Klasse können die einzelnen Systeme höchst unterschiedlich sein. Jedes Produkt und jedes Projekt ist einmalig. Anforderungen, Umstände, Betriebsmittel und Organisation sind immer anders.

Dementsprechend wird auch der Test immer unterschiedlich sein. Der Testmanager kann zwar seine Erfahrungen und die methodischen Ansätze auf das nächste Projekt übertragen sowie einzelne Dokumente und Werkzeuge wieder verwenden, doch wird er sie nie genau wie im letzten Projekt einsetzen können. Das gilt übrigens auch für die Tester selbst.

Flexibilität ist angesagt. Nur durch die Anpassung von Methoden, Mitteln und Menschen wird es möglich, den Anforderungen eines neuen Testprojektes gerecht zu werden. Der gute Testmanager wird erkennen, was er wiederverwenden kann und was nicht. Er wird sehen, welche Vorgehensweise mit welchen Werkzeugen am besten zur neuen Situation passt. Fast immer wird er improvisieren müssen, denn Test ist nicht gleich Test. Für jedes System gibt es mehrere mögliche Testansätze. Der Testmanager muss denjenigen finden, der am besten zu seiner Situation passt [DENA00].

7

7 Auswertung des Systemtests

7.1 Zweck der Testauswertung

Die ewige Gretchenfrage des Testens lautet nach wie vor: Wann ist der Test zu Ende? Ab welchem Zeitpunkt kann man aufhören zu testen? Diese Fragen lassen sich nicht eindeutig beantworten. Im Prinzip kann man jederzeit aufhören. Eigentlich müsste man gar nicht erst damit beginnen, denn das eigentliche Ziel des Testens – alle Fehler zu entfernen und die Korrektheit nachzuweisen – ist auf diesem Wege ohnehin unerreichbar, und wäre es zu erreichen, könnte man es nicht erkennen, d.h., es handelt sich hier um ein unerkennbares und unerreichbares Ziel. Unerkennbar, weil sich, wie im ersten Kapitel dargestellt, nicht feststellen lässt, wie viele Fehler in der Software enthalten sind. Ein Test kann nach Dijkstra nur nachweisen, dass noch Fehler existieren, jedoch nicht, dass keine mehr vorhanden sind [DIJK76].

Auch ist die Definition von Fehler unklar: Für den einen handelt es sich bei der gleichen Sache um ein Feature, für den anderen um einen Fehler. Nehmen wir die Rundung arithmetischer Ergebnisse als Beispiel. Fast jeder Compiler rundet anders ab. Für den einen Benutzer ist das Abschneiden der letzten Kommastellen unwesentlich, ihm reichen zwei Kommastellen. Also ist dies ein Feature. Für den anderen stellt das Verschwinden der hinteren Kommastellen einen groben Fehler dar.

Ein anderes Beispiel wäre die Benutzung von Leerzeichen in Verzeichnis- und Dateinamen. Ein Programm, das einen Verzeichnisnamen bis zum ersten Leerzeichen liest, würde diesen abschneiden und die Datei nicht finden. Der Benutzer betrachtet dies als Fehler. Es könnte aber sein, dass zu der Zeit, als dieses Programm geschrieben wurde, Verzeichnisnamen mit Leerzeichen gar nicht möglich waren. Ergo ist dies kein Fehler [GOEL85].

Die Liste solch zweideutiger Fälle wäre lang. Fehler sind letztendlich das, was der Benutzer als Fehler empfindet bzw. alles, was seinen Erwartungen nicht entspricht. Auch eine etwas formalere, juristische Definition ist möglich, wonach unter Fehler jegliche Abweichung von der spezifizierten Funktionalität zu verstehen ist. Dies würde jedoch voraussetzen, dass jede Funktion einschließlich der Ausnahmebehandlung und jede Fehlermeldung in der Anforderungsdokumentation spezifiziert ist. Eine derartige Genauigkeit der Anforderungsdokumentation ist in den meisten Projekten nicht zu erwarten. Was Fehler sind, bleibt also eine Frage der menschlichen Interpretation. Auch wenn es gelingen würde, Fehler genau zu definieren, wüsste man immer noch nicht, wie viele davon in der Software stecken. Wenn wir das wüssten, wüssten wir auch, wo sie sind. Fehler können überall auftauchen – in den Methoden, in den Datenvereinbarungen, in der Speicherverwaltung, in den Schnittstellen zwischen Komponenten, in der Speicherung der Daten sowie in der Erfassung und Präsentation der Daten. Die Liste der potenziellen Fehlerquellen ist ebenso wie das Universum nicht endlos, aber doch für alle praktischen Zwecke endlos genug – und wie das Universum wächst sie mit jeder technologischen Erneuerung [FRIE02].

Es ist daher aussichtslos, die Anzahl der Fehler ermitteln zu wollen. Wir können sie nur aufgrund bisheriger Erfahrungen schätzen bzw. hochrechnen. Da es nicht möglich ist, die Zahl der Fehler zu kennen, bleibt nichts anderes übrig, als den Testfortschritt mit anderen Maßen zu messen. Hierfür bieten sich die Testüberdeckungsmaße an. Es wird getestet, bis ein gewisses Maß an Testüberdeckung erreicht ist. Dies zu ermitteln, ist Aufgabe der Testauswertung. Die Testauswertung soll dazu dienen, die Testendekriterien aus dem Testplan zu bestätigen. Sie ist somit die Rückkopplung zur Testplanung [PETS85].

Die vordergründige Aufgabe der Testauswertung bleibt jedoch die Fehlererkennung. Die Testergebnisse werden ausgewertet, um ein Fehlverhalten festzustellen. Manchmal sind Fehler offensichtlich, das System bricht ab oder liefert völlig unplausible Ergebnisse. Ein derartiges Fehlverhalten ist leicht zu erkennen. Meistens sind die Fehler aber viel subtiler. Es werden falsche Beträge errechnet oder die verkehrte Adresse gedruckt. Solche Fehler sind nicht auf den ersten Blick zu erkennen. Um sie aufzudecken, müssen die Testergebnisse einer genauen Untersuchung unterzogen werden.

Fehler müssen genau beschrieben und gemeldet werden. Dazu ist ein Fehlermanagement mit entsprechender Fehlerverfolgung vorzusehen. Die Fehleranalyse ist eine unerlässliche Aktivität im Rahmen der Testauswertung. Schließlich kommt bei allen Aktivitäten der Testauswertung ein Thema zum Vorschein – das der Testmetrik. Man benötigt Kennzahlen, um den Korrektheitsgrad zu messen und die Fehlerhaftigkeit der Software in Zahlen auszudrücken. Diese Kennzahlen müssen erhoben, gesammelt, gespeichert und ausgewertet werden. Sie fließen letztendlich in die allgemeine betriebliche Metrikdatenbank ein. Die Testmetrik ist Voraussetzung für eine Bewertung der Effektivität des Testbetriebs. Zur Testauswertung gehören also

- die Auswertung der Testergebnisse
- die Messung der Testüberdeckung
- die Fehleranalyse
- die Testmetrik (siehe Abbildung 7.1)

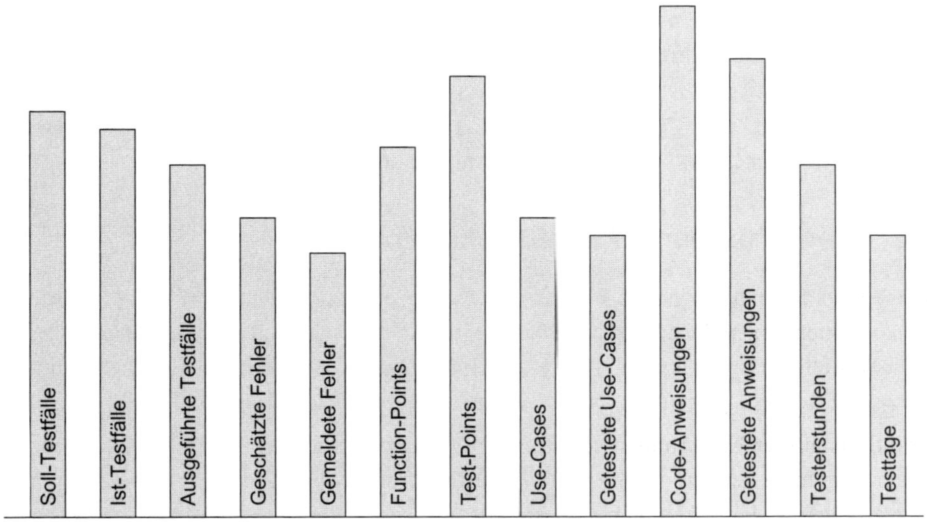

Abbildung 7.1 Testkennzahlen

7.2 Auswertung der Testergebnisse

7.2.1 Sichtbare und unsichtbare Ergebnisse

Neben der Messung der Testüberdeckung bietet sich die Auswertung der Testergebnisse als Anhaltspunkt für die Beurteilung des Testzustandes an. Auch hier ist die Testauswertung an die Testplanung gekoppelt, denn darin sind die zu erreichenden Testzustände festgelegt. Hier geht es um die Testergebnisse im weitesten Sinne des Wortes. Dazu zählen nicht nur die sichtbaren Endergebnisse, sondern auch die unsichtbaren Zwischenergebnisse, wie zum Beispiel Schnittstellen zwischen Teilsystemen. Solche Ergebnisse existieren in Form von Dateien oder Nachrichten bzw. als Daten, die zwecks späterer Auswertung gespeichert werden können. Zu den unsichtbaren Testergebnissen gehören außer den vorübergehenden Nachrichten und Dateien die Zwischenzustände der Datenbanken und die Exportdaten. Interne Botschaften, wie jene zwischen Rechnerknoten, sind Systemergebnisse, die es zu kontrollieren gilt. Gerade solche unsichtbaren Ergebnisse sind oft die wichtigsten, denn sie übertragen Fehler von einem System zum anderen.

Die sichtbaren Ergebnisse fallen ohnehin auf. Es sind die Bildschirmausgaben und Berichte, die der Mensch ohne maschinelle Hilfe lesen kann. Sie zu kontrollieren, war schon immer Aufgabe der Tester bzw. der Benutzer, die für die Abnahme des Tests mitverantwortlich sind. Die sichtbaren Ergebnisse zu prüfen, ist nicht teuer, solange sie nicht eine gewisse Anzahl überschreiten. Wird sie zu groß, ist der Mensch hinsichtlich seiner Aufmerksamkeitskapazität überfordert. Wer schon die 20. Seite eines Berichts oder die 20. Bildschirmmaske in Folge kontrolliert hat, dessen Aufmerksamkeit beginnt nachzulassen. Er übersieht die fehlerhaften Ergebnisse [SHEI80].

Deshalb ist der Schlüssel zur Auswertung der Testergebnisse die Automatisierung. Für die Kontrolle der unsichtbaren Testergebnisse ist sie ohnehin unverzichtbar und für die sichtbaren ab einer gewissen Menge nötig. Für große Systeme mit mehr als 50 Benutzeroberflächen und Berichten ist die Automatisierung der Testergebnisauswertung ein Muss. Die Frage ist nur, welche Form die Automatisierung annimmt.

7.2.2 Möglichkeiten der Ergebniskontrolle

Wenn der Mensch ein Ergebnis kontrolliert, vergleicht er den Inhalt mit einem Bild in seiner Vorstellung. Er erwartet eine bestimmte Mitteilung oder Fehlermeldung an einer bestimmten Stelle. Er vergleicht, was er sieht, mit dem, was er sehen will. Dies kann aber auch zu Fehlurteilen führen, vor allem wenn er übermüdet oder abgelenkt ist. Mit diesem erkenntnistheoretischen Problem hat sich schon Immanuel Kant beschäftigt. In neuerer Zeit haben sich auch einige Wissenschaftler der Informatik, wie DeMillo, Lipton und Peris, damit befasst. Die Vorstellung prägt, wie wir die Wirklichkeit wahrnehmen [DEMI79]. Wenn ein Mensch mit zu vielen Eindrücken konfrontiert ist, verschiebt sich die Grenze zwischen Sein und Soll.

Bei manchen Ergebnissen, wie z.B. Rechenwerten, ist der Mensch auf Hilfsmittel angewiesen. Wenn er nicht besonders gut im Kopfrechnen ist, wird er auf einen Taschenrechner zurückgreifen müssen. Wenn die Ausgabewerte das Ergebnis eines komplexen Algorithmus sind, wird er Schwierigkeiten haben, deren Entstehung nachzuvollziehen. Der Tester kann allenfalls beurteilen, ob Ergebnisse plausibel erscheinen. Ob sie wirklich stimmen, kann er nur beurteilen, wenn er sie mit den Soll-Ergebnissen vergleicht. Demzufolge läuft eine Kontrolle immer auf einen Soll/Ist-Vergleich hinaus. Der Kontrolleur, egal ob Mensch oder Automat, vergleicht die Testergebnisse mit den Soll-Ergebnissen. Ein Automat hat den Vorteil, dass er viel schneller und viel genauer vergleichen kann. Die Frage kommt aber in beiden Fällen auf: Woher stammen die Vergleichs- bzw. Soll-Werte?

In einem Migrationsprojekt hat man den Vorteil, dass es ein Vorgängersystem gibt. Die Vergleichswerte können aus dem Vorgängersystem übernommen werden. Eleganter ist es, die alten Ergebnisse aus dem Vorgängersystem auf ein elektronisches Medium zu speichern und beim Test des neuen Systems mit den neuen Ergebnissen automatisch abzugleichen. Es ist aber auch vertretbar, Screenshots der alten Masken abzuziehen und die Inhalte visuell miteinander zu vergleichen. Das dauert nur länger und ist fehleranfälliger. Dieser Abgleich – neu gegen alt – trifft ebenso für Wartungsprojekte zu, in denen die Systeme verändert und erweitert werden. Nur sind hier einige Ergebnisse anders, und es kommen neue hinzu. Abweichungen zwischen dem alten und neuen System sind also gewollt, dennoch bleibt die Mehrzahl der Ergebnisse gleich. Das Abgleichsverfahren muss daher jene neuen und veränderten Ergebnisse aussondern und sie extra kontrollieren. Da sie aber im Verhältnis zu den anderen gering sind, fällt der Aufwand, sie zu verifizieren, nicht so sehr ins Gewicht. Der Wunsch, nicht so viel auf einmal kontrollieren zu müssen, ist einer der treibenden Kräfte der inkrementellen Softwareentwicklung. „Test driven Development" basiert auf dem Prinzip der Kontrolle möglichst kleiner Inkremente [CARV02].

Schwierig wird es, wenn ein System ganz neu entsteht oder erheblich – >25% – geändert wird. In diesem Fall gibt es keine Vergleichswerte. Die Tester müssen den Entstehungsprozess jedes Ergebnisses nachvollziehen oder zumindest repräsentative Stichproben auswählen. Diese mangelnde Testbarkeit ist eines der Hauptargumente gegen eine Neuentwicklung. Der nötige Aufwand, um ein völlig neues Anwendungssystem ausreichend zu testen, wird im Allgemeinen grob unterschätzt. Tests kommen einer zweiten Entwicklung nahe [GOOD75].

Diese Schwierigkeit der Ergebniskontrolle führt dazu, dass bei sicherheitskritischen Systemen mindestens zwei Versionen entwickelt werden, nur um ihre Ergebnisse abgleichen zu können. Die Methode des Back-to-Back-Testens wird seit Beginn der Testtechnologie angewendet. Dies kommt zwar teuer, ist aber immerhin billiger, als alle Ergebnisse einzeln nachzurechnen [ZHU96].

7.2.3 Begründung der Ergebniskontrolle

In der Informationstechnologie beurteilt man die Qualität einer Applikation oft optimistisch. Die Tester beschränken sich auf Plausibilitätsprüfungen und Stichproben. Die Entscheidung, ob ein System wirklich korrekt ist, wird den Anwendern überlassen. Die Devise hier ist: Probieren geht über Studieren. Wenn das System lange genug im Einsatz ist, werden die fehlerhaften Ergebnisse irgendwann einmal auffallen. Dass diese These nicht stimmt, belegt die Tatsache, dass viele Fehler, auch kritische, erst Jahre nach dem ersten produktiven Einsatz zum Vorschein kommen. Der berühmt berüchtigte Jahrtausendwechsel hat etliche solcher Fehler aufgedeckt, die schon seit den 70er-Jahren in den Systemen stecken [ESTE99]. Ob es sich lohnt, solche Fehler zu entfernen, ist eine andere Frage, sowie auch die Frage, ob es sich lohnt, überhaupt zu testen. Wenn Informationssysteme nur mit einem unproportional hohen Aufwand verifiziert werden können und wenn Anwender lernen, mit Fehlern zu leben, warum dann überhaupt die Ergebnisse kontrollieren? Warum soll man es nicht einfach darauf ankommen lassen? Fehlerhafte Ergebnisse, die wirklich stören, werden von den Anwendern früher oder später gemeldet. Die Tester könnten sich darauf beschränken, zu kontrollieren, ob das System überhaupt etwas tut. Ob es das Richtige tut, sollen die Benutzer entscheiden.

Hier stellt sich die Frage der Haftung. Eine Institution haftet für den durch Falschinformationen verursachten Schaden. Ein falscher Rechnungsbetrag oder eine überflüssige Mahnung könnten Unannehmlichkeiten verursachen, eine falsche Überweisung oder Buchung gerichtliche Konsequenzen haben. Die Unterbrechung des Betriebes einer Walz- oder Fertigungsstraße könnte einen Schaden in Millionenhöhe nach sich ziehen. Hier hört die IT auf, eine Spielwiese zu sein und wird bitterer Ernst. Im Januar 2005 musste der damalige deutsche Arbeitsminister vor die Kameras treten und erklären, warum die Arbeitslosengelder nicht überwiesen werden konnten. Ein Programmierfehler hatte dazu geführt, dass die Kontonummern mit Nullen statt mit Leerzeichen am Ende ausgefüllt wurden. Alle Welt fragte, wie so etwas passieren konnte. Warum wurde es nicht im Vorfeld bemerkt? Die Deutsche Bundesregierung bzw. das Arbeitsministerium hatte sich mit dem Start von Arbeitslosengeld II ordentlich blamiert.

Darum müssen die Verantwortlichen eines IT-Systems die Ergebnisse kontrollieren lassen, und zwar ganz genau. Daran führt kein Weg vorbei, da sie für das Fehlverhalten ihres Systems haften [HETZ94].

7.2.4 Automatisierte Ergebniskontrolle

Die zuverlässigste Lösung besteht darin, die Soll-Ergebnisse schon vor dem Test zu spezifizieren, nämlich dann, wenn die Testfälle spezifiziert werden. Diese Vergleichswerte sollten vorliegen, wenn der Test beginnt, am besten in Form von Post-Condition-Assertions in einem Testskript. Auf diese Weise lassen sie sich automatisch mit den tatsächlichen Systemergebnissen abgleichen. Praktisch alle Systemausgaben sind heutzutage elektronisch auf irgendeinem Datenträger gespeichert. Die Bildschirmausgaben sind in einem Maskenformular eingebettet. Dies kann zum Beispiel eine HTML- oder eine proprietäre Maske sein. Die Nachrichten sind in irgendeinem Message-Format wie SOAP oder EDI vorhanden. Die Dateiausgaben sind zunächst in einer Druckaufbereitungsdatei, in XML oder PDF. Die Datenbankinhalte liegen in der Regel in SQL-Tabellen vor. All diese Kommunikationsmedien sind zugänglich und elektronisch interpretierbar. Die einzelnen Werte lassen sich mit einem Programm extrahieren und weiterverarbeiten. Anschließend können sie ohne Weiteres mit den erwarteten Ergebnissen verglichen werden (siehe Abbildung 7.2).

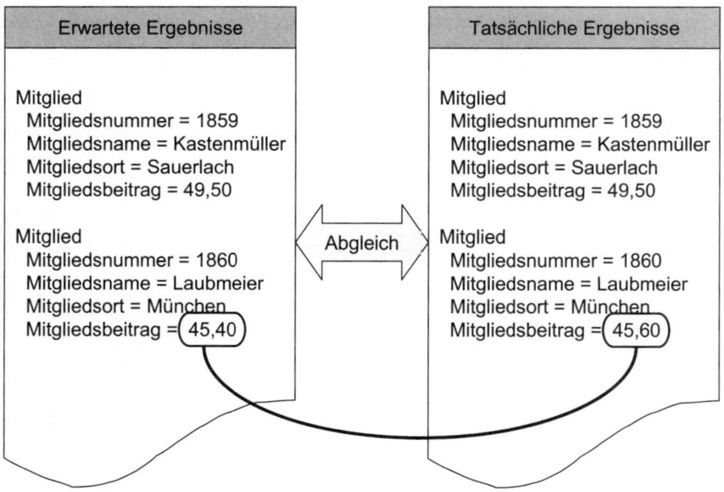

Abbildung 7.2
Soll/Ist-Abgleich der Testergebnisse

Außerdem können die erwarteten Ergebnisse auch automatisch errechnet oder zusammengestellt werden. Post-Condition-Assertions können Vergleiche auf vielerlei Weise realisieren, z.B.:

- als 1:1-Vergleich mit einem Eingabewert
- als 1:1-Vergleich mit einem vorgegebenen konstanten Wert
- als 1:n-Vergleich mit einer Menge alternativer Werte mit einer „oder"-Beziehung
- als 1:n-Vergleich mit einer Reihe zusammengesetzter Werte mit einer „und"-Beziehung

- als 1:1-Vergleich mit einem Ergebnis eines arithmetischen Ausdrucks
- als 1:1-Vergleich mit dem Ergebnis einer vordefinierten Funktion

In allen Fällen kann der Vergleich bedingt oder unbedingt sein. Wenn er bedingt ist, wird er nur dann durchgeführt, wenn die Bedingung zutrifft. Die Bedingung selbst vergleicht andere Werte aus derselben Quelle in einem logischen Ausdruck [SNEE83]. Alle Assertions, die zu einer Datenentität gehören – dies kann zum Beispiel eine DB-Tabelle, eine Datei, eine Nachricht oder ein Bericht sein – werden in einem Validierungsskript zusammengefasst (siehe Abbildung 7.3).

```
file: VERTRAEGE;
     if ( new.VERTRAG_ID = old.LNRF );

          assert new.VERTRAG_KENNZ = "L";
          assert new.KUNDEN_ID = old.CNUM;
          assert new.KUNDEN_NAME = old.JLKLA;
          assert new.WAEHRUNG_ISO_CODE = old.RRU;
          assert new.PRODUKT_TYP_ID = old.AKVE;
          assert new.PRODUKT_SUBTYP_ID = old.GGES;

          assert new.VERTRAG_TYP_ID = old.GGD if (old.ROAA <> "00") !
           new.VERTRAG_TYP_ID = old.SSAE if (old.ROAA = "00" & old.GKG <> "00");

          assert new.KUNDENBETREUER_ID = old.QAA;
          assert new.KUNDENBETREUER_NAME = old.KINGG;
          assert new.INPUT_USER_ID = old.IUSR;
          assert new.AUTH_USER_ID = old.XUSR;
          assert new.KUNDEN_TYP = "T" if (old.PGYP = "611" ) !
                 new.KUNDEN_TYP = "T" if (old.PGYP = "612" ) !
                 new.KUNDEN_TYP = "T" if (old.PGYP = "614" ) !
                 new.KUNDEN_TYP = "T" if (old.PGYP = "618" ) !
                 new.KUNDEN_TYP = "T" if (old.PGYP = "711");
```

Abbildung 7.3 Beispiel eines Post-Condition-Assertion-Skripts

Für die automatische Ausführung dieser Validierungsprozedur wird ein gewisses Werkzeug benötigt, ein so genannter Ergebnisvalidator. Ein solches Werkzeug erläutert Kapitel 9 (Werkzeuge für den Systemtest) näher. Um es jedoch benutzen zu können, müssen die Tester vorher die Assertion-Skripte verfassen. Darin müssen sie die Beziehungen zwischen Eingaben und Ausgaben und den Regeln genau festlegen, damit sie vom Werkzeug validiert werden können. Die Verfassung solcher Zusicherungen ist keine triviale Aufgabe und stellte hohe Anforderungen an die Tester. Im Prinzip läuft es auf eine exakte Spezifizierung der Geschäftsregel hinaus. Es wird nämlich festgehalten, in welchem Verhältnis das einzelne Ergebnis zu den Ausgangsdaten steht. So gesehen ist dies eine Art funktionale Programmierung [HOWD80]. Verglichen wird das Ergebnis des von den Entwicklern geschriebenen Programms mit dem Ergebnis des von den Testern geschriebenen Programms. Darauf kommt es aber letztlich bei einer Verifikation an. Das Ist wird gegen das Soll geprüft. Nur so lässt sich feststellen, ob das Ist wirklich im Sinne der Spezifikation wahr ist.

7.3 Messung der Testüberdeckung

7.3.1 Testüberdeckungsmaße

Die Kontrolle der Systemergebnisse dient der Wahrheitsfindung – ob das System das Richtige tut. Die andere Frage lautet: Leistet das System alles, was es leisten soll, d.h., entsprechen die Ergebnisse den Erwartungen. Dies ist eine Frage der Testüberdeckung.

Testüberdeckung schafft Vertrauen. Die Ziele des Testens bestehen darin, falsches Verhalten aufzudecken und Vertrauen zu bilden. Die Ergebniskontrolle dient der Aufdeckung der Fehler und die Testüberdeckungsmessung der Vertrauensbildung. Durch einen gewissen Grad an Testüberdeckung demonstriert man, dass ausreichend getestet wurde. Was ausreichend ist, wird von Fall zu Fall anders beurteilt. Es hängt von der Kritikalität des Systems ab. Ein System mit einem hohen Sicherheitsrisiko muss besser abgedeckt werden als ein System mit einem niedrigen Risiko. Deshalb ist der Grad der Testüberdeckung für jedes Projekt im Testplan neu zu regeln.

Testüberdeckung hat auch eine andere Bedeutung für jede Teststufe. Auf der Stufe des Unittests geht es um die Code-Überdeckung. Für den Unittester gilt es, Anweisungen, Zweige und Pfade im Code auszuführen. Demnach gibt es die Überdeckungsziele wie

- Anweisungsüberdeckung = C0
- Zweigüberdeckung = C1
- Pfadüberdeckung = C2 [WEIS85]

Für den Integrationstester gilt es wiederum, alle Schnittstellen abzudecken. Dazu zählen die Schnittstellen zwischen den Klassen und Komponenten sowie jene zwischen dem System und seiner Umgebung. Demzufolge gibt es Überdeckungsmaße wie

- Eingangsüberdeckung = S0
- Ausgangsüberdeckung = S1
- Schnittstellenüberdeckung = S2 [MARR03]

Die Codeüberdeckungsziele gelten also für den White-Box-Test, in dem der Code sichtbar ist. Die Integrationsüberdeckungsziele gelten hingegen für den Grey-Box-Test, in dem die Architektur sichtbar ist.

Der Systemtest ist ein Black-Box-Test. Hier ist weder der Code noch die Architektur sichtbar. Was soll hier überdeckt werden? Die Antwort ist: die Funktionalität. Es ist das Ziel des Systemtests, die Funktionalität des Systems abzudecken. Deshalb muss zunächst geklärt werden, welche Funktionalität überhaupt gemeint ist (siehe Abbildung 7.4).

7.3.2 Function-Point-Überdeckung

Ein populäres Maß für die Funktionalität eines IT-Systems ist der Function-Point. Function-Points sind Gewichte für die Interaktion zwischen einem System und seiner Umgebung. Ein System empfängt Daten von einem Benutzer und sendet Daten an ihn. Diese

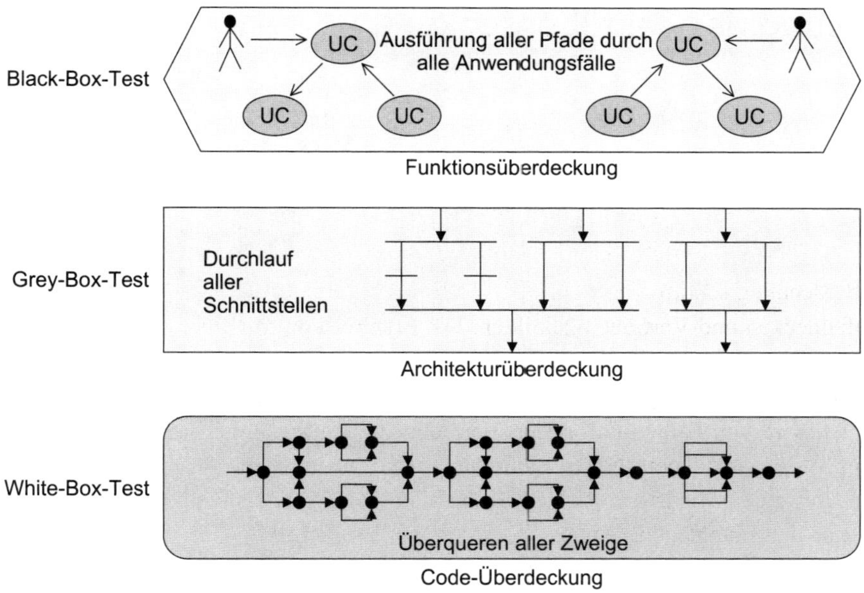

Abbildung 7.4 Stufen der Testüberdeckung

Mensch-Maschine-Kommunikation wird als Eingabe zum und Ausgabe vom System bezeichnet. Ein System tauscht auch Daten mit anderen, fremden Systemen aus. Dies wird als Import und Export bezeichnet. Hier wird es technisch. Dies können APIs, Nachrichten oder Dateien sein. Schließlich greift ein System auf Stammdaten bzw. Datenbehälter zu. Jede Stammdatei und Datenbanktabelle wird als separater Datenbehälter bezeichnet. Daraus geht hervor, dass Function-Points eigentlich ein Maß für Datenflüsse sind:

- Datenflüsse zwischen den Anwendern und dem System
- Datenflüsse zwischen Systemen
- Datenflüsse zwischen dem System und der Datenhaltung [POEN05]

Wer die Funktionalität eines Systems nach Function-Points abdecken möchte, muss gezielt

- jede Benutzereingabe
- jede Importschnittstelle
- jeden Datenbankzugriff
- jede Ausgabe an die Benutzer
- jede Datenübergabe an ein fremdes System (siehe Abbildung 7.5, nächste Seite)

ausführen und kontrollieren. Damit wäre die Funktionalität aus Sicht der Function-Point-Methode abgedeckt. Das Schwierige daran ist, all diese Datenflüsse eines Systems zu identifizieren. Die Anforderungsspezifikation könnte als Anfangsquelle dienen, doch am Ende wird man beim Source-Code landen, wenn nicht eine ausführliche Entwurfsdokumentation, z.B. in Form von UML-Diagrammen, vorliegt [GRAH02].

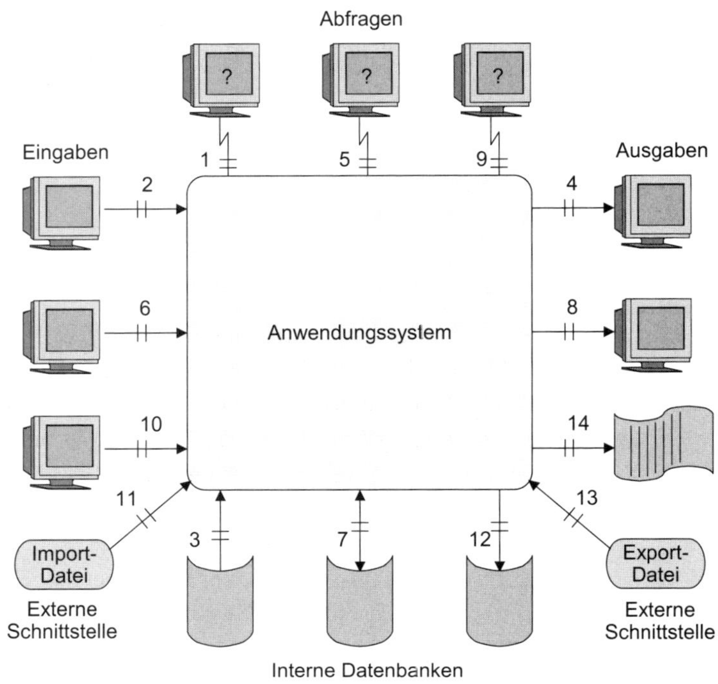

Abbildung 7.5
Function-Point-Überdeckung

7.3.3 Anforderungsüberdeckung

Ein anderer Ansatz zur Messung der funktionalen Überdeckung basiert auf der Anforderungsdokumentation. Für jede Anforderung in Form von Aktionen, Regeln und Zuständen wird ein Testfall definiert, um die Erfüllung dieser Anforderung zu testen. Beim Test wird dann gezählt, welche dieser Testfälle tatsächlich ausgeführt werden. Der Anteil der ausgeführten funktionalen Testfälle entspricht der funktionalen Testüberdeckung. Der Vorteil dieser Methode ist, dass man das System genau gegen die Systembeschreibung testet.

Wie schon festgestellt wurde, sind Systemspezifikationen meist unvollständig und lückenhaft. Sie beschreiben nur einen Schatten des echten Systems. Echte Systeme leisten in der Regel mehr, als in ihrer Anforderungsspezifikation definiert ist. Die Anforderungsdokumentation, in der Terminologie des V-Modells das Lastenheft, ist Bestandteil des Vertrages [BACH99]. Also darf der Auftraggeber nur das testen, was er selbst vorgegeben hat. Er darf nicht erwarten, dass der Auftragnehmer mehr Funktionalität liefert, als vertraglich vereinbart wurde. In diesem Fall müssen sich die Tester streng an das Dokument halten. Die Funktionalität des Systems ist getestet, wenn es für jede einzelne Anforderung einen Testfall gibt und wenn dieser Testfall durchgeführt wurde und bestätigt ist.

7.3.4 Überdeckung bisheriger Funktionalität

Ein dritter Ansatz zur funktionalen Testüberdeckung ist der Abgleich mit einem Vorgängersystem. Wenn ein altes System migriert oder durch ein neues abgelöst wird, kommt es darauf an, mindestens alle Funktionen des alten Systems zu testen. Die Tester müssen ein Profil des alten Systems erstellen, d.h. sie zeichnen alle Datentransaktionen und Batch-Läufe auf. Diese werden anschließend unverändert auf dem neuen System ausgeführt. Die funktionale Testüberdeckung ist der Grad, zu dem alle alten Transaktionen und Bewegungen mit dem neuen System getestet wurden. Dieses Kriterium wendet man vor allem auf Regressionstests an [ROSE97].

7.3.5 Fehlerüberdeckung

Zu guter Letzt gibt es die Methode der Fehlerüberdeckung. Aufgrund bisheriger Tests mit ähnlichen Systemtypen wird eine Fehlerzahl postuliert. Die absolute Anzahl der Fehler ist hier wenig hilfreich. Wichtig ist es, die Fehlerdichte zu ermitteln. Dazu muss die Anzahl der Fehler mit der Größe des Systems in Beziehung gebracht werden. Lag beispielsweise die Fehlerdichte in den bisherigen Projekten bei 0,003, d.h. 3 Fehler pro 1000 Anweisungen, dann wäre zu vermuten, dass sie auch in Zukunft so bleibt. Dies entspricht auch der Erfahrung eines der Autoren bei der Fehleranalyse eines großen Systems über mehrere Jahre. Die Fehlerrate blieb über fünf Jahre konstant bei 0,18 Fehler pro Personentag. Der Mensch ändert sich nicht, und solange die gleichen Leute am Werk sind, bleibt die Fehlerrate invariant (siehe Abbildung 7.6).

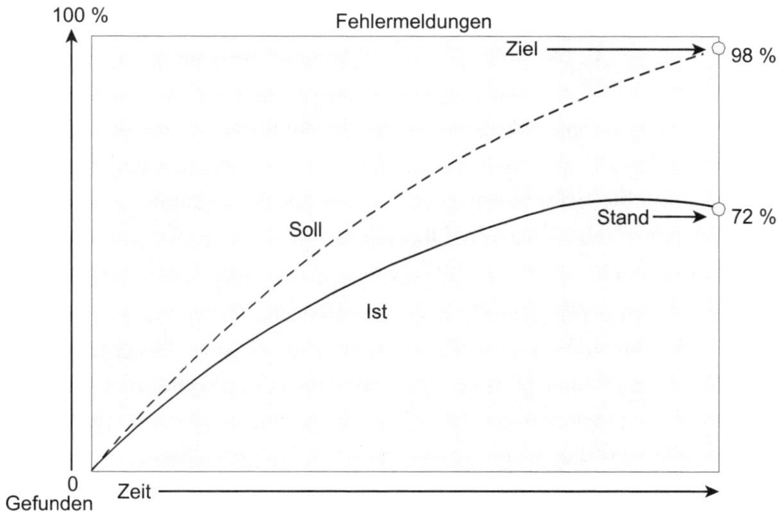

Abbildung 7.6
Überdeckung der prognostizierten Fehler

Demzufolge ist es möglich, die Fehlerdichte mit der neuen Anweisungszahl hochzurechnen. Wenn das neue System 50 000 Anweisungen umfasst und die bisherige Fehlerdichte 0,002 betrug, können wir mit 100 Fehlern im Systemtest rechnen. Das Testüberdeckungsziel ist es, 100 Fehler zu finden. Nach der achtzigsten erkannten Fehlermeldung haben wir erst 80% Testüberdeckung erreicht. Diese Art der Fehlerüberdeckung ist leider oft der einzige Anhaltspunkt, den Systemtester haben, vor allem dann, wenn sie über keine Dokumentation verfügen, auf die sie sich beziehen können [OSTR05].

Eine Kombination dieser vier funktionalen Testüberdeckungsmaße ergibt übrigens durchaus einen Sinn. Der Testprojektleiter kann beispielsweise die Function-Point-Überdeckung mit der Anforderungsüberdeckung und der Fehlerüberdeckung zusammenfügen um ein Kombimaß als Aggregation der drei Messungen aufzustellen. Dies hat den Vorteil, dass man die Systemüberdeckung aus verschiedenen Blickwinkeln betrachtet. Außerdem ergänzen sich die unterschiedlichen Testüberdeckungsmaße gegenseitig.

7.4 Fehleranalyse

7.4.1 Fehlerlokalisierung

Die Verwendung der gefundenen Fehler als Maßzahl für die Testüberdeckung ist nur ein Nutzen der Fehleranalyse. Die Fehleranalyse dient auch dazu, die Zuverlässigkeit eines Systems zu messen, die Effizienz der Testoperation zu beurteilen und die Restfehlerwahrscheinlichkeit hochzurechnen. Schließlich dient sie auch dazu, die Fehlerursachen zu identifizieren. Deshalb sind die Fehleranalyse sowie die Fehlermeldung und die Fehlerverfolgung ein wesentlicher Bestandteil der Systemtestauswertung.

Begonnen wird mit der Fehlererkennung. Jede Abweichung des Ist vom Soll wird als Fehler bezeichnet. Die groben, unübersehbaren Abweichungen fallen schon während der Testausführung auf. Der Test bricht mit einer Systemmeldung ab, bleibt stehen oder produziert unsinnige Ergebnisse. Der Tester kann nicht übersehen, dass hier etwas nicht stimmt. Also unterbricht er den Test, registriert den letzten Zustand und beschreibt die Situation in einer Fehlermeldung. Die meisten Fehler sind aber nicht so testerfreundlich. Sie zeigen sich erst in der Ergebniskontrolle, und zwar durch den Soll-Ist-Vergleich. In diesem Fall weiß der Tester nur, dass das Ergebnis falsch ist. Er weiß nicht, wie es zustande gekommen ist bzw. manchmal nicht einmal, welcher Testfall dazu geführt hat.

Zur Aufklärung der Umstände, die zu dem Fehler geführt haben, benötigt der Tester Informationen zum Testablauf. Voraussetzung für eine systematische Fehleranalyse ist demzufolge eine adäquate Testdokumentation. Es reicht nicht, nur die falschen Ergebnisse auszuweisen oder Systemabbruchsmeldungen weiterzugeben. Der Tester sollte auch erklären können, wie es zu dem Fehlverhalten gekommen ist, d.h. in welchem Anwendungsfall der Fehler aufgetreten ist, was die Eingabeparameter waren und in welchem Pfad die Software durchlaufen wurde. Um den Anwendungsfall zu identifizieren, muss der Tester nur wissen, welchen Testfall er oder der Testautomat angestoßen hat. Im zweiten Fall wird er selbst ein Protokoll führen, in dem er notiert, welche Testfälle er wann gestartet hat. Im zweiten Fall wird der Testautomat ein Protokoll schreiben, in dem neben dem Testfallkennzeichen die Start- und Endzeit des Testfalldurchlaufs registriert sind. Der Testautomat wird auch das Skript mit den Eingangsparametern speichern, um den gleichen Test später wiederholen zu können. Dieses Skript kann als Informationsquelle zur Klärung der Fehler dienen. Bei einem manuellen Test sollte der Tester immer Screenshots seiner Eingabeoberflächen aufheben, damit er sie zur Fehlerklärung verwenden kann (siehe Abbildung 7.7).

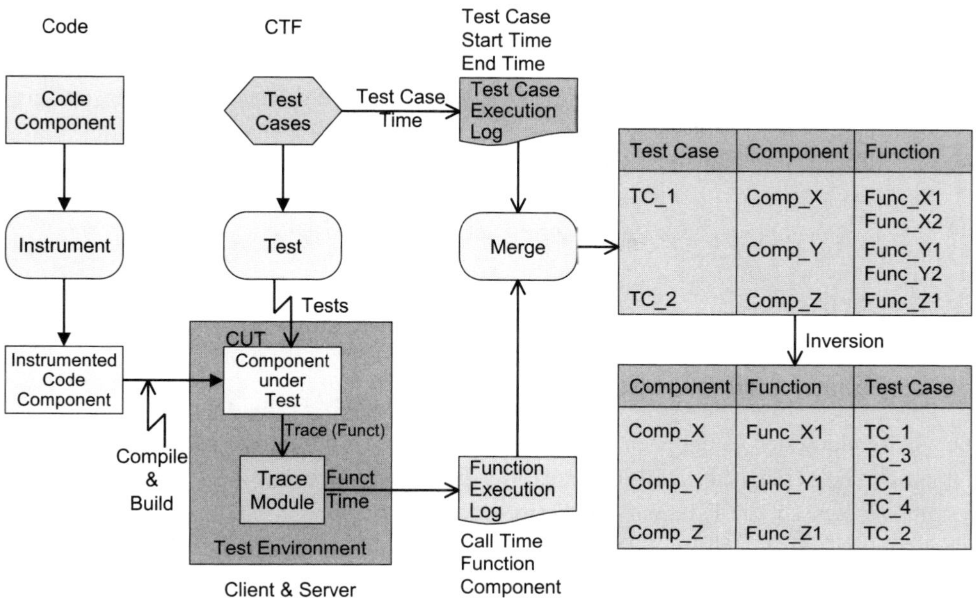

Abbildung 7.7 Dynamische Zuordnung der Testfälle zu den Komponenten

Die Rekonstruktion des Pfades durch die Software setzt einen Trace-Mechanismus voraus. Vor dem Test wird der Code instrumentiert. Dafür baut man zumindest in jede Methode bzw. in jede Prozedur einen so genannten Trace-Point ein. Dieser ist der Aufruf einer globalen Methode, die bei jedem Durchlauf die Namen der aufrufenden Methode oder Prozedur zusammen mit der aktuellen Uhrzeit in einem Trace-Log einträgt. Durch einen Vergleich mit den Startzeiten der Testfälle ist es möglich, genau den Testfall zu identifizieren, der zu dem Fehler geführt hat. Nicht nur das, durch die Auswertung des Trace-Logs wird es auch möglich sein, die Kette der durchlaufenden Methoden oder Module in einem Testfall zu rekonstruieren [CAND01]. Zu diesem Zweck gibt es zahlreiche Werkzeuge, darunter auch Werkzeuge des Autors für die Sprachen COBOL, PL/1, C++, C# und Java.

7.4.2 Fehlermeldung

Die meisten Systemtestprojekte setzen ein Fehlermeldungs- und -verfolgungssystem ein. Beispiele hierfür sind Bugzilla, Scarab und TestTrack [JOHN00]. Während der Testauswertung bzw. schon bei der Testausführung wird dieses System in einem Fenster auf der Benutzeroberfläche stets offen sein. Immer wenn ein Fehler auftritt, wird der Tester zur Fehlermeldungsmaske umschalten und dort die erforderlichen Angaben festhalten. Dazu gehören normalerweise:

- Datum und Uhrzeit
- Name des Release
- Name des Testers
- Name des Testobjekts – Oberfläche, Bericht, Schnittstelle oder Datenbank

- Name des Testlaufs
- Name des Anwendungsfalls
- Kennzeichen des Testfalls
- Eingangsdaten des Testfalls
- Ergebnis des Testfalls, ein Screenshot der Ausgabemaske, der Liste, der Schnittstelle oder der Datenbanktabelle, in der der Fehler aufgetreten ist
- Erklärung des Fehlers
- Gewichtung des Fehlers (kritisch, schwer, mittel, leicht)
- Beschreibung der Testumstände
- Trace des Testfalls, der zu dem Fehler geführt hat (siehe Abbildung 7.8)

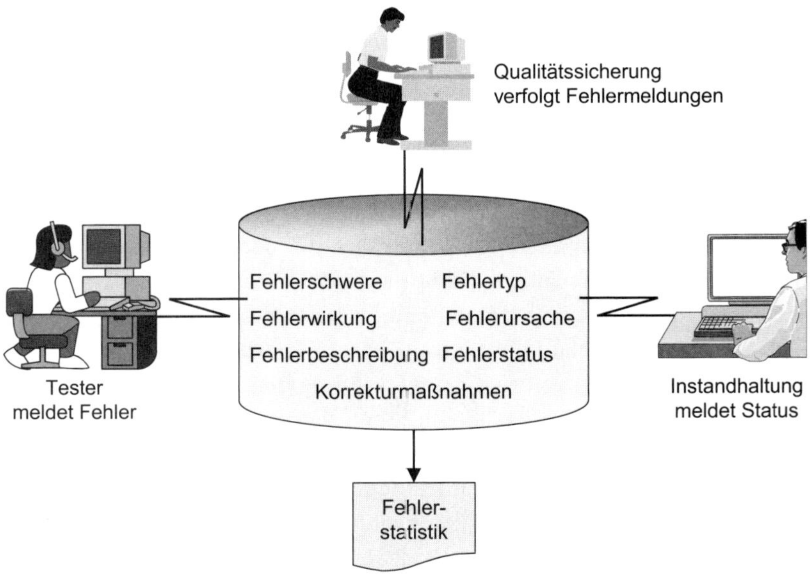

Abbildung 7.8
Fehler-
management

Diese Angaben sind die Attribute eines Eintrags in die Fehlerdatenbank. Dort dienen sie nicht nur dazu, die Fehler zu lokalisieren, sondern auch, die Fehler auszuwerten. Zu diesem Zweck sollten die Entwickler, die die Fehler beheben, folgende Ergänzungen anbringen:

- In welcher Komponente steckt die Fehlerursache?
- Was wurde unternommen, um den Fehler zu beheben?
- Wie und in welcher Phase wurde der Fehler verursacht?
- Wann wurde er behoben?
- Wie groß war der Aufwand, um ihn zu beheben?

Mit dieser Information hat das betriebliche Qualitätsmanagement die Möglichkeit, die Fehler zu analysieren und Ursachenforschung zu betreiben (siehe Abbildung 7.9). Der Testmanager möchte wissen, wie viele Fehler welcher Art aufgetreten sind, um das Ist-Profil mit

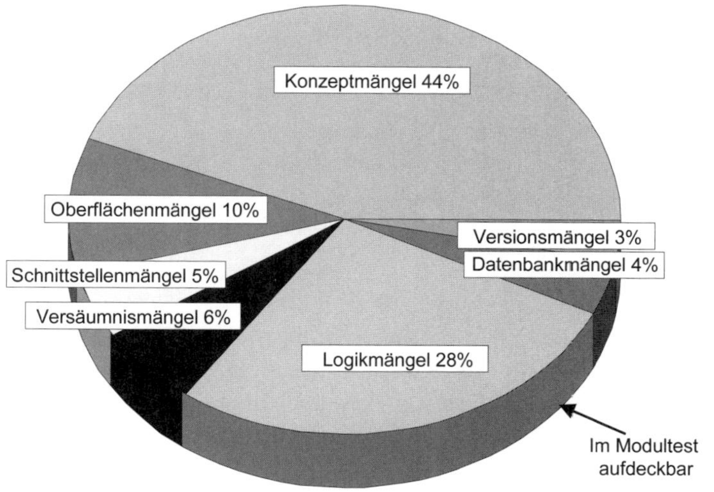

Abbildung 7.9
Beispiel einer Fehlerursachenanalyse

seinem Soll-Profil vergleichen zu können. Für ihn ist das Verhältnis der Anzahl aufgetretener Fehler zur Anzahl erwarteter Fehler ein Maß für den Testfortschritt: der Fehlerüberdeckungsgrad.

So gesehen hat die Fehleranalyse mehrere Zwecke:

- Behebung der Fehler
- Erforschung der Fehlerursachen
- Verfolgen des Testfortschritts
- Aufbau einer Testerfahrungsdatenbank

Der letzte Punkt ist eine wichtige Voraussetzung für die Planung künftiger Testprojekte [ELB05].

7.5 Systemtestmetrik

Keine Abhandlung der Systemtestauswertung wäre komplett, ohne auf die Testmetrik einzugehen. Testkennzahlen spielen eine maßgebliche Rolle bei allen Auswertungsmaßnahmen von der Ergebnisanalyse bis zur Fehleranalyse und insbesondere bei der Testüberdeckungsmessung. Schließlich bilden sie die Basis für die Bewertung des Testbetriebs.

Die erste Anwendung der Testmetrik findet schon in der Testplanung statt. Die Testbarkeit des Systems ist in die Kalkulation für den Testaufwand eingeflossen, ebenso wie die Testproduktivität. Testbarkeit und Testproduktivität sind wichtige Kennzahlen, ohne die eine Planung der Testaktivitäten nicht möglich ist. Bei der Testauswertung kommt es auf andere Kennzahlen an, nämlich:

- die Testüberdeckung
- die Fehlerhäufigkeit
- die Testeffektivität

7.5.1 Testüberdeckungsmaße

Die wesentlichen Testüberdeckungsmaße sind:

- die Codeüberdeckung
- die Architekturüberdeckung
- die Datenüberdeckung
- die Funktionsüberdeckung
- die Anforderungsüberdeckung

Codeüberdeckung ist der Grad, in dem alle Codebestandteile durch den Test erreicht werden. Mögliche Ziele sind zum Beispiel, alle Anweisungen, alle Zweige oder alle Pfade zu durchlaufen, wobei die Menge der Verzweigungen auch die Menge der Anweisungen und die Menge der Pfade auch die Menge aller Verzweigungen enthält, d.h. wer alle Pfade testet, testet alle Anweisungen mit. Für diese Messung muss der Code zuvor instrumentiert werden. In jedem Zweig, d.h. in jeder Methode, sowie in jedem if-, else- und case-Zweig und in jeder Schleife wird ein Durchlaufzähler eingebaut. Dieser Durchlaufzähler ruft eine Zählungsmethode auf, die eine Tabelle aller Zweige für alle Klassen bzw. Module führt. Dort wird summiert, wie oft jeder Zweig durchlaufen wird. Am Ende des Tests wird diese Tabelle gesichert und ausgewertet. Die Auswertung ergibt den prozentualen Anteil aller ausgeführten Zweige pro Code-Einheit sowie den Prozentsatz für das System in seiner Gesamtheit. Damit hat man eine Maßzahl für die Code-Überdeckung (siehe Abbildung 7.10).

```
+------------------------------------------------------------------------+
|               T E S T   C O V E R A G E   R E P O R T                  |
| DATE:    25.06.02                                       PAGE: 0648     |
| SYSTEM: FAIVS                                           TEST: 0001     |
| MODULE: TESTMOD                                                        |
| Node  Line  Node Name                                   Exec. Missed   |
|  Nr.   Nr.                                               Nr.           |
+------------------------------------------------------------------------+
| 0000 00004 Function,GGRS_GetWfFDD(char *pszBuffer,        414          |
| 0001 00011 loop     ,for((*piOffset) += (*piLen);         502          |
| 0002 00015 if       ,if(pszBuffer[(*piOffset)] != cStartFi 412         |
| 0003,00019 loop     ,for (*piLen = 0;                     223          |
| 0004 00024 goto     ,break;                                 0    *     |
+------------------------------------------------------------------------+
|         Number of Test Probes inserted =      5                        |
|         Number of Test Probes executed =      4                        |
|         Number of Test Probes missed   =      1                        |
|         Coverage Ratio for this module =   0.80                        |
+------------------------------------------------------------------------+
+------------------------------------------------------------------------+
|               T E S T   C O V E R A G E   S U M M A R Y                |
| DATE:    25.06.02                                       PAGE: 0734     |
| SYSTEM: FAIVS                                           TEST: 0001     |
+------------------------------------------------------------------------+
|    Total Number of Modules tested       =    404                       |
|    Total Number of Test Probes inserted =  29888                       |
|    Total Number of Test Probes executed =   3648                       |
|    Total Number of Test Probes missed   =  26240                       |
|    Test Coverage Ratio Total            =   0.12                       |
+------------------------------------------------------------------------+
```

Abbildung 7.10 Codeüberdeckungsbericht

Im Systemtest wird diese Maßzahl nie besonders hoch werden. Ein Großteil des Codes besteht aus der Behandlung von Ausnahmen und Fehlerbedingungen. Es gibt außerdem in modernen komponentenbasierten Systemen jede Menge Code, der mit der jeweiligen Applikation nichts zu tun hat. Insofern ist die Messung der Codeüberdeckung zwar eine interessante Übung, aber für den Systemtest irrelevant. Relevant wäre es nur, wenn man wüsste, welcher Anteil des Codes bei dieser Anwendung ausgeführt werden sollte. Der Rest muss aus der Messung ausgeklammert werden. Dazu müsste man vorher einen Referenz-Test durchführen, in dessen Verlauf alle relevanten Pfade den Code durchlaufen. Danach könnte man dieses Überdeckungsmaß für alle weiteren Tests als Referenzmaß verwenden. Da der Aufbau dieses Referenztests jedoch zu aufwändig ist, verzichtet man in der Regel darauf.

Eine Messung der Architekturüberdeckung ist eher zu vertreten [MUCC04]. Hier geht es darum, alle ausgeführten Methoden und Prozeduren, alle gesendeten und empfangenen Nachrichten, alle geschriebenen Berichte, alle Benutzeroberflächen und alle abgefragten Datenbanktabellen zu zählen. Die Gesamtzahl dieser Architekturelemente lässt sich aus der Entwurfsdokumentation bzw. den UML-Diagrammen ableiten. Die Soll-Summe der Systemelemente aus der statischen Entwurfsanalyse wird der Ist-Summe der Systemelemente aus der dynamischen Codeanalyse gegenübergestellt. Im Code werden nur die Architektur-relevanten Operationen instrumentiert, z.B. alle Methoden, alle Oberflächen, alle Schnittstellen und alle Datenbankeröffnungen. Ihre Ausführung wird registriert und summiert. Zum Schluss hat man ein relationales Maß:

$$\frac{\textit{getestete Architekturelemente}}{\textit{Summe der Architekturelemente}}$$

Das Datenüberdeckungsmaß folgt aus der Testergebnisrelation [WEYU86]. Bei der Analyse der Testergebnisse kommt es darauf an, den Dateninhalt, sämtliche Präsentationsmasken, Berichte, Exportdateien und veränderte Datenbanktabellen zu kontrollieren. Dabei werden die einzelnen Datenelemente bzw. Attribute und Felder gezählt. Gleichzeitig wird gezählt, welche dieser Datenelemente geprüft werden, d.h. für die es eine Post-Condition-Assertion gibt. Wenn es für jedes einzelne Datenelement in jedem Ausgabemedium eine Assertion gibt, die auch tatsächlich interpretiert wird, ist die Datenüberdeckung 100%. Somit ist das Datenüberdeckungsmaß:

$$\frac{\textit{Anzahl geprüfter Datenelemente}}{\textit{Summe aller Datenelemente}}$$

Funktionsüberdeckung bezieht sich auf die Anwendungsfälle [STOC96]. Jeder Anwendungsfall hat ein oder mehrere Ausgänge, meist mindestens zwei – einen positiven und einen negativen. Es können auch mehrere positive und mehrere negative Ausgänge sein. Ein Ausgang entspricht einer elementaren Funktion. So hat der Anwendungsfall „Geld_vom_Automaten_abheben" einen positiven Ausgang – das Geld wird ausgezahlt – und mehrere negative Ausgänge, z.B. die PIN Nummer wird abgelehnt, die Bankkarte eingezogen, das Konto gesperrt, das Netz fällt aus, usw. Diese Varianten eines Anwendungsfalls gehen aus der Use-Case-Beschreibung hervor. Sie können gezählt werden. Die Funktionsüberdeckung ist der Anteil jener Anwendungsfallpfade, die tatsächlich getestet werden, d.h. um 100% Funktionsüberdeckung zu erreichen, muss es für jeden Pfad durch einen Anwendungsfall einen Testfall geben, und dieser Testfall muss mindestens einmal ausgeführt werden. Das Maß ist:

$$\frac{\textit{getestete Anwendungsfallvarianten}}{\textit{Summe Anwendungsfallvarianten}}$$

Das letzte für den Systemtest relevante Überdeckungsmaß ist die Anforderungsüberdeckung [YANG05]. Im Fachkonzept bzw. der Anwendungsdokumentation werden zweierlei Eigenschaften des Systems vorgegeben, das Was (Anforderungen) und das Wie (Anwendungsfälle). Die Anforderungen beschreiben, was das System leisten sollte, die Anwendungsfälle, wie sie dies tun. Beides gehört zu einer vollständigen Systembeschreibung. Nicht alle Anforderungen werden durch Anwendungsfälle abgedeckt. Es kann sein, dass der Analytiker sie offen lassen will, dass er sie nicht zuordnen kann, oder sie schlicht vergisst. Deshalb soll die Überdeckung der Anforderungen zusammen mit der Überdeckung der Anwendungsfälle gemessen werden (siehe Abbildung 7.11).

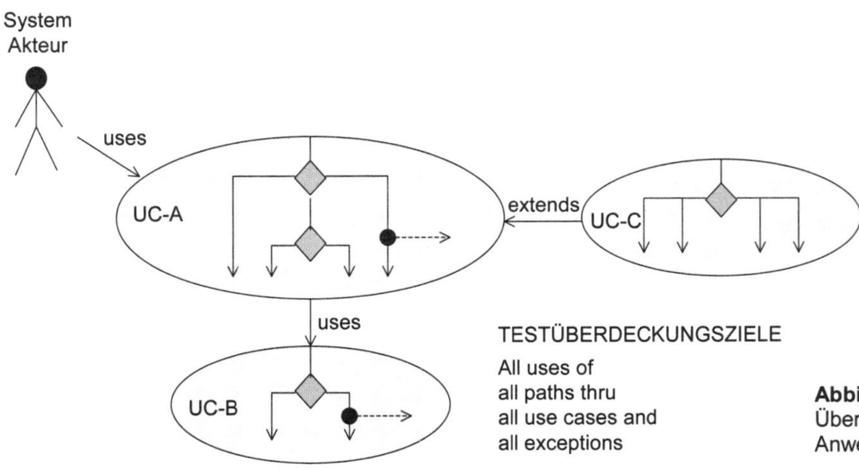

Abbildung 7.11
Überdeckung der Anwendungsfälle

Jeder Testfall muss nicht nur einem Anwendungsfall, sondern auch einer Anforderung zugeordnet sein. Eine Anforderung ist erst dann getestet, wenn mindestens ein Testfall bezogen auf diese Anforderung ausgeführt wird. Falls eine Anforderung keinen Testfall hat oder falls die Testfälle zu einer Anforderung nicht ausgeführt werden, ist die Anforderung nicht getestet. Ergo ist das Maß für die Anforderungsüberdeckung:

$$\frac{\textit{getestete Anforderungen}}{\textit{alle Anforderungen}}$$

Diese Testüberdeckungsmaße sind nicht alternativ zueinander. Im Gegenteil, sie ergänzen sich gegenseitig. Deshalb empfiehlt es sich, wenn möglich, alle zu verwenden. Das Mindestmaß für einen Systemtest wäre die Anforderungsüberdeckung, danach käme die Funktionsüberdeckung und zur Krönung die Datenüberdeckung, wobei für bestimmte Systemarten wie z.B. Informationssysteme die Datenüberdeckung mindestens ebenso wichtig wie die Funktionsüberdeckung ist. Die Architekturüberdeckung gibt Aufschluss über die Übereinstimmung der technischen Lösung mit den fachlichen Problemen. Dies könnte zur Qualitätssicherung der Implementierung beitragen. Die Messung der Codeüberdeckung kostet viel und bringt wenig, es sei denn im Sinne einer Reverse-Engineering-Aktion, bei der man bemüht ist, den Zusammenhang zwischen dem Code und der Funktionalität eines Systems herzustellen. Diese Notwendigkeit ergibt sich nicht selten im Rahmen der Softwarewartung, wenn es darauf ankommt, Änderungen und Korrekturen zu testen. In diesem Fall will man wissen, ob die veränderten Code-Abschnitte tatsächlich getestet werden. Zu dem Thema wurde schon viel veröffentlicht [ROTH01].

7.5.2 Fehleranalysemaße

Für die Fehleranalyse werden zwei Maße verwendet:

- ein absolutes Maß
- ein relatives Maß

Das absolute Maß ist die absolute Anzahl gemeldeter Fehler. Die Zahl der Fehler allein sagt jedoch wenig aus, weil Fehler nicht gleich Fehler sind. Es gibt am einen Ende des Spektrums triviale Fehler und am anderen katastrophale. Sie dürfen nicht gleich gewichtet werden. Die ANSI/IEEE Norm 1044 für Fehlerklassifizierung schlägt deshalb fünf Klassen vor:

- Katastrophale Fehler
- Kritische Fehler
- Schwere Fehler
- Mittlere Fehler
- Leichte Fehler [IEEE1044]

Katastrophale Fehler müssen mindestens das 16-Fache mehr wiegen als leichte, kritische Fehler wiegen 8-fach mehr, schwere Fehler 4-fach mehr und mittlere Fehler doppelt so viel. Daraus ergibt sich folgendes Gewichtungsschema:

- Katastrophale Fehler x 16
- Kritische Fehler x 8
- Schwere Fehler x 4
- Mittlere Fehler x 2
- Leichte Fehler x 1

Die gewichtete Fehleranzahl ist als Maß viel aussagekräftiger als die einfache Fehleranzahl. Sie setzt jedoch Kriterien für die Klassifizierung der Fehler voraus. Laut IEEE-Norm ist ein Fehler katastrophal, wenn er erheblichen Schaden an Menschenleben, Materialschäden oder Geldverlust verursacht. Ein kritischer Fehler verursacht den Abbruch der Produktion oder ein falsches Ergebnis, das zu gerichtlichen Konsequenzen führen könnte. Schwer ist ein Fehler, wenn er zu einem Systemabbruch oder zu einem falschen Ergebnis führt, das zwar Schaden anrichtet, aber umgehbar ist, d.h. den Betrieb nicht aufhält. Ein mittlerer Fehler ist ein falsches Ergebnis, das zwar ärgerlich, doch nicht schädlich ist, oder aber eine Abweichung von einer vereinbarten Norm darstellt. Leichte Fehler sind Unschönheiten in der Datenerfassung oder der Datenpräsentation ohne Auswirkung auf die Zuverlässigkeit des Systems.

Fehler lassen sich in zwei weitere Kategorien unterteilen. Es gibt solche, die von einem Tester gemeldet werden, und Fehler, die erst ein Kunde meldet. Diese Unterscheidung ist eine Voraussetzung für die Beurteilung der Testeffektivität.

Bei den relativen Maßen lässt sich die gewichtete Fehleranzahl mit verschiedenen anderen Maßen vergleichen. So haben wir

$$\frac{\textit{gewichtete Fehleranzahl}}{\textit{geleistete Testertage}}$$

als Maß für die Fehlerfindungsproduktivität. Die Relation zwischen gewichteter Fehleranzahl und Testfällen ist ein Maß für die Effizienz der Testfälle:

$$\frac{\textit{gewichtete Fehleranzahl}}{\textit{ausgeführte Testfälle}}$$

Das Verhältnis zwischen der Fehleranzahl und der Systemgröße ergibt die Fehlerdichte

$$\frac{\textit{gewichtete Fehleranzahl}}{\textit{Systemgröße}}$$

– wobei sich die Systemgröße in Codezeilen, Anweisungen, Function-Points, Object-Points oder einer anderen Größenzahl angeben lässt. Die Fehlerdichte ist unentbehrlich für die Hochrechnung der erwarteten Anzahl von Fehlern im nächsten Release bzw. im nächsten Projekt [POOR97].

Die sorgfältige Zählung, Klassifizierung und Gewichtung der aufgedeckten Fehler ist also ein wichtiger Bestandteil der Systemtestbarkeit. Sie dient nicht nur als Rückkopplung zum Stand des Systemtests, sondern auch als Basis für die Planung weiterer Testaktivitäten und ist als gewichtete Fehleranzahl die wichtigste Kennzahl des Systemtests.

7.5.3 Messung der Testeffektivität

Die in den Systemtest einfließenden Ressourcen sind nicht sehr umfangreich. Je größer und komplexer die Systeme, umso höher ihr Integrationsgrad und desto aufwändiger der Test. Ein führender SAP-Manager behauptete, dass die Integration und der Test der Teilsysteme mittlerweile über 50% der Projektkosten verursacht [SOMM06]. Ähnliche Ergebnisse ergaben sich aus der Studie von Web-basierten Systemen und EAI-Systemen. Im GEOS-Projekt der Wiener Banken kamen 96 Tester auf 67 Entwickler, und im FBI-Home-Security-Projekt der US-Regierung gab es über 160 Tester für rund 100 Entwickler [GOLD05]. Man schätzt, dass der Test einer Service-orientierten Architektur doppelt so viel kostet wie die Entwicklung der einzelnen Web-Services. In Anbetracht solcher Zahlen darf man sich nicht wundern, wenn Manager nach dem Return On Investment (ROI) fragen, danach also, was sie für diese horrende Investition zurückbekommen.

Um diese Frage zu beantworten, müssen wir zur Kernfrage zurückkehren, nämlich, warum wir überhaupt testen. In ihrem Buch „Basiswissen Softwaretest" verweisen Spillner und Linz auf die beiden Hauptziele des Testens:

- Fehler in der Software zu finden (ehe die Benutzer sie finden)
- Vertrauen in die Software zu bilden [SPIL03]

Daraus lassen sich zwei Maße ableiten.

- Fehlerentdeckungsrate
- Vertrauensgrad

Die Fehlerfindungsrate ist der von den eigenen Testern gemeldete Anteil aller gemeldeten Fehler. Natürlich müssen die Fehler nach Schwere gewichtet werden. Die Metrik ist wie folgt:

$$\frac{\textit{gewichtete Fehler (Tester)}}{\textit{gewichtete Fehler (gesamt)}}$$

Je höher der von den Testern gemeldete Fehleranteil, desto größer die Fehlerentdeckungsrate. Wenn z.B. die Tester zwei kritische Fehler, acht schwere, 16 mittlere und 24 leichte Fehler melden, die Benutzer hingegen einen kritischen Fehler, drei schwere, fünf mittlere und vier leichte Fehler finden, so ist die Fehlerfindungsrate 104/138 = 0,75, d.h. 75% der gewichteten Fehler werden im Testbetrieb aufgedeckt. Dies ist eine klare Aussage über die Effektivität des Tests [SNEE06].

Der Vertrauensgrad ist das Verhältnis der gefundenen Fehler zur Anzahl der ausgeführten Testfälle, justiert durch die Testüberdeckungsrate. Je weniger Fehler pro Testfall aufgedeckt werden und je höher die Testüberdeckung ist, desto größer ist der Vertrauensgrad. Also lautet die Metrik:

$$1 - \frac{\textit{gemeldete Fehler(gewichtet)}}{\textit{ausgeführte Testfälle}} * \textit{Testüberdeckung}$$

Hier könnte die Testüberdeckung der Mittelwert aus verschiedenen Testüberdeckungsmessungen sein, wie Architekturüberdeckung, Anforderungsüberdeckung und Funktionsüberdeckung. Wenn eine ausreichend hohe Testüberdeckung erreicht ist und nur noch wenig Fehler bei vielen Testfällen auftauchen, ist dies ein Zeichen für Systemstabilität. Das Vertrauen in das System steigt, und man ist mit dem Testbetrieb zufrieden. Wenn aber entweder die Fehleranzahl hoch oder die Testüberdeckung niedrig ist, besteht Anlass zum Misstrauen (siehe Abbildung 7.12 auf der nächsten Seite).

Mit diesen Metriken lässt sich die Testleistung einigermaßen bewerten. Es ist auf jeden Fall besser für den Tester, solche messbaren Ziele zu setzen, als nur ins Blaue hinein zu testen. Das Projektmanagement muss ein Gefühl dafür bekommen, wie viel der Test wert ist und ob es sich lohnt, weiterzutesten [LANG05].

```
KRASSFORD                TS-300 TEST STATUS                  SITE: BUDAPEST
AUTHOR: SNEED                  BERICHT                       DATE: 02.04.93
SUBJECT: STATUS OF TS-300 SYSTEM TEST IN BUDAPEST            PAGE: 1 OF 2
```

PROGRAM	TESTER	STATUS	NR LINES	NR STMTS	NR BRCHS	NR FILES	NR FKPT	NR ERRS	CONF RATE	CORR RATE	COVR RATE
GAS000 (P4453)	KINNO (12)	TESTED 30.10	1986	544	292	9	160	11	0,91	1,00	0,91
GAS001 (P4401)	KINNO MUMMA	TESTED 04.12	4385	1231	483	34	162	9	0,89	0,99	0,73
GAS002 (P4424)	MAIER MUMMA	TESTED 18.12						5			
GAS003 (P4460)	MAIER (4)	TESTED 30.11	455	93	54	3	15	1	0,92	1,00	0,92
GAS004 (P4461)	MAIER (8)	TESTED 19.11	1334	417	189	8	55	11	0,96	1,00	0,91
GAS005 (P4493)	FUELE MUMMA	TESTED 27.11						8			
GAS012 (P4467)	KINNO (7)	TESTED 03.02	1744	589	305	10	95	6	0,94	1,00	0,73
GAS013 (P4468)	EDS (6)	TESTED 04.02	1820	619	320	10	95	5	0,95	1,00	0,75
GAS014 (P4469)	KINNO (5)	TESTED 27.01	2006	703	379	10	95	4	0,95	1,00	0,66
GAS015 (P4470)	KINNO (4)	TESTED 28.01	1994	696	370	10	95	4	0,95	1,00	0,65
GAS016 (P4471)	MAIER (5)	TESTED 03.02	1993	679	349	10	95	4	0,95	1,00	0,66
GAS017 (P4472)	MAIER (4)	TESTED 03.02	1702	586	292	10	19	3	0,95	1,00	0,75
GAS018 (P4463)	MAIER (3)	TESTED 21.01	930	264	124	5	35	1	0,94	1,00	0,91
GAS019 (P4481)	EDS (2)	TESTED 04.02	1189	375	192	6	55	2	0,93	1,00	0,79
GAS020 (P4482)	MAIER (3)	TESTED 04.02	1190	373	192	6	55	2	0,93	1,00	0,91

Abbildung 7.12 Testeffektivitätsbericht

7.6 Systemtestmessung in der Praxis

Ein gutes praktisches Beispiel für die Messung eines Systemtests (an dem einer der Autoren beteiligt war) ist der Test eines Sicherheitskontrollsystems. Ziel des Projekts waren die Implementierung und der Test eines Zugriffsschutzsystems für Netzwerke. Es definiert Rollen und kontrolliert den Zugriff auf Objekte im Netz. Dazu müssen alle potenziellen Benutzer autorisiert und authentisiert werden. Das Zugriffsschutzsystem wurde als Schützhülle um die drei Architekturschichten des Netzwerks – Benutzerschnittstelle, Kernschicht und Datenzugriffschale – implementiert und bestand aus den vier Komponenten Authentifizierungsdienst, Autorisierungsdienst, Überwachungsdienst und Datenmanagement.

Die Aufgabe des Tests bestand darin, nachzuweisen, ob das Zugriffsschutzsystem für die Absicherung eines E-Government Netzes geeignet war oder nicht. Dafür wurden 65 Testfälle spezifiziert und durchgeführt. Die Testfälle wurden im Sinne eines Anforderungs-basierten Tests aus den ca. 40 funktionalen und nicht-funktionalen Anforderungen abgeleitet.

Für jede dieser Anforderungen gab es einen oder mehrere Testfälle. Die Testfälle wurden in eine Testfalltabelle überführt, aus der die Testprozeduren generiert wurden. Vor dem Test wurden die Java-Klassen mit dem Werkzeug *TestDoc* instrumentiert. In jede Methode wurde, wie der folgende Sourcetext zeigt, ein Durchlaufzähler eingefügt. Beim Durchlauf rief dieser Zähler eine globale Trace-Routine mit dem Klassennamen und dem Methodennamen auf.

```
public class ZugriffsService extends AbstractAutorisierungsDienst
       implements IZugriffsService {

    /* @throws RemoteException   */
    public ZugriffsService() throws RemoteException {
       allgo();
       /*001*/   Tracer.XTrace ("ZugriffsService",
                                "ZugriffsService_001");
    }

    public Vector enumerate(IUser admin, Map key) throws
           PermissionException {
       /*002*/   Tracer.XTrace ("ZugriffsService", "enumerate_002");
        try {
            allgo.enumerate(admin, key);
            return pdm.enumerate(key);
        } catch (Exception e) {
            AuditService.error(this.getClass().getName() + ".get: "
                               + e.getMessage(), e);
        }
        return null;
    }
```

Die zentrale Trace-Routine (Tracer.XTrace) registrierte jede Methodenausführung mit der Zeit der Ausführung in einer Tracetabelle. Weil die Anfangszeit und die Endzeit eines jeden Testfalles im Testprotokoll festgehalten werden, war es auf diese Weise möglich, die ausgeführten Methoden den Testfällen zuzuordnen.

```
18.11.2006; 20:13:10 ZugriffsService ZugriffsService_001
18.11.2006; 20:13:11 ZugriffsService ZugriffsService_001
18.11.2006; 20:13:14 ZugriffsService enumerate_002
18.11.2006; 20:13:17 DatenService    executeQuery_005
18.11.2006; 20:13:19 ZugriffsService enumerate_002
18.11.2006; 20:13:22 DatenService    getService_005
```

Nach jedem Test konnte ein Systemtestüberdeckungsprotokoll produziert werden, aus dem hervorging, zu welchem Grade die Methoden erreicht wurden.

```
Number of Test Probes inserted  =   253
Number of Test Probes executed  =   157
Number of Test Probes missed    =    96
Coverage Ratio for this system  =     0.621
```

Die IST-Ergebnisse der 65 Testfälle wurden mit den spezifizierten SOLL-Ergebnissen verglichen, um 11 Fehler aufzudecken, darunter auch zwei fatale, die es u.a. ermöglichten, auf die Objekte des Netzwerks zuzugreifen. Daraus ergab sich der auf der nächsten Seite dargestellte Testmetrikbericht.

Metric Definition	Metric Type	Metric Value
Number of Test Cases specified	Absolute Count	65
Number of Test Cases executed	Absolute Count	65
Number of Code Modules	Absolute Count	26
Number of Code Statements	Absolute Count	2065
Number of Methods&Procedures coded	Absolute Count	253
Number of Methods&Procedures tested	Absolute Count	157
Number of Defects predicted	Absolute Count	12
Number of Defects in total	Absolute Count	11
Number of Critical Defects (8)	Absolute Count	2
Number of Severe Defects (4)	Absolute Count	1
Number of Major Defects (2)	Absolute Count	1
Number of Medium Defects (1)	Absolute Count	3
Number of Minor Defects (0.5)	Absolute Count	4
Number of Weighted Defects	Weighted Count	27
Defect Density Rate	Relational Scale	0.0053
Weighted Defect Density Rate	Relational Scale	0.0131
Case Coverage Rate	Relational Scale	1.000
Code Coverage Rate	Relational Scale	0.621
Test Coverage Rate	Relational Scale	0.621
Defect Coverage Rate	Relational Scale	0.916
Remaining Error Probability	Relational Scale	0.007
Weighted Error Probability	Relational Scale	0.016
System Trust Coefficient	Relational Scale	0.742
Test Effectiveness Coefficient	Relational Scale	0.962

An Hand des Berichtes ist zu erkennen, dass die Testüberdeckung unzulänglich war. Obwohl 100% der Testfälle ausgeführt wurden, hat man nur 157 von 253 Java-Methoden getestet. Daraus folgt, dass viele Methoden abseits der Hauptpfade liegen und nur in Ausnahmefällen gebraucht werden. Durch Gewichtung der gefundenen Fehler ergab sich ein Systemvertrauensgrad von 0,742. Diese niedrige Bewertung wies darauf hin, dass das System für den produktiven Einsatz noch nicht reif war [PERN07].

8

8 Testpflege und -fortschreibung

Ein komplexes Softwaresystem ist nie fertig. Nach der Softwareevolutionslehre muss ein IT-System fortwährend angepasst werden, um mit seiner Umgebung Schritt zu halten. Neben den technischen Anpassungen an die Hardware und Basissoftware sind inhaltliche Anpassungen an die fachliche Umgebung unvermeidlich. Die von der Software abgebildeten fachlichen Prozesse unterliegen einer ständigen, fließenden Änderung. Gesetze, Vorschriften, Marktbedingungen und Kundenerwartungen bleiben nicht stehen. Alles regt sich, alles bewegt sich. Damit das IT-System nicht veraltet, muss es mit seiner Umgebung Schritt halten. Daraus folgt, dass in regelmäßigen Abständen eine neue Version herausgegeben wird. Oft sind es zwei oder sogar vier Versionen pro Jahr. Vor allem dort, wo die Umgebung besonders dynamisch oder das System besonders labil ist, sind neue Releases in regelmäßigen Abständen erforderlich. Laut Railich und Bennett benötigt ein komplexes IT-System drei bis fünf Jahre, bis es ausgereift ist [RABE00]. Diese Reifezeit bezeichnet man als Evolutionsphase (siehe Abbildung 8.1).

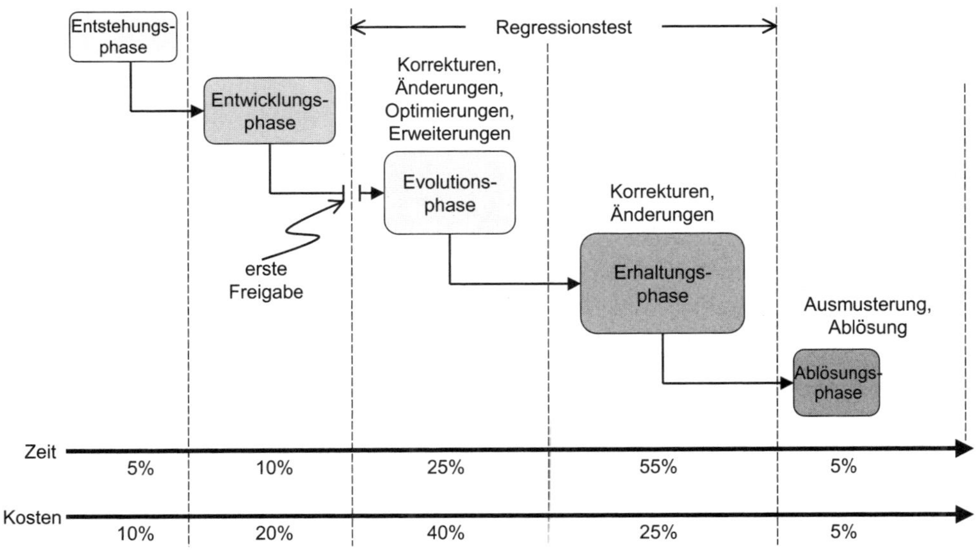

Abbildung 8.1 Softwaresystemevolution

Dieser Tatbestand hat Konsequenzen für den Systemtest. Es heißt vor allem, dass die Testware nicht sofort nach der ersten Freigabe des Systems vernachlässigt und die Testmannschaft aufgelöst werden kann. Ein Teil der Testmannschaft muss bleiben und die Testware in ihrer Gesamtheit erhalten werden, um weitere Versionen zu testen. Dies bringt die Frage der Testware zum Vorschein. Was ist eigentlich Testware? Der Begriff „Testware“ wurde von der Testliteratur geprägt [HETZ88]. Er bezeichnet alle Dokumente, Skripte, Daten, Werkzeuge und sonstige greifbare Ergebnisse des Testprozesses. Dazu gehören der Testplan, die Testfälle, die Testprozeduren, die Testberichte und die Testwerkzeuge. Dies alles ist Testware. Wenn der Test wiederholt werden soll, muss sie gepflegt und fortgeschrieben werden [ISQI03].

Der Testplan muss für jede neue Version ergänzt und erweitert werden. Es kommen immer neue Testfälle hinzu, nicht nur um die neuen Funktionen zu testen, sondern auch um die alten besser abzudecken. Das Gleiche trifft auf die Testprozeduren zu. Neue und bessere Testdaten werden generiert, zusätzliche Testprotokolle eingeführt und die Testwerkzeuge nachgebessert. Dies alles wiederholt sich mehrere Male, so lange, bis die Testware voll ausgereift ist und mit der Software voll im Einklang steht. Solange die Software selbst im Wandel begriffen ist, wird die Testware kaum nachkommen. Erst wenn sich die Software stabilisiert hat, ist die Testware aktuell.

Für die Fortschreibung der Testware benötigt man Tester. Die Testmannschaft wird also nicht aufgelöst, sondern nur reduziert. Genau wie ein Teil der Entwickler bleibt, um die Software zu pflegen und fortzuschreiben, bleibt ein Teil der Testmannschaft erhalten, um die Testware zu pflegen und fortzuschreiben sowie um Regressionstests der neuen Systemversionen durchzuführen.

In diesem Kapitel beschreiben wir die Aktivitäten der Testmannschaft nach der ersten Freigabe des Systems, d.h. die Testaktivitäten in der Evolutionsphase. Dazu gehören:

- die Analyse der Änderungs- und Ergänzungsanträge
- die Fortschreibung und Optimierung des Testplanes
- die Impactanalyse der Software
- die Spezifikation neuer Testfälle
- die Bereitstellung zusätzlicher Daten
- die Ausführung des Regressionstests
- die Auswertung der Regressionstestergebnisse [SHT04]

8.1 Analyse der Änderungs- und Ergänzungsanträge

Der erste Schritt beim Test einer neuen Systemversion ist die Analyse der eingereichten Änderungs- und Ergänzungsanträge bzw. der Change-Requests. Im Gegensatz zum ursprünglichen Fachkonzept bzw. der Anforderungsdokumentation, die meistens in einem einzigen Dokument zusammengefasst vorliegt, sind die Änderungs- und Ergänzungsanträge in verschiedenen Dokumenten fragmentiert. Jeder Change-Request ist ein eigenes Dokument. Weil die Anträge verschiedenen Quellen entstammen, kann es durchaus vorkommen, dass einige von ihnen redundant sind. Die neue, in Change-Request A verlangte Anforderung kann auch in Change Request B vorkommen. Bei der Analyse der Antragsdokumente kommt es zunächst darauf an, solche Redundanzen zu erkennen und zu eliminieren.

Durch die Analyse der einzelnen Anträge entstehen zunächst zusätzliche Testfälle – einer pro Zustand und Aktion, und zwei pro Regel. Es entsteht auch eine neue Testmetrik, die aussagt, wie viele Testfälle man benötigt, um alle neuen und geänderten Funktionen zu testen. Wichtig ist, dass sie für alle Change-Requests zusammengefasst sind. Integrierte Werkzeuge für Change- und Test-Management unterstützen diese Herausforderung. Ebenso Werkzeuge wie z.B. der Textanalysator *„TextAnalyzer"*. Dort werden alle Testfälle und alle Testmetriken der untergeordneten Dokumente, in diesem Fall die Change-Requests, zusammengefasst und aggregiert. Dabei werden die Redundanzen entfernt.

Das Resultat der CR-Analyse ist eine Liste jener neuen Testfälle, die erforderlich sind, um die geänderte und zusätzliche Funktionalität zu testen. Außerdem erfolgt ein neuer Metrikenbericht, aus dem hervorgeht, welchen Umfang und welche Komplexität die Anforderungen für das nächste Release haben. Diese Information ist wichtig für den nächsten Schritt, die Fortschreibung des Testplans (siehe Abbildung 8.2).

```
+-------------------------------------------------------------------------------------------+
| Change Request Analysis
| Product       : NOBSON
| System        : Norgann
| Project       : Change_Request CR-033701                              Date : 02.07.2008
+-------------------------------------------------------------------------------------------+
+-------------------------------------------------------------------------------------------+
|  Requirement Document: EENFF10.DOC
|  Requirement Type: Change Request
|  System affected: Norgann
+-------------------------------------------------------------------------------------------+
|  Use-Case affected  Components TestType TestCase_Id   Test Case Name
+-------------------------------------------------------------------------------------------+
|  Aufwand_buchen     NDBNPOSI   BATCH    TC-NOB-023     BAT-NOBS/Initialisierung
|  Aufwand_buchen     NDBNPOS    BATCH    TC-NOB-421     BAT-NOBS/Falsche_Nr
|  Aufwand_buchen     NDBNPOS    BATCH    TC-NOB-492     BAT-NOBS/Fehlbetrag
|  Aufwand_buchen     NDBNPOS    BATCH    TC-NOB-803     BAT-NOBS/Neubetrag
|  Aufwand_buchen     NDBNPOST   BATCH    TC-NOB-819     BAT-NOBS/Schluss
|  .......
+-------------------------------------------------------------------------------------------+
|   Total Number of TestCases required to test  =      9
+-------------------------------------------------------------------------------------------+
```

Abbildung 8.2 Change-Request-Analyse

8.2 Fortschreibung und Optimierung des Testplans

8.2.1 Fortschreibung der Testziele

Der Testplan für ein System ist kein einmaliges Dokument. Im Gegenteil, es handelt sich um ein „lebendes“ Dokument, das für jede neue Version ergänzt und erweitert werden muss. Zunächst werden die Ziele geändert. Die Ziele in der Softwareevolution sind zweierlei. Einerseits soll gesichert sein, dass die bisherige Funktionalität und die bisherigen Daten durch die Korrekturen, Änderungen und Erweiterungen des Systems nicht beeinträchtigt werden. Andererseits sollen alle neue Korrekturen, Änderungen und Erweiterungen bestätigt werden.

8.2.2 Fortschreibung der Testobjekte

Im Abschnitt „Testobjekte“ müssen die neuen Objekte eingetragen werden. Weitere Oberflächen und Systemschnittstellen kommen hinzu, ab und an auch weitere Datenbanktabellen. Die Listen dieser Testobjekte müssen ergänzt werden.

8.2.3 Fortschreibung der zu testenden Funktionen

Im Abschnitt „zu testende und nicht zu testende Funktionen“ müssen die neuen oder geänderten zu testenden Funktionen eingetragen werden. Somit wird die Liste der zu testenden Funktionen immer länger. Um zu verhindern, dass sie nicht allzu lange wird, können von den Änderungen sicher nicht betroffene Funktionen in die Liste der nicht zu testenden Funktionen versetzt werden. Der Testplaner muss damit aber sehr vorsichtig umgehen und unzweifelhaft sicher sein, dass diese Funktionen von den Systemveränderungen wirklich nicht betroffen sind und daher kein weiteres Mal getestet werden müssen. Im Zweifelsfall sollen sie weiterhin der Liste der zu testenden Funktionen angehören.

8.2.4 Fortschreibung der Teststrategie und Testendekriterien

Die Testvorgehensweise wird sich beim wiederholten Test auf jeden Fall ändern müssen, ebenso wie die Testendekriterien. Statt den gesamten Test mit sämtlichen Testfällen durchzuführen, wird nämlich nur eine Untermenge der Testfälle ausgeführt, nämlich diejenigen, die den Wirkungsbereich der Änderungen sowie die neuen Testfälle für die neuen Funktionen umfasst. Die Testendekriterien gelten, was die Testüberdeckung betrifft, nicht für das ganze System, sondern nur für den geänderten bzw. neuen Teil, das Delta bzw. den Wirkungsbereich der Änderungen. Es wird notwendig sein, diesen Wirkungsbereich in Bezug auf die Testfälle genau abzustecken [BOHN96].

8.2.5 Fortschreibung der Testergebnisse

Die Testergebnisse sind zuvor die gleichen wie beim ursprünglichen Test, aber nur eine Untermenge für jeden Ergebnistyp. Die Ergebnisse beschränken sich auf den vom Regressionstest abgedeckten Teilbereich des Systems. Darum ist es unerlässlich, jenen Bereich abzugrenzen. Für die neuen Funktionen müssen die erwarteten Ergebnisse ebenfalls neu spezifiziert werden. Teilweise können die neuen Post-Conditions in die bestehenden Testskripte eingebaut werden, z.B. wenn ein vorhandenes Objekt neue Attribute bekommt. Falls neue Objekte entstehen, müssen für sie neue Skripte verfasst werden.

8.2.6 Fortschreibung der Testaufgaben

Die Testaufgaben eines Regressionstests sind etwas anders. Sie umfassen:

- Erstellung des Testplans => Anpassung des Testplans
- Entwurf eines Testkonzepts => Entwurf eines Regressionstestkonzepts
- Spezifikation der Testfälle => Auswahl alter Testfälle und Spezifikation neuer Testfälle
- Generierung der Testskripte => Änderung alter und Generierung neuer Testskripte
- Bereitstellung der Testdaten sowie beim ersten ersten Test nur mit einer beschränkten Untermenge der Testdaten
- Aufbau der Testumgebung entfällt zum Teil
- Durchführung der Tests => Durchführung der Regressionstests

Die sonstigen Testaufgaben bleiben unverändert. Sie gelten auch für den Regressionstest. Eine zusätzliche Aufgabe betrifft die Impaktanalyse der Änderungsanträge [SNEE01]. Ziel dieser Aufgabe ist es, die für den Regressionstest erforderlichen Testfälle zu identifizieren.

8.2.7 Fortschreibung des Personalplanes

Die Testumgebung bleibt gleich, aber die Testverantwortlichkeiten ändern sich, da jetzt weniger Personen beteiligt sind. Dafür gibt es eine Verantwortung für die Definitionen der betroffenen Testfälle.

Der Personenbedarf und der Testzeitplan müssen überarbeitet werden. Für den Regressionstest wird meist nur ein Teil der ursprünglichen Testmannschaft benötigt. Der Zeitplan wird viel kompakter. Die Zeit für einen Regressionstest wird durch die Zeit für ein Release-Intervall bestimmt. Sie beginnt mit der Definition des Release und endet mit seiner Freigabe [SNEE03].

8.2.8 Fortschreibung der Testrisiken

Schließlich sind die Risiken beim Regressionstest unterschiedlich. Jetzt steht die Architektur der Software. Sie soll sich bei der ersten Freigabe bewährt haben. Hardware-Probleme und eine instabile Grundsoftware sind nicht mehr zu erwarten. Auch die Testwerkzeuge sollten mittlerweile ausgereift sein. Es fallen also einige Risiken weg. Dafür kommen aber neue hinzu. Die Hauptrisiken eines Regressionstests sind folgende:

- die Gefahr, auf latente Konstruktionsfehler zu stoßen, die beim ersten Test nicht aufgetreten sind;
- die Gefahr, nicht alle Änderungen mit dem Test zu erreichen;
- die Impaktanalyse der Software ist eine heikle, nicht immer zuverlässige Angelegenheit. Es kann daher vorkommen, dass einige indirekte, diese unerwünschten Seiteneffekte verursachenden Funktionen nicht erkannt wurden.

8.2.9 Rekalkulation der Testkosten

Im Zusammenhang mit der Neubewertung der Testrisiken für jedes neue Release findet auch die Kalkulation der Testkosten für das Release statt. Das Produktmanagement wird wissen wollen, wie viel das neue Release kostet. Den größten Anteil an den Kosten der Softwareevolution haben die Testkosten. Mehr als die Hälfte der Kosten eines neuen Release werden vom Systemtest verursacht, was daran liegt, dass nur wenig Code geändert und hinzugefügt wird. Dafür muss aber ein großer Teil des Tests wiederholt werden. Denn auch wenn nur wenig Code geändert wird, haben diese Änderungen eine große potenzielle Auswirkung auf den Rest der Applikation. Dieser Auswirkungsbereich ist bei objektorientierten Systemen besonders groß, weil so viele vertikale und horizontale Abhängigkeiten existieren. Untergeordnete Klassen sind abhängig von ihren übergeordneten Klassen, d.h. jenen, von denen sie Attribute und Methoden erben. Nebengeordnete Klassen sind abhängig von den Klassen, deren Methoden sie benutzen. Komponenten, die Klassen beinhalten, sind abhängig von den Komponenten, mit deren Klassen ihre Klassen assoziiert sind. Es gibt auch gemeinsame Klassen und globale Methoden bzw. Aspekte, die alle Klassen in allen Komponenten verwenden. So gesehen, kann die Änderung einer gemeinsamen Klasse oder einer globalen Methode Auswirkungen auf das ganze System haben (siehe Abbildung 8.3).

```
+----------------------------------------------------------------------+
|              Specification based Test Cost Estimation                |
| Product    : NOBSON                                                  |
| System     : Norgann                                                 |
| Project    : CR-033701                           Date : 03.07.2008   |
| Repository : d:\tables                                             |
+----------------------------------------------------------------------+
|                   Change                    Adjusted  Cases   Person |
| Metric Quantity    Rate  Complexity Quality Quantity  perDay   Days  |
+----------------------------------------------------------------------+
|TestCase:       9 X 0.800 X  0.567  X  0.598 =      6 /   20 =  0.32  |
|TestProc:       2 X 0.800 X  0.567  X  0.598 =      1 /   05 =  0.28  |
|Test_Pts:      24 X 0.800 X  0.567  X  0.598 =     17 /   40 =  0.43  |
|Median  :       0 X 0.800 X  0.567  X  0.598 =      0 /   00 =  0.34  |
+----------------------------------------------------------------------+
```

Abbildung 8.3 Regressionstestkostenkalkulation

Um den Aufwand für einen Regressionstest zu schätzen, darf der Testplaner nicht nur die von den Änderungen betroffenen Testfälle berücksichtigen, sondern auch die Testfälle, die mit ihnen in irgendeiner Beziehung stehen, sei es als Vorgänger, Nachfolger oder Nebengänger. Für die Schätzung der Regressionstestkosten gibt es demnach zwei Klassen von Testfällen mit unterschiedlicher Gewichtung:

- Testfälle, die direkt zu den geänderten und hinzugefügten Anwendungsfällen gehören;
- Testfälle, die nur indirekt betroffen sind.

Letztere dürften nur halb so schwer wie Erstere wiegen, weil sie nur wiederholt und validiert werden müssen. Also ist die Testfallanzahl eine gewichtete Anzahl.

$$Testfälle = direkte\ Testfälle + (indirekte\ Testfälle * 0{,}5)$$

Ansonsten kann die gleiche Schätzformel wie beim ursprünglichen Test angewendet werden:

$$Testaufwand = Systemtyp * \left(\frac{Testfälle}{Regressionstestproduktivität} \right)^{Testexponent} * Testbarkeit$$

Der Testplaner sollte ein separates Produktivitätsmaß für den Regressionstest ermitteln, da dieser durchaus von der Produktivität in einem neuen Test abweichen kann. Sie könnte höher oder tiefer sein, je nach Testautomatisierungsgrad [SNEE04].

8.3 Impaktanalyse der Software

Ein signifikanter Unterschied zwischen dem Regressionstest und dem ursprünglichen Test ist das Vorhandensein der Software. Im ursprünglichen Test ist die Software zum Zeitpunkt der Testfallspezifikation noch nicht vorhanden, sehr wohl aber im Regressionstest die Software der letzten Version. Sie hat einen Einfluss darauf, welche Testfälle aus der alten Testfallmenge wiederholt werden. Deshalb muss sie in die Testspezifikation einbezogen werden.

8.3.1 Statische Impaktanalyse

Die Impaktanalyse soll ausgehend von den Änderungsanträgen feststellen, welche Softwarekomponenten betroffen sind. Dies ist auf zweierlei Weise möglich: statisch und dynamisch. Der statische Ansatz setzt ein Software-Repository voraus. Dort sind alle Komponenten, Module, Klassen, Methoden, Attribute, Schnittstellen, Benutzeroberflächen, Datenbanken und auch Testfälle als Entitäten abgebildet. Die Beziehungen zwischen den Entitäten ebenfalls. Also ist erkennbar, welche Klassen zu welchen Komponenten und welche Methoden zu welchen Klassen gehören. Dies sind die vertikalen Beziehungen. Außerdem erkennt man, welche Klassen auf welche Datenbanktabellen zugreifen, welche Methoden welche anderen Methoden aufrufen und welche Benutzeroberflächen von welchen Klassen bearbeitet werden. Dies sind die horizontalen Beziehungen. Schließlich ist erkennbar, welche Methoden von welchen Testfällen durchlaufen werden. Sie folgen aus den Querbeziehungen [HSIA97].

Zweck der Impaktanalyse ist es, aufzuzeigen, welche Testfälle von den neuen Änderungen betroffen sind. Die Änderungen beziehen sich in der Regel auf eine Benutzeroberfläche, eine Systemschnittstelle oder eine Datenbanktabelle. Sie sind das „Gesicht" der Verarbeitungslogik nach außen. Mit Hilfe des Repositorys können wir erkennen, welche Klassen und Methoden diese externen Objekte verarbeiten. Dies sind die direkt betroffenen Softwareentitäten. Über die Methode-zu-Methode-Beziehungen geht hervor, welche anderen Methoden von diesen Methoden aufgerufen werden, und über die vertikalen Beziehungen erkennen wir, von welchen übergeordneten Klassen geerbt wird. Das sind die indirekt betroffenen Entitäten. In einem Folgeschritt geht es nur noch darum, jene Testfälle auszusuchen, welche die direkt und indirekt betroffenen Entitäten durchlaufen. Das Ergebnis soll das Repository automatisch liefern. Der Benutzer muss nur die Ausgangsentitäten identifizieren [ANTO02].

8.3.2 Dynamische Impaktanalyse

Der dynamische Ansatz ist um einiges aufwändiger. Hierfür muss man die Software instrumentieren, d.h. in alle Methoden Messpunkte einbauen. Auch dies geschieht automatisch mit Hilfe eines Source-Instrumentators. Der Messpunkt registriert die Uhrzeit, zu der die Methoden aufgerufen werden. Anschließend muss der Test sämtlicher Testfälle gestartet werden. Dabei wird eine Start- und eine Endzeit von jedem Testfall aufgezeichnet. Nach dem Test wird die Source-Datei der Methodenaufrufzeiten mit der Log-Datei der Testfallstart- und Endzeiten gepaart, und pro Testfall werden alle relevanten Methoden gewonnen. Über die Architekturdokumentation findet man heraus, welche Methoden von

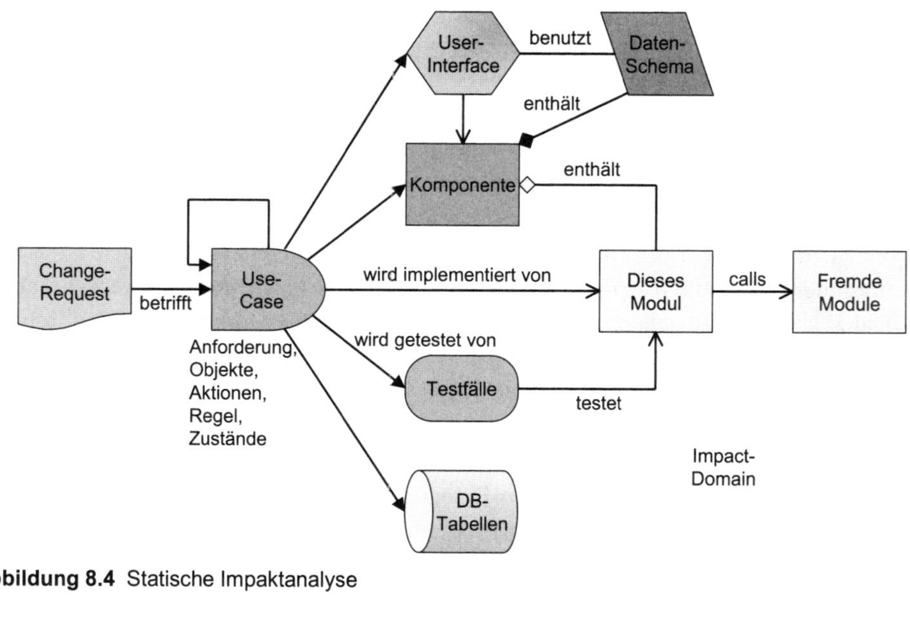

Abbildung 8.4 Statische Impaktanalyse

den Änderungen betroffen sind. Anschließend gilt es nur noch jene Testfälle aufzusuchen, die diese Methoden durchlaufen [ROTH98].

Der Sinn dieser Analysen ist die Auswahl der Testfälle für den Regressionstest. Natürlich können wir sie alle wiederholen, wenn die Zahl der Testfälle gering ist. Wenn wir aber mehrere Tausend Testfälle haben, wird es unwirtschaftlich, sie alle nochmals wegen einiger Änderungen zu testen. Warum sollen wir 100% der Testfälle durchführen, um 10% der Funktionalität des Systems abzudecken? Die Kosten des Tests werden in keinerlei Verhältnis zum Ergebnis des Systems stehen. Wir würden mit Kanonen auf Spatzen schießen. Darum ist bei großen, komplexen Systemen eine Impaktanalyse die Voraussetzung für einen gezielten, wirtschaftlich vertretbaren Test (siehe Abbildung 8.4).

8.4 Fortschreibung der Testfälle

8.4.1 Spezifikation neuer Testfälle

Über die Impaktanalyse finden wir heraus, welche Untermengen der alten Testfälle für den Test der Änderungen und Korrekturen wiederholt werden müssen. Bleibt noch, die neuen Testfälle für die Erweiterungen zu spezifizieren. Dies geschieht in der gleichen Art und Weise wie bei der Spezifikation der ursprünglichen Testfälle.

Welche neuen Testfälle gebraucht werden, geht aus der Change-Request-Analyse hervor. Hier geht es nur darum, alle Attribute zu spezifizieren und die Testfälle ordentlich zu dokumentieren. Für ein neues Release sollten nicht mehr als 20% neue Testfälle hinzukommen, sonst wäre das Release im Verhältnis zu seinem Vorgänger zu groß. Es würde an eine Neuentwicklung grenzen, und dafür gelten andere Gesetze [ARBO96].

8.4.2 Anpassung bestehender Testfälle

Nicht nur neue Testfälle werden in einem Regressionstest getestet. Auch viele der alten Testfälle müssen wiederholt werden. Die meisten davon werden unverändert bleiben, einige müssen jedoch aufgrund der Änderungen zu bestehenden Anwendungsfällen modifiziert werden. Es kann sein, dass sich die Vorbedingungen oder Nachbedingungen ändern. Dies bedeutet, dass auch die Eingabe- und Ausgabewerte anders sein werden als zuvor. Also muss der Tester die Testfälle aus der Testdatenbank holen und entsprechend abändern. Dabei ist darauf zu achten, dass die Konsistenz der Beziehungen zu den Anforderungen, Anwendungsfällen und Testobjekten sowie zu anderen Testfällen nicht verloren geht.

Um dies zu gewährleisten, sollten Sie diese Beziehungen nochmals manuell oder automatisch prüfen und können gleichzeitig die Komplexität und Qualität des neuen Testfallbestandes messen (siehe Abbildung 8.5 auf der nächsten Seite).

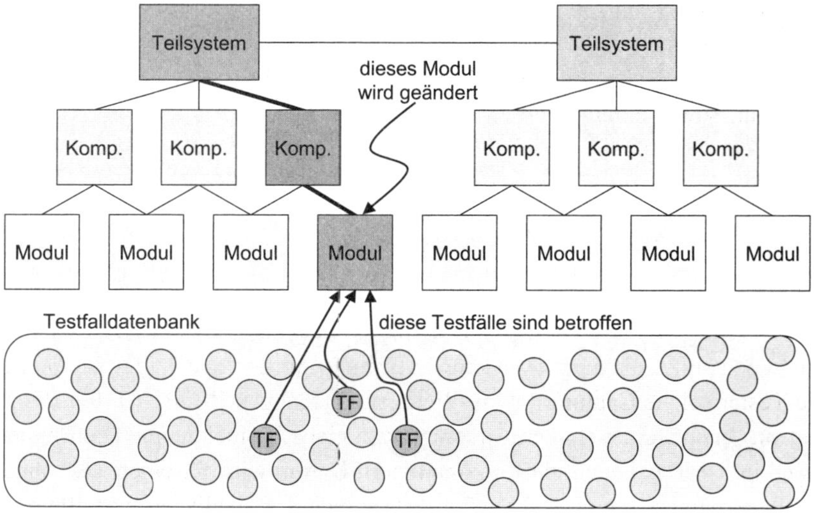

Abbildung 8.5 Auswahl der betroffenen Testfälle

8.5 Anreicherung der Testdaten

Wenn die Funktionen eines Systems geändert werden, gilt dies auch für seine Daten. Kommen neue Funktionen hinzu, sind auch neue Daten für den Test dieser Funktionen bereitzustellen. Daraus folgt, dass es nur möglich ist, die alten Daten wieder zu verwenden, wenn die Funktionalität eines Systems unverändert bleibt, z.B. im Falle von Fehlerkorrekturen. Ansonsten müssen die Testdaten angereichert werden.

8.5.1 Direkte Anreicherung der Daten

Die Anreicherung der Testdaten kann direkt oder indirekt geschehen. „Direkt" bedeutet, dass die Tester händisch in die Datenbanken eingreifen und dort bestehende Zeilen bzw. Sätze überschreiben und zusätzliche Zeilen bzw. Sätze eintragen. Dazu benötigen die Tester einen Datenbankeditor. Für die Mutation der Importdateien benötigen sie einen Dateieditor. In den 90er-Jahren hat einer der Autoren für die Schweizer Bankgesellschaft einen solchen Datei- und Datenbankeditor entwickelt. Die Daten wurden aus den DMS1100-Datenbanken am Unisys-Host in ASCII-Code konvertiert und auf den PC-Arbeitsplatz heruntergeladen. Dort wurden sie in Form von Excel-Tabellen angezeigt. Der Tester kann Felder überschreiben, Zeilen löschen und neue Zeilen hinzufügen. Danach wurde der veränderte Datenbestand auf den Host rückübertragen, in Unysis-Code konvertiert und per Load-Utility wieder in die Datenbank geladen. Diese Maßnahme trug wesentlich dazu bei, die Testkosten der Systemmigration zu reduzieren [SNEE99].

8.5.2 Indirekte Anreicherung der Daten

Für die Benutzeroberflächen muss der Tester bestehende Maskeninhalte ändern, falls er sie aufbewahrt hat, sowie einige neue Masken mit Daten füllen, sollte es neue Oberflächen geben. Dies alles geschieht direkt mit den Daten vom letzten Test.

Die indirekten Anreicherungen der Testdaten erfolgt über die Testskripte. Wer mit einem Testautomat den Dialog simuliert, hat Skripte, um den Dialog zu steuern. In den Skripten können entweder die Datenwerte selbst oder Referenzen auf eine Testdatentabelle vorliegen. Diese Skripte müssen geändert werden. Wenn die Änderungen gering sind, kann der Tester sie direkt editieren. Wenn sie aber umfangreich sind, ist es besser, den Dialog mit dem System neu aufzuzeichnen. Dies kann aufwändig werden und ist der Hauptgrund, warum viele Tester solche Capture/Replay-Werkzeuge ablehnen [ROBI00]. Für die Testwiederholung sind sie bei einer starken Änderungsrate nicht flexibel genug. Die Benutzeroberflächen sind in der Regel auch viel zu kompliziert. Darum wird für einen Test ohne Benutzeroberflächen plädiert. Ein Testbus wäre viel einfacher zu bedienen, vor allem, was den Regressionstest betrifft (siehe Abbildung 8.6).

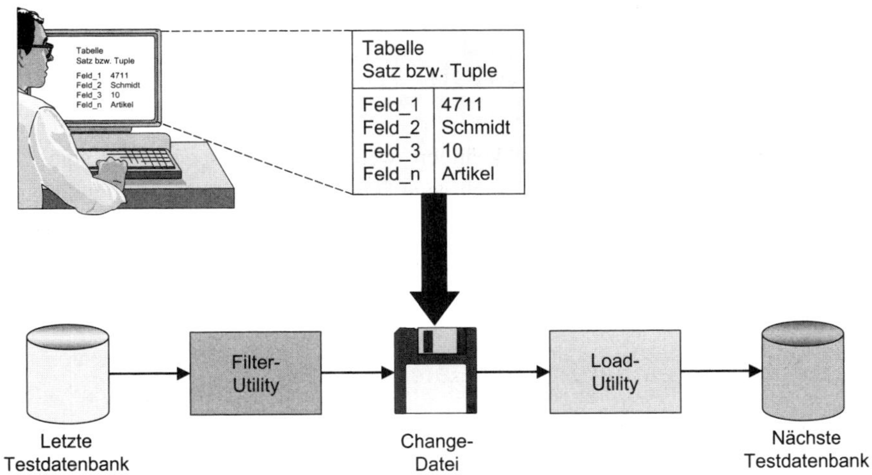

Abbildung 8.6 Fortschreibung der Testdaten

Zur Generierung der Datenbanken und Dateien aus Skripten heraus bedarf es einer Änderung in den bestehenden Skripten und einer Erstellung neuer Skripte – für jede neue Datenentität eines. In den alten Skripten werden Assertions angepasst oder eingefügt. Die neuen Skripte leitet man aus den neuen Testfällen ab. Der Aufwand ist minimal. Also bleibt die Testdatenbeschreibungssprache die flexibelste Form der Testdatenerstellung und -fortschreibung. Sie verlangt aber vom Tester einen höheren Qualifizierungsgrad. Für den einfachen Tester ist die direkte Fortschreibung der Testdaten immer noch die beste und billigste Methode.

8.6 Ausführen der Regressionstests

8.6.1 Eigenarten eines Regressionstests

Die Ausführung des Regressionstests unterscheidet sich von der Ausführung des ursprünglichen Tests dadurch, dass es sich um einen Teiltest handelt. Die Testszenarien werden in unterschiedlicher Tiefe durchgeführt. Wenn sich ein bestimmter Anwendungsfall nicht geändert hat, wird er nur oberflächlich getestet. Es müssen nicht alle Testfälle ausgeführt werden, sondern nur diejenigen, die den Standardpfad durch den Anwendungsfall durchlaufen. Ziel ist es, nachzuweisen, dass sich in die darunter liegenden Softwarekomponenten keine Konfigurationsfehler eingeschlichen haben, denn die Komponenten selbst sind dieselben wie die bereits in der letzten Version getesteten.

Falls sich die Softwarekomponenten bzw. Web-Services, die hinter einem Anwendungsfall stehen, geändert haben – sei es wegen einer Fehlerkorrektur oder wegen eines Änderungsantrages –, sind alle Testfälle zu wiederholen, die durch die geänderten Methoden und deren Auswirkungsbereich laufen. Es handelt sich um jene Testfälle, die durch die Impaktanalyse ausgewiesen wurden. Sie werden von den Benutzeroberflächen aus gestartet oder von den Systemschnittstellen aus angestoßen. Bei großen, komplexen Systemen wird dies eine überschaubare Untermenge aller Testfälle sein, bei kleinen, einfachen einen Großteil der Testfälle ausmachen, so dass es sich in solchen Fällen kaum lohnt, zu differenzieren. Sinnvoller ist es, gleich alle Testfälle zu testen.

8.6.2 Der Test im Dialogmodus

Jetzt – beim Regressionstest – stellt sich heraus, ob es sich lohnte, den Testdialog aufzuzeichnen. Wenn die alten Testtransaktionen gespeichert sind, braucht der Tester den Testlauf nur anzustoßen. Die Bildschirmoberflächen werden automatisch mit Daten bedient. Das System reagiert darauf und gibt Antworten zurück, die wiederum mit den alten Antworten verglichen werden. Falls Abweichungen auftreten, werden sie in einem Testprotokoll festgehalten. Wie der Diplomingenieur, der am Fließband die Roboter überwacht, braucht der Tester sich nur zurückzulehnen und zuzusehen, wie der Test abläuft. Nach kurzer Zeit dürfte der Test durchlaufen sein. Innerhalb einiger Stunden testet man auf diese Weise so viele Fälle getestet, wie sie der Tester sonst nur in mehreren Tagen schafft.

8.6.3 Der Test im Batch-Modus

Läuft der Test im Batch-Modus ab, hat der Tester noch weniger zu tun, und alles funktioniert noch schneller. Der Test wird angestoßen, und die bereits generierten Nachrichten werden eine nach der anderen dem System zugeführt. Die Antworten bzw. Responses werden abgefangen und zwecks späterer Auswertung abgelegt. Da keine umständliche Bildschirmbedienung und auch kein Bildschirmabgleich erfolgen, läuft dieser Test um mindestens den Faktor drei schneller als der Dialogtest ab. Für Web-Services ist dies ohnehin die einzig vernünftige Art zu testen. Während des Regressionstests werden neben dem Abgleich bzw. der Sicherung der Ergebnisse auch die Durchläufe protokolliert. Dies ist beim Regressionstest besonders wichtig, denn es gilt, nachher zu prüfen, ob die geänderten Methoden und Klassen tatsächlich durchlaufen wurden. Voraussetzung hierfür ist die Instrumentierung des Codes vor dem Test – eine Aufgabe, die von den Testern per Werkzeug durchgeführt wird.

Ein einzelner Regressionstest dürfte nicht länger als einige Stunden in Anspruch nehmen. Der gesamte Regressionstest müsste innerhalb einiger weniger Tage abgeschlossen sein. Falls Fehler auftreten, empfiehlt es sich, sie zu umgehen und mit dem Test fortzufahren. Erst am Ende werden die Fehler analysiert und gemeldet, im Gegensatz zum ursprünglichen Systemtest, bei dem die Fehler sofort analysiert und gemeldet werden. Weil ein Regressionstest meist unter großem Zeitdruck stattfindet – das neue Release muss ausgeliefert werden –, dürfen sich die Tester auch nicht mit langwierigen Fehleranalysen aufhalten. Die Fehler werden registriert und erst am Ende analysiert, wenn es die Zeit erlaubt. Unkritische Fehler können im Release verbleiben, sie werden im Folgerelease untersucht und behoben.

8.6.4 Zur Notwendigkeit der Testautomatisierung beim Regressionstest

All dem ist zu entnehmen, dass die Ausführung des Regressionstests weitestgehend automatisch ablaufen muss. Der Mensch ist nur dazu da, einzugreifen, wenn Probleme auftreten. Der Tester hat den Test geplant, spezifiziert und organisiert. Es sei Aufgabe der Test-

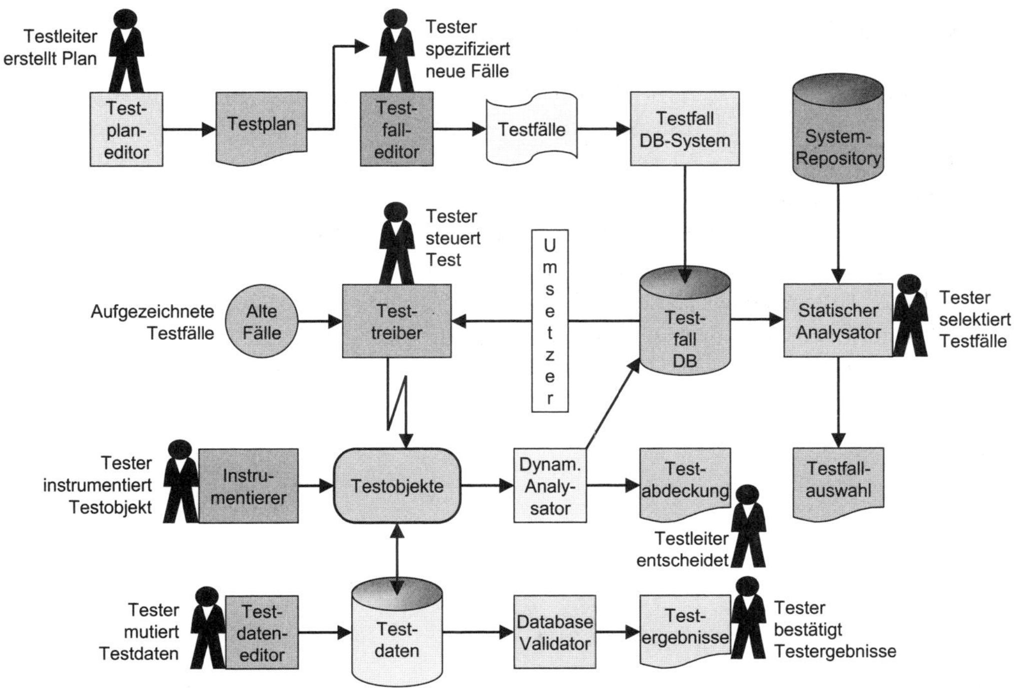

Abbildung 8.7 Automatisierter Regressionstest

automaten, den Test durchzuführen. Weil der Regressionstest hauptsächlich eine Wiederholung bisheriger Tests ist, dürfte das in den meisten Fällen gelingen. Testautomatisierung ist der Schlüssel zu einem erfolgreichen Regressionstest [FRAN98] (siehe Abbildung 8.7 auf der vorhergehenden Seite).

8.7 Auswertung des Regressionstests

Die Hauptaufgabe des Testers besteht darin, zu kontrollieren, ob die Ziele des Regressionstests erreicht wurden. Ziel muss sein, alle korrigierten, geänderten und neu hinzugefügten Anwendungsfälle und die dahinter liegenden Softwarekomponenten in allen Variationen auszuführen. Ein weiteres Ziel ist es, zu bestätigen, dass die geänderten und neuen Ergebnisse den Erwartungen entsprechen und dass alle anderen Ergebnisse gleich geblieben sind.

8.7.1 Kontrolle der Regressionstestüberdeckung

Für die Kontrolle der Regressionstestüberdeckung braucht der Tester ein Test-Log der ausgeführten Testfälle und einen Trace-Bericht der ausgeführten Module und Methoden. Ersteres sollte der Testtreiber bzw. Testautomat produzieren. Er protokolliert, welche Testfälle wann gestartet wurden. Der Tester weiß anhand der Testfallspezifikation, welche Anwendungsfälle von welchen Testfällen getestet werden. Daraus kann er schließen, ob die geänderten Anwendungsfälle ausreichend getestet wurden [NOT05].

```
+------------------------------------------------------------------------+
|   T E S T M E S S   S Y S T E M   M E T R I C   R E P O R T            |
|   LANGUAGE: WSS                                 DATE: 20.05.08         |
|   SYSTEM: Norgann                               PAGE:        1         |
+------------------------------------------------------------------------+
|                     Q U A N T I T Y   M E T R I C S                    |
+------------------------------------------------------------------------+
|                                                                        |
|       Number of Test Cases repeated              =======>     124       |
|       Number of Changes to be tested             =======>      19       |
|       Number of Changes actually tested          =======>      17       |
|       Number of Code Components affected         =======>      83       |
|       Number of Code Components actually tested=======>       54       |
+------------------------------------------------------------------------+
|                   R E L A T I O N A L   M E T R I C S                  |
+------------------------------------------------------------------------+
|       Number of TestCase/Concept Relations       =======>     982       |
|       Number of TestCase/Component Relations     =======>    1425       |
+------------------------------------------------------------------------+
|                       Q U A L I T Y   M E T R I C S                    |
+------------------------------------------------------------------------+
|       Number of Requirements with no TestCase    =======>      02       |
|       Number of Code Components with no TestCase =====>        29       |
+------------------------------------------------------------------------+
|                     C O V E R A G E   M E T R I C S                    |
+------------------------------------------------------------------------+
|       Requirement Change Test Coverage Rate      =======>   0.894       |
|       Code Change Test Coverage Rate             =======>   0.650       |
|                                                                        |
+------------------------------------------------------------------------+
```

Abbildung 8.8 Regressionstestüberdeckungsmessung

Aus dem Trace-Bericht geht hervor, welche Methoden durch welche Testfälle ausgelöst wurden. Dieses Profil der getesteten Methoden lässt sich mit dem Profil der geänderten Methoden automatisch begleichen. Geänderte oder neue Methoden, die nicht ausgeführt wurden, werden ausgewiesen. Der Tester muss dafür eine Erklärung suchen und weitere Testfälle spezifizieren, sofern es die Zeit erlaubt. In großen, mehrschichtigen Softwaresystemen ist es oft sehr schwer, in die letzten Winkel der Software über Systemtestfälle vorzudringen. Zu lange und zu verzwickt sind die Pfade durch die Objekte. Es kann vorkommen, dass einige geänderte Code-Abschnitte nicht erreicht werden. Man sollte wenigstens wissen, welche dies sind, dann kann der Testmanager immer noch entscheiden, ob man den zusätzlichen Testaufwand leisten soll (siehe Abbildung 8.8).

8.7.2 Kontrolle der Regressionstestergebnisse

Die Kontrolle der Regressionstestergebnisse setzt einen Datenkomparator voraus. Hier geht es darum, die Ergebnisse der neuen Version mit jenen der alten Version abzugleichen. Alle Ergebnisse, die nicht von den Änderungen und Erweiterungen abhängen, müssen identisch bleiben, d.h. ihre Werte sind gleich den alten Werten. Die betroffenen Ergebnisse müssen gegen die Assertion-Regeln geprüft werden, d. h., diese Regeln müssen auch im Gleichklang mit dem Code und der Dokumentation fortgeschrieben werden. Wenn diese Regeln nicht eingehalten sind oder unbetroffene Ergebnisse unerwartet von den alten Werten abweichen, ist dies ein Zeichen dafür, dass etwas nicht stimmt. Als Regressionstestergebnisse gelten:

- Bildschirm- und Druckausgaben
- Exportdateien
- Ausgangsnachrichten an fremde Systeme
- Datenbanken

Zwecks Abgleich mit den alten Ergebnissen sollten alle Ergebnisse in ein einheitliches Format gebracht werden, z.B. in ein CSV- oder XML-Format [SNEE86]. Dann lassen sie sich alle mit dem gleichen Werkzeug vergleichen und verifizieren. Einige Werkzeuge, wie das Werkzeug *„DataTest"*, wurden zu diesem Zweck konzipiert (siehe Abbildung 8.9).

8.7.3 Protokollierung der Regressionstestergebnisse

Nicht alles, was als Abweichung vom Soll in einem Regressionstest erscheint, ist tatsächlich ein Fehler. Es gibt viele Gründe, warum etwas nicht stimmen kann. So können zum Beispiel das Release oder die Daten falsch zusammengesetzt worden sein, oder die Zeit- und Datumswerte stimmten nicht überein. Als Erstes kommt es darauf an, diese Anomalien zu klären und auszusieben. Danach bleiben Abweichungen, die wirklich Fehler sein könnten. Diese sollten alle mit dem Fehlermeldungssystem erfasst und in die Fehlerdatenbank aufgenommen werden. Der Release-Projektleiter muss dann entscheiden, ob sie zu korrigieren sind. Wenn nicht, sind die Fehler wenigstens registriert und können im nächsten Release beseitigt werden. Wichtig ist, sie nicht zu vergessen. Ebenso wichtig ist es, zwischen

```
+------------------------------------------------------------------------------------------+
|                         File/Table Comparison Report                                     |
| Object: Benutzer                                                        Date: 19.06.04   |
| Type   : XML                                                            File: DRSVIE     |
| Key Fields of Record(new,old)                                                            |
+------------------------------------------------------------------------------------------+
| New:BenutzerNummer SubNummer                                                             |
| Old:BenutzerNummer SubNummer                                                             |
+---------------------------------------------+--------------------------------------------+
| Non-Matching Fields                         | Non-Matching Values                        |
+---------------------------------------------+--------------------------------------------+
| RecKey:27 0                                 | duplicate key in old File/Table            |
+---------------------------------------------+--------------------------------------------+
| RecKey:27 0                                 |                                            |
| New: Datum[9:2]                             | 15                                         |
| Old: Datum[9:2]                             | 21                                         |
+---------------------------------------------+--------------------------------------------+
| RecKey:27 0                                 |                                            |
| New: Geburtsdatum                           | 11/21/2003                                 |
| Old: Geburtsdatum                           | NULL                                       |
+---------------------------------------------+--------------------------------------------+
| RecKey:3238 3                               |                                            |
| New: DDS_Zeile                              | 84+_123000003238&lt;_00400240169+_000204|
| Old: DDS_Zeile                              | 84+_123000003238&lt;_00400240168+_000204|
+---------------------------------------------+--------------------------------------------+
| RecKey:5329 6                               |                                            |
| New: Datum[9:2]                             | 25                                         |
| Old: Datum[9:2]                             | 21                                         |
+---------------------------------------------+--------------------------------------------+
|  Total Number of old Records checked:              10                                    |
|  Number of old Records found in new File:          09                                    |
|  Number of old Records with duplicate Keys:        01                                    |
|  Number of old Records not in new Table:           00                                    |
|  Total Number of new Records checked:              09                                    |
|  Number of new Records found in old File:          09                                    |
|  Number of new Records not in old File:            00                                    |
|  Total Number of Fields checked:                   63                                    |
|  Total Number of non-Matching Fields:              21                                    |
|  Percentage of matching Fields:                    67 %                                  |
|  Percentage of matching Records:                  100 %                                  |
+------------------------------------------------------------------------------------------+
```

Abbildung 8.9 Regressionstestergebniskontrolle

den Fehlermeldungen der Tester und jenen der Anwender zu unterscheiden. Hier überschneidet sich der Testbetrieb mit dem Problemmanagement. Das Problemmanagement ist natürlich ein Thema für sich, das im Rahmen der ITIL-Prozesse geregelt werden kann [ELSA04].

8.8 Automatisierung des Regressionstests

Von allen Testaktivitäten lässt sich der Regressionstest am besten automatisieren. Das sieht man am besten am Beispiel eines Projektes, an dem einer der Autoren lange Zeit mitarbeitete. Die betreffende Applikation ist seit zehn Jahren bei über 600 Großunternehmen in mehreren europäischen Ländern erfolgreich im Einsatz und besteht aus ca. neun Millionen Zeilen C++/C. Sie ist unter allen gängigen Betriebssystemen von z/OS über Linux zu

Windows mit vielen SQL-basierten Datenbanken lauffähig. Trotz einer massiv gestiegenen Nutzung der Applikation in den Unternehmen (ca. 12 Millionen Aktionen pro Tag) und einer hohen Änderungsrate der Software (bis zu 1800 Änderungen und Erweiterungen pro Jahr) ist die Qualität des Produktes über die Jahre kontinuierlich gestiegen. Die Fehlerrate geht ständig zurück. Mittlerweile liegt sie unter 1 Fehler pro 10 000 Codezeilen und die Kundenzufriedenheit steigt. Inzwischen gehört die Applikation zu den stabilsten und performantesten Produkten ihrer Branche.

Dieser hohe Qualitätsstand ist nicht zuletzt auf den hohen Grad der Testautomatisierung zurückzuführen. Wo früher fast hundert Tester mit dem Test neuer Releases und Zwischenkorrekturen beschäftigt waren, sind jetzt nur noch 25 Tester am Werk. Dabei ist die Effektivität des Tests bezüglich Überdeckung und Fehlerfindung wesentlich höher als damals. Demnach hat hier eine vierfache Produktivitätssteigerung stattgefunden. Der Test ist weitestgehend automatisiert, so dass die jetzigen Tester in erster Linie die Testwerkzeuge bedienen müssen. Auch wenn sich ein Test niemals vollständig automatisieren lässt, kann im Falle des Regressionstests die Automatisierung sehr weit gehen. Wer bedenkt, wie lange große Softwareprodukte leben und wie oft sie wieder getestet werden müssen, erkennt, dass es sich allemal lohnt, in die Automatisierung des wiederholten Tests zu investieren. Dies haben auch die zuständigen Führungskräfte in diesem Projekt getan und somit eine heute voll ausgebaute Testfabrik geschaffen (siehe Abbildung 8.10).

In der Testfabrik gibt es einen Regelkreis zwischen der Spezifikation von Änderungsanträge und neuen Anforderungen auf der einen Seite und dem Test jener Anforderungen auf der anderen Seite. Die Anforderungen bzw. Änderungsanträge werden in Form strukturierter, semiformaler Texte von den Anwendungsbetreuern in enger Abstimmung mit den Kunden gestellt. Anschließend werden sie in das bestehende UML-Modell eingebaut. Das UML-Modell treibt sowohl die Entwicklung wie auch den Test, denn aus den UML- Diagrammen werden die fachlichen Testfälle abgeleitet. Diese fließen in die Testfalldatenbank ein und werden dort von den Testern manuell erweitert und ergänzt. Die nicht-funktionalen

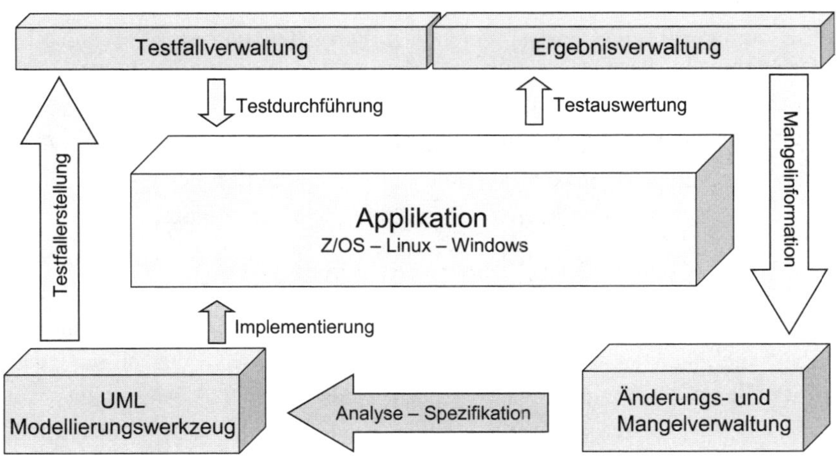

Abbildung 8.10 Testfabrik

Testfälle werden ebenfalls hinzugefügt. Diese logischen Testfälle bilden dann die Basis für die Generierung der Soll-Werte, gegen die das veränderte System getestet wird. Abweichungen zwischen Soll und Ist werden automatisch registriert und Fehlermeldungen produziert, die an die Modell-Entwickler zurückfließen, um die erforderlichen Korrekturen vorzunehmen.

Die Testmannschaft verfügt über eine relationale Testfalldatenbank mit mehr als 100 000 einzelnen Testfällen. Jeder Testfall ist einmalig und zielt auf einen anderen Pfad durch die komplexe Client/Server-Architektur. Zu jedem Testfall gehören nicht nur die IST-Daten, sondern auch die SOLL-Ergebnisse, die für den Regressionstest besonders wichtig sind. Insofern sich die Zielfunktionalität nicht ändert, werden diese SOLL-Ergebnisse vom letzten Test übernommen. Falls sich die Zielfunktionen des Testfalles geändert haben, werden die Sollergebnisse von dem zuständigen Tester anhand der Change-Request-Spezifikation angepasst.

Neben anderen Werkzeugen für die Simulation der Bildschirmdialoge auf der Basis von Capture/Replay-Tools und für die Steuerung der Batchtestläufe wird ein mächtiges Framework für den SOLL-IST-Vergleich von Testergebnissen verwendet.

Die Tester sind völlig frei, Testfälle auszuwählen und beliebig miteinander zu kombinieren. So kann z.B. ein bestimmter Ausschnitt einer Datenbank, der analysiert werden soll, inklusive der erforderlichen Relationen definiert werden. Die Sollwerte werden, sofern sie sich geändert haben, aus dem entsprechenden Fachkonzept für eine bestimmte Version abgeleitet und in die Testfalldatenbank übernommen. Es werden jedoch nicht nur fixe Werte festgehalten. Mit den verwendeten Werkzeugen kann der Tester auch die Regeln für die Herkunft der Werte bestimmen. Die Testwerte werden über eine graphische Benutzeroberfläche erfasst und verwaltet. Die Spezifikation der Werte erfolgt mithilfe einer eigenen Skriptsprache.

Die erfassten Testdatendefinitionen sind sowohl menschen- als auch maschinenlesbar und werden von einem eigenen Parser verarbeitet. Die Solldaten können in der Testdaten-Datenbank bereits vor oder während der Implementierung des Testobjektes erfasst werden. Auf diese Weise kann der Regressionstest gleich nach Fertigstellung der zu testenden Software begonnen werden. Bei der Testdurchführung sind die Soll-Daten für jeden Testzyklus immer wieder verwendbar. Damit sinkt der Auswertungsaufwand. Auch der Pflegeaufwand für die Testdaten ist gering. Durch ein intelligentes Werkzeug für die zentrale Wartung der Eingangsdaten und die Möglichkeit, zentrale Funktionen zu definieren, können viele Anpassungen von Werten in einem oder wenigen Arbeitsschritten erledigt werden.

Man kann deshalb hier von einer neuen Definition einer fachlichen Testüberdeckung auf Datenebene sprechen. Die Analyse der Datenabweichungen ist durch die exakte Identifizierung des betroffenen Attributs in einem genau abgegrenzten Testobjekt schnell möglich – eine Arbeit, die zuleisten auch Sachbearbeiter in der Lage sind, die mit der Testtechnik nicht vollständig vertraut sind. Der Abgleich eines Datenbank-Abschnittes mit circa 600 000 einzelnen Attributen dauert nicht länger als 40 Sekunden. So können alle Zustände des betroffenen Testobjektes verfolgt und anschließend kontrolliert werden. In dieser Hinsicht schöpft man alle Möglichkeiten eines Regressionstests aus.

8.9 Der Regressionstest in Migrationsprojekten

Eine wichtige Rolle spielt der Regressionstest bei Migrationsprojekten. In diesem Umfeld geht es darum das migrierte Softwaresystem gegen die Daten des ursprünglichen Systems zu testen. Größter Kostenfaktor in jedem Migrationsprojekt ist der Test. Programme und Daten können mit Hilfe automatisierter Werkzeuge schnell konvertiert bzw. gekapselt werden. Dennoch stellt sich die Frage, ob das migrierte System wirklich funktional äquivalent zum ursprünglichen System ist? Sind die migrierten Daten inhaltlich mit den alten Daten identisch? Die Beantwortung dieser Fragen verursacht einen erheblichen Aufwand, der den Aufwand für die eigentliche Migration leicht überschreitet. Nur mit Hilfe automatisierter Testwerkzeuge lässt sich dieser Aufwand auf ein vertretbares Maß reduzieren. Ziel des Regressionstests ist es, nachzuweisen, dass das migrierte System sich genauso verhält wie das ursprüngliche. Dies kann auf zweierlei Weise und mit unterschiedlicher Gründlichkeit geschehen. Zum einen gibt es den vollständigen Regressionstest, wonach alle neuen Ergebnisse – seien es Benutzeroberflächen, Daten, Datenbankinhalte oder Listen – mit den alten verglichen werden. Zum anderen gibt es den selektiven Regressionstest, wonach einzelne neue Ergebnisse stichprobenartig mit den alten Ergebnissen verglichen werden. Der erste Ansatz ist der gründlichste und sicherste, aber auch teuerste. In vielen Fällen genügt der zweite Ansatz. In beiden Fällen müssen alle Transaktionsarten zunächst in der alten Umgebung durchgeführt und anschließend in der neuen Umgebung wiederholt werden.

8.9.1 Voller Regressionstest

Für den vollen Regressionstest müssen alle möglichen Transaktionen mit dem alten System ausgeführt und die Zustände nach jedem Intervall ausgewertet werden. Die Zustände sind die angezeigten Bildschirminhalte, die ausgegebenen Listen, die veränderten Daten und Datenbanken sowie die gesendeten Nachrichten. Sie alle müssen kopiert und archiviert werden. Notfalls werden die Bildschirmmasken als Screenshots abgezogen. Jedenfalls brauchen die Tester eine Vergleichsbasis.

Entscheidend sind die Intervalle, in deren Verlauf man die Ergebnisse sichert. Der Betrieb könnte die Intervalle eng halten, indem die Ergebnisse nach jedem Batch-Job und jeder Online-Transaktion gesichert werden. In jedem Fall gibt es viele Vergleichsobjekte zu verwalten. Man benötigt eine riesige Speicherkapazität, um sie alle unterzubringen. Ein großes Intervall wäre etwa, die Ergebnisse am Ende jeden Tages aufzunehmen. Der Nachteil der breiten Intervalle besteht darin, dass alle Transaktionen, die zwischen den Intervallen stattgefunden haben, mit dem neuen System wiederholt werden müssen. Je größer das Intervall, desto länger dauert der Regressionstest. Wir haben es hier mit einem Trade-Off zwischen Zeit und Speicher zu tun.

Der vollständige Regressionstest setzt auch voraus, dass die Datenstrukturen des migrierten Systems mit denen des Ursystems weitgehend identisch sind. Es muss möglich sein, die Datenbanken, Dateien und Nachrichten Satz für Satz und Nachricht für Nachricht zu paaren und den vollen Inhalt abzugleichen. Bei Listen und Bildschirmmasken kann ein

Tester interpretieren, ob die Inhalte identisch sind – was aber auch sehr aufwändig ist. Besser ist es, dies auch automatisch abzugleichen, indem die Datenwerte abgezogen und in eine Zwischentabelle gebracht werden, wo sie sich Feld für Feld vergleichen lassen. Je mehr Ergebnisse zu vergleichen sind, desto aufwändiger das Abgleichsverfahren. Bei großen Systemen mit vielen Ergebnissen kann sich der Regressionstest über viele Monate hinziehen, auch wenn er voll automatisiert ist (siehe Abbildung 8.11).

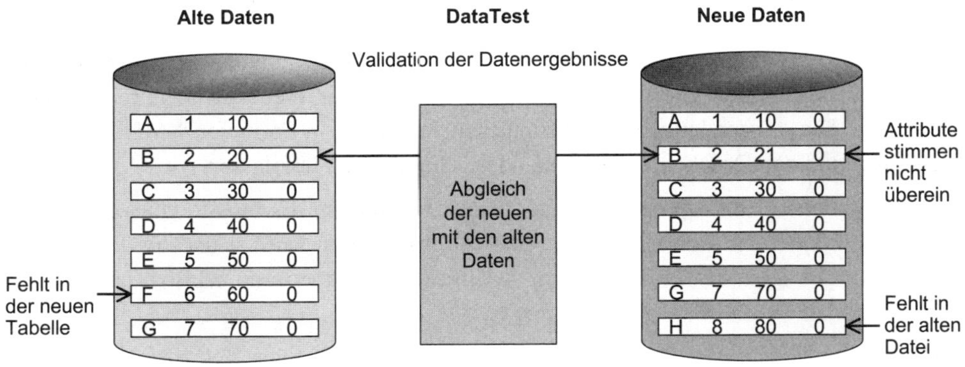

Abbildung 8.11 Abgleich alter und neuer Daten im Migrationsprojekt

8.9.2 Selektiver Regressionstest

Daher ist zu überlegen, ob der Regressionstest nicht selektiv durchgeführt werden sollte. Bei einem selektiven Regressionstest werden nur bestimmte, repräsentative Transaktionen getestet und ausgewählte Ergebnisse verglichen. D.h., es werden nur Stichproben zum Vergleich ausgewählt und nicht alle Sätze einer Datei oder alle Zeilen einer Tabelle. Auch innerhalb der Objekte kann sich der Abgleich auf bestimmte kritische Attribute beschränken; z.B. wird von einem Konto lediglich der Kontoinhaber und der Kontostand verglichen oder von einer Rechnung nur das Datum und der Rechnungsbetrag.

Mit dieser Einschränkung auf Stichproben und repräsentative Ergebnisse reduziert man den Testaufwand erheblich, vor allem dann, wenn nur die stellvertretenden Ergebnisse abgezogen und gesichert werden. Dafür benötigen die Tester jedoch intelligente Werkzeuge, die in der Lage sind, repräsentative Ergebnisse zu erkennen und auszusortieren. Darüber hinaus brauchen die Tester die Unterstützung der Anwender, um die richtigen Transaktionen mit den richtigen Ergebnissen zu identifizieren. Die Gefahr eines selektiven Regressionstests ist, dass die ausgewählten Stichproben doch nicht repräsentativ sind, dass Transaktionsarten und Ergebnistypen existieren, die durch die Auswahl nicht abgedeckt sind. Wenn sich dort Migrationsfehler offenbaren, werden sie unentdeckt bleiben. Ein selektiver Test ist letztlich nur so gut wie die Selektion selbst.

Ein gutes Beispiel für einen selektiven Regressionstest ist der Test der Systemablösung, bei dem einer der Autoren mitgearbeitet hat. Dort wurde ein altes Hostsystem für die Zahlung der Mitgliedsbeiträge von einer Web-basierten Applikation abgelöst. Die Stammdaten der Mitglieder sowie zahlreiche andere Daten waren in Dateien auf dem IBM-Mainframe gespeichert. Dort wurden sie von PL/I- und Assembler-Programmen teils im Onlinebetrieb, teils im Batchbetrieb bearbeitet und fortgeschrieben. In regelmäßigen Abständen wurden Zahlungsaufforderungen auf Überweisungsträgern ausgedruckt und verschickt. Für die unterschiedlichen Bundesländer gab es eigene Aussendungsläufe, so dass es pro Jahr zu mehr als 40 Aussendungen kam [SNED05].

Nachdem die letzten PL/I-Programmierer das Unternehmen verlassen hatten, wurde entschieden, die bestehende Host-Applikation durch eine Web-basierte Anwendung abzulösen. Die Daten sollten in mehrere vernetzte, relationale Datenbanktabellen migriert und die Programme aufgrund der alten Funktionalität in C# mit einer Weboberfläche reimplementiert werden. Die Aussendungen an die Bundesländer sollten in Form von XML-Dokumenten erfolgen, um den Druck und den Versand den Ländern zu überlassen.

Der Test stellte die Beteiligten vor einige Herausforderungen. Es musste getestet werden, ob die Daten überhaupt korrekt migriert und fortgeschrieben wurden und ob die Aussendungen korrekt waren, da ein Fehler auch juristische Konsequenzen nach sich hätte ziehen können.

Es wurde entschieden, das hochgesteckte Ziel mit einem selektiven Regressionstest zu erreichen. Die alten Host-Dateien wurden bereits auf dem Mainframe in CSV-Dateien konvertiert. Anschließend wurden sie auf einen PC-Server abgezogen. Mit Query-Abfragen wurden ausgewählte Attribute aus den diversen relationalen Tabellen geholt und ebenfalls in CSV-Dateien abgelegt. Dann wurden mit Hilfe des Werkzeuges *DataTest* die ausgewählten Neuwerte mit den alten Hostwerten verglichen und Abweichungen protokolliert. Schon bei der Kontrolle der Datenmigration wurden viele Umsetzungsfehler aufgedeckt, so dass die Datenmigration mehrfach wiederholt werden musste.

Bei der Kontrolle der Datenaktualisierung wurde ähnlich vorgegangen. Die Mainframe-Dateien wurden vor und nach dem Aktualisierungslauf konvertiert und heruntergeladen. Danach wurde der Aktualisierungslauf auf einem PC-Server mit den gleichen Eingangsdaten wiederholt. Nach diesem Lauf wurden wiederum ausgewählte Attribute in den Hostausgangsdaten mit den gleichen Attributen in den Web-Ausgangsdaten verglichen. Das Abweichungsprotokoll zeigte etliche Aktualisierungsfehler auf.

Zum Schluss folgte der Test der Aussendungen. Dies stellte sich als besondere Herausforderung an die Testwerkzeuge heraus. Von den Aussendungen in elektronischer Form mussten die wichtigsten Werte kopiert und in XML-Dokumente eingetragen werden. Diese XML-Dokumente entsprachen den vom neuen System generierten. Ergo war es möglich, die beiden XML-Dokumente elementeweise miteinander zu vergleichen. Auch hierfür wurde das Tool *DataTest* eingesetzt. Aus den Abgleichungsprotokollen gingen ca. 60 Fehler hervor. Wären diese Aussendungen verschickt worden, hätte dies schwerwiegende Folgen gehabt. Dank des selektiven Regressionstests konnten sie herausgefiltert werden.

Diese Fallstudie zeigt deutlich, wie wichtig es ist, bestehende Daten als Vergleichsbasis zu verwenden. Die alten Daten sind das Testorakel. Sie wurden vom Endbenutzer durch die Anwendung mehrfach bestätigt. Ein besseres Orakel gibt es nicht. Deshalb sollte man immer versuchen, die alten Daten wieder zu verwenden. Das gilt sowohl für die Datenbanken als auch für die Bewegungsdaten und vor allem für die Ausgangsdaten wie hier die Aussendungen. Weil der Abgleich automatisierbar ist, spart dies viel Aufwand gegenüber einem manuellen Ansatz, bei dem die Tester und/oder Benutzer die Ergebnisdaten visuell kontrollieren. Dies ist nicht nur aufwändig und aufreibend, sondern auch fehleranfällig.

9

9 Werkzeuge für den Systemtest

Wie keine andere Software-Engineering-Aktivität ist das Testen vom Einsatz hochwertiger Werkzeuge abhängig. Die Verfügbarkeit und die Qualität der Testwerkzeuge sind für die Effizienz des Tests und somit für das ROI entscheidend. Dies trifft umso mehr für den Systemtest zu, bei dem es um Tests mit größeren Datenmengen geht. Ab einer gewissen Größe und Komplexität des Systems ist ein systematischer Test ohne adäquate Werkzeuge gar nicht zu bewältigen. Allerdings kann von nur einem Werkzeug nicht die Rede sein. Das wäre viel zu einfach. Ein systematischer Test erfordert für jede Phase ein anderes Werkzeug. Welche Werkzeuge gebraucht werden, hängt also vom jeweiligen Testverfahren ab. Am Anfang steht der Prozess. Der Testprozess bestimmt die Testwerkzeuge [POST96]. Nach dem hier vorgestellten Systemtestverfahren werden folgende Testwerkzeuge vorausgesetzt:

- Testmanagementwerkzeuge
- Fehlermanagementwerkzeuge
- Textanalysator für die Testanforderungsanalyse
- Textverarbeitung für die Testplanung
- Tabelleneditor und eventuell ein Testfallerfassungssystem für die Testfallspezifikation
- Testdatengenerator für die Testdatenbereitstellung
- Testmonitor und entweder ein Testbus bzw. ein Capture/Replay-Werkzeug für die Testdurchführung
- Testergebnisvalidator und ein Testüberdeckungsmesswerkzeug für die Testauswertung
- Testfallanalysator und Impaktanalysator für die Testpflege und -fortschreibung

Natürlich kommen jede Menge andere Testfunktionen hinzu, die Kandidaten für die Werkzeugunterstützung sind. Dazu zählen unter anderem:

- Schätzung der Testaufwände
- Erfassung der tatsächlichen Aufwände
- Verwaltung der Testdokumente
- Definition der Testprozesse

- Dokumentation der ausgeführten Testprozesse
- Performanzmessung
- Benutzbarkeitsmessung
- Fehlerverwaltung

Viele dieser Funktionen sind bereits automatisiert, andere in Aussicht, weitere nur Visionen der Werkzeug-Hersteller. Auf jeden Fall darf man sich nicht der Vorstellung hingeben, dass Capture/Replay-Werkzeuge die Vollendung der Testautomatisierung darstellen. Eigentlich ist dies nur der Anfang, wie die einschlägige Literatur bestätigt [RONS03].

Im Prinzip lässt sich der ganze Testprozess automatisieren. Es bleibt aber die Frage nach dem Nutzen. Wo liegen die Grenzen der Testautomatisierung, an denen weitere Investitionen keinen Sinn mehr ergeben? Diese Frage stellen Cem Kaner und James Bach in ihrem Buch über Lehren aus der Testpraxis [KANE02]. Richtig wäre ein ausgewogenes Verhältnis zwischen Testautomatisierung und menschlicher Arbeit. Wie aber das Verhältnis aussieht, wird sich von Projekt zu Projekt unterscheiden. Kleinere und innovative Testprojekte brauchen weniger Automatisierung. Bei diesen stehen Flexibilität und Improvisation im Vordergrund. Werkzeuge würden das Projekt nur hemmen.

Große, wohl definierte Projekte kommen hingegen ohne Testautomatisierung nicht aus. Sie umfassen sehr viel Routine und wiederholbare Aufgaben, die Werkzeuge besser, billiger und schneller erledigen können. Hier herrscht noch ein Bedarf an Automatisierung. Dieser Bedarf ist noch immer nicht vollständig abgedeckt, obwohl es mittlerweile schon einige umfangreiche Testsysteme auf dem Markt gibt. Viele dieser kommerziellen Werkzeuge decken die gleichen Bedürfnisse ab, während andere Bedürfnisse – wie die Gewinnung der Testfälle – unbefriedigt bleiben [BLAC02]. Besonders gut abgedeckt ist das Gebiet der Fehlerverwaltung. Hier ist ein großes Angebot vorhanden. Man hat die Qual der Wahl [NGUY01]. An anderen Stellen (zum Beispiel bei der Umsetzung von abstrakten Testfällen in konkrete mit Testdaten) bleiben weiße Flecken auf der Testautomatisierungslandkarte.

Und das, obwohl sich das Angebot an Testwerkzeugen in den letzten fünf Jahren verdoppelt hat. Neben bestehenden Anbietern wie SQS, HP/Mercury, Logica, IBM-Rational und Compuware sind neue Herausforderer wie Leirios, Imbus und Empirix hinzugestoßen. Der Systemtest ist zu einem großen Werkzeugmarkt geworden. Es würde den Rahmen dieses Buches sprengen, alle angebotenen Produkte zu beschreiben. Deshalb werden hier lediglich sieben ausgewählte Produkte vorgestellt, die stellvertretend für den Stand der Technik sind:

- HP/Mercury Quality Center
- Compuware QACenter
- SQS-Test/Professional
- IBM-Rational Functional Tester
- Imbus Testbench
- Empirix e-Test Suite
- ANECON Testerarbeitsplatz

Mögen uns die anderen Anbieter diese Auswahl verzeihen. Die Auswahl dieser sieben Produkte soll nicht bedeuten, dass sie besser als die anderen sind, es soll nur heißen, dass sie für den State of the Art repräsentativ sind.

9.1 Das HP/Mercury Quality Center

Das HP/Mercury Quality Center ist ein umfangreiches System für die projektbegleitende Qualitätssicherung eines Softwareproduktes. Das Paket verfügt über eine zentrale Testmanagement-Konsole, von der aus alle Fäden des Testprozesses gezogen werden. Im Gegensatz zu den rein technisch ausgerichteten Testwerkzeugen bindet das Quality Center eine breite Anwenderschaft in die Qualitätssicherung ein. Einbezogen werden jene Geschäftsanalytiker, die Anforderungen für das System spezifizieren, Projekt- und Testmanager, die den Testplan verfassen und die Testszenarien entwerfen, Tester, die Testfälle ausarbeiten, Testskripte schreiben und den Test anstoßen, sowie der Produktmanager, der über die Freigabe des Produktes oder deren Installation entscheidet [MERC05].

Die Testszenarien werden als Texte oder als Tabellen erfasst und dann als Testobjekte in das Repository des TestDirectors abgelegt. Dieses Test-Repository spielt eine zentrale Rolle im Verbund der Mercury-Werkzeuge. Dort werden diverse Testobjekte verknüpft. Gleiches gilt für die aus den Testszenarien hervorgehenden Testfälle. Schließlich werden aus den Testfällen Testprozeduren bzw. Testskripte generiert. Dazu wird das Werkzeug QuickTest-Professional verwendet. Es simuliert die echten Benutzeroberflächen und leitet daraus die Daten für die jeweiligen Testtransaktionen ab. Sogar ungeübte Endbenutzer können hier die Arbeitsabläufe am Arbeitsplatz durchführen und die Eingabemasken bedienen, aus denen die Testskripte automatisch aufgezeichnet werden. Danach können die gleichen Testabläufe wiederholt und kontrolliert werden. Die Hauptbausteine des Quality Centers sind:

- TestDirector
- WinRunner
- QuickTest Professional
- Business Process Tester (siehe Abbildung 9.1 auf der nächsten Seite)

9.1.1 TestDirector

Der TestDirector ist eigentlich eine spezielle Benutzeroberfläche für den Zugriff auf die darunter liegenden Testmanagement-Werkzeuge. Ein Werkzeug ist das Requirement-Management, ein weiteres TestPlan zur Definition und Planung der Testfälle sowie TestLab für deren Ausführung und Protokollierung. Abgerundet wird der TestDirector durch ein integriertes Fehlermanagementsystem. All diese Managementwerkzeuge benutzen ein gemeinsames Test-Repository, in dem sämtliche Testdokumente gespei chert sind. Der Testmanager kann also jederzeit auf die Testpläne, die Testaufwände, die Testszenarien, die Test-

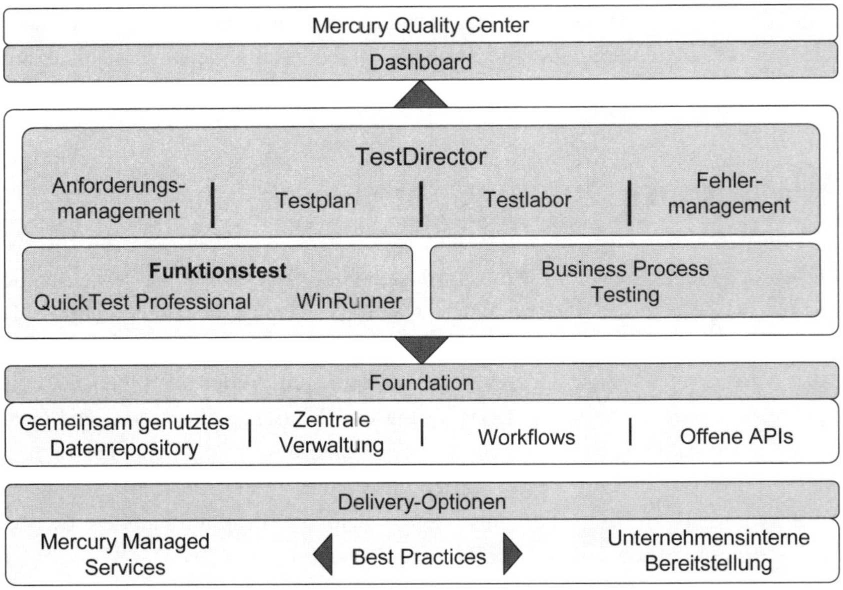

Abbildung 9.1 Mercury Quality Center

ergebnisse und die Fehlermeldungen zugreifen. Hinzu kommen diverse statistische Berichte über den Teststand und die Qualität des Produktes.

9.1.2 WinRunner

WinRunner ist die Mutter der klassischen Capture-Replay-Werkzeuge. Es integriert Testskripte, um die Benutzeroberfläche aufzubauen. Jeder Mausklick und jeder Tastendruck wird damit simuliert. In den neueren Versionen werden diese Testereignisse auch dem veränderten Bildschirm-Layout angepasst. Wenn also die Kontonummer von der dritten auf die vierte Bildschirmzeile abrutscht, wird dies registriert und die Eingabe entsprechend verschoben. Die Geschwindigkeit der Testausführung lässt sich zudem einstellen, damit der Tester den Ablauf der Oberflächen leicht verfolgen kann.

Die Zustände der Ausgabemasken werden ebenfalls aufgezeichnet und im Skript umgesetzt. Dort besteht die Möglichkeit, das neue Skript mit dem alten abzugleichen, um so die Abweichungen auszuweisen. So lässt sich bestätigen, dass die Ergebnisse des neuen Tests mit denen seines Vorgängers übereinstimmen.

Der Tester kann ohne Weiteres die Testskripte verändern. Er kann sie z.B. kopieren und die Kopien mit anderen Datenkombinationen füllen. Ein WinRunner-Testskript ist jedoch ein recht komplexes Dokument, die Skriptsprache eine Programmiersprache (siehe Abbildung 9.2).

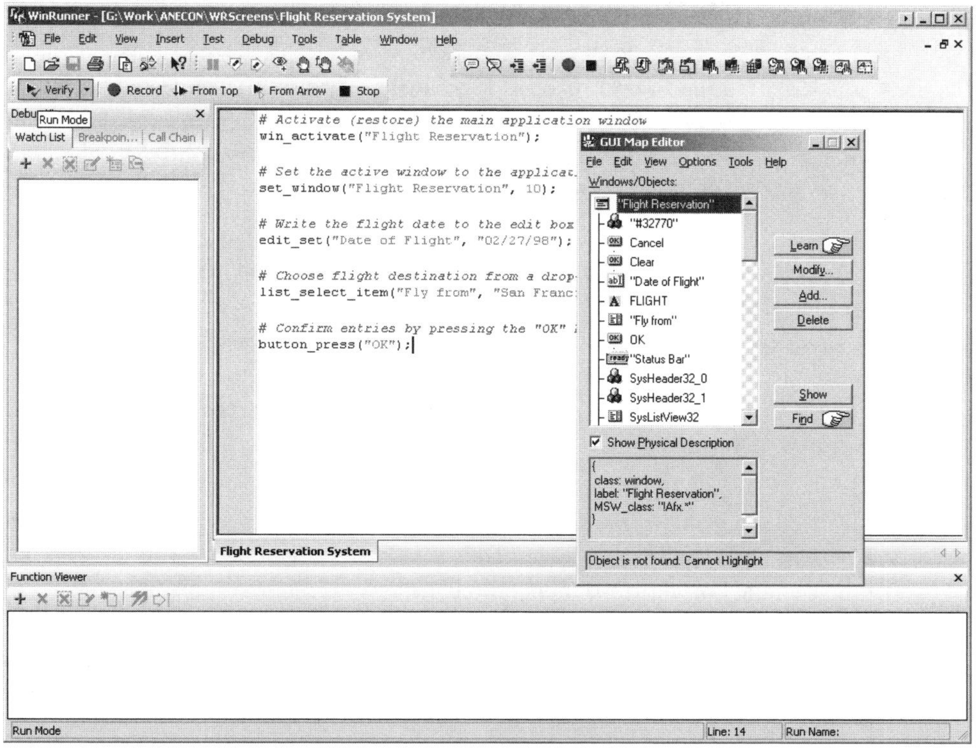

Abbildung 9.2 Mercury WinRunner

9.1.3 QuickTest Professional

Der QuickTest-Baustein generiert und ändert die Testskripte gemäß den simulierten Oberflächen. Er unterstützt unter anderem den Funktionstest einzelner Web-Services. Dazu prüft er den SOAP-Aufruf eines WSDL-Service und verfolgt, wie sich der angesprochene Service auf die anderen Web-Services oder Applikationen auswirkt. Darüber hinaus ist vorgesehen, die zu testenden WSDL-Schnittstellen aus den BPEL-Geschäftsprozessdefinitionen zu generieren und von einem Testbetreiber aus abzusenden.

Hauptzweck des QuickTest-Professionals ist es, nicht-professionellen Testern die Möglichkeit zu geben, Tests zu erzeugen und zu wiederholen, ohne in die Testskripte eingreifen zu müssen. Die Skripte sind ein Produkt des simulierten Tests. So kann der Tester am Bildschirm sitzen, sich beliebige Testfälle einfallen lassen und diese aufzeichnen. Dadurch unterstützt das Werkzeug auch den kreativen Test.

9.1.4 Der Business Process Tester

Der Business Process Tester richtet sich explizit an den nicht technischen Anwender aus dem Fachbereich, der anhand abstrakter, geschäftlicher Definitionen die fachliche Richtigkeit des Zielsystems testen möchte. Hiermit wird also die End-to-End-Verarbeitung eines

Geschäftsvorfalls durchgezogen. Der Business Process Tester verfolgt den Ablauf des Prozesses und registriert die Zwischenstände. Zum Schluss hat der Benutzer die Möglichkeit, sich den veränderten Zustand der Datenbasis zur visuellen Kontrolle anzeigen zu lassen. Er kann natürlich auch die Zwischenzustände kontrollieren und sehen, ab welchem Punkt der Prozess schief läuft. Die verfolgten Abläufe werden nachträglich graphisch dargestellt. Durch einen Abgleich mit dem Sollablauf wird das Fehlverhalten des Systems festgehalten [CW06].

Dieser End-to-End-Test der Geschäftsprozesse hat sich beim Abnahmetest von Standardsoftware besonders bewährt, vor allem bei der Einführung neuer Versionen. Die Tester haben dann kaum Zeit, alle einzelnen Funktionen zu testen, und müssen sich auf das Wesentliche konzentrieren. Dies ist nun einmal der einigermaßen korrekte Ablauf der Geschäftsprozesse. Wie kein anderes Werkzeug unterstützt der Business Process Tester den Abnahmetest großer Anwendungssysteme, weil es sich auf die wesentliche Funktionalität konzentriert.

Aus dieser Darstellung geht hervor, dass das Mercury Quality Center sich zunehmend auch an die nicht-professionellen Tester wendet. Dies ist wohl ein Zugeständnis an den Markt. Ob es aber die richtige Lösung zur Herausforderung des Systemtests ist, bleibt abzuwarten. Andere Werkzeuge zielen weiterhin auf den professionellen, speziell ausgebildeten Tester ab.

Unter `http://www.mercury.com` finden sich weitere Informationen zu den Werkzeugen von HP/Mercury.

9.2 Das Compuware QACenter

Das QACenter ist ein Verbund zusammenhängender Testwerkzeuge für:

- Anforderungsmanagement
- Testmanagement
- Automatisierte Testausführung und -auswertung
- Last- und Performanztests
- Testdatenverwaltung
- Fehlerverfolgung

Weil das QACenter schon mit dem Anforderungsmanagement ansetzt, wird gewährleistet, dass die Qualität der Software projektbegleitend und nicht erst mit Testbeginn gesichert wird.

QACenter bietet mit QADirector ein mächtiges Testmanagementsystem. Es erfasst die Testanforderungen, speichert sie ab und verfolgt ihren Erfüllungsgrad. Jede Anforderung wird hinsichtlich ihres Risikopotenzials priorisiert. Die aus den Anforderungen manuell abgeleiteten Testfälle erben die Priorität der Anforderungen. Somit werden alle Testfälle nach Risikoausmaß geordnet. Dies fordert einen risikobasierten Testansatz. Testfälle mit dem höchsten Risikopotenzial werden zuerst getestet [COMP04].

Weil die Testfälle mit den Anforderungen verknüpft sind, führt jede Änderung an den Anforderungen automatisch zu einer Änderung der davon betroffenen Testfälle. Sie werden jedenfalls ausgewiesen, damit sich die Fälle von den Testern verändern lassen. Aus den Testfällen werden wiederum die Testskripten generiert, die auf die Testdaten zugreifen.

Die Testskripte steuern sowohl den Eingabedatenfluss als auch die Validierung der Testergebnisse gegen die erwarteten Ergebnisse. Dafür wird ein klassisches Capture/Replay-Werkzeug verwendet. QACenter bietet Testtreiber für alle gängigen Servertechnologien – .Net, J2EE, Websphere und Oracle. Diese Testtreiber sind parametrisierbar und somit für jede Art von Benutzeroberfläche einstellbar. Mit dem Werkzeug XPediter kann das QA-Center den Test sogar auf dem Main-Frame durchführen. Mit dem Werkzeug File-AID werden Dateien jeglicher Art generiert und die Ausgabedateien mit den vorbereiteten Referenzdateien verglichen. Für jeden Zweck liegt ein anderes spezielles Werkzeug vor. Mit den zusätzlichen Vantage-Paketen stellen diese Werkzeuge auch eine mächtige Basis für das Applikations- und Datenbankmonitoring dar. Für den Tester ist günstig, dass sie alle über eine gemeinsame Oberfläche erreichbar sind.

Das QACenter ist ein gutes Beispiel dafür, wie viele unterschiedliche Werkzeuge sich für den Systemtest einsetzen lassen. Unter anderem beinhaltet QACenter folgende Bausteine:

- QADirector
- QARun
- TrackRecord
- QALoad
- File-AID

Für jeden Testzweck gibt es ein geeignetes Werkzeug (siehe Abbildung 9.3).

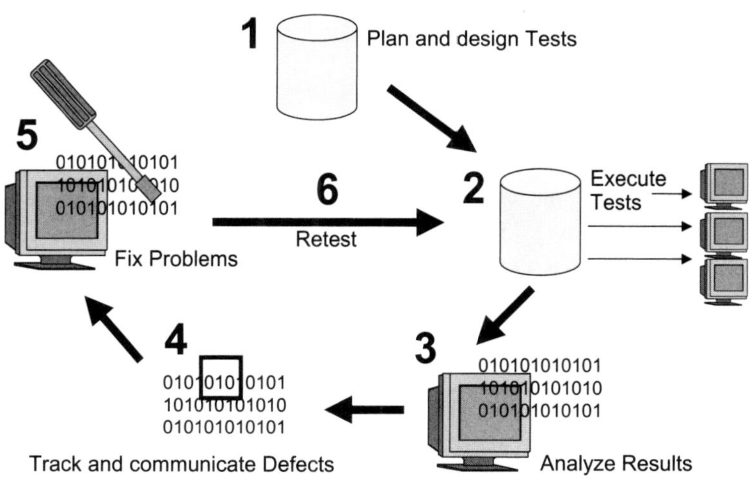

Abbildung 9.3 Compuware QACenter

9.2.1 QADirector

QADirector ist das Werkzeug für den Testmanager. Durch eine Reihe graphischer Oberflächen mit Zugriff auf diverse Testdokumentenmuster und einen Berichtsgenerator unterstützt es die Erstellung der Testpläne, der Testentwürfe und der Teststatusverfolgung. Der Testfortschritt wird anhand der durchgeführten Tests, der gefundenen Fehler und der gebuchten Testaufwände ermittelt. Dargestellt wird er in Form von Balkendiagrammen und Pie-Charts.

9.2.2 QARun

QARun ist das Werkzeug zur Unterstützung der Testdurchführung. Davon gibt es verschiedene Ausprägungen, je nachdem, in welcher Umgebung getestet wird. Compuwares QACenter ist das einzige der hier vorgestellten Testsysteme, das den Test auf dem MainFrame unterstützt. Es gibt sogar zwei verschiedene Lösungen für die Simulation des Online-Betriebes unter Testbedingungen: die VTAM-basierte Lösung QAHiperstation und die CICS-basierte Lösung QAPlayback. Beide Lösungen erlauben es, Online-Transaktionen aufzuzeichnen und wieder zurückzuspielen, wobei der Tester die Möglichkeit hat, die Testdaten unter TSO/SPF zu editieren.

Für die Client-Server-Welt ist das QARun ein geeignetes Werkzeug, um GUI-Oberflächen zu analysieren und in eine Skriptsprache zu übersetzen. Weil die eigentlichen Testdaten in Tabellen abgespeichert werden, kann der Tester die Datenwerte manipulieren, ohne das Skript ändern zu müssen. Durch die Anpassung der Testskripte kann er den Testablauf verändern. Schließlich kann er die Skripte so lassen, wie sie sind, und den Test einfach so wiederholen, wie er zuletzt gelaufen ist. Über Maus und Tatstatur kann er den Testablauf steuern und die Ergebnisse am Bildschirm verfolgen. Abweichungen vom Sollergebnis werden zusammen mit den Start- und Endzeiten der Testfälle zusätzlich in einem Testlog protokolliert.

9.2.3 TrackRecord

TrackRecord ist ein Werkzeug für das Fehlermanagement. Es bietet dem Tester ein Standardformular an, mit dem er die Fehler während des Tests beschreiben kann. Die Fehlermeldungen werden in einer Fehlerdatenbank gespeichert. Dort werden sie auf Anstoß analysiert und aggregiert. Verschiedene Berichte dokumentieren die Fehlerrate und den Fehlerzustand. Natürlich haben die Entwickler auch Zugriff auf die Fehlerdatenbank und können dort die Fehlermeldungen um ihre Korrekturen ergänzen.

9.2.4 QALoad

QALoad ist ein skalierbarer Lastgenerator. Abläufe können als Skript aufgezeichnet bzw. von QARun verwendet werden. Der integrierte Skripteditor erlaubt es, Skripts nachträglich anzupassen und zu variabilisieren. Während des Testlaufs können die Performanzstatistiken über einen Monitor online betrachtet und ausgewertet werden. Somit ist das Systemverhalten bei Last- und Stresssituationen ersichtlich.

9.2.5 File-AID

File-AID ist ein Testdatenmanagement-Werkzeug, das die Möglichkeit bietet, Testdaten zu generieren, zu extrahieren, zu transformieren und zu vergleichen. Als Basis können verschiedenste Datenbanken und Datenquellen dienen. Mit diesem Werkzeug kann z.B. eine Referenzdatei oder Datenbank mit einer anderen aus dem Test verglichen und Unterschiede dokumentiert werden. Außer fehlenden Sätzen und Tupeln werden auch ungleiche Sätze und Tupeln registriert und protokolliert. Anhand des Protokolls kann der Tester feststellen, inwiefern die neuen Ergebnisse von den vorhergehenden abweichen. Jede Abweichung ist ein potenzieller Fehler (siehe Abbildung 9.4).

Unter `http://www.compuware.com` finden Sie weitere Informationen zu den Werkzeugen von Compuware.

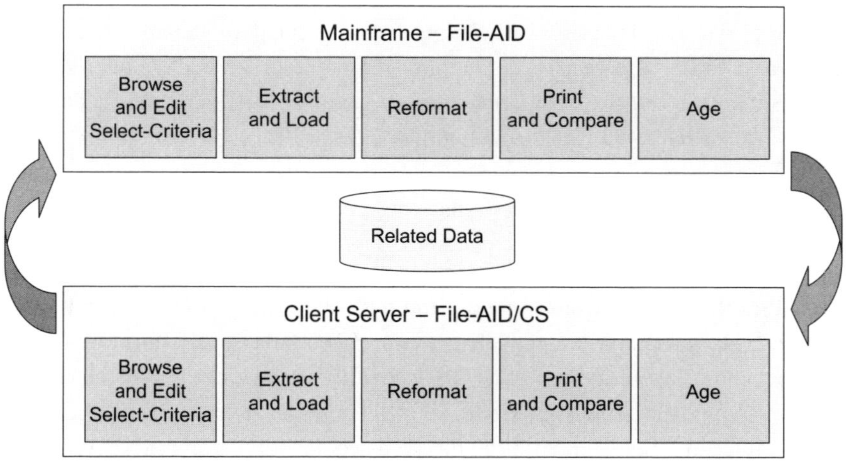

Abbildung 9.4 Compuware File-AID/CS-Funktionen

9.3 Das SQS-TEST/Professional

SQS – Software Quality Systems – mit Hauptsitz in Köln ist die älteste deutsche Testfirma. Seit Anfang der 80er-Jahre bietet sie Produkte und Dienstleistungen rund um den Softwaretest an. Bereits in den 80ern bat sie einen werkzeuggestützten Testprozess namens Testkadett an. Seitdem hat sie ihr Testangebot ständig erweitert, um alle Teilgebiete des Testens abzudecken. Das SQS/TEST-Werkzeug ist eigentlich ein kompletter Werkzeugkasten. Wie beim Quality Center werden alle Testaktivitäten von der Testplanung bis zur Testabnahme unterstützt. Das Toolset bietet eine rollenorientierte Sicht auf den Testprozess. Zu den Rollen gehören:

- Testmanager
- Testfall-Ersteller
- Test-Durchführer

Für jede Sicht wird eine Reihe automatisierter Funktionen angeboten.

9.3.1 Testmanagementfunktionen

Ein Testmanager muss das Testprojekt planen, d.h. den Testprozess auf die Release-Planung und die Teststufen abbilden. Der Testprozess wird anschließend mit Ressourcen und Terminen versehen, damit der Testmanager den Testfortschritt verfolgen kann. Diese Planungssicht wird vom SQS-TEST-Managerwerkzeug unterstützt. Sie ermöglicht es dem Testmanager, die Testaufgaben auf beliebig vielen Hierarchiestufen abzubilden. Er kann über Bildschirm bequem durch die Hierarchiestufen navigieren, um den Status einzelner Testaufgaben jederzeit abzurufen. Eine Ampeldarstellung mit Rot, Gelb und Grün gewährt ihm einen Überblick über den Stand des Testprojektes. Das Werkzeug bietet eine Reihe von Berichten an, die es ermöglichen, den Testfortschritt zu verfolgen. Standardberichte geben den Grad der Testüberdeckung wieder, die Zahl der gefundenen Fehler, den akkumulierten Aufwand und die verpassten Termine. Ein einfach zu bedienender Testassistent hilft dem Testmanager, eigene Testberichte zu gestalten. Mit Hilfe der Managerwerkzeuge kann der Testprojektleiter das Testprojekt von Anfang bis Ende steuern.

9.3.2 Testspezifikationsfunktionen

Nach der Planung des Tests durch den Testmanager erfolgt die Spezifikation des Tests durch den Testfall-Ersteller. Dieser beginnt mit der Identifikation der zu testenden Objekte. Für diese Testobjekte werden zunächst logische Testfälle spezifiziert. Dafür stellt das Tool entsprechende Schablonen in einer Testspezifikationsansicht bereit. Daraufhin werden konkrete, implementierungsbezogene Testfälle mit Testdaten erzeugt. Auch dies unterstützen vorgefertigte Schablonen. Eine hierarchische Modellierung mit beliebigen Querverweisen zwischen Knoten des Modellbaums fördert die Erstellung einer semi-formalen Testfallspezifikation. Am Ende gibt es neben dem Baum der Testobjekte einen Baum der logischen Testfälle mit den physikalischen Testfällen als Unterbäumen.

9.3.3 Testausführungsfunktionen

Für den Test-Durchführer bietet SQS-TEST/Professional eine eigene Oberfläche an, über die er die Testausführung steuern kann. Eine Capture/Replay-Funktionalität wird nicht angeboten, wohl aber eine Anbindung an diversen Testautomaten wie X-Runner. Dafür hat der Tester die Möglichkeit, die manuelle Testausführung mit elektronischem Drehbuch unabhängig vom Firmennetzwerk zu steuern. Hinzu kommt das einfache Beauftragen einzelner Testprozesse durch Prozessschablonen. Schließlich liefert SQS-TEST eine ausführliche Testprotokollierung samt Testüberdeckungsmessung. Speziell was die Testausführung betrifft, gibt es unterschiedliche Arbeitsplätze für verschiedene Branchen und Technologien. Dazu zählt eine Test-Workbench für SAP-Systeme sowie eine für J2EE Serversysteme. Damit geht das SQS/TEST Toolset auf die Einmaligkeit der unterschiedlichen Testumgebungen ein [SQS08].

9.4 Die Imbus Testbench

Die Testbench der Firma Imbus basiert auf der Sicht des Systemtests als iterativem Prozess, der aus folgenden Phasen besteht:

- Testplanung
- Testdesign
- Testautomatisierung
- Testdurchführung

Die Ausgangsbasis für diesen Standard-Testprozess sind die Rollen- und Rechtedefinitionen, Anwendungsfälle und Anforderungsdokumente [IMBU06].

9.4.1 Anforderungsbasierte Testplanung

Die Testplanung wird durch eine generische Schnittstelle unterstützt. Über diese haben die Tester Zugriff auf die Struktur und Inhalte der Anforderungen in fremden Werkzeugen, wie Borland Caliber RM und QA Systems IRqA. Eine Schnittstelle zu Doors von Telelogic ist vorgesehen. Die Abbildung zwischen dem jeweiligen Anforderungsmanagementwerkzeug und dem Datenmodell der Imbus Testbench leistet ein werkzeugspezifischer Wrapper, der Bestandteil der Testbench-Serverarchitektur ist.

Über die generische Schnittstelle zum Anforderungsmanagementwerkzeug werden den Testern wichtige Informationen, wie z.B. Anforderungspriorität und -realisierungsstatus, Einstufung nach dem betreffenden Qualitätsmerkmal sowie textuelle Beschreibungen der Anforderungen zur Verfügung gestellt. Auf diese Weise können die Anforderungen per Drag&Drop in den Testplan einbezogen werden. Somit findet die Testanforderungsanalyse im Rahmen der Testplanung statt. Sie wird von der Testbench nicht direkt unterstützt.

9.4.2 Anforderungsbasierter Testfallentwurf

Für den Entwurf der Testfälle nutzt die Testbench die Interaktionsmethode. Diese basiert auf wiederverwendbaren Ablaufsequenzen und abstrakten Datentypen. Letztere werden in Äquivalenzklassen zerlegt, wobei jeder Äquivalenzklasse ein oder mehrere repräsentative Werte zugeordnet werden. Die Testfälle werden in beliebig vielen Hierarchiestufen in Interaktionsschritte gegliedert. Je nach Abstraktionsebene ist eine Interaktion ein fachlicher oder technischer Testschritt. Auf der untersten Ebene erfolgt das eigentliche Anstoßen des Zielsystems durch das Eintragen von Daten, das Senden einer Nachricht oder die Übergabe einer Datei. Parallel dazu erfolgt auf der Ausgabeseite die Prüfung einer erwarteten Sollreaktion des Systems. Die spezifizierten Interaktionen mit dem System sind beliebig parametrisierbar. Sie können daher bei jeder neuen Verwendung unterschiedliche Daten senden, empfangen und verarbeiten.

Gleichzeitig können die Tester über die generische Schnittstelle Einsicht in die Spezifikation der Anforderungen nehmen und diese mit den Testfällen verknüpfen. Damit wird zum Ausdruck gebracht, welche Testfälle welche Anforderungen verifizieren. Die Imbus Testbench gliedert die Testfälle innerhalb so genannter Testfallsätze und diese wiederum in Testthemen. Alle Testfälle in einem Testfallsatz haben die gleiche Sequenz von Interaktionen zwischen Testobjekt und Tester. Die Testfälle sind somit generisch. Aus einem Testfallmuster lassen sich mehrere Testfallausprägungen ableiten. Die eigentlichen Testdaten ändern sich über die Parametrisierung. Auf diese Weise kann der Tester für eine einzige Interaktion verschiedene Datenkonstellationen mit anderen Ergebnistypen erzeugen. Hierdurch ist eine Erhöhung der Testziele durch einfaches Hinzufügen von Parametern möglich. Die Testfallsätze werden in einer Testfalldatenbank gepflegt und fortgeschrieben (siehe Abbildung 9.5).

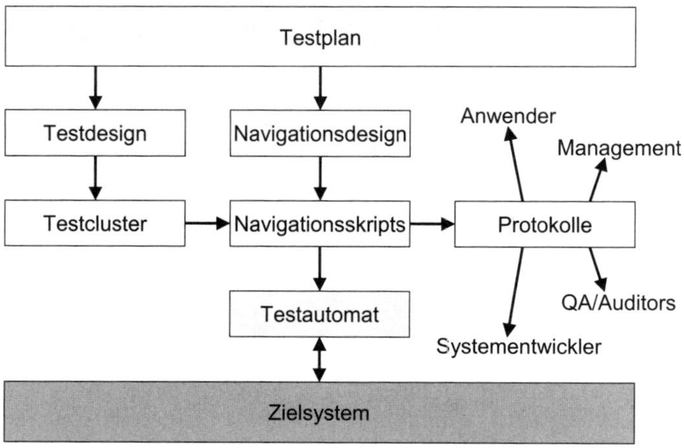

Abbildung 9.5
TestBench-Grundstruktur

9.4.3 Testautomatisierung

In der nächsten Phase – der Testausführung – werden die spezifizierten Testfälle in lauffähige Testprogramme umgesetzt. Ziel dabei ist, durch Automatisierung Zeit und Aufwand für die Testwiederholung zu gewinnen. Die Testbench erreicht das Ziel über die Anwendung der Interaktionsmethode. Zur Erzeugung einer vollautomatischen Testausführung bedarf es noch lediglich der manuellen Ergänzung der elementaren Interaktionen in Form von Testskripten. Dabei werden alle Arten von GUI- und API-Schnittstellen unterstützt. Die Testdurchführung geschieht im klassischen Capture/Replay-Modus. Die Testläufe werden als Kette einzelner Testfälle gestartet, überwacht, ihre Ergebnisse erfasst und revisionsfähig archiviert. Dabei lassen sich Teilläufe herausfiltern und zu eigenen, gezielten Einzeltests zusammenstellen. Somit ist der Test modularisiert. Der manuelle Durchführungsassistent gibt dem Tester die Möglichkeit, die Testschritte und Testergebnisse zwecks Testrevision zu protokollieren, einschließlich der Soll-/Ist-Abweichungen. Diese Abweichungen können aus der Testbench heraus direkt in marktübliche Fehlermeldungssysteme wie z.B. Bugzilla übernommen werden, d.h. es gibt eine direkte Verbindung von der Testausführung zur Testauswertung. Gleichzeitig wird auch die Testüberdeckung dokumentiert [CMG04].

9.4.4 Testauswertung

Zur Unterstützung des Testmanagements sorgt die Testbench für eine homogene Ablage und Berichterstattung sowohl manueller als auch automatisiert erzeugter Testergebnisse und stellt zur Auswertung eine flexible Reporting-Schnittstelle zur Verfügung. Über diese Filter- und Berichtsfunktionen können Testmanager einen schnellen Überblick über die jeweils erreichte Testdesign- und Testdurchführungsabdeckung schaffen. Die Reporting-Schnittstelle liefert außerdem Informationen über Änderungen der Anforderungen zwischen zwei Systemversionen. Auf diese Weise kann die Planung der Testaktivitäten eng mit dem Fortschritt der Anforderungsevaluation synchronisiert werden.

Letzteres gehört zur Versionierung des Tests. Alle Testergebnisse bzw. Testware wie Testpläne, Testfälle und Testdurchführungsprotokolle können in der Testbench unabhängig voneinander versioniert werden, d.h. der Tester kann den Zustand der Testdokumente sichern und später wiederherstellen. Abhängigkeiten zwischen den Testdokumenten, z.B. zwischen Testanforderungen und Testfällen, werden automatisch gepflegt und deren Konsistenz sichergestellt. Dies ermöglicht eine vollständige und konsistente Testdokumentation. Insofern ist die Testbench mehr als ein reines Testsystem, sie ist auch ein Test-Configuration-Management-System (siehe Abbildung 9.6 auf der nächsten Seite).

Weitere Informationen zur Imbus Testbench finden sich unter `http://www.imbus.de`

Als Java-basierte Client/Server-Applikation ist der Imbus Testbench vollständig plattformunabhängig. Standardisierte Schnittstellen ermöglichen die Kombination mit allen gängigen Softwarewerkzeugen aus den Bereichen Anforderungsmanagement, Testautomatisierung, Fehlermanagement und Projektmanagement. Dadurch lassen sich die Testaktivitäten nahtlos in den Entwicklungsprozess integrieren. Die Möglichkeit, Testergebnisse mit einer elektronischen Signatur zu versehen und in das Produkt-Repository abzulegen, ergänzt die Integration.

Zusammenfassend zum Thema Testfallspezifikation ist hervorzuheben, dass die TestBench

- die Testfälle sowohl formal und semi-formal als auch voll-formal spezifizieren lässt;
- die Testprozeduren schrittweise von einer textuellen auf eine formale Beschreibung umstellen kann;
- die Testprozeduren strukturiert und modular aus den Testfällen generiert;
- die Testfälle aus einzelnen Testelemente zusammenstellt und
- die Testfälle aus formalen Spezifikationen automatisch ableiten kann [IMBU08].

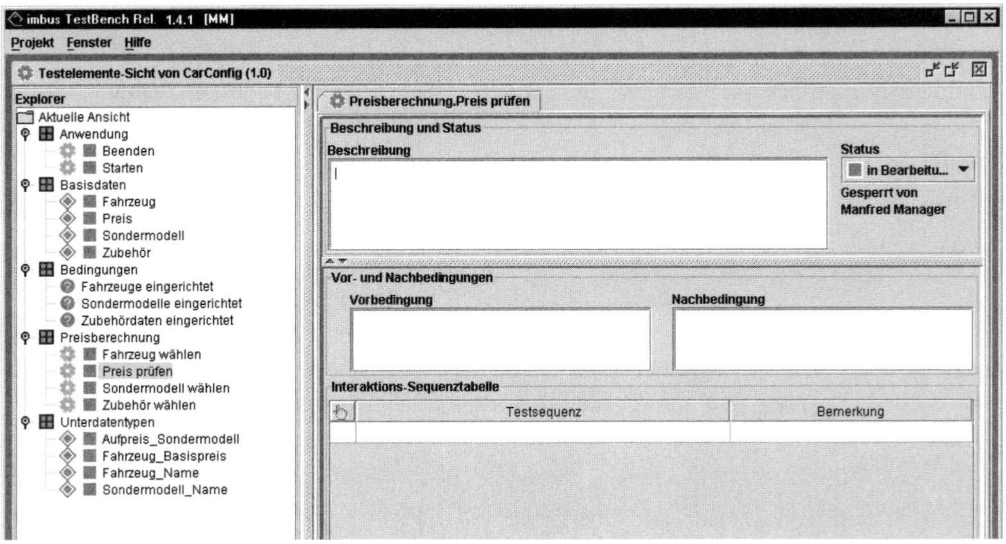

Abbildung 9.6 Imbus Testbench

9.5 Der Rational Functional Tester

Der Rational Functional Tester ist ein objektorientiertes Test-Tool für den Black-Box-Test betrieblicher Informationssysteme. Es handelt sich hier um ein klassisches Capture/Replay-Produkt. Ein System wird über die Benutzeroberflächen getestet und die Inhalte der Oberflächen aufgezeichnet. Dabei werden Testskripten generiert. Danach kann der Tester die Skripte editieren und den Test per Skript wiederholen lassen. Insofern entspricht der Functional Tester dem Prototyp eines Testroboters.

Das Besondere am Rational Test Tool sind die vielen Umgebungen, die es inzwischen testen kann. Es ist nicht einfach, eine graphische Oberfläche zu simulieren, das Tool muss die Oberflächendefinition interpretieren und jede mögliche Veränderung der Oberfläche registrieren. Jede Veränderung bewirkt einen Zustandswechsel. Es komme darauf an, jeden Zustand aufzunehmen und in der Skriptsprache festzuhalten. Später muss es möglich sein, aus den Skriptbeschreibungen die Zustände wiederherzustellen, und zwar in der gleichen Reihenfolge, in der sie ursprünglich abgelaufen sind.

In jeder Zielumgebung sind die Dialogoberflächen anders implementiert. D.h., es muss für jede Zielumgebung eine andere Toolversion geben. Der Functional Tester hat Versionen für Enterprise Java, Microsoft .Net und diverse Web-Browser. Neuerdings werden auch SAP- und Siebel-Oberflächen integriert. Der SAP-Testrahmen ist eigentlich eine Erweiterung des SAP-eigenen Testtreibers CATT. Die SAP-Skripte werden dem Tester zugänglich gemacht. Er kann sie in der Rational-Umgebung editieren und nachher wieder in SAP-Skript zurückführen, um den Test zu wiederholen. Die Testwerte werden entweder vom Tester zugewiesen oder einer bereits angelegten Testdatentabelle entnommen.

Seit dem Release 7 erhält der Benutzer vom Functional Tester Unterstützung durch den Rational Process Advisor. Der Process Advisor bietet einen Überblick über den gesamten Entwicklungsprozess und steuert den Benutzer von einer Aufgabe zur nächsten. Die Testaufgaben bilden eine Untermenge aller Projektaufgaben. Somit ist die Aktivität Systemtest in die Ablauffolge der anderen Aktivitäten integriert. Ein Menü sämtlicher Testaufgaben – der Process Browser – wird angezeigt, und der Tester kann wählen, welche Aufgabe er als Nächstes erledigen möchte. Dazu gehören Aufgaben wie „Define a Test Approach", „Identify Test Targets", „Execute Test Suite" und „Analyze Test Failure". Neben den Aufgaben, die der Tester zu erledigen hat, werden auch die dazugehörigen Tools angeboten. Wenn er also die Aufgabe „Implement Test Suite" bearbeiten möchte, wird er automatisch an die entsprechende Toolfunktion für die Erstellung der Testskripte weitergeleitet.

Der Hauptvorteil des Rational Functional Tester ist, Teil einer umfangreichen Werkzeugfamilie ist. Die IBM-Rational-Werkzeuge decken den gesamten Software-Lebenszyklus – von der Anforderungsanalyse bis zur Freigabe – ab, einschließlich Projektmanagement und Konfigurationsmanagement. Die Übergänge von einem Werkzeug zum nächsten sind daher viel bequemer, als wenn der Benutzer mit Werkzeugen unterschiedlicher Lieferanten arbeitet [IBM05].

9.6 Die Empirix e-Test Suite

Die e-Test Suite ist auf den Test moderner, Web-basierter Systeme ausgerichtet. Im Gegensatz zu den anderen Testsystemen, die schon in der Client/Server-Welt entstanden und später auf die Web-Entwicklung umgestellt wurden, ist die e-Test Suite ein Produkt der Internetwelt. Sie wurde von Anfang an für den Test von Webanwendungen konzipiert. Insofern passt sie besser zum Test von E-Business-Systemen [EMPI06].

Die e-Test Suite ist wie die anderen hier vorgestellten Testsysteme ein Werkzeugverbund. Sie besteht aus drei einzelnen Testwerkzeugen, jedes mit einem anderen Zweck und einer anderen Zielgruppe, aber mit zahlreichen Verbindungen zueinander. Die drei Werkzeuge sind folgende:

- e-Manager Enterprise
- e-Tester
- e-Load

9.6.1 e-Manager Enterprise

Die e-Manager-Komponente ist ein Werkzeug für die Testanforderungsanalyse, die Testplanung, die Testfalldefinition und die Testauswertung – schlicht für alle Aktivitäten vor und nach der eigentlichen Testausführung.

Zum einen werden die Testanforderungen erfasst und im Test-Repository gesammelt. Dort werden sie nach funktionalen und nicht funktionalen Anforderungen aufgeteilt. Gespeichert sind sie in Form von XML-Dokumenten, die sich über XSL-Style-Sheets präsentieren lassen. Über Links sind sie mit den Testfällen verbunden. Aus einer Anforderung gehen mehrere Testfälle hervor. Allerdings werden die Links über die Benutzeroberfläche mit Drag&Drop manuell hergestellt und nicht wie im ANECON-Testerarbeitsplatz automatisch aus den Anforderungen generiert.

Zum Zweiten unterstützt das E-Management-Werkzeug die Erfassung und Fortschreibung der Testfälle. Die Testfälle werden in Form von Excel-Tabellen manuell erfasst, lassen sich dann in eine rationale Datenbank überführen, von wo aus sie für die weitere Verwendung bereitgestellt werden. Diese Testfalldatenbank bildet die Ausgangsbasis für die Generierung der automatischen Testläufe.

Zum Dritten speichert das Werkzeug alle während der Testausführung gesammelten Informationen. Dazu gehören neben den Vorkommnissen auch die getesteten Fälle und die Performanz-Daten. Weil jedermann Zugriff auf die Test-Repository hat, kann man sich über den Teststand informieren. Diverse graphische Berichte zum Verhältnis der Testkennzahlen liegen vor, unter anderem:

- das Verhältnis der getesteten zu allen Anforderungen;
- das Verhältnis der fehlerfreien Testläufe zu allen Testläufen;
- das Verhältnis von High-Priority-Testfällen zu allen Testfällen;
- das Verhältnis der Ist- zur Soll-Performanz (siehe Abbildung 9.7).

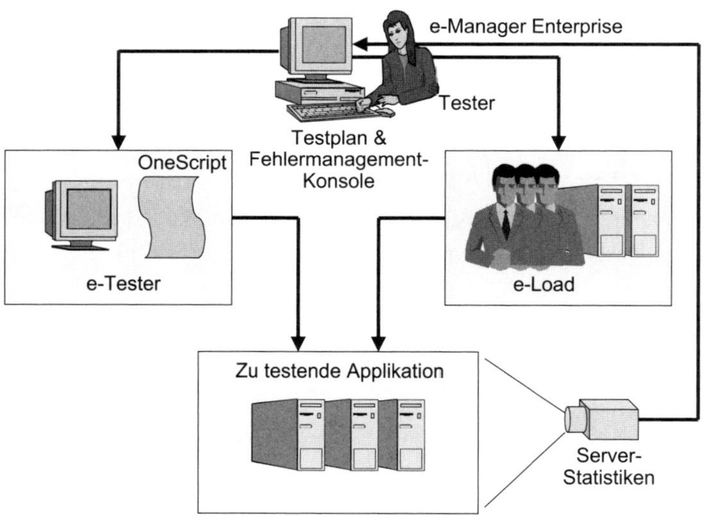

Abbildung 9.7
Empirix e-Test Suite

9.6.2 e-Tester

Der e-Tester ermöglicht die automatische Ausführung von funktionalen Tests. Die entsprechende Methode ist Visual-Scripting. Mit Visual-Scripting werden alle Interaktionen zwischen dem Benutzer und dem System aufgezeichnet und in Test-Skripten festgehalten. Nach der einmaligen Erfassung der Testskripten können diese über Visual Basic for Applications editiert und angepasst werden. Auf diese Weise kann der Tester aus einer Testtransaktion zahlreiche Variationen mit unterschiedlichen Auswirkungen erzeugen. Mit Hilfe der Testskripten können auch die Testergebnisse genau kontrolliert und abweichende Ergebnisse berichtet werden.

Die Aufzeichnung und Rückspielung der Tests ist jedoch nur ein Teil der Testausführung mit E-Tester. Im Gegensatz zu den Testwerkzeugen, die der Client-Server-Welt entstammen, ist der E-Tester mit den modernen Entwicklungsumgebungen .Net und J2EE eng verbunden. Er stützt sich auf die so genannte Web-Smart-Transaktionstechnologie. Der e-Tester Transaktionsgenerator erzeugt automatisch Testfälle aus dem Umgang des Endbenutzers mit dem System, d.h., er bildet ein operationales Profil der Systemnutzung und nutzt dieses als Testorakel. Statt so gegen die zu Beginn des Projektes festgeschriebenen statischen Anforderungen zu testen, testet der E-Tester gegen die während des Projekts entstehenden dynamischen Anforderungen. Das Benutzerverhalten bzw. das Systemoperationsprofil wird registriert und in Visual-Scripts umgesetzt, die das Nutzungsprofil dann graphisch und mehrdimensional auf unterschiedlichen Abstraktionsstufen anzeigen. So lernen auch die Entwickler die Anforderungen der Anwender kennen, und zwar nicht durch die Lektüre statischer Dokumente, sondern durch das Experimentieren mit dem Websystem. Beim e-Tester herrscht das Prinzip: Probieren geht über Studieren. Insofern liegt er eher im Einklang mit modernen, agilen Entwicklungsansätzen, die heutzutage in der Internetwelt vorherrschen (siehe Abbildung 9.8).

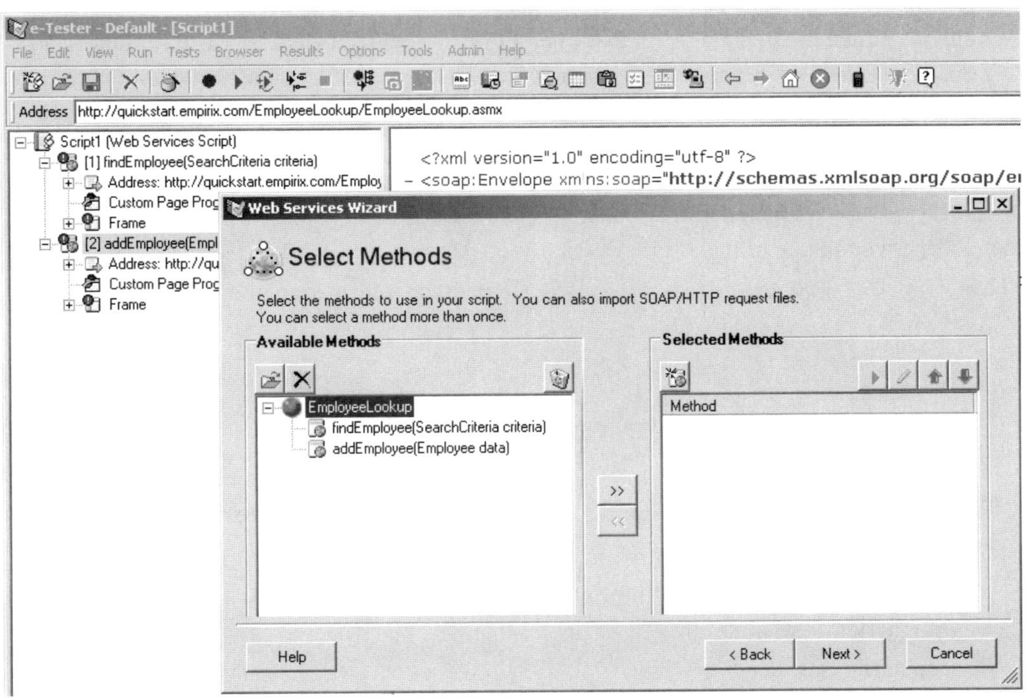

Abbildung 9.8 e-Tester-Oberfläche

9.6.3 e-Load

Das Werkzeug e-Load dient der Performanz-Messung von Webapplikationen. Auch auf diesem Gebiet haben die Empirix-Werkzeuge den Vorteil, in der Internetwelt entstanden zu sein. e-Load ist das einzige Performanz-Messungswerkzeug, das sich über einen Web-Browser steuern lässt. Es kann gleichzeitig von mehreren Web-Applikationen aus gestartet werden und dabei verteilte Performanz-Datenbanken aufbauen, aus denen später die Performanz-Daten in eine zentrale Datenbank zusammengeführt werden.

e-Load arbeitet mit über das Netz verstreuten, konfigurierbaren, virtuellen Benutzern. Ihr Verhalten lässt sich beliebig einstellen, so dass es einmal mehr und einmal weniger Testtransaktionen gibt. Somit ist die Belastung des Websystems völlig variabel. Sie kann herauf- und heruntergefahren werden. Die Messdaten werden, wie gesagt, zunächst lokal gespeichert und später zusammengeführt. Der Performanz-Monitor, Server Stats, wertet die Daten nach dem Verursacherprinzip aus. Es gibt verschiedene Performanz-Metriken für:

- Web-Browser
- Web-Server
- Application-Server
- Datenserver

Es gibt sogar Durchlaufzeiten für die einzelnen Komponenten, damit der Tester Engpässe in der eigenen Software ausfindig machen kann.

Die Informationen über das Systemverhalten – die Performanz-Messdaten – werden sowohl in tabularer als auch in graphischer Form in Echtzeit dargestellt, d.h., der Load-Tester kann die Performanz des Systems unter Test während des Lasttests verfolgen und die Last per Mausklick steigern oder reduzieren. Für den Lasttest von Web-Anwendungen bietet e-Load alle Funktionen an, die ein Tester braucht, um die Belastbarkeit der Anwendung beurteilen zu können. Der Umgang mit dem Werkzeug ist außerdem leicht zu erlernen, so dass auch Laien damit arbeiten können. e-Load von Empirix wie auch der e-Tester verkörpern den State of the Art im Bereich Web-Testing.

Unter `http://www.empirix.com` finden Sie weitere Informationen zu den Werkzeugen von Empirix.

9.7 Die TOSCA Testsuite von TRICENTIS

TRICENTIS bietet mit seiner TOSCA Testsuite™ eine innovative Testmanagement- und Automationslösung für:

- Risikobasierte Teststrukturierung auf der Basis von Anforderungen
- Optimiertes Testfalldesign
- Manuelle Tests
- Automatisierte Funktions-, Regressions- & Integrationstests
- Testmanagement & Testfallverwaltung

9.7.1 Das Konzept der „Business Dynamischen Steuerung"

Die TOSCA erlaubt eine effiziente Testautomatisierung ohne Programmierung. Dessen Kern ist die Business Dynamische Steuerung, welche die technische Komplexität automatisierter Tests vollständig vom Tester verbirgt. „Nebenprodukt" dieses Steuerungsansatzes ist die Reduktion der Wartungskosten für automatisierte Testfälle auf das denkbare Minimum.

Testfälle werden in TOSCA rein fachlich aufgebaut und können von jedem Fachbereichsmitarbeiter gelesen und interpretiert werden. Die Erstellungs- und Wartungstätigkeiten für automatisierte Testfälle erfolgen auf eine rein fachliche Art und Weise. Die Arbeitsebene von TOSCA ist auch für automatisierte Testfälle fachlich und nicht technisch. Die Steuerbefehle erzeugt TOSCA zur Laufzeit – genau so, wie es auch ein manueller Tester tun würde. Die Testfälle beziehen sich auf die stabile fachliche Seite einer Anwendung. Dieses Vorgehen ist der Schlüssel für eine substanzielle Reduktion der Wartungskosten.

9.7.2 Die TOSCA Engines

Für die Ausführung automatisierter und manueller Testfälle werden TOSCA Engines (Adaptoren) bereitgestellt, die eine breite Abdeckung von am Markt verfügbaren Basistechnologien bieten. Spezifische Steuerungen, die außerhalb der Standards liegen, können ebenfalls angebunden werden. Diese Steuerungsqualität ist die Grundlage für den Business Dynamischen Steuerungsansatz.

Durch den Schichtenaufbau ist TOSCA in der Lage, Testfälle über Systemgrenzen hinweg automatisiert durchzuführen. Auf der fachlichen Ebene bildet der Tester im TOSCA Commander vollständige fachliche Prozesse ab. Während der Testausführung schaltet TOSCA

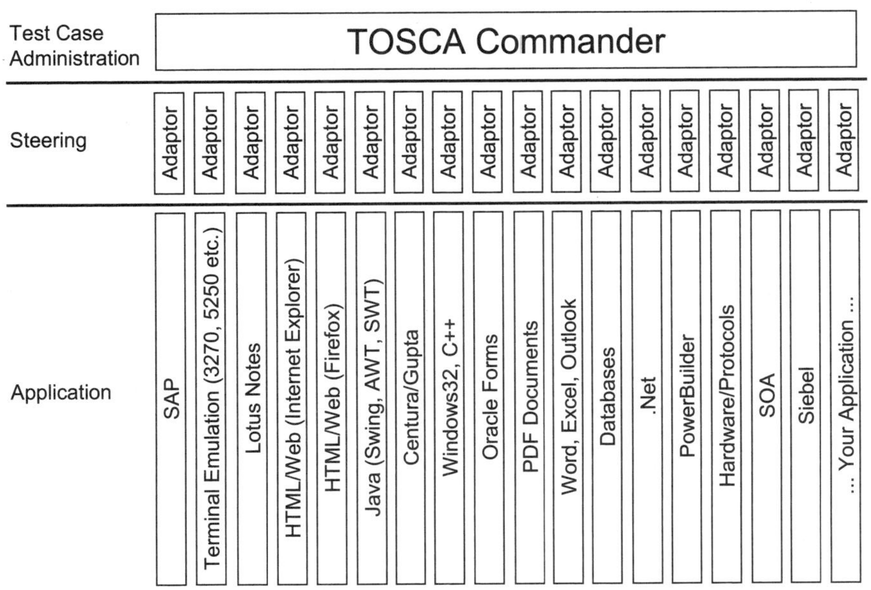

Abbildung 9.9 Technologieübergreifende Steuerung durch TOSCA-Adaptorenkonzept

selbstständig auf den passenden Adapter für die zu steuernde Applikation um. Dadurch können komplexe End-To-End Tests, die mehrere Systeme betreffen, vollautomatisiert abgewickelt werden.

9.7.3 Der TOSCA Commander

Kernstück der TOSCA Testsuite ist der TOSCA Commander, der zur einfachen Erstellung, Verwaltung, Ausführung und Auswertung von Testfällen dient. Das integrierte Multi-User-Konzept erlaubt die Zuordnung zu verschiedenen Benutzerrollen, wodurch den Sicherheitsanforderungen und Rollenkonzepten großer IT-Projekte entsprochen wird. Durch die Umsetzung eines fachlichen Ansatzes ermöglicht TOSCA die Einbeziehung fachlicher Mitarbeiter in die Testfallerstellung und -ausführung. Die Mitarbeiter benötigen kein Entwickler-Knowhow, sondern können nach einer fachlichen Einweisung innerhalb kürzester Zeit effizient mit TOSCA arbeiten.

Neben der Möglichkeit zur Integration einer Vielzahl von Fehlermanagementwerkzeugen und umfangreichen Multiuserfähigkeiten bietet das Werkzeug weitere Funktionen, die den Testprozess unterstützen.

Risikobasierte Teststrukturierung über das Requirements-AddIn

Im TOSCA Requirements-AddIn wird die zu testende Anwendung nach fachlich funktionalen Gesichtspunkten in einer Baumstruktur gegliedert. Die elementarste Ebene dieser Baumstruktur bilden Anwendungsfälle oder technische Anforderungen, zu deren Abdeckung TestCases definiert werden müssen. Die einzelnen Knoten des Baumes werden gemäß dem Geschäftsrisiko, das die jeweilige Funktionalität repräsentiert, bewertet. Dadurch wird ein jederzeit verfügbares, umfassendes, risikobasiertes Reporting der aktuellen Qualität des Systems unter Test ermöglicht.

Werkzeugunterstützte Testfallerstellung

TOSCA bietet eine integrierte TestCase-Design Workbench als AddIn zum TOSCA Commander. Diese kommt mit wenigen methodischen Prinzipien aus und unterstützt den Tester mit folgenden Funktionen:

- Generierung von Datenkombinationen unter Berücksichtigung gängiger Methoden wie Äquivalenzklassen, Kombinatorik, Paarbildung, etc.
- AutoCompletion bei der Werteingabe
- Die Testabdeckung wird auf jeder beliebigen Ebene ausgewiesen.
- Transparenter Prozess von der Anforderung zum TestCase (Tracebility)
- Bildung wiederverwendbarer Bausteine

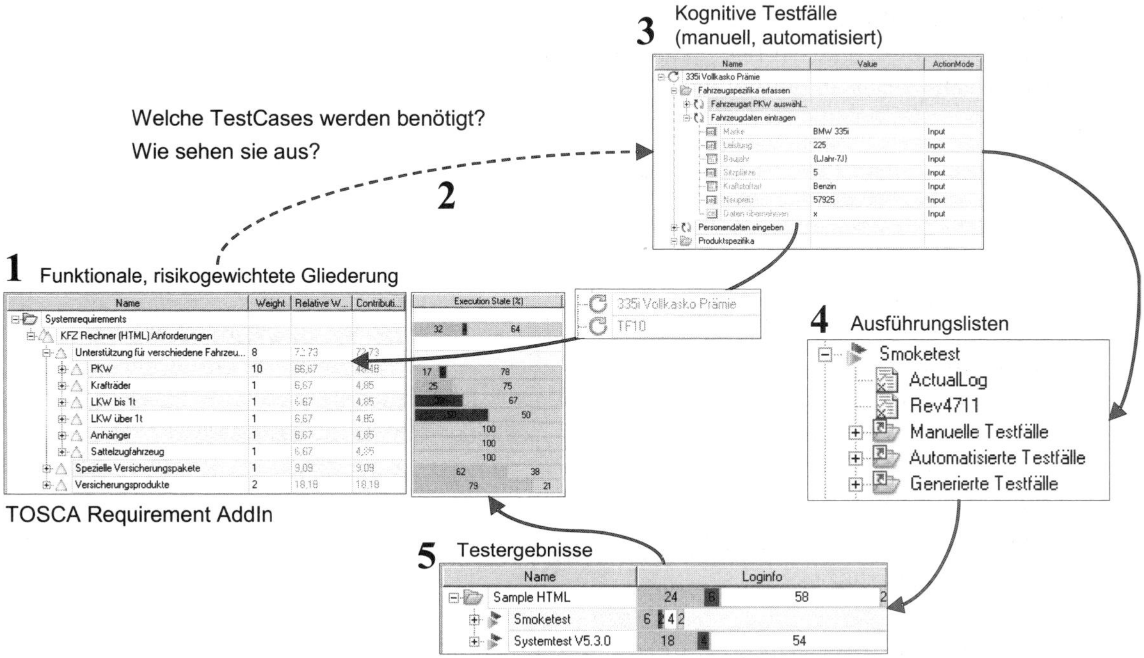

Abbildung 9.10 Testmanagement mit der TOSCA Testsuite™

Integration manueller Tests

TOSCA unterstützt auch die Erfassung und Durchführung manueller Tests im TOSCA Commander. Bereits bestehende Testfall-Beschreibungen können nach TOSCA importiert werden. Um Fachbereiche in ihrer gewohnten Werkzeugumgebung zu unterstützen, gibt es auch Schnittstellen zu Microsoft Word und Excel. Bei Bedarf können die so erfassten manuellen Testfälle problemlos in automatisierte Testfälle umgewandelt werden.

„Offline-Tests" über USB

Automatisierte Tests sind besonders wirksam, wenn die Funktionalität in verschiedenen Betriebssystemen, Browsern, Rechnerkonfigurationen, etc. geprüft werden muss. Manche Konfigurationen verlangen, dass die Einflussnahme auf die Rechnerkonfiguration durch das Testtool minimal ist. Mit TOSCA kann die Testdurchführung auch über einen handelsüblichen USB-Stick erfolgen, was einen neuen Ansatz verfolgt:

Über wenige Klicks wird der USB-Stick mit den auszuführenden Testfällen bestückt. Für die Testdurchführung wird einfach der Stick an das Testgerät angeschlossen. Die Testergebnisse werden am Stick abgelegt und im TOSCA Commander konsolidiert.

TOSCA Easy Entrance™

Mit dem Prinzip des TOSCA Easy Entrance™ wird versucht dem Tester einen komfortablen Einstieg in die komplexe und oft auch technische Materie des Tests zu liefern. Dahinter stehen drei elementare Konzepte:

- Bildung wiederverwendbarer Bausteine
- Trennung zwischen logischen und physischen Ebenen für die fachlichen Objekte
- Verwendung dynamischer Begriffe

Mit der TOSCA Testsuite™ ist ein neues Werkzeug am Markt, das vielversprechende Ansätze verfolgt und dem Tester einen komfortablen Zugang zum automatisierten, aber auch zum manuellen Test schafft.

Unter `http://www.tricentis.com` finden Sie weitere Informationen zu der TOSCA Testsuite™ von TRICENTIS

9.8 Der ANECON Tester-Arbeitsplatz

Die Werkzeuge des ANECON Tester-Arbeitsplatzes wurden aus mehreren Testprojekten der Firma herangezogen und dann zu einem integrierten Werkzeugpaket zusammengefasst. Für Testprojekte benötigt man verschiedene Werkzeuge. Oft sind die Werkzeuge, die man gerade braucht, nicht auf dem Markt zu finden. So wird auf die Schnelle ein eigenes Werkzeug entwickelt. Das selbst entwickelte Werkzeug erfüllt meistens gerade noch den Zweck, für den es gedacht war. Es ist weit von einem Produkt entfernt. Dennoch verbirgt sich im Prototyp der Kern einer allgemeinen Lösung, die sich verwirklichen ließe, würde man in die Weiterentwicklung investieren. Laut Brooks kostet ein Produkt das Dreifache des ursprünglichen Prototyps [BROK75]. Weil das Projekt aber zu Ende geht und damit auch das Budget für projektbezogene Werkzeuge, bleiben solche Ansätze meistens auf der Strecke. Sie werden aus Kostengründen nicht weiterentwickelt, und so geht manch vielversprechender Ansatz verloren. Falls die Projektlösungen doch noch aufgegriffen und weiterentwickelt werden, haben sie eine gute Chance, ein brauchbares Produkt zu werden, das eigentlich viel besser ist als in irgendeinem Labor auf dem grünen Tisch entstandene Produkte. Die meisten bekannten Softwarewerkzeuge wie auch die meisten Sprachen (z.B. OCL, C++ und Java) sind aus Projekten hervorgegangen.

Die drei Testwerkzeuge die dieses Paket enthält, sind ursprünglich in verschiedenen Projekten aus einem konkreten Anlass heraus entstanden. Das Werkzeug für die Messung der Testüberdeckung und die Verfolgung der Testfälle durch das System entstand aus der Notwendigkeit, in einem großen System den Änderungsanträgen und den Testfällen einzelne Code-Bausteine zuzuordnen. Die Messung der Testüberdeckung war ein Abfallergebnis des Hauptanliegens. In der Hauptsache ging es darum, folgende Frage zu beantworten: Welche Testfälle müssen wiederholt werden, um einen bestimmten Change-Request zu testen? Hinter dieser Frage stecken zwei weitere:

- Welche Testfälle testen welche Codebausteine?
- Welche Codebausteine sind von einer Änderung betroffen?

Es handelte sich also um den Zusammenhang zwischen den Anforderungen, dem Code und den Testfällen [HASN03].

Das Werkzeug für die Validierung der Testergebnisse ist aus zwei Projekten hervorgegangen. In einem ging es um die Ablösung eines alten Main-Frame-Systems durch ein neues .Net-System. Um das .Net-System in kurzer Zeit ohne Einbeziehung der vielen Endanwender zu testen, war es nötig, die Ergebnisse des neuen Systems mit den alten zu vergleichen. Weil Form und Struktur der Ergebnisse grundverschieden waren, musste man sie in eine gemeinsame Form überführen, um dort die einzelnen Werte auf der untersten Stufe miteinander zu vergleichen [SNEE05a].

In einem anderen Projekt ging es um die Verifikation von Transformationsregeln in einem Data-Warehouse-Projekt. Es sollten die Ausgangswerte nicht nur mit den Eingangswerten, sondern auch mit den transformierten Eingangswerten verglichen werden, d.h. mit den Sollergebnissen der Datentransformation. Zu diesem Zweck mussten die Transformationsregeln in der Testskriptsprache abgebildet und interpretiert werden. So wurde aus einem selektiven Datenabgleichswerkzeug ein selektives Datenverifikationswerkzeug [SNEE06].

Schließlich ergab sich in einem dritten Projekt für den Test von Web-Services die Notwendigkeit, WSDL-Schnittstellen anzusprechen. Die Testdaten sollten aus dem WSDL-Schema hervorgehen. Zu Beginn wurden nur Zufallsdaten erzeugt, was sich jedoch als ungenügend herausstellte. Es mussten gezielt repräsentative Werte zugewiesen werden. Da zeigte sich, dass man die gleiche Testsprache nicht nur für die Datenvalidierung, sondern auch für die Datengenerierung verwenden konnte. Hinzu kam, dass die Datenverarbeitung in beiden Fällen sehr ähnlich war. Also wurde aus einem Werkzeug für die Validierung der Testergebnisse ein Werkzeug zur Generierung der Testeingaben. Durch die Invertierung des Algorithmus ist es möglich, sowohl Daten miteinander zu vergleichen als auch Daten zu erzeugen. In beiden Fällen wird ein alter oder ein Musterdatenbestand als Ausgangsbasis verwendet [SNHU06].

Das Werkzeug für die Analyse der Testanforderungen ging aus mehreren Projekten hervor. In jedem Testprojekt ist der Tester mit dem Problem konfrontiert, Testfälle aus den Anforderungen abzuleiten. In der Regel ist dies ein sehr aufwändiger Prozess. Der Tester muss sich durch die Fachkonzepte hindurcharbeiten und versuchen, Testfälle zu erkennen. Gleichzeitig sollte er die Qualität des Konzepts beurteilen und Informationen für die Schätzung des Testaufwands sammeln. Um diesen Prozess zu beschleunigen und zu vereinheitlichen, hat sich einer der Autoren entschieden, einen Textanalysator zu entwickeln, der deutschsprachige Texte parst und die für den Systemtest erforderlichen Informationen sowie potenzielle Testfälle aus dem Text extrahiert. Dieses Werkzeug wurde immer wieder erweitert, um neue Dokumententypen zu behandeln, so dass es immer allgemeiner wurde. Inzwischen hat es in vier verschiedenen Testprojekten dazu gedient, Testfälle zu ermitteln und den Testaufwand zu kalkulieren.

Parallel zur Analyse der Konzepte zwecks Testfallermittlung stellte sich die Aufgabe der Qualitätssicherung. Nachdem die Testfälle spezifiziert sind, folgt der Bedarf, ihre Vollständigkeit, Konsistenz und Effektivität zu messen. In einem längeren Projekt ist ein sehr großer Bestand an Testfällen entstanden, mehr als 80 000. Dies war das Ergebnis einer langjährigen Testfortschreibung. Eine derartige Masse an Testfällen stellt eine große Investition dar. Also will das Produktmanagement wissen, wie es um die Qualität dieser Testfälle bestellt ist. Vor allem will man wissen, ob sie mit dem Zielsystem übereinstimmen und die Funktionalität des Systems abdecken. Dazu ist es erforderlich, die Testfälle zu analysieren und sie gegen die Anforderungen und gegen die Systemarchitektur zu prüfen. Hierfür wurde ein Testfallanalysator entwickelt. Dieses Werkzeug fasste man später mit dem Textanalysator unter einer gemeinsamen Oberfläche zusammen, was der Erkenntnis Rechnung trug, dass beide Werkzeuge zwar unterschiedliche Eingaben hatten, aber ähnliche Ausgaben produzierten, und dass die Ausgabe des einen Analysators die Eingabe des anderen darstellte. Also lag es nahe, den Tester sowohl die Konzepte als auch die Testfälle mit ein und demselben Produkt analysieren zu lassen [SNEE05b].

All diese Werkzeuge haben die Tatsache miteinander gemeinsam, dass sie abseits der eigentlichen Testausführung stattfinden, entweder vor oder nach dem Test. Insofern sind sie unabhängig von der Testumgebung. Die Ermittlung und Prüfung der Testfälle, die Erstellung eines Testentwurfs, die Generierung der Testdaten sowie die Instrumentierung des Codes finden vor der Testausführung statt, die Kontrolle der Testergebnisse und die Messung der Testüberdeckung danach. Somit können sie auf einem PC-Arbeitsplatz laufen, während der Test selbst auf einem Unix-, Linux- oder gar Mainframe-Rechner ausgeführt wird.

9.8.1 Der Textanalysator

Der ANECON-Textanalysator bearbeitet Word- und PDF-Dokumente. Beide müssen vor der Analyse in eine Textdatei umgewandelt werden. Diese ist dann die Eingabe zum Werkzeug. Hinzu kommt eine Liste von Schlüsselwörtern, die der Benutzer aufbereitet. In dieser Liste wird einem bestimmten Wort oder Wortfragment eine bestimmte Bedeutung zugewiesen, z.B. könnten die Buchstaben „UC“ Anwendungsfall bedeuten, oder das Wort „Benutzer“ steht für einen Systemakteur. Natürlich können auch mehrere Begriffe die gleiche Bedeutung haben (Synonyme). Auch Homonyme sind erlaubt, also der gleiche Begriff mit mehreren Bedeutungen. Diese Liste ermöglicht es dem Sprachparser, beliebigen Begriffen eine beliebige Bedeutung zuzuordnen. Sie wird für jede Gruppe zusammengehöriger Dokumente erstellt, abgespeichert und fortgeschrieben, falls die Dokumente sich ändern. Jedes Dokument wird zweimal verarbeitet. Beim ersten Mal werden alle Hauptwörter als potenzielle Subjekte ausgewiesen. Es ist nachher Aufgabe des Analytikers, die irrelevanten Wörter aus der Objektliste zu entfernen. Am Ende dürfen nur die echten Objekte bleiben. Außerdem werden alle Anforderungen und Anwendungsfälle ausgewiesen. Auch hier entfernt man unzutreffende Einträge aus der Liste und trägt fehlende Anforderungen und Anwendungsfälle in die Liste ein. Nach dieser ersten Vorbereitungsrunde stehen also drei Listen bereit:

- Liste der Objekte
- Liste der Anforderungen
- Liste der Anwendungsfälle

Die eigentliche Textanalyse findet im zweiten Durchgang statt. Anhand der drei oben genannten Inhaltsverzeichnisse wird der Text zerlegt und analysiert. Dabei untersucht man drei Satzarten:

- Aktionen auf Objekte,
- Definition von Objektzuständen und
- Bedingungen jeglicher Art.

Vorausgesetzt wird, dass diese Sätze zu einer Anforderung oder zu einem Anwendungsfall gehören. Ist dies der Fall, werden daraus Testfälle generiert. Gleichzeitig wird daraus eine objektorientierte Sicht auf das Dokument produziert, in der den Objekten die Anforderungen und Anwendungsfälle zugeordnet sind. Den Anforderungen und Anwendungsfällen werden wiederum die Aktionen, Zustandsabfragen und Regeln zugeordnet. Auf diese Weise entsteht für jedes Objekt ein Baum aller Ereignisse, die sich auf dieses Objekt beziehen. Ein zweiter Baum zeigt alle Anforderungen, die sich auf das Objekt beziehen. So entsteht eine Art Objektmodell, das aus dem Anforderungstext abgeleitet wurde.

- Alle Querverweise bzw. Beziehungen zwischen den definierten Textentitäten
- Anforderungen
- Anwendungsfälle
- Objekte
- Objektzustände
- Aktionen
- Regeln
- Prädikate (die Bedingungsoperanden)

– werden in einer CSV-Exportdatei für die Übertragung in einem Software-Repository bereitgestellt. Die aus diesen Aktionen, Zuständen und Regeln generierten Testfälle stellt man für die weitere Verarbeitung in dreifacher Form bereit als

- Textdatei,
- Excel-Tabelle und
- XML-Dokument.

Zu guter Letzt wird auch noch ein Spezifikationsmetrikbericht mit den Quantitäten, Komplexitäten und Qualitäten der analysierten Konzepte generiert. Die Quantitäten sind Zählungen einzelner Textelemente eines Anforderungsdokuments wie die Anzahl der Wörter, Sätze, Anforderungen, Objekte und Regeln. Hinzu kommen die Größenmetriken:

- Anzahl der Testfälle
- Function-Points

- Object-Points
- Use-Case-Points

Die Komplexität eines Anforderungsdokuments ergibt sich aus der Datendichte, der Funktionsdichte, der Bedingungsdichte, der Testfalldichte und der Referenzdichte. Die Qualität eines Anforderungsdokuments wird anhand folgender Metrik gemessen:

- Vollständigkeit des Konzepts
- Konsistenz des Konzepts
- Ausführlichkeit des Konzepts
- Testbarkeit des Konzepts
- Konformität mit den RUPP-Regeln

Diese detaillierten Kennzahlen sind nicht nur wichtige Basisdaten für die Systemtestplanung, sondern auch Anhaltspunkte für die Qualitätssicherung der Konzepte. Sie tragen dazu bei, die Textkonzepte transparent zu machen. Der Textanalysator läuft auf dem PC unter Microsoft Windows und setzt keine weiteren Produkte voraus (siehe Abbildung 9.11).

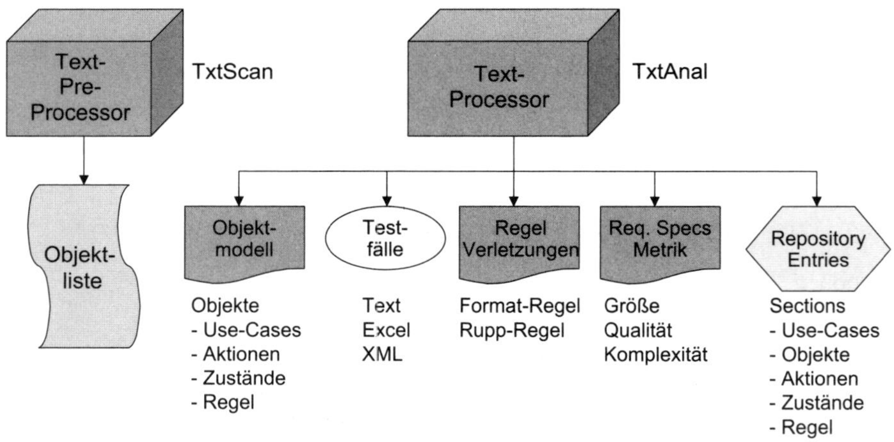

Abbildung 9.11 Textanalysator-Ergebnisse

9.8.2 Der Testdatengenerator

Der ANECON-Testdatengenerator setzt eine Spezifikation der Systemeingabedaten in einer Assertion-Sprache voraus. In dieser Sprache wird für jede Benutzerschnittstelle und jede Systemschnittstelle sowie für jede interne Datei und Datenbanktabelle eine Assertion-Prozedur verfasst. Eine Assertion-Prozedur ist eine Sammlung von Aussagen über den Wertebereich einzelner Attribute des jeweiligen Objekts. Sie können in beliebiger Reihenfolge vorkommen und auch bedingt oder unbedingt sein. Bedingte Assertions sind mit einer if-Bedingung verknüpft, d.h., sie werden nur aktiviert, wenn die Bedingung erfüllt ist, z.B.

```
assert new.Gehalt = range [2400:4800] if (Tätigkeit = „Entwickler");
```

Unbedingte Assertions werden auf jeden Fall aktiviert, z.B. die Aussage

```
assert new.Wohnsitz = old.Wohnsitz;
```

bedeutet, dass der im neuen Objekt zugewiesene Wohnsitz aus dem alten Objekt immer zu kopieren ist. Die wichtigsten assert-Anweisungen für die Datengenerierung sind folgende:

- Copy-Assertion, bei der ein Wert aus den Vorgängerdaten kopiert wird, z.B.

  ```
  assert new.Name = old.Name;
  ```

- Constant-Assertion, bei der ein fixer Wert zugewiesen wird, z.B.

  ```
  assert new.Name = "Meyer";
  ```

- Alternative-Assertion, bei der alternative Werte abwechselnd zugewiesen werden, z.B.

  ```
  assert new.Taetigkeit = "Analytiker"!"Entwickler"!"Tester";
  ```

- Concatenation-Assertion, bei der ein zusammengesetzter Wert zugewiesen wird, z.B.

  ```
  assert new.Adresse = old.Name|old.Strasse|old.PLZ|old.Ort;
  ```

- Range-Assertion, bei der die Grenzwerte und Mittelwerte abwechselnd zugewiesen werden, z.B.

  ```
  assert new.Gehalt = range[2400:4800];
  ```

- Computed-Assertion, bei der das Ergebnis einer Rechenoperation zugewiesen wird, z.B.

  ```
  assert new.Alter = Heutiges_Datum - Geburtsdatum + 1;
  ```

Diese Assertions dienen dazu, die Zielattribute mit den spezifizierten Werten bedingt oder unbedingt zuzuweisen.

Die Assertion-Prozeduren für die Datengenerierung können manuell editiert oder aus einer CSV-, SQL- oder XML-Datei bzw. einem WSDL-Schema generiert werden. Im zweiten Fall wird für jedes Attribut des Zieldatenobjekts eine Assert-Anweisung mit einer Zufallswertzuweisung in Abhängigkeit vom Datentyp zugewiesen; z.B. werden Daten vom Typ „Integer" eine Zahl und Daten vom Typ „String" eine beliebige Zeichenfolge zugewiesen. Diese Zufallswerte kann der Tester anschließend mit repräsentativen Werten überschreiben. Die Generation der Assertion-Prozeduren soll nur als Starthilfe dienen.

Die Assertion-Prozeduren sind eine von zwei Eingaben zum Testdatengenerator. Die andere ist eine Musterdatei. Sie kann eine Textdatei, eine CSV-Datei, eine SQL-Tabelle, ein XML-Schema oder eine WSDL-Schnittstellendefinition sein. Entweder existiert sie schon, oder sie wird vom Tester angelegt. Die Datengenerierung vollzieht sich in zwei Schritten: Assertion-Kompilierung und Datenzuweisung. Die Assertion-Prozeduren werden zunächst geparst, geprüft und in Datenbanktabellen umgesetzt. Natürlich müssen syntaktisch inkorrekte Prozeduren abgelehnt werden. Der Tester muss die Syntax korrigieren. Außerdem wird geprüft, ob die Attributnamen in den Datenschemen vorkommen, d.h. ob die Assertions zu den Zielobjekten passen. Wenn nicht, werden sie ebenfalls abgelehnt. Erst wenn eine Assertion-Prozedur korrekt kompiliert wurde, kann der nächste Schritt, die eigentliche Dateigenerierung, erfolgen.

Im zweiten Schritt wird das bestehende Dateimuster gelesen und die neuen Daten aus den Assertion-Tabellen zugewiesen. Auf diese Weise entsteht ein Gemisch aus bestehenden Werten aus der Musterdatei und neu zugewiesenen Werten aus den Assertion-Tabellen. Über die Bedingungen in den Assertions können gezielte Datenkombinationen hergestellt werden. Wenn beispielsweise die Artikelnummer 4711 ist, lautet der Artikelname „Buch" und der Artikelpreis „47,50".

```
if (Artikelnummer = „4711")
   assert Artikelname = „Buch";
   assert Artikelpreis = „47,50";
end;
```

Auf diese Weise werden beliebig viele Datenobjekte mit unterschiedlichen Wertekombinationen für einen gezielten Datentest, ansonsten nur Zufallswertekombinationen erzeugt, was für einen Lasttest ausreicht, jedoch nicht für einen gezielten Systemtest.

9.8.3 Der Testergebnisvalidator

Der ANECON-Testergebnisvalidator setzt eine Spezifikation der erwarteten Systemausgaben voraus. Hierfür wird die gleiche Assertion-Sprache wie bei der Datengeneration verwendet, nur wird jetzt die Bedeutung der Assertions invers ausgelegt. Die Assertions dienen nicht der Zuweisung von Werten, sondern ihrer Prüfung. Also bedeutet die Range-Assertion

```
assert new.Gehalt = range[2400:4800] if (Taetigkeit = „Entwickler");
```

nicht, dass die Werte 2399, 2400, 2401, 4799, 4800, und 4801 zuzuweisen sind, wenn es sich um einen Entwickler handelt, sondern es soll geprüft werden, ob das Gehalt >= 2400 und <= 4800 ist. Wenn nicht, stellt dies eine Assertion-Verletzung dar.

Die Copy-Assertion

```
assert new.Name = old.Name;
```

bedeutet hier nicht kopieren, sondern vergleichen. Das Attribut „Name" im neuen Datenobjekt wird mit dem Attribut „Name" im alten Datenobjekt verglichen.

Die Constant-Assertion

```
assert new.Name = „Meyer";
```

bedeutet, dass das Attribut Name im neuen Datenobjekt den Wert „Meyer" haben muss. Wenn nicht, ist es falsch.

Die Alternativ-Assertion

```
assert new.Taetigkeit = „Analytiker"!"Entwickler"!"Tester";
```

bedeutet, dass das Attribut Taetigkeit entweder den Wert „Analytiker", den Wert „Entwickler" oder den Wert „Tester" haben sollte, um korrekt zu sein.

Die Concatenation-Assertion verlangt, dass das Zielattribut den zusammengesetzten Wert haben sollte. Die Range-Assertion verlangt, dass der neue Wert des Zielattributs innerhalb des spezifizierten Bereichs liegt. Die Computed-Assertion verlangt, dass der Wert des Zielattributes dem berechneten Wert entspricht. Zum Vergleich können die anderen logischen Operatoren <, >, <=, >=, <> verwendet werden.

Wie bei der Testdatengeneration vollzieht sich die Testergebnis-Validierung in zwei Schritten. Erst werden die Assertion-Prozeduren kompiliert. So wird das neu erzeugte Testergebnis als Textdatei, CSV-Datei, SQL-Tabelle, XML-Datei oder WSDL-Response gelesen und sowohl gegen die alten Daten als auch gegen die assortierten Daten abgeglichen. Datenattribute, deren Werte den spezifizierten Nachbedingungen nicht entsprechen, werden als fehlerhaft ausgewiesen. Ebenfalls ausgewiesen werden neue Datenobjekte ohne entsprechendes Altobjekt und alte Datenobjekte ohne entsprechendes Neuobjekt. Somit kombiniert der ANECON-Testergebnisvalidator die Funktionalität eines File-Comparators mit der eines Verifikationsautomats. Beispiele für Assertion-Prozeduren findet man im Anhang C.

Zwecks vereinfachter Bedienbarkeit sind die Testdatengeneration und die Testergebnis-Validierung unter der gleichen Benutzeroberfläche vereint. Zusammen bilden sie das Werkzeug *DataTest* (siehe Abbildung 9.12).

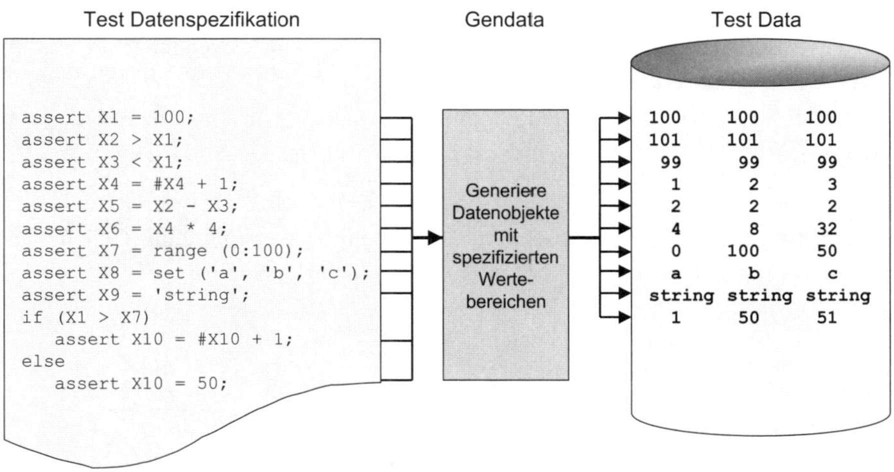

Abbildung 9.12 Testdatengenerierung mit DataTest

9.8.4 Der Testausführungsmonitor

Der ANECON-Testausführungsmonitor *TestDoc* setzt lediglich die Source-Bibliothek mit C#, C++, Java, COBOL oder PL/I-Programmen voraus. Die Sourcen werden in eine zweite Instrumentierungsbibliothek kopiert. Dort werden sie vom Preprozessor geparst und instrumentiert. Ein Funktionsaufruf wird in jede Methode bzw. Prozedur oder jeden Paragraphen eingebaut. Dieser Funktionsaufruf übergibt dem Testmonitor den Namen der Klasse und Methode bzw. des Moduls und der Prozedur. Außerdem wird eine Tabelle sämtlicher Methoden bzw. Prozeduren aufgebaut. Dies geschieht vor dem Test-Build.

Beim Test-Build wird der Testmonitor jeder Komponente hinzugefügt. Zur Laufzeit empfängt der Monitor die Aufrufe von den einzelnen Code-Bausteinen und ergänzt die Bausteinnamen durch die Uhrzeit. Dieser Eintrag, mit Klassen/Modulnamen, Methoden/Prozedurnamen und Uhrzeit wird in eine Trace-Datei geschrieben. Dies ist das eigentliche Test-Monitoring.

Nach dem Test werden verschiedene Trace-Dateien zusammengeführt, eine pro Komponente, wobei die Komponenten auf verschiedenen Rechnerknoten laufen können. Durch einen Abgleich mit der Tabelle aller Methoden und Prozeduren wird festgelegt, welche Methoden und Prozeduren nicht durchlaufen werden und wie viel Prozent derselben durchgeführt wurden – also der Testüberdeckungsgrad. Außerdem wird die vereinigte Menge aller ausgeführten Methoden/Prozeduren mit der Testfallprotokolldatei verglichen, in der die Start- und Endzeiten aller Testfälle stehen. Anhand der Ausführungszeiten der Methoden/Prozeduren wird ermittelt, welcher Testfall sie verursacht hat.

```
Testfallstartzeit > Methodenaufrufzeit < Testfallendzeit
```

Daraus ergibt sich eine neue Liste der Methoden und Prozeduren nach Testfall geordnet. Diese Liste wird anschließend in die Testfalldatenbank überspielt und dort mit den entsprechenden Testfällen verknüpft. Damit ergibt sich eine Verknüpfung der Code-Bausteine mit den Testfällen und über die Testfälle eine weitere mit den Anwendungsfällen. Wird in Zukunft ein Anwendungsfall geändert, weiß man sofort, welche Code-Bausteine und Testfälle betroffen sind. Dies ist für den Regressionstest eine wichtige und kostensparende Information (siehe Abbildung 9.13).

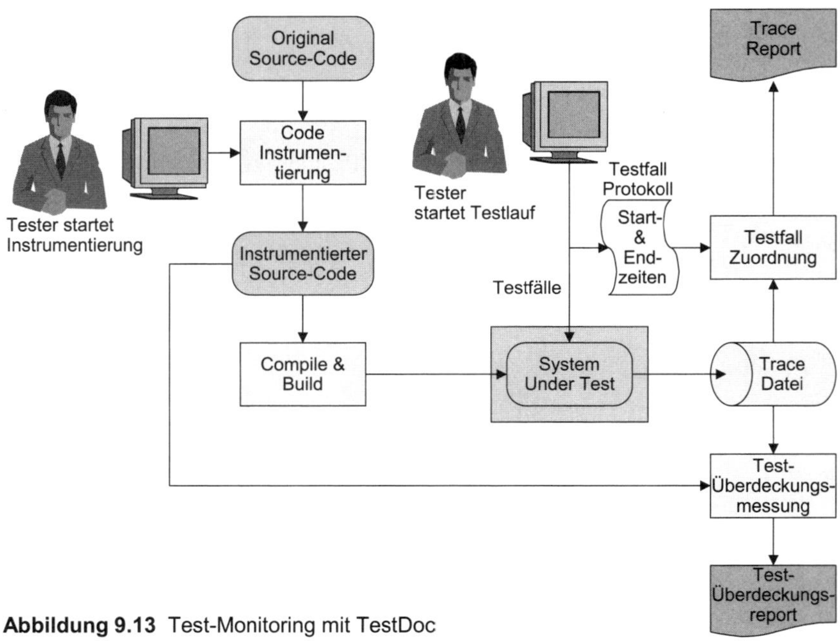

Abbildung 9.13 Test-Monitoring mit TestDoc

9.8.5 Der Testfallanalysator

Der ANECON-Testfallanalysator bearbeitet Testfälle, die in Textdateien, CSV-Dateien, XML-Dateien oder relationalen Tabellen gespeichert sind. Sie werden geparst, in eine gemeinsame Zwischendatei abgelegt und dort weiter verarbeitet. Zunächst werden sie geprüft und gemessen. Die Prüfung zielt auf die Anwesenheit und die Richtigkeit der Pflichtattribute. Testfälle mit fehlenden oder falschen Attributen werden ausgewiesen. Die Messung bezieht sich auf die Qualität der Testfälle. Zur Quantität der Testfälle gehören die Anzahl der

- Testprozeduren
- Testfälle
- Testfallattribute
- getesteten Anforderungen
- getesteten Anwendungsfälle
- getesteten Objekte
- getesteten Aktionen
- getesteten Zustände
- getesteten Regeln
- Testfalltypen
- unterschiedlichen Testfallquellen
- Testziele
- automatisierten Testfälle
- Testeingabedaten
- Testausgabedaten
- Test-Points
- getesteten Function-Points
- getesteten Data-Points
- getesteten Use-Case-Points

Die Testfallkomplexität wird von den folgenden Komplexitätsmetriken bestimmt:

- Testdatenkomplexität
- Testfalldichte
- Testfallintensität
- Testfallvolumen

Testfallqualität wird bestimmt durch die Metriken:

- Testbarkeit der Testfälle
- Testüberdeckung der Testfälle
- Konformität der Testfälle
- Wiederverwendbarkeit der Testfälle

Aus diesen Metriken ergeben sich die Gesamtgröße, die mittlere Komplexität und die mittlere Qualität der Testfälle.

Nach der Prüfung und Messung folgt die Konsistenzkontrolle der Testfälle. Sie werden nämlich mit den Anforderungen, den Anwendungsfällen und den Objekten aus der Anforderungsanalyse verglichen. Zum einen wird aus der Sicht der Testfälle protokolliert, welche Anforderungen, Anwendungsfälle und Objekte von welchen Testfällen getestet werden, zum anderen, welche Anforderungen, Anwendungsfälle und Objekte vom derzeitigen Stand der Testfälle nicht angesprochen werden. Zu diesem Zweck generiert man drei Konsistenzberichte:

- Testfall/Anforderungsbericht
- Testfall/Anwendungsfallbericht
- Testfall/Objekt-Bericht (siehe Abbildung 9.14)

Unter `http://www.anecon.com` finden Sie weitere Informationen zu den Werkzeugen der ANECON.

```
+-----------------------------------------------------------------------+
|           T E S T A N A L  T E S T C A S E   A U D I T O R           |
|                 D A T A   O B J E C T   R E P O R T                   |
|   TESTPROC: FAHRZEUG                                 DATE: 28.04.06   |
|   SYSTEM:   BAWKFZ                                   PAGE:        1   |
+-----------------------------------+------------+----------------------+
| Data Object Name                  | tested by  |  TestCase Name       |
+-----------------------------------+------------+----------------------+
| Jahr                              | TcNr:0317  | FAHRZEUG0317         |
|                                   | TcNr:0321  | FAHRZEUG0321         |
|                                   | TcNr:0322  | FAHRZEUG0322         |
|                                   | TcNr:0355  | FAHRZEUG0355         |
+-----------------------------------+------------+----------------------+
| Jahresanfang                      | TcNr:0351  | FAHRZEUG0351         |
+-----------------------------------+------------+----------------------+
| Jahreswagen                       | TcNr:0000  | Testcase is missing! |
+-----------------------------------+------------+----------------------+
| Jahreszahl                        | TcNr:0484  | FAHRZEUG0484         |
|                                   | TcNr:0486  | FAHRZEUG0486         |
+-----------------------------------+------------+----------------------+
| Kapitel                           | TcNr:0520  | FAHRZEUG0520         |
|                                   | TcNr:0531  | FAHRZEUG0531         |
+-----------------------------------+------------+----------------------+
| Karteikarten                      | TcNr:0000  | Testcase is missing! |
+-----------------------------------+------------+----------------------+
| Kategorien                        | TcNr:0002  | FAHRZEUG0002         |
+-----------------------------------+------------+----------------------+
| Kennzeichen                       | TcNr:0152  | FAHRZEUG0152         |
|                                   | TcNr:0154  | FAHRZEUG0154         |
|                                   | TcNr:0154  | FAHRZEUG0154         |
|                                   | TcNr:0157  | FAHRZEUG0157         |
+-----------------------------------+------------+----------------------+
| Kennzeichenvorschlag              | TcNr:0000  | Testcase is missing! |
+-----------------------------------+------------+----------------------+
| Kleinwasserfahrzeuge              | TcNr:0004  | FAHRZEUG0004         |
|                                   | TcNr:0005  | FAHRZEUG0005         |
+-----------------------------------+------------+----------------------+
|   Number of Data Objects to be tested          =      382             |
|   Number of Data Objects with a Test Case      =      314             |
|   Number of Data Objects without a Test Case   =       52             |
|   Degree of Data Objects Coverage              =     0.82             |
+-----------------------------------------------------------------------+
```

Abbildung 9.14 Testfallanalyse-Ergebnis

9.9 Die Zukunft der Testautomatisierung

In den kommenden Jahren ist ein großer Fortschritt in der Testautomatisierung zu erwarten. Die verbleibenden weißen Flecken auf der Testlandkarte werden bald verschwinden. Die Werkzeuge werden eine ungebrochene Kette von der Erfassung der Testanforderungen bis hin zur Auswertung der Testergebnisse und zur Berichterstattung und Fehlerverfolgung bilden. Der Anwender hat es dann nicht unbedingt leichter. Zum einen wird viel Wissen vorausgesetzt, in der Lage zu sein, die richtige Testwerkzeuge-Kombination zusammenzustellen [POST92]. Zum anderen wird es kaum noch möglich sein, mit unbedarften Benutzern zu testen. Die Tester werden sich mit den Testwerkzeugen gut auskennen müssen, d.h. sie müssen ständig mit ihnen arbeiten. Es ist also falsch, anzunehmen, dass es die Werkzeuge jedermann ermöglichen, Tests durchzuführen. Ganz im Gegenteil: Die Werkzeuge erfordern mehr Spezialisten [DUST05]. Kurzum, die Testautomatisierung wird den Trend zu Testzentren noch verstärken. Nur ganz große Anwender werden sich einen hausinternen Systemtestbetrieb leisten können. Daher ist zu erwarten, dass immer mehr unabhängige Testzentren entstehen, die im Auftrag der Anwender testen. Die Testzentren sollten natürlich mit den besten Werkzeugen ausgestattet sein, denn wer über den höchsten Grad an Automatisierung verfügt, wird im Wettbewerb um die Kundentestaufträge nicht nur billiger, sondern auch effektiver sein.

Softwaresystemtests werden immer mehr zu einem lukrativen Geschäft, bei dem das Vertrauen der Anwender auf dem Spiel steht. Je höher der Grad an Testautomatisierung und je größer die Testerkompetenz, desto eher lässt sich das Vertrauen der Anwender gewinnen. Ein guter Testbetrieb erfordert beides: gute Werkzeuge und gute Tester. Wenn beide außerdem in einen ausgereiften Testprozess eingebunden sind, bestehen alle Voraussetzungen für einen hochwertigen, kostengünstigen und leistungsfähigen Testbetrieb [FEWS99].

10

10 Testmanagement

10.1 Notwendigkeit des Systemtestmanagements

Die Notwendigkeit eines eigenständigen Testmanagements in mittleren und größeren Softwareprojekten wird leider immer wieder massiv unterschätzt. Während Projektmanagement als unbestrittene Aufgabe wahrgenommen und quasi in allen Projekten eingeplant und mit einer entsprechenden verantwortlichen Person hinterlegt wird, geschieht dies für andere Management-Disziplinen nicht oder fast nicht.

Qualitätsmanagement ist zwar auf vielen Darstellungen von Vorgehensmodellen und -Methodiken sichtbar, und niemand wird zugeben wollen, kein Qualitätsmanagement zu betreiben, doch wurde selten tatsächlich ein Qualitätssicherungsplan erstellt und ein Qualitätsbeauftragter für dessen Umsetzung verantwortlich nominiert.

Noch schlimmer ergeht es meist dem Testmanagement. Diese Managementaufgabe fehlt in den meisten Projektstrukturen. Gelegentlich, weil Testen als Aufgabe der Entwickler und der Anwender und Testmanagement als Aufgabe des Projektleiters betrachtet werden; manchmal, weil Testmanagement und Testen fälschlicherweise als Aufgabe des Qualitätsmanagements und der Qualitätssicherung gilt, und meistens, weil sich die Verantwortlichen der Inhalte und der sich daraus ergebenden Notwendigkeit eines eigenständigen Testmanagements nicht bewusst sind. Testen ist vielerorts einfach eine Projektphase nach der Entwicklung. Diese „Erbsünde" des Wasserfallmodells führt leider immer noch zu schwerwiegenden Fehlern in vielen Projekten und manifestiert das Nicht-Erreichen der Projektziele bereits mit der ersten Projektplanung [KANE99].

Immer wenn die Aufgaben des Qualitätsmanagements und/oder des Testmanagements dem Projektleiter überantwortet werden, entsteht ein klassischer Zielkonflikt. Während der Projektleiter oft primär Kosten und Termin gegenüber dem Auftraggeber zu verantworten hat, richtet das Testmanagement den Fokus auf das Erreichen der definierten Produktqualität. Das Qualitätsmanagement wiederum zielt vorrangig auf die Qualitätssicherung aller vereinbarten Prozesse und deren Ergebnisse ab. Der Softwaretest ist ein konstruktiv-analytischer Bestandteil des Software-Produktionsprozesses und unterliegt somit selbst dem Qualitätsmanagement [PERR91].

Missverständnisse und Fehlannahmen führen also dazu, dass jeder davon ausgeht, der andere verantworte den Test und stelle somit die Qualität sicher: der Entwickler erwartet dies vom Tester, der oft nur der Organisator oder Endanwender ist; der Projektleiter von der Qualitätssicherung, das Steuerungsgremium vom Projektleiter, etc.

Es ist daher erfolgskritisch, zu erkennen, dass das Testmanagement als eigene Rolle in einem Softwareprojekt zu definieren und dementsprechend zu besetzen ist. Ist dies der Fall, dürften die oben erwähnten Zielkonflikte nicht auftreten. Testmanagement ist eine Aufgabe, die nicht nebenbei erledigt werden kann, sondern umfasst eine ganze Reihe von Tätigkeiten und Verantwortlichkeiten, die einen entsprechenden Aufwand bedeuten, der auch in der Planung zu berücksichtigen ist. Der Systemtest sollte innerhalb eines Vorhabens als eigenes Projekt definiert werden, mit dem Testmanager als Teilprojektleiter. Das Steuerungsgremium eines Projektes sollte sich der Informationen aus dem Teilprojekt „Test" unmittelbar bedienen, etwa in der Form, dass im Steuerungsgremium nicht nur der Projektleiter, sondern auch der Testmanager vertreten ist und den Teststatus berichtet. Einer der Autoren konnte diese Rolle bei vielen Vorhaben wahrnehmen und erlebte, als wie nützlich das Steuerungsgremium die entsprechende Transparenz empfand.

10.2 Die Hauptaufgaben des Systemtestmanagements

Wie bereits erwähnt, ist das Systemtestmanagement eine sehr umfangreiche, verantwortliche und erfolgskritische Tätigkeit. Es ist Projektmanagement, bezogen auf die spezifischen Herausforderungen der Planung, Vorbereitung und Durchführung verschiedener und verschiedenartiger Testaktivitäten im Zuge eines Software-Entwicklungsvorhabens und in weiterer Folge während der Produktweiterentwicklung und Wartung.

Abbildung 10.1 verdeutlicht nochmals folgende essenzielle Fakten:

- Testmanagement ist eine eigenständige Aufgabe in Abstimmung mit dem Projektmanagement und unterliegt wie alle anderen Aktivitäten mit ihren Ergebnissen dem Qualitätsmanagement.
- Testmanagement ist nicht nur eine der Entwicklung nachgelagerte Projektphase, sondern beginnt mit dem Projektstart und endet erst mit der Außerbetriebnahme der Software. Auch dieser Umstand wird oft übersehen, und so enden mit dem Projekt, also auch mit dem Ende des Projektmanagements, die systematischen und notwendigen Testaktivitäten – was dann nicht verwundert, wenn Projektmanagement und Testmanagement in einer Rolle verschmolzen sind.

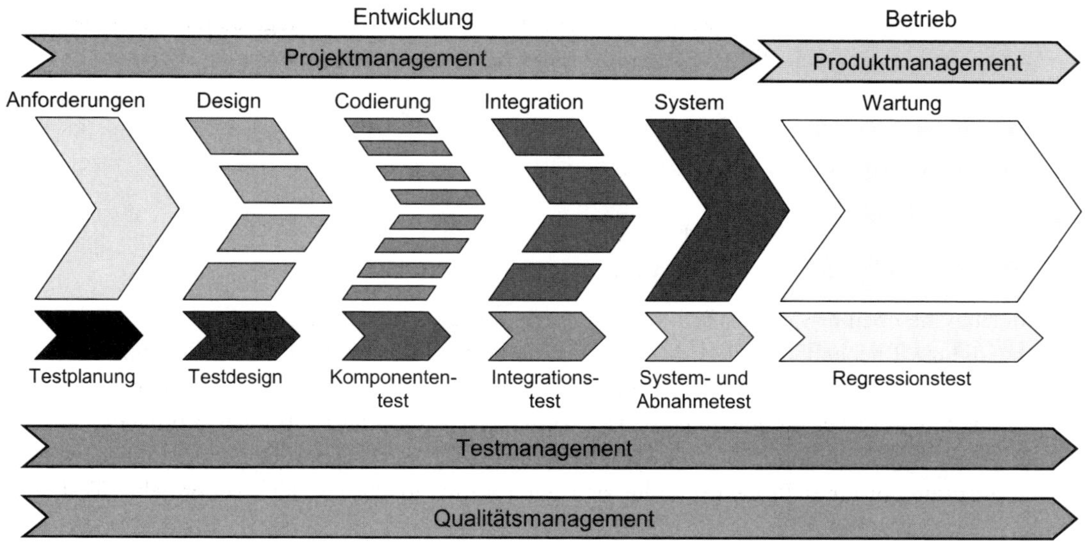

Abbildung 10.1 Testmanagementprozess

Wie das Projektmanagement agiert auch das Testmanagement in einer sehr komplexen Umwelt. Es hat an zwei Instanzen zu berichten, zum einen an den Qualitätsmanager und zum anderen an den Projektmanager [EVAN84]. Aus Abbildung 10.2. ist erkennbar, dass der Testmanager eine Schlüsselperson, einen Ansprechpartner und zentralen Koordinator vieler Positionen und Rollen im Projektumfeld darstellt.

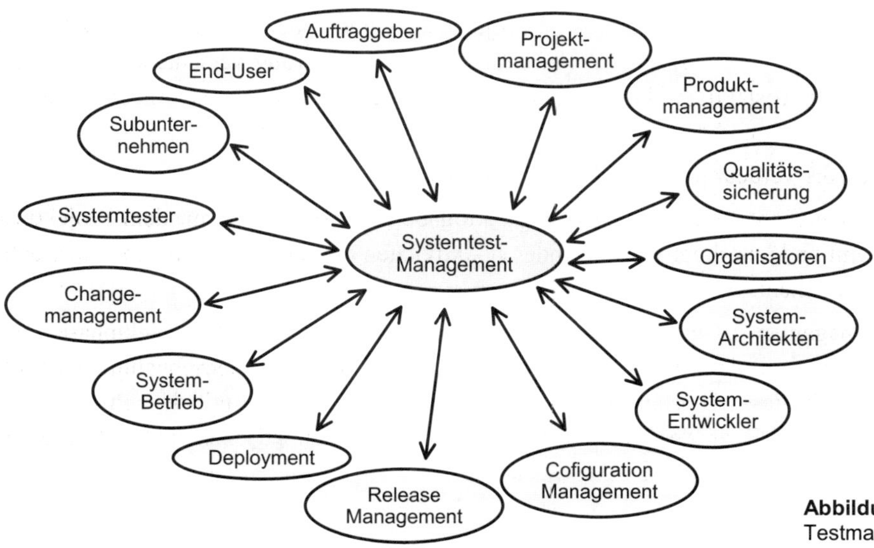

Abbildung 10.2
Testmanagement

Die Aufgaben des Testmanagers sind also nicht nur geprägt von testspezifischen Kenntnissen, sondern insbesondere auch von kommunikativen Fähigkeiten und einer über den Projektumfang hinausreichenden Sichtweise auf die gestellten Anforderungen.

So sind die in weiterer Folge dargelegten wesentlichsten prinzipiellen Aufgaben des Systemtest-Managements jeweils situationsbedingt anzupassen und zu ergänzen. Die jeweiligen Testprozesse werden sich unterscheiden, abhängig davon, ob es sich um den Test im Zuge eines Client-Server-Projekts oder der Entwicklung einer komplexen Web-Applikation handelt. Die Rolle des Testmanagers wird in einem agilen Entwicklungsmodell anders definiert sein als in einem nach V-Modell XT abgewickelten Vorhaben. Der Test und die gesamte Testumgebung werden im Zuge einer Neuentwicklung einen anderen Charakter aufweisen als in der Produktweiterentwicklung und -wartung [MARE06].

10.2.1 Testplanung und Umsetzung des Testkonzeptes

Zu den Kernaufgaben des Systemtestmanagements zählt die Erstellung und Umsetzung des Testkonzepts (Testplans). Die Inhalte der Systemtestplanung sind im dritten Kapitel im Detail beschrieben und dort nachzulesen. Den Inhalten ist auch zu entnehmen, dass Testplanung und Testkonzeption bereits sehr früh, nämlich gemeinsam mit der Projektdefinition, Projektplanung und Projektbeauftragung, geschehen muss. Leider ist dies oft nicht der Fall, was dazu führt, dass die notwendigen Testaktivitäten nicht entsprechend umfassend und ausreichend eingeplant werden. Grund dafür ist auch die Tatsache, dass in die Projektdefinitionsphase kein erfahrener Testmanager eingebunden ist und dass die Projektbeauftragung nur zwischen dem Management des Auftraggebers und dem des Auftragnehmers, bestenfalls unter Einbeziehung eines Projektmanagers, erfolgt. Dies führen uns leider allzu viele misslungene Projekte vor, wie dies der Chaos-Report immer wieder belegt [STAN04] (siehe Abbildung 10.3).

Die Aufgabe des Systemtestmanagements besteht in der Planungs- und Konzeptionsphase also darin, die geeignete Teststrategie für das Softwarevorhaben herauszuarbeiten, diese inhaltlich zu konzipieren, entsprechende Tätigkeiten abzuleiten, Aufwände für deren Umsetzung abzuschätzen, die nötigen Mitarbeiter mit den entsprechenden Fähigkeiten einzuplanen und die Testaktivitäten in Abstimmung mit den durch die Projektplanung vorgegebenen Meilensteinen terminlich zu planen. Wie daraus ersichtlich ist, handelt es sich bei der Systemtestplanung um eine ähnlich komplexe Aufgabenstellung wie bei der Gesamtpro-

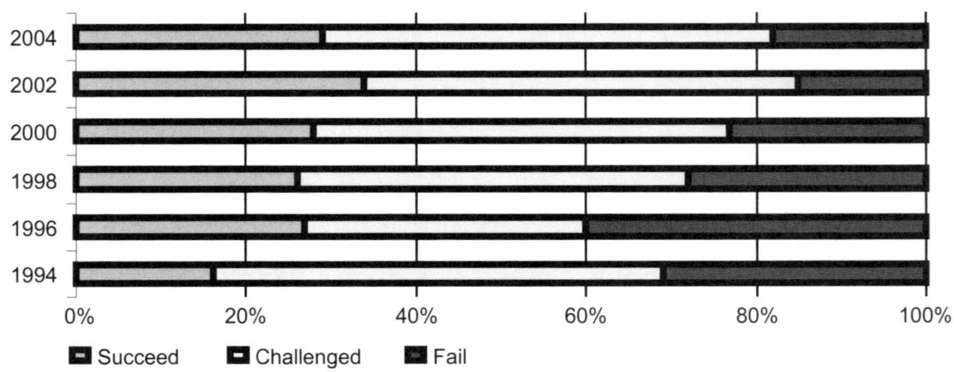

Abbildung 10.3 Standish Group CHAOS Report

jektplanung. Gleichzeitig ist sie Bestandteil des Gesamtprojektplans und muss mit ihm in Einklang gebracht werden. Dies ist eine gemeinsame Aufgabe des Systemtestmanagements und Projektmanagements. Die beiden folgenden Aspekte stellen insofern eine besondere Herausforderung für den Testmanager dar:

- Argumentation der Aufwände für die Testaktivitäten
- Umsetzung des Testkonzepts

Obwohl es schon lange fundierte Analysen über Aufwandsverteilungen in Softwareprojekten gibt, werden insbesondere die Aufwände für Test und Testmanagement immer noch unterschätzt und nicht entsprechend eingeplant (siehe Abbildung 10.4).

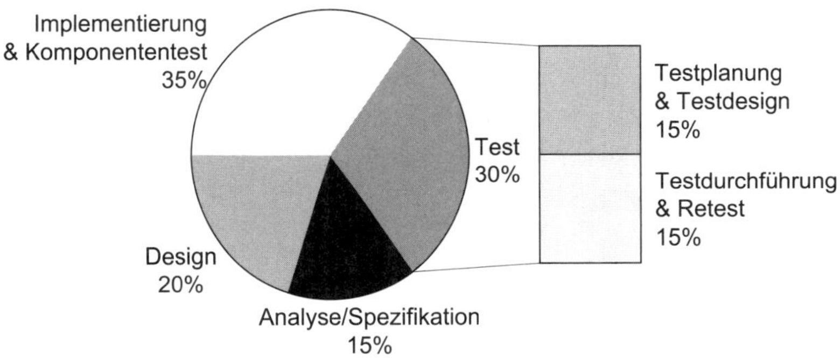

Abbildung 10.4
Aufwandsverteilung in Softwareprojekten

Die in Abbildung 10.4. dargestellte Aufwandsverteilung in Softwareprojekten spiegelt die Erfahrungen eines der Autoren wider, entspricht aber auch vielen gängigen Statistiken und Analysen der letzten Jahre. Interessanterweise traten hier trotz veränderter Methoden und Werkzeuge auch keine wesentlichen Verschiebungen der Anteile auf. Die Basisaktivitäten sind im Grunde immer dieselben geblieben. Dieser Umstand ist ein wichtiges Argument dafür, dass dies auch im gegenständlichen Projekt, sollte der Leser gerade für eine Testplanung verantwortlich zeichnen, nicht signifikant anders sein wird.

Es wird aber nicht genügen, sich nur auf diese globale Betrachtung zu berufen. Viel wichtiger für die Konzeption und Planung – und ganz besonders für das Testcontrolling während der Projektlaufzeit – ist es, die aus dem Testplan hervorgehenden Testaktivitäten im Einzelnen zu bewerten. Neben dem umfassenden Testmanagement sollten jedenfalls die folgenden grundlegenden Testaktivitäten unterschieden werden:

- Erstellung des Testdesigns und der Testfälle
- Vorbereitung und Bereitstellung von Testdaten
- Durchführung der funktionalen Systemtests
- Durchführung der nicht-funktionalen Systemtests
- Laufende Betreuung von Testumgebung/Testsupport (siehe Abbildung 10.5)

Auf dieser Basis ist es möglich, sowohl die Auswirkungen von Änderungen im Gesamtprojekt, wie z.B. zu Umfang, Inhalt und Terminen, als auch die Änderungen zum Testkonzept – wie Teststrategie, Testansatz usw. – abzufangen und rascher behandeln zu können.

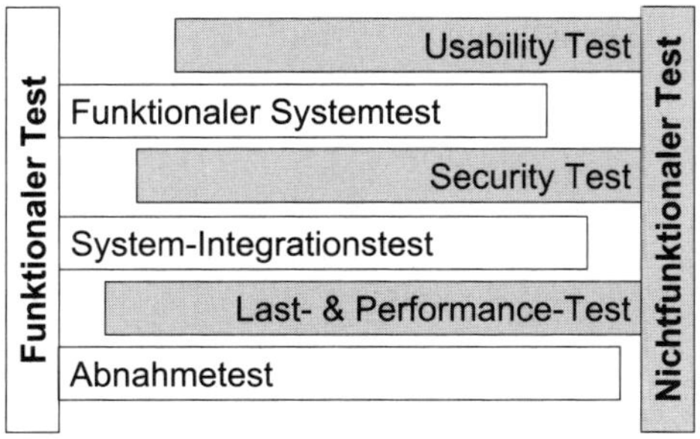

Abbildung 10.5
Testaktivitäten

Bei der erfolgreichen Umsetzung des Testskonzeptes ist es von entscheidender Bedeutung, dass die Testziele klar und messbar definiert sind und der Projektleiter sowie der Auftraggeber das Testkonzept durch ihre Unterschrift bestätigten. Früher oder später versucht man in jedem Testprojekt, durch Änderungen gegenüber dem Testplan verlorene Projektzeit aufzuholen. Dann ist der Testmanager gefordert, sein Vertrauen in die Teststrategie und in den Testansatz überzeugend darzulegen. Wenn es bestimmte Situationen aus den verschiedensten sachlichen oder auch politischen Gründen erfordern, sind die Testendekriterien und die Testrisiken gemeinsam mit dem Auftraggeber neu zu verhandeln und schriftlich erneut zu bestätigen [WIEC01].

10.2.2 Laufendes Controlling aller Testaktivitäten

So wie ein funktionierendes Projektcontrolling für den Erfolg eines Projektes ist das laufende Testcontrolling unverzichtbare Voraussetzung für das Erreichen der im Testkonzept definierten Ziele. Controlling benötigt aber auch exakte Vorgaben: wogegen der aktuelle Status geprüft und wohin (d.h. in Richtung welcher Ziele) laufend (korrektur-)gesteuert werden muss. Je präziser die Formulierung des Testkonzepts erfolgt, umso leichter ist ein entsprechendes Controlling möglich und um so nachvollziehbarer sind notwendige Maßnahmen für alle Beteiligten, insbesondere für den Auftraggeber.

Wesentliche Bereiche der Steuerung:

- Inhaltscontrolling
- Controlling der Planungsgrößen
- Controlling der Testendekriterien

Es handelt sich hier um einen so genannten PDCA-Zyklus – Plan Do Check Act (siehe Abbildung 10.6).

10.2.2.1 Inhaltscontrolling

Im Testkonzept (Testplan) sind Inhalt, Umfang aber auch Methodik des Systemtests festgelegt. In allen diesen Bereichen können sich im Laufe des Projekts Änderungen, Abweichungen, aber auch Infragestellungen ergeben, deren Konsequenzen wiederum in die Testplanung einfließen müssen.

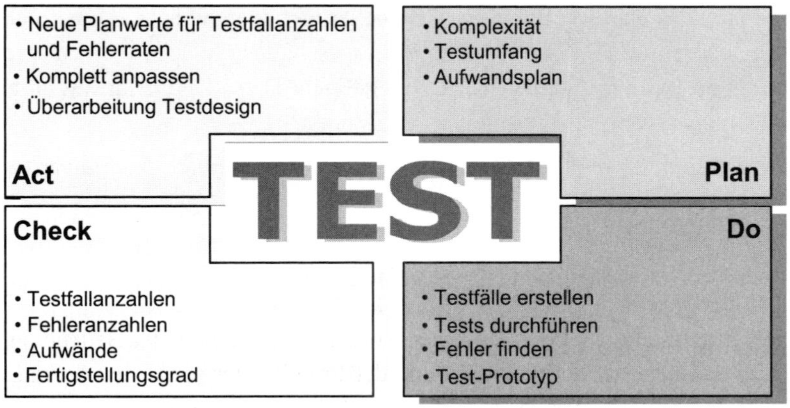

Abbildung 10.6
PDCA-Zyklus

Im Controlling der gewählten Teststrategie gilt es zum Beispiel folgende Aspekte immer wieder kritisch zu hinterfragen:

- *Stimmen die Annahmen bezüglich Umfang und Qualität der Unittests (Modultests) sowie der Integrationstests als Teststufen vor dem Systemtest?*

  Werden hier Schwächen ersichtlich – z.B. in Form sehr hoher Fehlerraten in gewissen Bereichen oder nicht testbarer Releases –, so ist einerseits auf die Entwicklung sowie das Konfigurations- und Change-Management einzuwirken, die Qualität der Lieferungen zu erhöhen. Sollte dies noch nicht der Fall sein, kann andererseits ein Annahmetest (Smoke-Test) aufgesetzt werden, an Hand dessen sich ein gewisser Qualitätslevel der Lieferung gemeinsam mit der Entwicklung vereinbaren und prüfen lässt. Ist dieser nicht erfüllt, findet kein weiterer Test statt, und die entsprechenden Konsequenzen werden nachvollziehbar an die Projektleitung kommuniziert.

- *Funktioniert die Einbeziehung von Testressourcen aus dem Fachbereich, der Organisation, von Studenten usw.?*

  Die Einbeziehung von Wissensträgern aus der Organisation des Anwenders oder auch von Organisatoren und Studenten sind ein probates Mittel, um einerseits die Qualität der Tests als auch die Kosten für den Systemtest zu optimieren. Voraussetzung ist jedoch, dass diese Ressourcen tatsächlich über jene Qualifikationen verfügen, die die inhaltlichen Festlegungen und Durchführungen der Tests erfordern, dass sie in der Testmethodik geschult sind und sich ihrer auch annehmen sowie – was oft das eigentliche Problem darstellt –, dass diese Ressourcen auch im vereinbarten Umfang verfügbar sind.

  Ist dies nicht der Fall, gilt es diese Punkte gegenüber dem Auftraggeber offen aufzuzeigen. Fachliche Schwächen sind oft schwerer darzulegen als quantitative Untererfüllung der Vereinbarung. Aber selbst diese ist oft nicht nachweisbar, da in vielen Fällen Zeitaufzeichnungen über Zuleistungen seitens von Mitarbeitern der Fachbereiche für den Testmanager nicht zugänglich sind. Daher sollte jeder Testmanager diese Informationen bereits im Testkonzept einfordern und dies durch den Auftraggeber bestätigen lassen.

Wichtig ist aber auch das Bewusstsein, dass Mitarbeiter, deren eigentliche Arbeit nicht der Systemtest, sondern die Abwicklung eines Tagesgeschäftes ist, auch eine entsprechende Anleitung und Betreuung im Systemtest benötigen. Diese Unterstützung durch die Testkoordinatoren ist vom Testmanager sicherzustellen.

- *Entsprechen die Testgrenzen und der Testumfang noch immer den der Testplanung zu Grunde liegenden Festlegungen und Annahmen?*

  Auf Systemebene ist sicherzustellen, dass Annahmen hinsichtlich der Testverantwortung für alle Systemkomponenten auch wirklich klar gelebt werden. Eine häufige Problemquelle ist hier der Test von Schnittstellen zu Drittsystemen und der Test beiderseitiger Verarbeitungsprozesse. Oft nimmt hier die eine Seite an, dass die andere für dies oder jenes verantwortlich ist, und unter dem Strich ergeben sich massive Lücken in der Testabdeckung, die erst zu einem sehr späten Zeitpunkt sichtbar werden. Der Testmanager sollte sein Augenmerk also insbesondere auf diesen Testbereich legen.

  Auf Applikationsebene ist ständig zu überprüfen, ob es z.B. durch Change-Requests zu Änderungen im funktional definierten Umfang gekommen ist. Wenn der Change-Management-Prozess im Projekt gut funktioniert, sollte diese Aufgabe noch relativ einfach zu bewerkstelligen sein, weil in diesem Fall eine rechtzeitige Testplananpassung möglich ist. Problematisch wird es, wenn der Tester erst zum geplanten Testdurchführungszeitraum auf Funktionalitäten stößt, für die es keine Dokumentation und natürlich auch kein Testdesign gibt. So „unmöglich" dies klingt, so oft ist es leider auch der Fall. Daher muss der Testmanager auf ein funktionierendes Change-Management großen Wert legen und dies im Anlassfall konsequent einfordern.

  Weil ein Systemtest theoretisch fast ad infinitum betrieben werden kann, muss es auch Strategien geben, um ihn sinnvoll einzugrenzen. Ein gängiger Ansatz ist der risikobasierte Test, der Testumfang und insbesondere die Testtiefe abhängig vom möglichen Restrisiko durch nicht getestete Bereiche definiert. Diese Annahmen bzw. die Grundlagen, die zu diesen Annahmen führten, können sich jedoch während der Projektlaufzeit ändern. So kann sich zum Beispiel die Qualität einer gelieferten Systemkomponente nach den ersten Tests als mangelhafter herausstellen, als zuerst angenommen wurde, und wesentlich tiefer gehende Tests implizieren, als geplant. Aber auch die Business-Sichtweisen können sich ändern und Prioritäten sich verschieben. Daher ist auch das Risikomanagement ein wichtiger, steuernder Prozess, den der Testmanager gemeinsam mit jenen Personen leben muss, die auch im Testkonzept die Risikoannahmen getroffen und den entsprechenden Ansatz vereinbart haben.

- *Stehen Testumgebung, Testobjekte und Testdaten für einen effizienten Systemtest zur Verfügung?*

  Um die Testaktivitäten wie geplant effizient durchführen zu können, sind Testräumlichkeiten, Tester-Arbeitsplätze, Testserver und Testdatenbanken, natürlich die zu testenden Applikationen und Systeme, die Anbindung an die Testsysteme Dritter, die Testdaten und vieles mehr erforderlich. Für deren Bereitstellung und laufende stabile Verfügbarkeit sind oftmals System- und Datenbankadministratoren, Infrastrukturverantwortliche oder auch Konfigurations- und Releasemanager verantwortlich. Die Testumgebung ist also ein sehr komplex zu managender Bericht mit sehr vielen Abhängigkeiten von Dritten. Deswegen sind hier Probleme vorprogrammiert, denen rasch entgegengesteuert werden muss. Eine mögliche Maßnahme ist die Ausgestaltung einer Rolle Testsupport innerhalb des Testprojekts, die laufend den Fokus auf die oben genannten Bereiche richtet. Der Testmanager allein ist in Projekten größeren Umfangs dazu meist nicht mehr in der Lage.

- *Nicht zuletzt muss der Testmanager auch immer kritisch die Effizienz und Effektivität der eingesetzten Testmethoden und Testwerkzeuge hinterfragen!*

  Die Auswahl von Methoden und Werkzeugen für ein Testprojekt ist natürlich ein wesentlicher Schlüsselfaktor für den Erfolg des Projekts. Meist kommt es zu einem Mix bekannter, vertrauter Methoden und Werkzeuge mit neuen Ansätzen, die inhaltliche und technologische Innovationen erfordern. Es wäre jedoch fahrlässig, sich blind auf das Funktionieren der gewählten Vorgehensweisen zu verlassen. Dies bedeutet nicht Misstrauen gegenüber sich selbst, sondern laufende Qualitätssicherung, z.B. in Form von Teamreviews, um rechtzeitig Korrekturen vornehmen zu können.

10.2.2.2 Controlling der Planungsgrößen

Während sich der Testmanager die im Inhaltscontrolling angeführten Fragen oft selbst stellen muss, werden Angaben bezüglich Testaufwand und Terminen stets aktiv eingefordert. Diese haben direkten Einfluss auf die Erfüllung der Verantwortlichkeiten durch den Projektleiter, sind in Zahlen messbar und einfacher darstellbar. Treten jedoch Abweichungen gegenüber der ursprünglichen Planung auf, was in fast 100% der Fälle eintritt, so ist es für den Testmanager besonders wichtig, diese möglichst frühzeitig zu erkennen und sich bei seinen Argumentationen auf (laufende) Vereinbarungen mit der Projektleitung und dem Auftraggeber zu berufen. Für beides ist das im vorigen Absatz angeführte Inhaltscontrolling also von entscheidender Bedeutung. Ebenso wichtig ist aber auch die Kenntnis des aktuellen Standes der Planungsparameter aus der Testplanung:

Abbildung 10.7 auf der nächsten Seite zeigt ein Planungsmodell, das für ein Testprojekt typische Planungsparameter berücksichtigt, die auch während der Projektlaufzeit als Controllingwerte für Plananpassungen herangezogen werden müssen.

Diese Planungsgrößen sind auch Eingangsgrößen in die im Kapitel Systemtestplanung angeführten Schätzungen von Testaufwänden und Testdauer.

- *Eine bestimmende Größe für die Ermittlung des Testaufwandes ist die Anzahl der geplanten Testfälle. Stimmen die Planannahmen, oder zeigt der Trend ein anderes Bild?*

  Die Ermittlung der Anzahl der geplanten Testfälle kann auf mehrere Arten erfolgen. In einigen Testprojekten eines der Autoren wurde diese Anzahl einerseits mit Hilfe einer automatischen Testfallanalyse auf Basis der Pflichtenhefte und Spezifikationen ermittelt. Andererseits wurden Geschäftsprozesse/Use-Cases, Schnittstellenprozesse und Verarbeitungsprozesse gelistet, mit Komplexitäten bewertet und darauf basierend eine Annahme über die notwendige Anzahl von Testfällen getroffen.

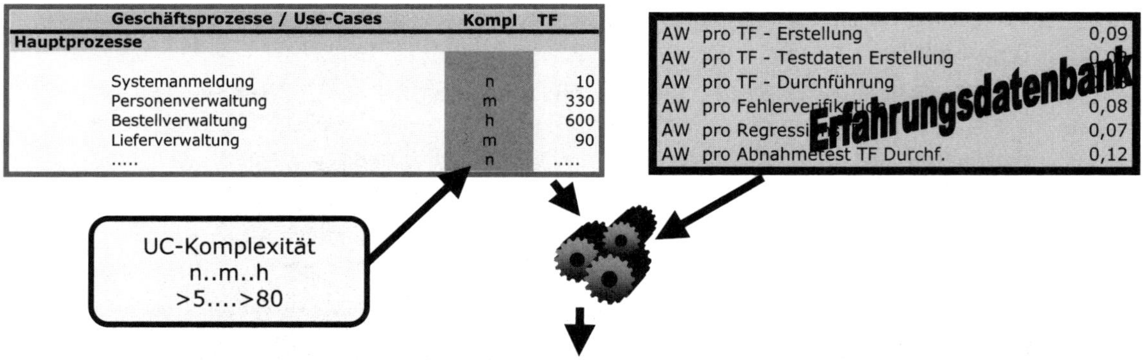

ANECON Software-Test Planungsmodell	Testphase / Teststufe	Teilprojektleiter	Testdesign und -Koordination	Test Support	Automatisierer	Tester Fachbereich	Junior Tester	Testpezialist	Aufwand	Aufwand ANECON	Aufwand Fachbereiche
SUMMEN (PT):		29	26	29	22	121	37	67	330	209	121
Komponententest (Entwicklertest):		-	-	-	-	-	-	-	-	-	-
Komponenten-Integrationstest (Einzeltest):		-	-	-	-	-	-	-	-	-	-
Fachlicher Systemtest:		0	13	11	16	74	36	60	211	137	74
Technischer Systemtest:		0	-	-	-	0	-	1	1	1	0
System-Integrationstest:		0	2	2	0	23	-	4	31	7	23
Abnahme / Akzeptanztest:		0	1	1	1	10	-	1	15	5	10
Regressionstest:		-	1	1	1	12	-	-	15	3	12
Management/QS/Schulung/Controlling		29	10	14	3	1	0	1	57	56	1
Abgeleitete Ressourcen GESAMT:		0,5	0,4	0,5	0,4	2,1	0,6	1,1	5,7	3,6	2,1

Abbildung 10.7 Planungsmodell für den Systemtest

Diese Zahl kann sich nun aus diversen Gründen verändern: etwa, weil neue Use-Cases über das Change-Management hinzugekommen oder auch weggefallen sind; weil Annahmen über die Komplexität sich als unzutreffend herausgestellt haben; oder weil die Anzahl der Testfälle bezogen auf den Komplexitätsgrad auf Grund der Projekterfahrungen angepasst werden muss. Um diese Form des Controlling zu ermöglichen, muss

- stets ein klarer Überblick über alle zu testenden und nicht zu testenden Use-Cases, Prozesse, funktionalen und nicht funktionalen Eigenschaften des zu testenden Systems vorhanden sein;
- eine akkurate Referenzierung zwischen Testfällen und zu testenden Funktionen und Eigenschaften erfolgen;
- ein aktueller Kenntnisstand über bereits erarbeitete und noch geplante Testfälle gegeben sein.

Diese Voraussetzung zu schaffen, ist nur durch den Einsatz entsprechender Werkzeuge und Konventionen möglich. Diese ermöglichen die Zusammenführung der Informationen aus allen Bereichen des Systemtests und die Aggregation in der für den Testmanager notwendigen Form.

- *Wie entwickeln sich die geplanten Aufwände und somit auch die Termine in einem Testprojekt?*

  Eine ebenfalls wesentliche Planungsannahme ist der geschätzte Aufwand für Testvorbereitung und Testdurchführung, etwa je geplantem Testfall. Um dies im Zuge des Testprojekts entsprechend überwachen zu können, sind entsprechende Zeitaufzeichnungen zu führen, und zwar zumindest in der Granularität der Planung, d.h., es sollte unterschieden werden zwischen Testvorbereitung, also dem Erstellen der Testdesigns, den Testfällen, der Erarbeitung der Testdaten und der Testdurchführung, also der Abwicklung der Testprozeduren inkl. Testdateninitialisierung, Protokollierung der Testergebnisse sowie Erfassen der Fehler im Fehlermanagement. Des Weiteren sollte auch der Aufwand für den Regressionstest, also die Verifikation von Fehlerbehebungen im Detail protokolliert werden, da dieser im Zusammenhang mit dem folgenden Punkt wertvolle Ableitungen zulässt.

  Wurden die ursprünglichen Planungsgrößen auf Basis von Erfahrungswerten aus einer Projektdatenbank erstellt, gilt es nun, diese Werte und somit die gesamte Testplanung den projektspezifischen Messwerten anzupassen. Stehen diese Werte im angegebenen Detail zur Verfügung, so kann nach etwa 20% der erfolgten Testvorbereitung bzw. (später) der Testdurchführung der zu erwartende Gesamtaufwand mit etwa 90–95%iger Genauigkeit ermittelt werden (Erfahrungswerte eines der Autoren).

- *Wie hoch sind die Fehlerquoten gegenüber den Werten aus der Testplanung?*

  Die Fehlerhaftigkeit einer Applikation bzw. eines Systems hat ebenfalls große Auswirkung auf den Testaufwand bis zur möglichen Freigabe für die Produktion. Jeder Fehler verursacht einen Aufwand durch die Behinderung einer zügigen Testdurchführung: durch die Erfassung einer nachvollziehbaren Fehlerbeschreibung im Fehlermanagement-Werkzeug, durch notwendig gewordene Retests der Fehlerbehebung oder gar durch einen von Fehlern erzwungenen Testabbruch und Testrestart.

  In den Projekten eines der Autoren wurde die Fehlerquote als durchschnittliche Fehleranzahl je Testfall definiert (vgl. dazu Kapitel Systemtestplanung: Fehlerdichte = Fehler je Anweisung bzw. Function-Point). Der konkrete Wert ist jedoch stark abhängig davon, um welche Art von Softwareprojekt es sich handelt. Eine komplette Neuentwicklung wird eine höhere Fehlerquote aufweisen (0,6–1,2) als die Anpassung und Integration einer Standardlösung (0,1–0,4). Auch ist dieser Wert stark abhängig von der prinzipiellen Qualität der vorangehenden Entwicklung und Teststufen.

  Dennoch gilt auch hier, dass nach circa 20% der Testdurchführungen die Fehlerquote relativ konstant bleibt und auf Basis der offenen Testdurchführungen die Gesamtfehleranzahl mit circa. 80% Genauigkeit hochgerechnet werden kann. Diese Information kann man in die adaptierte Testplanung übernehmen, entsprechende Auswirkungen können klar nachvollzogen werden [MEMO05].

10.2.2.3 Controlling der Testendekriterien

Wann ist der Systemtest zu Ende? Diese Frage wurde bereits im Kapitel über Systemtestplanung thematisiert. Die einen würden sagen: „Nie, denn es ist ja sicher immer noch ein Fehler in der Software vorhanden, nicht zuletzt aufgrund der nie endenden Eingriffe durch die Entwicklung infolge von Change-Requests und Fehlerkorrekturen bis zur letzten Sekunde“. Die anderen könnten behaupten: „Sobald die geplanten Manntage aufgebraucht sind – der Rest sind normale Wartungstätigkeiten in der Produktion.“ Diese Diskussion sollte jedoch nicht irgendwann während der Projektlaufzeit losbrechen. Es ist von entscheidender Wichtigkeit, diese Kriterien mit dem Testkonzept (Testplan) zu verabschieden [MUNO88].

In den Projekten eines der Autoren haben sich die folgenden Testendekriterien bewährt, deren Controlling mit entsprechender Werkzeugunterstützung auch sehr transparent darstellbar ist:

- *Die Fehlerüberdeckung* (siehe auch Kapitel Systemtestplanung)

  D.h., das Ziel ist die Erreichung der ursprünglich angenommenen und im Zuge der Projektlaufzeit angepassten erwarteten Gesamtfehleranzahl.

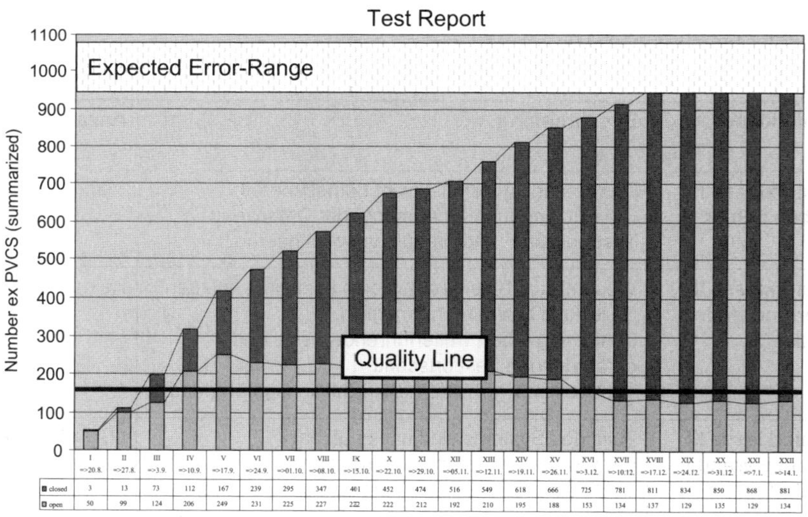

	I	II	III	IV	V	VI	VII	VIII	IX	X	XI
	=>20.8.	=>27.8.	=>3.9.	=>10.9.	=>17.9.	=>24.9.	=>01.10.	=>08.10.	=>15.10.	=>22.10.	=>29.10.
closed	3	13	73	112	167	239	295	347	401	452	474
open	50	99	124	206	249	231	225	227	222	222	212

	XII	XIII	XIV	XV	XVI	XVII	XVIII	XIX	XX	XXI	XXII
	=>05.11.	=>12.11.	=>19.11.	=>26.11.	=>3.12.	=>10.12.	=>17.12.	=>24.12.	=>31.12.	=>7.1.	=>14.1.
closed	516	549	618	666	725	781	811	834	850	868	881
open	192	210	195	188	153	134	137	129	135	129	134

Abbildung 10.8 Testfortschrittsverfolgung

Abbildung 10.8 zeigt einen typischen Fehlerverlauf von gefundenen, offenen und geschlossenen Fehlern im Projektverlauf. Die Gesamtfehleranzahl wurde in einem „expected error-range“ festgelegt, in der sich die Fehlerkurve verflacht. Dieses Testendekriterium ist erreicht, obwohl sicherlich noch einige Fehler in der Software vorhanden sind.

- *Offene Fehler je Fehlerklasse*

  Zum Zeitpunkt der Freigabe einer Applikation oder eines Systems für den Produktiveinsatz hat man einerseits stets die Gewissheit, dass noch Fehler im System vorhanden sind, man hat diese nur noch nicht gefunden (unbekannte Risiken) und hat meist auch Kenntnis von Fehlern, die im Zuge der Tests zwar gefunden, aber noch nicht behoben wurden bzw. deren Behebung verifiziert werden konnte (bekannte Risiken). Ein Beispiel dafür sind Fehler im endgültigen Abnahmetest.

  Ob dieses Release nun tatsächlich freigegeben wird oder nicht, hängt nun von der Schwere und der Anzahl der Fehler ab. Die Kriterien für eine Freigabe auf Basis bekannter Fehler sollten ebenfalls bereits zu Beginn in der Testplanung festgelegt werden, da unter zeitlichem Druck einer Abnahmesituation die Qualitätskriterien oft zu gering angesetzt werden. Wenn diese Kriterien bekannt sind, ist es auch möglich und absolut empfehlenswert, die Planung so zu gestalten oder anzupassen, dass diese Kriterien bereits vor der finalen Abnahme übererfüllt sind. So erspart man sich unliebsame Überraschungen.

  In Projekten eines der Autoren haben sich die Testendekriterien bezogen auf offene, bekannte Fehler bewährt. Die Anzahl aller zulässigen offenen bekannten Fehler stellt Abbildung 10.8 grafisch als „Qualitätslinie“ dar, die Basis hierfür leitet sich aus den Fehlerklassen ab (siehe Abbildung 10.9).

Fehlerklasse	Beschreibung	Anzahl zulässiger offener Fehler
Fehlerklasse I „fatale Fehler“	Das Gesamtsystem ist nicht betriebsbereit. Die Nutzung führt zu Absturz oder Datenverlusten. Test-, einsatz- und produktionsverhindernd.	Keine
Fehlerklasse II „verhindernde Fehler“	Wesentliche Teile des Systems sind nicht nutzbar. Es ist kein Workaround möglich. Fehler verhindert weiterführende Tests und gefährdet den Testfortschritt. Test-, einsatzverhindernd, produktionsgefährdend.	Keine
Fehlerklasse III „erschwerende Fehler“	Teile des Systems sind nicht nutzbar. Ein Workaround ist möglich (erschwerte Nutzung). Test-, einsatzgefährdend, produktionserschwerend	10% aller gefundenen Fehler
Fehlerklasse IV „störende Fehler“	Leichte Fehler in der Darstellung oder im Layout. Schönheitsfehler Nicht einsatzgefährdend, nicht testbehindernd	50% aller gefundenen Fehler

Abbildung 10.9 Fehlerklassen

Ziel ist es, die noch offenen Fehler unter die Qualitätslinie zu drücken. Dann ist es auch sinnvoll, die offenen Fehler nochmals einzeln zu bewerten und die Freigabe oder Nicht-Freigabe gemeinsam mit der Projektleitung und Vertretern des Auftraggebers zu beschließen (Expertenentscheid).

- *Testabdeckung*

  Im Kapitel Systemtestplanung ist unter anderem auch die Funktionsabdeckung als Testendekriterium genannt. Diese ist insbesondere auch für den funktionalen Systemtest im Black-Box-Test von besonderer Bedeutung. Die Messungen der Datenüberdeckung und Codeüberdeckung erfordern zumeist Detailkenntnisse über die Implementierung selbst und sind daher schwerpunktmäßig im Unit- und Integrationstest angesiedelt.

  Die Sicherstellung der funktionalen Testabdeckung erfolgt durch die Festlegung von Zielen über den Umfang des Testdesigns, der Testfälle je Use-Case bzw. Systemfunktion sowie der Vorgaben für deren erfolgreiche Durchführung.

  So kann zum Beispiel festgelegt werden, dass auf jeden Fall alle in der Risikobetrachtung hoch priorisierten Funktionen zur Gänze getestet, d.h. alle spezifizierten Testfälle auch tatsächlich durchgeführt sein müssen und generell maximal 5% der Testfälle offen bleiben dürfen, um das Testende zu erreichen. Eine Darstellung im laufenden Controlling könnte z.B. folgendermaßen aussehen (siehe Abbildung 10.10):

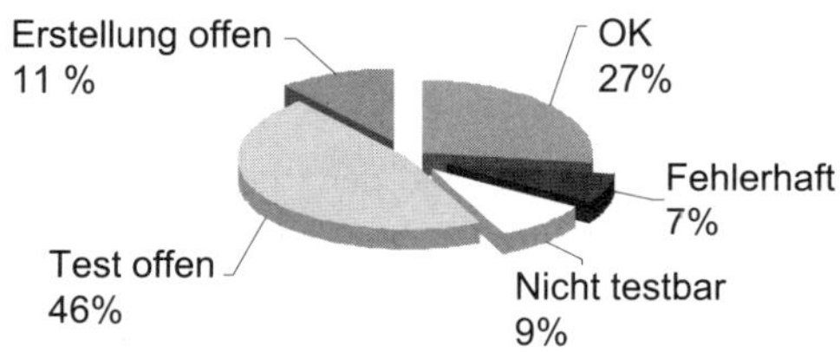

Abbildung 10.10
Test Control Board

  Diese Darstellung vermittelt einen Eindruck von der noch offenen Testfallerstellung sowie vom quantitativen und qualitativen Stand der Testdurchführung.

10.2.3 Sicherstellung der Qualität der Testergebnisse

Testen ist eine Tätigkeit, die die Qualität der Ergebnisse aus Analyse, Design und Entwicklung überprüft. Aber wer überprüft die Ergebnisse der Tester? Oft sind dies letztlich die Endanwender, was im Fehlerfall dazu führt, dass es nicht heißt „Da wurde schlecht entwickelt“, sondern „Das wurde unzulänglich getestet“.

Als Testmanager ist man nicht nur dafür verantwortlich, dass die Testaufgaben erledigt, sondern sehr gut erledigt werden. Im Sinne der Plantreue bedeutet es die Einhaltung von geplanten Terminen und Aufwänden und im Sinne der Qualität eine möglichst geringe Restfehlerrate nach dem Produktiveinsatz.

Um die Plantreue zu erreichen, wird sich der Testmanager konsequent des zuvor erwähnten Projektcontrollings bedienen. Um jedoch etwa eine Defect Detection Percentage (DDP) für den Systemtest nach Abnahmetest mit größer 80–85% zu erreichen („Testing is becoming truely effective if DDP > 80%.“ – Quelle: Alistair Gerrard), muss der Testmanager sowohl in die Qualitätssicherung der Testergebnisse als auch in die der Testprozesse investieren. Nur über den Nachweis und die Überzeugung, dass der Test effektiv gestaltet wurde, lässt sich Vertrauen hinsichtlich eines ausreichenden Tests herstellen. Die Anzahl der gefundenen Fehler ist nicht ausreichend. Werden viele Fehler gefunden, schwindet vielleicht das prinzipielle Vertrauen in das Produkt, und man vermutet weitere Fehler. Findet man nur wenige Fehler, wird der Testprozess in Frage gestellt, in dessen Verlauf sicher noch nicht alle bzw. genügend Fehler gefunden wurden [KOOM99].

10.2.3.1 Qualität des Testdesigns und der Testfälle

Wesentliche Testergebnisse sind das Testdesign, die Testfälle und die dazugehörigen Testdaten. Im Kapitel „Spezifikation der Testfälle" sind die Qualitätsmerkmale für Testfälle beschrieben.

Der Testmanager muss für das Testprojekt einen Qualitätssicherungsplan definieren, in dem die konkreten Qualitätsziele für diese Qualitätsmerkmale festgelegt sowie entsprechende Maßnahmen und Überprüfungsverfahren eingeplant werden. Die Überprüfung der Ziele kann in manchen Fällen durch Messung, in anderen Fällen durch Reviews und Audits erfolgen. Das Ziel muss aber immer sein, die Effektivität der Tests zu gewährleisten. Ein Testfall ist effektiv, wenn er Fehler findet, das Testdesign ist effektiv, wenn mit möglichst wenig konkreten Testfällen eine optimale Testabdeckung gegeben ist und auch möglichst viele der vorhandenen Fehler gefunden wurden.

Eine Möglichkeit, zu überprüfen, ob das Testdesign entsprechend der Planung quantitativ (Anzahl der Testfälle) und qualitativ (Anzahl der gefundenen Fehler) umgesetzt ist, skizziert die folgende Grafik (siehe Abbildung 10.11):

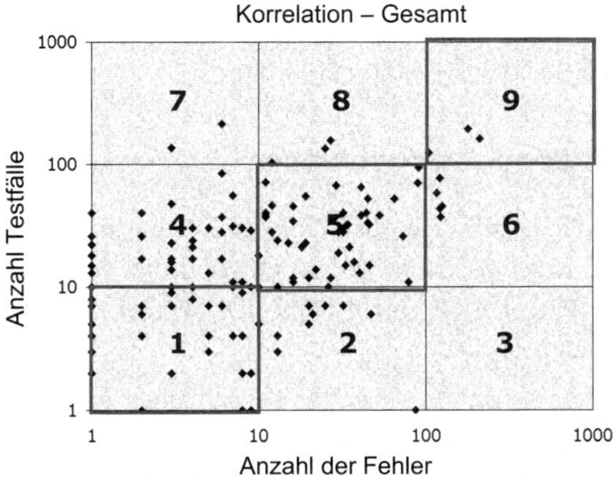

Abbildung 10.11
Korrelation zwischen der Anzahl der Testfälle und der Fehlerzahl

Jeder Punkt in der Testfall-Fehler-Korrelationsmatrix repräsentiert einen zu testenden Geschäftsprozess oder Use-Case oder – allgemein – ein Testobjekt entsprechend dem High-Level-Testdesign. Seine Position entspricht den für diesen Prozess bisher gefundenen Fehlern (x-Achse) und den dafür definierten Testfällen (y-Achse). Die Skalierung und Festlegung der Zielfelder leitet sich aus den Komplexitätsannahmen und erwarteten Fehlerraten ab.

Je nach vermuteter Komplexität des zu testenden Use-Cases ist seine Lage in der Matrix zu interpretieren. Liegt zum Beispiel ein als hochkomplex eingeschätzter Use-Case in Feld 1 vor, so wurden dafür entweder zu wenige Testfälle definiert – die Testfälle sind unter Umständen zu allgemein definiert (Testfallbeschreibung: „Teste den Use-Case und überprüfe Ergebnisse.“) –, oder die Use-Case Komplexität vielleicht von vorneherein falsch eingeschätzt.

Befindet sich ein als gering-komplex eingeschätzter Use-Case in Feld 7, so sind die Testfälle unter Umständen bereits viel zu detailliert, was im Sinne einer Kosten/Nutzen-Effizienz ebenfalls nicht optimal ist.

10.2.3.2 Qualität der Protokollierung der Testdurchführung

Was für die Testvorbereitung gilt, gilt natürlich auch für die Testdurchführung. Auch hier ist mit Hilfe von Reviews sicherzustellen, dass alle für die Protokollierung der Testdurchführung definierten Informationen ordnungsgemäß und vollständig dokumentiert sind. Insbesondere gilt es, den nachvollziehbaren Nachweis über die konkrete Durchführung zu erhalten.

Abhängig davon, in welcher Form die Testfälle beschrieben sind, ob diese abstrakt formuliert oder bereits mit konkreten Testdaten versehen sind, müssen in der Testdurchführung die entsprechenden Informationen im Detail festgehalten werden.

Weitere notwendige Informationen sind die Versionsnummer des getesteten Release, Testdatum, Tester, gegebenenfalls die Nummer eines im Fehlermanagementwerkzeug eingepflegten Fehlers und weitere Anmerkungen zur Testdurchführung. Bei Verwendung von Word- oder Excel-basierten Dokumentationen sind dafür entsprechende Standards vorzugeben. Kommerzielle Testmanagement-Werkzeuge unterstützen bereits die wesentlichsten Informationen. In beiden Fällen ist jedoch auf die Einhaltung der Standards laufend zu achten. In vielen Fällen ist dies auch aus vertragsrechtlichen Gründen und Haftungsgründen unerlässlich. Für die Nachvollziehbarkeit innerhalb des Projekts (auch durch die Entwicklung), aber auch in der Wartungsphase ist die Qualität der Dokumentation der Testdurchführung von großer Bedeutung.

10.2.3.3 Qualität des Fehlermanagements

Wenn in der Testdurchführung Fehler gefunden werden, so ist für deren Dokumentation und Weiterbearbeitung ein Fehlermanagement-Werkzeug unbedingt notwendig. Wie für Testfälle gibt es auch für die Dokumentation von Fehlern gängige Standards und Normen, die projektspezifisch in Verbindung mit dem Fehlermanagement-Workflow definiert werden müssen. Neben der rein formalen Korrektheit der Beschreibungen ist jedoch insbesondere darauf zu achten, dass die Fehlerbeschreibungen für den Entwickler, aber auch für andere Tester nachvollziehbar sind und dass eine entsprechende Referenz zum Testfall gegeben ist.

Die Qualität der eingemeldeten Fehler kann der Testmanager zum Beispiel aus einer Auswertung über die Häufigkeit von Rückweisungen der Fehler durch die Entwicklung bewerten und entsprechende Maßnahmen ableiten:

Werden etwa auffallend viele Fehler mehrfach eingemeldet (doppelte Fehler), kann dies daran liegen,

- dass sich die Tester nicht die Mühe machen, nachzusehen, ob bereits ein ähnlich gelagerter Fehler existiert;
- dass sich der Tester zwar die Mühe macht, aber die Dokumentation der Fehler so mangelhaft ist, dass doppelte Einmeldungen nicht erkannt werden;
- dass das Testdesign und die operative Testplanung, etwa die Verteilung von Testgebieten auf Tester, stark redundant und daher nicht effizient ist.

Werden viele Fehler mit dem Vermerk zurückgewiesen, dass es sich um einen Anwendungsfehler bzw. um gar keinen Fehler handelt, da es fachlich so korrekt ist, wie es umgesetzt wurde, kann dies daran liegen,

- dass die Tester noch zu wenig auf ihrem Fachgebiet geschult wurden;
- dass die zu Grunde liegenden Spezifikationen und somit die daraus abgeleiteten Testfälle nicht korrekt, unvollständig oder unaktuell sind.

Alleine den oben angeführten Beispielen lässt sich entnehmen, dass es sich allemal lohnt, die Informationen aus dem Fehlermanagementsystem für Ansätze zur Qualitätsverbesserung der Testprozesse heranzuziehen. Man kann daraus nicht nur den Qualitätsstatus des zu testenden Systems, sondern auch den des Gesamtsystemtests (Prozesse, Methoden und Team) ableiten.

10.3 Testprozessmanagement

Im ersten Kapitel war von einem Systemtestprozess die Rede und wie die Testmethoden, Testtechniken und Testwerkzeuge dazu passen sollten. Dies geschieht nicht von selbst. Es muss gemanagt werden. Ein Testprozess muss wie alle Prozesse zum Anwendungsgebiet und zur Projektgröße passen. Der Test eines Embedded-Realtime-Systems wird anders als der Test einer Internetanwendung ablaufen. Für den Test in einem Drei-Mann-Projekt ist ein anderer Prozess gefragt als beim Test in einem 150-Personen-Projekt. Darum müssen zu Beginn eines jeden Testprojekts der Testprozess angepasst, die Aufgaben identifiziert und die Rollen zugewiesen werden. Dies setzt voraus, dass ein Testprozessmuster bereits vorliegt. Das Autorenteam Spillner, Rößner, Winter und Linz haben eine Reihe von Testprozessmodellen in ihrem Buch „Praxiswissen Softwaretest" aufgezählt [SRWL06].

10.3.1 Testprozessgestaltung

Im ersten Kapitel wurde ein Grundmodell mit fünf groben Phasen nach Spillner vorgestellt. Diese fünf Phasen sind:

- Planung
- Spezifikation
- Durchführung
- Protokollierung
- Auswertung [SPIL05]

Ähnlich aufgebaut ist das TMap-Modell der Sogeti S.A. [KABV07]. Es ist immer möglich, andere Begriffe für ähnliche Vorgänge zu finden. Wichtig ist, innerhalb eines Testbetriebes die Phasen und deren Begriffe konsistent zu halten. In diesem Buch wurde argumentiert, dass die Anforderungsanalyse der Testplanung vorausgeht. Dies ist nachvollziehbar, denn ohne zu wissen, was es zu testen gilt, kann der Test nicht geplant werden. Die Anforderungsanalyse liefert den Input für eine rationale Testplanung. Dass dabei auch die Testfälle ermittelt werden, ist die Konsequenz aus dem Einsatz automatisierter Anforderungsanalysewerkzeuge. Außerdem benötigt der Testplaner die Anzahl der Testfälle, um eine Testaufwandsschätzung durchzuführen. Die Testaufwandsschätzung ist wiederum ein essenzieller Bestandteil der Testplanung. Je nach verfügbaren Mitteln und Zeit kann der Testprozess voll ausgebaut oder gestrafft werden. Die Mittel bzw. das Budget und der Termin bestimmen, ob wir großzügig testen können. Wenn die Mittel beschränkt sind, kann der Testmanager entweder die Zahl der Testfälle reduzieren oder gewisse Aktivitäten minimieren. So lassen sich z.B. an der Testauswertung Einsparungen vornehmen. Notfalls könnte man den Testprozess auf die folgenden Punkte reduzieren:

- Planung,
- Spezifikation und
- Ausführung.

Auf jeden Fall ist zu beachten, dass der Testprozess parallel zum Entwicklungsprozess abläuft. Gelperin nennt dies das Eisenbahnprozessmodell [GELP96]. Es gibt zwei Schienen, die nebeneinander existieren und mit Schwellen verbunden sind. Über die Schwellen werden die parallel laufenden Aktivitäten untereinander abgestimmt, z.B. logische Testfällen mit verfeinerten Anforderungen, Testentwurf mit Systementwurf, Testskripte mit codierten Datenschnittstellen und Testdokumentation mit der Systemarchitektur. Der Ausgangspunkt für beide Schienen ist die Anforderungsspezifikation. Der Endpunkt ist die Systemabnahme (siehe Abbildung 10.12).

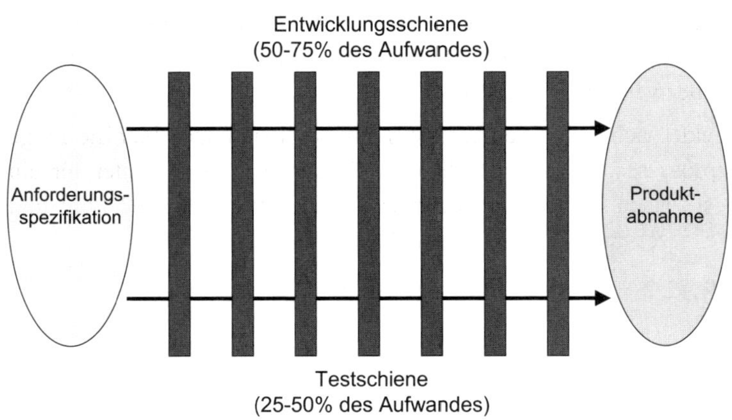

Abbildung 10.12
Eisenbahnprozessmodell nach Gelperin

Ein voll ausgebauter Testprozess würde im Sinne von ANSI/IEEE Standard-829 folgendermaßen aussehen:

- Testplanung
- Testfallspezifikation
- Testentwurf (Design der Testabläufe)
- Testdatenerstellung (Ist & Soll)
- Testvorbereitung (Umgebungsaufbau)
- Testausführung
- Testauswertung
- Testabnahme

Dies entspricht auch der Empfehlung der Autoren für den Test betrieblicher Informationssysteme. Sofern das Budget und der Termin es erlauben, sollte der Testmanager anstreben, diese Aktivitäten in seinem Testprozess vorzusehen. Nur selten wird es möglich sein, den gleichen Testprozess für mehrere Projektarten zu verwenden. Zu unterschiedlich sind die Projekte. Jedes Projekt verlangt nach einer eigenen Ausprägung des Prozesses. Das Tailoring des Testprozessmodells ist eine Aufgabe des Testmanagers.

10.3.2 Testprozessreife

Seit einigen Jahren ist der Begriff der Prozessreife in aller Munde. Das liegt unter anderem an der zunehmenden Verbreitung von CMMI – Capability Maturity Modell Integrated. Das Modell ist entstanden, um die Qualifikation von Organisationen objektiv zu messen. Einer der Auslöser hierfür war das Outsourcing bzw. die Vergabe von Projekten oder gar ganze Geschäftsprozesse an externe Firmen. Der Auftraggeber will wissen, ob er sich auf den Auftragnehmer verlassen kann, d.h. ob dieser der Aufgabe gewachsen ist. So geht man im Allgemeinen davon aus, dass eine höhere Einstufung eines potenziellen Auftragnehmers auf der Reifeskala das Projektrisiko für den Auftraggeber mindert. Somit hat sich mit CMMI ein ausgeklügeltes Bewertungsmodell mit 18 Hauptkriterien herausgebildet [KNEU07]. Einige Studien haben mittlerweile belegt, dass ein höherer Reifegrad eine höhere Erfolgswahrscheinlichkeit für Projekte nach sich zieht. Es gibt jedoch auch genügend Stimmen, die einen Zusammenhang bezweifeln [BLAC99].

Da immer mehr Testprojekte nach außen vergeben werden, stellt sich auch hier die Frage nach der Reife des Testprozesses. Wie lässt sich beurteilen, ob ein Testanbieter für ein Testprojekt qualifiziert ist? Nach welchen Kriterien soll er bewertet werden? Pohl und Koomen schlagen 20 Key-Assessment-Areas vor [KOPO99]:

- Reife der Teststrategie
- Reife des Lebenszyklusmodells
- Zeitpunkt,. zu dem die Tester am Projekt beteiligt werden
- Reife des Aufwandsschätzverfahrens
- Reife der Testspezifikationstechnik
- Nutzung statischer Testmethoden
- Nutzung von Testmetriken

- Einsatzbreite von Testwerkzeugen
- Stabilität der Testumgebung
- Qualität der Office-Umgebung
- Motivation und Qualifikation der Tester
- Schulungsförderung des Testpersonals
- Reife der eingesetzten Testmethoden
- Stand der Kommunikationseinrichtung
- Reife des Testberichtswesen
- Reife des Fehlerbehandlungswesen
- Betreuung der Testwerkzeuge
- Reife des Testprozessmanagements
- Reife der Systembewertungsverfahren
- Qualität der Unit-Tests

Diese 20 Kriterien werden auf 14 Reifestufen von 0 bis 13 mit vier Reifegraden A bis D bewertet. D. h., es handelt sich hier um eine dreidimensionale Tabelle mit den drei Dimensionen Reifekriterium, Reifestufe und Erfüllungsgrad (siehe Abbildung 10.13).

Key Area	**0**	**1**	**2**	**3**	**4**	**5**	**6**	**7**	**8**	**9**	**10**	**11**	**12**	**13**
				Controlled					**Efficient**				**Optimizing**	
Test strategy		A					B				C		D	
Life-cycle model		A			B									
Moment of involvement			A				B				C		D	
Estimating and planning				A							B			
Test specification teschniques		A		B										
Static test techniques					A		B							
Metrics						A			B			C		D
Test tools					A			B			C			
Test environment				A				B						C
Office environment				A										
Commitment and motivation		A				B						C		
Test functions and training				A			B				C			
Scope of methodology					A						B			C
Communication			A		B							C		
Reporting		A			B		C					D		
Defect management		A				B		C						
Testware management			A			B				C				D
Test process management		A		B								C		
Evaluation							A			B				
Low-level testing					A		B		C					

Abbildung 10.13 Bewertung der Testreife nach Pohl und Koomen

Manche werde diese Reifeprüfung als übertrieben bürokratisch empfinden. Sie ist eben ein Modell, nach dem man sich richten kann. Der Testmanager muss nicht alle Kriterien berücksichtigen und sie auch nicht alle gleich gewichten. Ein Testbetrieb kann dieses Modell verwenden, um sich selbst einzustufen. Jedenfalls ist das Streben, den Testprozess ständig zu verbessern, ein Ziel, das sich jeder Testmanager setzen muss.

10.4 Testteamführung

Bei der Führung eines Testteams besteht die besondere Kunst darin, Personen unterschiedlichster Fähigkeiten zu einem Team zu formen. Eine Eigenheit ist sicherlich auch, dass im System-, Systemintegrations- und Abnahmetest viele, im Systemtest bis zu 50% der Tester aus Fachbereichen des Auftraggebers stammen können (siehe Abbildung 10.14).

Diesem Umstand ist insbesondere auch in der Schulung aller Projektbeteiligten Rechnung zu tragen. Einerseits müssen die Tester das Fachgebiet möglichst rasch erlernen. Auf der anderen Seite sollten auch die Mitarbeiter aus den Fachbereichen in grundlegende Aspekten des Softwaretests geschult werden. Wichtig ist auch, die im gegenständlichen Projekt eingesetzten Methoden, Prozesse und Werkzeuge kennenzulernen. Dazu zählen insbesondere jene für die Verwaltung der Testfälle und die Dokumentation der Testdurchführung sowie das Fehlermanagement.

Testkernteam

- **Testmanager**
  - (Teil-) Projektleitung, Testkonzept, Testplanung und -controlling
- **Testdesigner und -koordinator**
  - Koordiniert und unterstützt den Fachbereich bei der Erstellung der Testdesigns (Testszenarien, Testfälle)
  - Betreuung der Testdurchführung und Controlling der Testpläne
- **Testspezialist, Tester**
  - Erstellung der Testdesigns (Testszenarien, Testfälle)
  - Planung und Durchführung spezifischer Tests (Schnittstellen, Migration, Performance etc.)
- **Test-Automatisierer**
  - Erstellung und Betreuung automatisierter Testabläufe
- **Testsupport**
  - Bereitstellen der Testumgebungen, Testsysteme
  - Ausführung automatisierter Tests
  - Technische Hilfestellungen

Tester aus Fachbereich

- **Testverantwortlicher FB**
  - Planung und Koordination der FB-Ressourcen
- **Key-User FB**
  - Fachlich verantwortlich für ein inhaltliches Gebiet
  - Fachliche Entscheidungen
  - Entwickeln der Testszenarien
  - Fachliche Freigaben
- **Tester Fachbereich**
  - Erstellen der Testfälle
  - Identifikation der Testdaten/Konstrukte
  - Testdurchführung
  - Fehlerverifikationen

Abbildung 10.14 Zusammensetzung eines Testteams

Neben den technischen Eigenheiten des Softwaretests sind aber auch ganz besondere persönliche Eigenschaften für ein erfolgreiches Testprojekt gefordert. Der Testmanager sieht sich mit der Herausforderung konfrontiert, die Rahmenbedingungen dafür zu schaffen, dass sich die Testaufgaben – die oft als destruktiv beschrieben werden, da es ja gilt, Fehler zu provozieren und Abstürze zu erzwingen – in einem konstruktiven, lösungsorientierten Klima erledigen lassen.

- Fehler (auch wiederholte) dürfen nicht zu Frustration, aber auch nicht zu Schadenfreude führen und somit das „Klima“ der Test-Entwicklung vergiften.
- Kritischer Erfolgsfaktor ist die konstruktive Kommunikation mit der Entwicklung UND dem Anwender/Fachbereich/Auftraggeber, da letztlich an einem gemeinsamen Ziel gearbeitet wird.
- Tester haben oft die Rolle eines Mediators zwischen den Fachbereichen/Organisatoren des Auftraggebers und der Entwicklung. Dies stellt hohe Anforderungen an die Kommunikationsfähigkeit und die sozialen Fähigkeiten des Testers. Dieser muss die Sprachen beider Seiten verstehen und sich auch in beide Richtungen verständlich machen können.
- Tester erfüllen in jeder oben angeführten Rolle eine hochwertige Funktion, fachlich und menschlich. Dies muss jedem Tester bewusst sein bzw. ihm bewusst gemacht werden.
- Tester aus Fachbereichen haben die Möglichkeit, die Applikation bzw. Änderungen vor allen anderen kennenzulernen und so einen Informationsvorsprung zu erlangen. Wer dies erkennt, wird den nächsten Testeinsatz nicht als „Strafexpedition“ empfinden, sondern als Chance nutzen.

Schon bei der Gestaltung eines Testteams ist darauf zu achten, dass auch Mitarbeiter mit an Bord sind, die nicht sofort Frustrationserscheinungen zeigen, wenn scheinbar monotone, repetitive Tätigkeiten anfallen. Dies entspricht der professionellen Einstellung eines Busfahrers, der dieselbe Strecke am gleichen Tag schon das zehnte Mal fährt und immer noch voll konzentriert ist. Durch den Einsatz von Testautomatisierung kann vielleicht einiges verbessert werden, aber sicher nicht alles.

Testen bietet immer auch viel Freiraum an kreativer Gestaltungsmöglichkeit. Ein kluger Testmanager wird die Eigenverantwortlichkeit und Kreativität in einem kontrollierten Umfeld fördern. Dies steigert die Zufriedenheit des Testers und fördert die Leistungsfähigkeit des Testteams.

Der Testmanager hat aber auch aus der Position zwischen Anwender und Entwickler heraus die Chance, durch die Organisation von Aktivitäten abseits der täglichen Arbeit wesentlich zum positiven Klima im Gesamtprojekt beizutragen. Gemeinsame Feiern von Projekt(teil-)erfolgen oder auch von Geburtstagen zusammen mit Anwendern, Entwicklern und Testern leisten oft mehr als Prozessbewertungen und Maßnahmen.

Somit hat der Tester die große Chance, sich fachlich und menschlich innerhalb des Projekts, aber auch innerhalb des Unternehmens zu etablieren [COHN04].

11

11 Anhang

11.1 Anhang A: Testplan nach ANSI/IEEE-829

Testplan-Identifikation

Testplan 1.1 Auftragsbearbeitung

Testplan-Einführung

Ziel des Systemtests ist es, die Fehlerquellen in dem Maße zu reduzieren, dass ein Teil der potenziellen Mehrkosten in Höhe von 70% des ursprünglich geplanten Budgets eingespart werden können. Der Test sollte vor allem dazu führen, dass das System zuverlässig und korrekt arbeitet und die in der Anforderungsanalyse festgelegten Performance-Angaben eingehalten werden.

Als *Testrisiken* sind anzusehen:

- Erstellung der Rückstellposten durch das zuständige überarbeitete COBOL-Programm
- Erstellung eines Versandauftrags als XML-Dokument
- Erzeugung eines Lieferpostens in einer XML-Datei durch das überarbeitete COBOL-Programm
- Erzeugung eines Rechnungspostens pro erfüllter Bestellung

Als *Zuverlässigkeitsrisiko* sind anzusehen:

- Fehler bei der Kundenauftragsbearbeitung
- Fehler bei der Berechnung der Mehrwertsteuer und des Endpreises bei der Rechnungserstellung
- Fehler bei der Erstellung der Rückstellposten

Zu testende Objekte

Benutzeroberflächen:

- Kundenauftragsbearbeitungsmaske bzw. -Website
- Kundenauskunftsmaske bzw. -Website
- Systemmeldungen

Datenbank:

- Relationale Datenbank
- Datenbanktabelle der Kundendaten
- Datenbanktabelle der Lieferantendaten
- Datenbanktabelle der Artikeldaten
- Datenbanktabelle der Rückstellposten

Komponente:

- COBOL-Programme für Versandbearbeitung, Lieferauftragsbearbeitung, Rechnungsstellung, Rückstellungsbearbeitung
- Alte Stammdaten
- Kundenauskunftsprogramm
- Kundenauftragsbearbeitungsprogramm

Systemimporte:

- XML-Datei der neuesten Lieferantendaten und Lieferantenpreise
- XML-Datei der Artikeldatenänderungen einschließlich Artikelpreise
- Eingabedaten der Kundenauftragsmaske

Systemexporte:

- XML-Datei der Artikelmenge aller Artikel auf Lager

Schnittstellendateien:

- Versandaufträge als XML-Datei
- Lieferposten als XML-Datei
- Rechnungsposten als XML-Datei

Berichte:

- Versandliste
- Lieferauftrag als Ausdruck
- Rechnung als Ausdruck

Zu testende Funktionen [Req Nr.]

- Kunde wählt Artikelkategorie aus und schickt Eingabemaske ab bzw. Artikeldatei wird vom System eingelesen [1.1].
- Die Artikel werden nach Artikelnummer sortiert mit Artikelbezeichnung und Artikelpreis in der Ausgabemaske angezeigt [1.2].
- Prüfung, ob ein Kunde in der Kundendatenbank vorhanden ist [2.1].
- In der Kundendatenbank geführten Kunden auf seine Bonität prüfen [2.2, 2.3, 2.4].
- Prüfung, ob ein bestellter Artikel vorhanden ist [3.5].
- Prüfung, ob die vorhandene Artikelmenge für die Bestellmenge ausreichend ist [2.6].
- Bildung eines Rückstellpostens, falls die Artikelmenge für die Bestellmenge ausreichend ist [2.7, 2.8].
- Das System speichert die erstellten Rückstellposten in einer relationalen Datenbank in einer Tabelle [2.10].
- Bei ausreichender Artikelmenge wird die Bestellmenge von der aktuellen Artikelmenge abgezogen [2.11].
- Bei ausreichender Artikelmenge soll ein Versandauftrag als XML-Dokument erstellt werden [2.12].
- Wurde die Artikelmenge reduziert, erfolgt die Prüfung, ob die Artikelmenge noch oberhalb der Mindestmenge des Artikels liegt [2.15].
- Liegt die Artikelmenge nach Abzug der Bestellmenge unterhalb der Mindestmenge für den entsprechenden Artikel, soll ein Lieferposten erzeugt werden [2.16].
- Für jede erfüllte Bestellung wird ein Rechnungsposten geschrieben [2.20].
- Falls eine Bestellung abgewiesen oder zurückgestellt wird, werden die restlichen Bestellungen trotzdem abgearbeitet [2.24].
- Bei der Versandbearbeitung werden die Versandaufträge mit den Kundendaten (Kundenname und Kundenanschrift) ergänzt, um eine Versandliste zu erstellen [3.1].
- In der Versandliste werden die ergänzten Versandaufträge nach Kunden aufgelistet [3.2].
- Das System schickt die Versandaufträge nach Kunden an die Warenauslieferung [3.3].
- Für jeden nachzubestellenden Artikel/Lieferposten wird der billigste Lieferpreis gesucht [4.1].
- Über den ermittelten billigsten Lieferpreis wird der billigste Lieferant ausgewählt [4.2].
- Die um die Lieferantennummer ergänzten Lieferposten werden nach der Lieferantennummer sortiert [4.3, 4.4].
- Pro betroffenen Lieferanten wird ein Lieferauftrag ausgedruckt [4.5].
- Jeder Lieferauftrag wird auf einem DIN-A4-Blatt gedruckt mit dem Namen und der Anschrift des Lieferanten und dem Liefertermin im Kopfteil und pro Lieferposten eine Zeile mit Artikelname und Liefermenge [4.6].
- Der Liefertermin ist das aktuelle Datum plus 7 Tage [4.7].

- Zunächst werden die Rechnungsposten nach Kundennummer und Auftragsnummer sortiert [5.1].
- Pro Auftrag wird eine Rechnung ausgestellt [5.2].
- Im Rechnungskopf einer Rechnung sind die Kundendaten (Kundennummer, Auftragsnummer, Auftragsdatum, Kundenname, Kundenanschrift) sowie der Zahlungstermin angegeben [5.3].
- Unter dem Rechnungskopf werden die Rechnungsposten aufgelistet mit Artikelnummer, Bestellmenge, Artikelpreis und Postenpreis [5.5].
- Der Zahlungstermin ist immer 30 Tage nach der Rechnungsausstellung [5.4].
- Die Mehrwertsteuer ist der Gesamtpreis mal Mehrwertsteuersatz [5.6].
- Der Endpreis ist der Gesamtpreis plus die Mehrwertsteuer [5.6].
- Die Rechnungen werden als DIN-A4-Blätter gedruckt, eine Rechnung pro Blatt [5.7].
- Alle offenen Rückstellposten werden nach Auftragsnummer sortiert [6.1].
- Die Rechnungsposten werden mit Kundennummer, Auftragsnummer und Bestellung in der gleichen Oberfläche wie die Kundenaufträge angezeigt [6.2].
- Prüfung, ob der nachzubestellende Artikel vorhanden ist [6.3].
- Wenn ein Artikel nicht vorhanden ist, wird die Bestellung abgewiesen [6.3].
- Ist der nachzubestellende Artikel vorhanden, muss geprüft werden, ob die Artikelmenge größer als die Bestellmenge ist [6.3].
- Wurde eine Rückstellung erfüllt, muss das System den entsprechenden Rückstellposten löschen [6.4].

Nicht zu testende Funktionen

- Warenaussendung
- Rechnungsaussendung

Testvorgehensweise

Der Systemtest beginnt an der Kundenschnittstelle. Dabei wird die komplette Kundenauftragsmaske und Kundenauskunftsmaske auf Fehlerquellen überprüft. Durch Eingabe von Testdaten für Bestellungen werden die verschiedenen Teilsysteme getestet. Der Systemtest wird somit Top-Down durchgeführt. Abschließend werden die Schnittstellen des Systems getestet.

Testendekriterien

- Es werden mindestens 90% aller aus der Anforderungsanalyse abgeleiteter Testfälle ausgeführt.
- In jeder Datei bzw. Datenbank werden mindestens 95% aller Attribute durch Assertions validiert.
- Jeder Anwendungsfall wird mindestens zweimal getestet – für einen positiven und einen negativen Ausgang.

- In jeder Systemschnittstelle werden bis zu 90% aller Einzelergebnisse bestätigt.
- Die in der Anforderungsanalyse festgelegten Performanceangaben müssen zu 95% erfüllt werden.

Testabbruchskriterien

Der Test kann abgebrochen werden, wenn das System aufgrund von Ausfällen 2 Tage lang nicht verfügbar ist.

Testergebnisse

- Testpfadbericht
- Schnittstellenprotokoll
- Testdeckungsbericht
- Fehlerbericht
- Testablaufbericht
- Systemlisten
- Systemexportprotokolle
- Datei-/Datenbankprotokolle
- Benutzeroberflächenprotokolle

Testaufgaben

- Generierung einer Testdatenbank mit Tabellen für die Kundendaten, Lieferantendaten, Artikeldaten und Rückstellposten
- Bereitstellung der Systemeingaben für die Kundenauftragsmaske
- Vorbereitung der Sollergebnisse in der Spezifikation
- Beschreibung der Systemszenarien
- Aufbau der Systemumgebung

Testumgebung

- Fünf Windows XP-Clients
- MySQL-DBMS
- Apache Webserver
- IBM Host 3090

Testverantwortlichkeiten

- Tester1
  - Generierung der Testdatenbank
  - Testen der Kundenauskunft
  - Aufbau der Testumgebung
  - Testen der Kundenauftragsbearbeitung

- Tester2
  - Vorbereitung der Sollergebnisse
  - Testen der Versandbearbeitung
  - Beschreibung der Testszenarien
  - Testen der Lieferauftragsbearbeitung
  - Testen der Rechnungsstellung
  - Testen der Rückstellbearbeitung

Testpersonalbedarf

- 2 Tester
- 1 Testmanager

Testzeitplan

Erstellung eines Testplans:	1 Tag
Erstellen eines Testentwurfs:	2 Tage
Testspezifikation:	6 Tage
Testausführung:	4 Tage
Testauswertung:	3 Tage
Insgesamt:	16 Tage

Testrisiken und Notpläne

Die offensichtlichen Risiken des Tests:

- Verschiebungen der Lieferungen mit einer Wahrscheinlichkeit von 30%
- Hohe Fehleranfälligkeit der gelieferten Software mit einer Wahrscheinlichkeit von 40%
- Technische Probleme mit der Testumgebung mit einer Wahrscheinlichkeit von 10%
- Ausfall wichtiger Projektmitarbeiter mit einer Wahrscheinlichkeit von 20%

Die Auswirkung der Lieferverschiebung auf die Testdauer könnte bei 2 bis 12 Wochen liegen. Die Fehlerhaftigkeit der Software könnte 1 bis 6 Wochen kosten. Technische Probleme mit der Testumgebung können höchstens 1 bis 4 Wochen kosten. Probleme mit den Testwerkzeugen könnten ebenfalls 1 bis 4 Wochen kosten. Der Ausfall von Personal kann das Projekt nicht mehr als 2 Wochen zurückwerfen, da genügend Reserven vorhanden sind und Tester sich mit geringem Aufwand ersetzen lassen.

Eine Analyse dieser Risiken führt zu folgendem Risikozuschlag:

Terminverschiebung = [Max – Min Zeitverlust]/2 = 5 Wochen * 0,3 = 1,5 Wochen

Fehlerhaftigkeit = [Max – Min Zeitverlust]/2 = 2,5 Wochen * 0,4 = 1 Woche

Testumgebung = [Max – Min Zeitverlust]/2 = 1,5 Wochen * 0,10 = 0,15 Wochen

Projektmitarbeiterausfall = [Max – Min Zeitverlust]/2 = 1,5 Wochen * 0,20 = 0,3 Wochen

Mitarbeiterausfall = [Max – Min Zeitverlust]/2 = 1 Woche * 0,15 = 0,15 Woche

Der maximale Zeitverlust wäre die Summe aller Höchstgrenzen = 28 Wochen. Der wahrscheinlichste Zeitverlust wäre die Summe der einzelnen Risikofaktoren = 3,05 Wochen.

Notplan:

Fallen während der Testdurchführung zwei oder mehr Testmitarbeiter aus, muss die Anzahl von fünf Testpersonen wiederhergestellt werden.

Genehmigung

Hiermit wird der Testplan genehmigt.

Datum__________________, Unterschrift________________________

Kalkulation des Aufwands und Dauer des Tests der Auftragsbearbeitung

Anzahl der Transaktionen bzw. Nutzungsfälle = 6
Geschätzte Testfälle pro Transaktion bzw. Nutzungsfall = 7
Geschätzter Aufwand pro Testfall = 0,5 Stunden pro Testfall
Anzahl der Komponente = 6 mit Aufwand pro Komponente = 8 Stunden
Anzahl der Oberflächen = 2 mit Aufwand pro Oberfläche = 5 Stunden
Anzahl der Datenbanken/Dateien = 4 mit Aufwand pro Datenbank/Datei = 12 Stunden
Anzahl der Systemschnittstellen = 4 mit Aufwand pro Schnittstelle = 7 Stunden
Qualitätsfaktor = 2
Wiederholungsanzahl für Testläufe = 2
Wiederholungsfaktor = 0,4
Overheadfaktor = 0,3
Aufwand = 6 * 7 * 0,5 * 2 * 2 * 0,4 + (6 * 8 + 2 * 5 + 4 * 12 + 4 * 7) * (1 + 0,3) Stunden
Aufwand = (33,6 + 134) * 1,3 Stunden
Aufwand = 33,6 + 174,2 Stunden
Aufwand = 207,8 Stunden

11.2 Anhang B1: Schema für die Testfallspezifikation

```
<?xml version="1.0" encoding="UTF-8"?>
   <definitions xmlns="http://schemas.xmlsoap.org/wsdl/"
                xmlns:xsd="http://www.w3.org/2001/XMLSchema"
                name="TestCase_Specification">
<!--Schema for the specification of TestCases
    generated by the Sneed Tool GENSCHEMA on date:050315
   -->
<types>
   <schema xmlns="http://www.w3.org/2001/XMLSchema">
      <complexType name = "Testcases">
         <complexType name = "TestCase" content = "eltOnly"
                      model = "closed" occurs = "ONEORMORE"
                      minOccurs = "1" maxOccurs = "unbounded">
            <sequence>
               <element type = "integer" name = "TestCase_Nr"/>
               <element type = "TCID"    name = "TestCase_ID"/>
               <element type = "string" name = "TestCase_Purpose"/>
               <element type = "string" name = "Requirement_tested"/>
               <element type = "string" name = "UseCase_tested"/>
               <complexType name = "Objects_tested">
                  <sequence>
                     <element type = "integer"
                              name = "Nr_Objects_tested"/>
                     <element type = "string" name = "Object_tested"
                              occurs = "ONEORMORE" minOccurs = "1"
                              maxOccurs = "unbounded"/>
                  </sequence>
               </complexType>
               <element type = "string" name = "Test_Environment"/>
               <element type = "string" name = "Triggering-Event"/>
               <element type = "TCID"   name = "Preceeding_Testcase"/>
               <element type = "TCID"   name = "Succeeding_TestCase"/>
               <complexType name = "Preconditions">
                  <sequence>
                     <element type = "integer"
                              name = "Nr_Preconditions"/>
                     <element type = "string" name = "Precondition"
                              occurs = "ONEORMORE" minOccurs = "0"
                              maxOccurs = "unbounded"/>
                  </sequence>
               </complexType>
               <complexType name = "Postconditions">
                  <sequence>
                     <element type = "integer"
                              name = "Nr_Postconditions"/>
                     <element type = "string" name = "Postcondition"
                              occurs = "ONEORMORE" minOccurs = "0"
                              maxOccurs = "unbounded"/>
                  </sequence>
               </complexType>
               <complexType name = "Test_Inputs">
                  <sequence>
                     <element type = "integer" name = "Nr_Test_Inputs"/>
                     <complexType name = "Test_Input"
                                  occurs = "ZEROORMORE"
                                  minOccurs = "0"
                                  maxOccurs = "unbounded">
                        <sequence>
                           <element type = "string"
                                    name = "Test_Input_Name"/>
                           <element type = "string"
                                    name = "Test_Input_Value"/>
                        </sequence>
                     </complexType>
                  </sequence>
```

```
                </complexType>
                <complexType name = "Test_Outputs">
                   <sequence>
                      <element type = "integer" name = "Nr_Test_Outputs"/>
                      <complexType name = "Test_Output"
                                   occurs = "ZEROORMORE"
                                   minOccurs = "0"
                                   maxOccurs = "unbounded">
                         <sequence>
                            <element type = "string"
                                     name = "Test_Output_Name"/>
                            <element type = "string"
                                     name = "Test_Output_Value"/>
                         </sequence>
                      </complexType>
                   </sequence>
                </complexType>
                <element type = "string" name = "TestCase_Author"/>
                <element type = "string" name = "TestCase_Source"/>
                <element type = "string" name = "TestCase_Type"/>
                <element type = "boolean" name = "TestCase_automated"/>
                <element type = "string" name = "TestCase_Status"/>
                <element type = "date"   name = "Date_tested"/>
                <element type = "string" name = "Tester"/>
                <complexType name = "Errors_reported">
                   <sequence>
                      <element type = "integer"
                               name = "Nr_Errors_reported"/>
                      <element type = "ID" name = "Error_reported"
                               occurs = "ZEROORMORE" minOccurs = "0"
                               maxOccurs = "unbounded"/>
                   </sequence>
                </complexType>
             </sequence>
          </complexType>
       </complexType>
    </schema>
</types>
</definitions>
```

11.3 Anhang B2: Beispiel einer Testfallspezifikation für den Test der Auftragsbearbeitung

```
<?xml version="1.0" encoding="ISO-8859-1"?>
<!--Testfaelle fuer die Anwendung Auftragsbearbeitung -->
<TestCases schema = "TestCase_Specification">
   <TestCase>
      <TestCase_Nr>01</TestCase_Nr>
      <TestCase_ID>AUFTRAG_004</TestCase_ID>
      <TestCase_Purpose>Teste Bestellung wenn Bestellmenge GT
                        Artikelmenge</TestCase_Purpose>
      <Requirement_tested>System muss eine Rueckstellung bilden wenn
                          die Bestellung nicht erfuellbar
                          ist</Requirement_tested>
      <UseCase_tested>Kundenauftragsbearbeitung</UseCase_tested>
      <Objects_tested>
         <Nr_Objects_tested>4</Nr_Objects_tested>
         <Object_tested>Kundenauftrag</Object_tested>
         <Object_tested>Kunde</Object_tested>
         <Object_tested>Artikel</Object_tested>
         <Object_tested>Rueckstellung</Object_tested>
      </Objects_tested>
      <Test_Environment>MicroSoft DotNet</Test_Environment>
      <Triggering_Event>Kunde sendet Auftrag ueber
                        Web-Portal</Triggering_Event>
      <Preceeding_TestCase>AUFTRAG_003</Preceeding_TestCase>
      <Succeeding_TestCase>AUFTRAG_005</Succeeding_TestCase>
      <Preconditions>
         <Nr_Preconditions>5</Nr_Preconditions>
         <Precondition>Kunde ist vorhanden</Precondition>
         <Precondition>Kunde ist kreditwuerdig</Precondition>
         <Precondition>Auftrag hat n Bestellungen</Precondition>
         <Precondition>Auftrag.Bestellung.Artikelnr e
                       set(Artikel.Artikelnr)</Precondition>
         <Precondition>Auftrag.Bestellung.Bestellmenge GT
                       Artikel.Artikelmenge</Precondition>
      </Preconditions>
      <Postconditions>
         <Nr_Postconditions>2</Nr_Postconditions>
         <Postcondition>Artikel.Artikelmenge =
                        @pre.Artikel.Artikelmenge</Postcondition>
         <Postcondition>Rueckstellposten wurde erzeugt</Postcondition>
         <Postcondition>Meldung an Kunde = "Unzureichende Menge auf
                        Lager, Artikel wird
                        nachgeliefert"</Postcondition>
      </Postconditions>
      <Test_Inputs>
         <Nr_Test_Inputs>5</Nr_Test_Inputs>
         <Test_Input>
            <Test_Input_Name>Auftrag.Kundennr</Test_Input_Name>
            <Test_Input_Value type = "integer">102030</Test_Input_Value>
            </Test_Input>
         <Test_Input>
            <Test_Input_Name>Auftrag.Kundenname</Test_Input_Name>
            <Test_Input_Value type = "string">Obermayer,Uschi
            </Test_Input_Value>
         </Test_Input>
         <Test_Input>
            <Test_Input_Name>Auftrag.Bestellung.Artikelnr
            </Test_Input_Name>
            <Test_Input_Value type = "integer">4711</Test_Input_Value>
         </Test_Input>
         <Test_Input>
            <Test_Input_Name>Auftrag.Bestellung.Artikelname
            </Test_Input_Name>
            <Test_Input_Value type = "string">Straps</Test_Input_Value>
```

```
            </Test_Input>
            <Test_Input>
               <Test_Input_Name>Auftrag.Bestellung.Bestellmenge
               </Test_Input_Name>
               <Test_Input_Value type = "integer">66</Test_Input_Value>
            </Test_Input>
         </Test_Inputs>
         <Test_Outputs>
            <Nr_Test_Outputs>6</Nr_Test_Outputs>
            <Test_Output>
               <Test_Output_Name>Rueckstellung.Kundennr</Test_Output_Name>
               <Test_Output_Value type = "integer">102030
               </Test_Output_Value>
            </Test_Output>
            <Test_Output>
               <Test_Output_Name>Rueckstellung.Kundenname</Test_Output_Name>
               <Test_Output_Value type = "string">Obermayer,Uschi
               </Test_Output_Value>
            </Test_Output>
            <Test_Output>
               <Test_Output_Name>Rueckstellung.Bestellung.Artikelnr
               </Test_Output_Name>
               <Test_Output_Value type = "integer">4711</Test_Output_Value>
            </Test_Output>
            <Test_Output>
               <Test_Output_Name>Rueckstellung.Artikelname
               </Test_Output_Name>
               <Test_Output_Value type = "string">Straps</Test_Output_Value>
            </Test_Output>
            <Test_Output>
               <Test_Output_Name>Rueckstellung.Bestellmenge
               </Test_Output_Name>
               <Test_Output_Value type = "integer">66</Test_Output_Value>
            </Test_Output>
            <Test_Output>
               <Test_Output_Name>Meldung</Test_Output_Name>
               <Test_Output_Value type = "string">Unzureichende Menge
               auf Lager, Artikel wird nachgeliefert</Test_Output_Value>
            </Test_Output>
         </Test_Outputs>
         <TestCase_Author>TestAnalysator</TestCase_Author>
         <TestCase_Source>Requirements Dokument:
         Auftragsbearbeitung.doc</TestCase_Source>
         <TestCase_Type>Geschaeftsregel</TestCase_Type>
         <TestCase_automated>0</TestCase_automated>
         <TestCase_Status>tested</TestCase_Status>
         <Date_tested>2006-03-14</Date_tested>
         <Tester>Sneed</Tester>
         <Errors_reported>
            <Nr_Errors_reported>1</Nr_Errors_reported>
            <Error_reported>Rueckstellung erfolgt auch wenn die
            Bestellmenge = Artikelmenge</Error_reported>
         </Errors_reported>
      </TestCase>
   </TestCases>
```

11.4 Anhang C1: Testdatengenerierungsskript

```
File CustOrder;

   assert KUNDE.NR = range(6766:6769,+1);
   assert KUNDE.ARTIKEL.BESTELLMENGE = range(1:1000,+1);

// Testdaten einer Bestellung eines vorhandenen Kunden mit
// positiver Bonität und vorhandenem Artikel

   if(KUNDE.NR = 6766)
      assert KUNDE.BONITAET = true;
      assert KUNDE.NAME = "Peter Pan"
      assert BESTELLUNG.AUFTRAGSNR = 564534;
      assert BESTELLUNG.DATUM = 23.09.2003;
      assert BESTELLUNG.ARTIKEL.ARTIKELNR = 8877;
      assert BESTELLUNG.ARTIKEL.ARTIKELKATEGORIE = "HI-FI"
      assert BESTELLUNG.ARTIKEL.ARTIKELNAME = "DVD-Recorder";
      assert BESTELLUNG.ARTIKEL.PREIS = 99.90;
      assert BESTELLUNG.ARTIKEL.BESTELLMENGE = 3;
end;

// Testdaten einer Bestellung eines vorhandenen Kunden mit
// negativer Bonität und vorhandenem Artikel

   if(KUNDE.NR = 6767)
      assert KUNDE.BONITAET = false;
      assert KUNDE.NAME = "Martin Schumann";
      assert BESTELLUNG.AUFTRAGSNR = 564535;
      assert BESTELLUNG.DATUM = 31.01.2002;
      assert BESTELLUNG.ARTIKEL.ARTIKELNR = 666;
      assert BESTELLUNG.ARTIKEL.ARTIKELKATEGORIE = "Musik-CD";
      assert BESTELLUNG.ARTIKEL.ARTIKELNAME = "Coldplay - XY";
      assert BESTELLUNG.ARTIKEL.PREIS = 16.99;
      assert BESTELLUNG.ARTIKEL.BESTELLMENGE = 1000;
   end;

// Testdaten einer Bestellung eines vorhandenen Kunden mit
// positiver Bonität und nicht vorhandenem Artikel

   if(KUNDE.NR = 6768)
      assert KUNDE.BONITAET = true;
      assert KUNDE.NAME = "George Clooney";
      assert BESTELLUNG.AUFTRAGSNR = 564536;
      assert BESTELLUNG.DATUM = 31.12.2006;
      assert BESTELLUNG.ARTIKEL.ARTIKELNR = unknown;
      assert BESTELLUNG.ARTIKEL.ARTIKELKATEGORIE = "Scanner";
      assert BESTELLUNG.ARTIKEL.ARTIKELNAME = "HP Scanner";
      assert BESTELLUNG.ARTIKEL.PREIS = 100;
      assert BESTELLUNG.ARTIKEL.BESTELLMENGE = 20;
   end;

// Testdaten einer Bestellung eines nicht vorhandenen Kunden
// mit unbekannter Bonität und vorhandenem Artikel

   if(KUNDE.NR = 6769)
      assert KUNDE.NR = unknown;
      assert KUNDE.BONITAET = unknown;
      assert KUNDE.NAME = "Mr. Secret";
      assert BESTELLUNG.AUFTRAGSNR = 787872;
      assert BESTELLUNG.DATUM = 29.02.2006;
      assert BESTELLUNG.ARTIKEL.ARTIKELNR = 909909;
      assert BESTELLUNG.ARTIKEL.ARTIKELKATEGORIE = "Handy";
      assert BESTELLUNG.ARTIKEL.ARTIKELNAME = "Motorola 8989";
      assert BESTELLUNG.ARTIKEL.PREIS = 100;
      assert BESTELLUNG.ARTIKEL.BESTELLMENGE = 50;
   end;

end;
```

11.5 Anhang C2: Testergebnisvalidierungsskript

```
File OrderPosition;

   import CustOrder;

   if(AUFTRAG.KUNDENNR == KUNDE.KUNDENNR & KUNDE.BONITAET == true &
      AUFTRAG.BESTELLUNG.ARTIKELNR == ARTIKEL.ARTIKELNR &
      AUFTRAG.BESTELLUNG.BESTELLMENGE >= ARTIKEL.ARTIKELMENGE)

      assert post new.VERSANDPOSTEN.AUFTRAGSNUMMER =
                  AUFTRAG.BESTELLUNG.AUFTRAGSNR;

      assert post new.VERSANDPOSTEN.KUNDENNR =
                  AUFTRAG.KUNDE.NR;

      assert post new.VERSANDPOSTEN.ARTIKELNR =
                  AUFTRAG.BESTELLUNG.ARTIKELNR;

      assert post new.VERSANDPOSTEN.BESTELLMENGE =
                  AUFTRAG.BESTELLUNG.BESTELLMENGE;

   end;

   if(AUFTRAG.KUNDENNR != KUNDE.KUNDENNR || KUNDE.BONITAET == false ||
      AUFTRAG.BESTELLUNG.ARTIKELNR != ARTIKEL.ARTIKELNR ||
      AUFTRAG.BESTELLUNG.BESTELLMENGE < ARTIKEL.ARTIKELMENGE)

      assert post new.VERSANDPOSTEN = null;

   end;

end;
```

Literatur

Literaturhinweise Kapitel 1

[AGAR01] *Agarwal, R., Ferratt, T.:* „Crafting an HR Strategy to meet the need for IT workers", Comm. Of ACM, Vol. 44, Nr. 7, July 2001, S. 59

[BASI01] *Basili, V., Boehm, B.:* Software Defect Reduction, IEEE Computer, Jan. 2001, S. 135.

[BOEH95] *Boehm, B., et al.:* „Cost Models for Future Software Life Cycle Processes", in Annals of Software Engineering, Nr. 1, 1999, S. 57

[BMBF01] Bundesministerium für Bildung und Forschung: Analyse und Evaluation der Software-Entwicklung in Deutschland, Berlin, Dez. 2000

[BROD06] *Broddle, E.:* „SOA erschwert Qualitätssicherung", Computerwoche Nr. 26, Juni 2006, S. 22

[BROY05] *Broy, M., Rausch, A.:* „Das neue V-Modell-XT", Informatik Spektrum, Nr. 22, Juni 2005, S. 220

[CHAP79] *Chapin, N.:* „A Measure of Software Complexity", Proc. of National Computer Conference, IEEE Computer Society Press, Chicago, 1979, S. 995

[D&T03] Deloitte & Touche: „Outsourcing und Ofshoring mit indischen IT-Unternehmen", Die IT-Welt im Wandel, Computer Woche Nr. 22, 2003

[DROM95] *Drommey, R.:* „A Model for Software Product Quality", IEEE Trans. on S.E., Vol. 21, Nr. 2, Feb. 1995, S.146

[DUNN84] *Dunn, R.:* Software Defect Removal, McGraw-Hill, New York, 1984

[EICK03] *Eickelmann, N., Anant, A.:* „Statistical Process Control", IEEE Computer, March 2003, S. 49

[ENDR03] *Endres, A.:* „Softwarequalität aus Nutzersicht und ihre wirtschaftliche Bewertung", Informatik Spektrum, Bänd 18, Nr. 1, Febr. 2003, S. 20

[GERN03] *Gernert, C.:* „Agiles Projektmanagement", Hanser, München, 2003

[GLAS02] *Glass, R.:* „Searching for the Holy Grail of Software Engineering", Comm. Of ACM, Vol. 45, Nr. 5, May 2002, S. 15

[GOGL93] *Goglia, P.:* Testing client/server Applications, QED Publishing Group, Wellesley, MA, 1993

[IEEE829] IEEE: ANSI/IEEE Standard 829 – Standard for Software Test Documentation, ANSI/IEEE Standard 829-1998, Computer Society Press, New York, 1998

[ISQI06] International Software Quality Institute, Erlangen, Germany, www.isqi.org, 2006

[KANE02] *Kaner, C., Bach, J., Pettichord, B.:* Lessons learned in Software Testing, John Wiley & Sons, New York, 2002

[MART05] *Martin, R.:* „The Best Bus Imperative“, IEEE Software, July 2005, S. 65

[MUSA87] *Musa, J.D., Jannino, A., Okumoto, K.:* Software Reliability-Measurement, Prediction, Application, McGraw-Hill, New York, 1987

[NIST02] National Institute of Standards and Technology: „The economic impacts of inadequate infrastructure for software testing", Planning Report 02-3, Triangle Park, N.C., May 2002

[REIF00] *Reifer, D.:* „Web Development – Estimating quick to market Software“, IEEE Software Magazine, Dec. 2000, s. 57

[SLAU98] *Slaughter, S., Harter, D., Krishnan, M.:* „Evaluating the cost of software quality", Comm. Of ACM, Vol. 41, Nr. 8, Aug. 1998, S. 67

[SNEE88] *Sneed, H.:* „Software-Qualitätssicherung", Rudolf Müller, Köln, 1988.

[SNEE03] *Sneed, H., Brössler, P.:* „Critical Success Factors in Software Maintenance", Proc. of ICSM 2003, IEEE Computer Society Press, Amsterdam, Sept. 2003, S. 190

[SNEE06] *Sneed, H., Jungmayr, S.:* „Produkt- und Prozessmetriken für den Softwaretest", Informatikspektrum, Nand 29, Nr. 1, Feb. 2006, S. 23

[SPIL02] *Spillner, A., Koch, T.:* „Basiswissen-Softwaretest", dpunkt.verlag, Heidelberg, 2003

[SPIL05] *Spillner, A., Linz, T., Schaefer, H.:* Software Testing Foundations, dpunkt.verlag, Heidelberg, 2005

[TAYI98] *Tayi, G., Ballou, D.:* „Examining Data Quality“, Comm. Of ACM, Vol. 41, Nr. 2, Feb. 1998, S. 54

[VERS00] *Versteegen, G.:* „Project Management mit dem Rational Unified Process“, Springer, Berlin, 2000

[WEST01] *Weast, L., Bogumil, W.:* "Immigration and The Global IT Work Force", Comm. Of ACM, Vol. 44, Nr. 7, July 2001. S. 34

[WINT99] *Winter, M.:* Qualitätssicherung für objektorientierte Software-Anforderungsermittlung und Test gegen die Anforderungsspezifikation, dissertation.de, Berlin, 2000

Literaturhinweise Kapitel 2

[BOEH75] *Boehm, B., u.a:* "Experience with automated Aids to the Design of large scale reliable Software" IEEE Trans. on S.E., Vol. 1, Nr. 1, Jan. 1975, S. 125

[BRIA05] *Briand, L., Labiche, Y., di Penta, M.:* „An Experimental Investigation of Formality in UML-Based Development", IEEE Trans. on S.E., Vol. 31, Nr. 10, Oct. 2005, S. 833

[CUNN99] *Cunny, S.:* „Test Scenario Generation from Structured Requirements Specification", Proc. of Symposium on Engineering of Computer-based Systems, 1999

[DEMA78] *Demarco, T.:* Structured Analysis and System Specification, Yourdon Press, New York, 1978

[EBER05] *Ebert, C.:* Systematisches Requirements Management, dpunkt.verlag, Heidelberg, 2005

[ENDR75] *Endres, A.:* "An analysis of errors and their Causes in System programs" IEEE Trans. On S.E., Vol. 1, nr. 2, March 1975, S. 140

[ENRO03] *Endres, A., Rombach, D.:* A Handbook of Software and Systems Engineering, Pearson-Addison-Wesley, Harlow, GB, 2003

[ERIK00] *Ericsson, H.-E., Penker, M.:* Business Modelling with UML, John Wiley & Sons, New York, 2000

[FRAN06] *France, R., Ghosh, S., Dmh-Trong, T.:* „Model-Driven Development using UML 2.0 – Promises and Pitfalls", IEEE Computer, Feb. 2006, S. 59

[GANE79] *Gane, C., Sarson, T.:* Structured Systems Analysis, Prentice-Hall, Englewood Cliffs, NJ, 1979

[GLAS98] *Glass, R.:* Software Runaways, Lessons learned from massive Software Project Failures, Prentice-Hall, Upper Saddle River, N.J., 1998

[GRAU97] *Grau, A., Kowsari, M.:* „A Validation System for Object-oriented Specifications of Information Systems", Proc. First East European Syposium on Advances in Database and Information Systems – ADBIS97, 1997

[HIPP06] *Hippner, H., Rentzmann, R.:* „Text Mining", Informatik Spektrum, Band 29, Nr. 4, Juli 2006, S. 287

[HÖHÖ08] *Höhn, R., Höppner, S.:* Das V-Modell XT, Springer, Berlin, 2008

[IEEE830] IEEE: ANSI/IEEE Standard 830 – Guide to Requirements Specification, Computer Society Press, New York, 1998

[ISO9126] ISO/IEC: ISO Standard 9126, Software Product Evaluation, International Standards Organization, Genf, 1994

[JACK83] *Jackson, M.:* System Development, Prentice-Hall International, London, 1983

[JACO92] *Jacobson, I., u. a.:* Object-Oriented Software Engineering, Addison-Wesley, Wokingham, G.B., 1992

[LALI97] *Lalioti, V.:* „Animation for Validation of Business Systems Specifications", Proc. of Hawaii Int. Conf. System Sciences on the Dynamics of Business Systems Eng., Jan. 1997

[LAMS01] *Van Lamsweerde, A.:* „Goal-oriented Requirements Enginering – A Guided Tour", Proc. of Fifth IEEE Int. Symposium on Requirements Eng. – RE01, 2001

[LAMS00] *Van Lamsweerde, A., Letier, E.:* „Handling Obstacles in Goal-Oriented Requirements Engineering", IEEE Trans. on S.E., Vol. 26, Nr. 10, Oct. 2000, S. 978

[MILL05] *Miller, T.:* Data and Text Mining – A Business Application Approach, Prentice-Hall, Upper Saddle River, N.J., 2005

[MOS93] *Mosley, D.:* „Handbook of MIS Application Testing", Prentice-Hall, Englewood Cliffs, NJ, 1993

[PARN78] *Parnas, D., Heninger, K., Shore, D.:* „Software Requirements for the A-7E Aircraft", Naval Research Report 3876, Waschington D.C., 1978

[POHL07] *Pohl, K.:* Requirements Engineering – Grundlagen, Prinzipien, Techniken, dpunkt. verlag, Heidelberg, 2007

[POTS94] *Potts, C., Takahashi, K., Anton, A.:* „Inquirey-based Requirements Analysis", IEEE Software, Vol. 11, Nr. 1, 1994

[ROBE99] *Robertson, J., Robertson, S.:* Mastering the Requirements Process, Addison-Wesley, Reading, MA, 1999

[RUPP07] *Rupp, C.:* „Requirements Engineering und Management", Hanser, München, 2007

[RYSE99] *Ryser, J., Glunz, M.:* „A Scenario-based Approach to Validating and Testing Software Systems Using Statecharts", Proc. of 12th Int. Conf. on Software and Systems Eng., IEEE Computer Society Press, 1999.

[SEYF04] *Seyff, N., u.a.:* „Requirement Enginering Tools go Mobile", Proc. of IEEE Int. Conf. on S.E. ICSE04, Edinburgh, Mai 2004

[SHAN49] *Shammon, C., Wearer, W.:* The Mathematical Theory of Communications, Univ. of Illionis Press, Urbana, 1949

[SHLA88] *Shlaer, S., Mellor, S.:* Object-Oriented Systems Analysis – Modelling the World in Data, Yourdon Press, New York, 1988

[SHLA92] *Shlaer, S., Mellor, S.:* Object Life Cycles – Modelling the World in States, Yourdon Press, New York, 1992

[SNEE86] Software Entwicklungsmethodik, Rudolf Müller, Köln, 1986

[SNEE05] *Sneed, H.:* „Reverse Engineering deutschsprachер Fachkonzepte", GI – Softwaretechnik Trends, Band 25, Heft 2, WSR Proceedings, Bad-Honnef, Mai 2005., S. 49

[SUT02] *Sutcliffe, A., Gregoriades, A.:* „Validating Functional System Requirements with Scenarios", Proc. of First Joint Intl. Conf. on Requirements Engineering – RE0Z, IEEE Computer Society Press, Sept. 2002

[SUT05] *Sutcliffe, A., Gregoriades, A.:* „Scenario-based Assessment of Non-Functional Requirements", IEEE Trans. on S.E., Vol. 31, Nr. 5, Mai 2005

[UFAB06] KBst / Koordinierungs- und Beratungsstelle der Bundesregierung für Informationstechnik in der Bundesverwaltung: UfAB IV Unterlage für Ausschreibung und Bewertung von IT-Leistungen, Version 1.0, Schriftenreihe der KBSt, Band 90, 2006

[WARM03] *Warmer, J., Kleppe, A.:* The Object Constraint Language, Addison-Wesley, Boston, 2003

[WARN81] *Warnier, J. D.:* Logical Construction of Systems, Van Nostrand Reinhold, New York, 1981

[WAUS96] *Wauschkuhn, D.:* „Ein Werkzeug zur partiellen Analyse deutscher Textkorpora" in Proc. Of 3rd KONVENS Conference, de Gruyter, Berlin, 1996, S. 397

[WEIZ66] *Weizenbaum, J.:* „ELIZA – A Computer Program for the Study of Natural Language Communication between Man and Machine", Comm. Of ACM, Vol. 9, Nr. 1, Jan. 1966, S. 36

[YUMY94] *Yu, E., Mylopoulos, J.:* „Towards modelling strategic actor relationships for information systems development", Proc. of 4th Workshop on Information Technology and Systems, Vancouver, 1994

[ZHU00] *Zhu, H., Jin, L.:* „Scenario Analysis in an Automated Tool for Requirements Engineering" in Requirements Eng., Vol. 5, Nr. 4, 2000

Literaturhinweise Kapitel 3

[ANSE03] *Anselmo, D., Ledgard, A.:* „Measuring Productivity in the Software Industry", Comm. Of ACM, Vol. 46, Nr. 11, Nov. 2003, S. 121

[BEIZ95] *Beizer, B.:* Black-Box Testing-Techniques for Functional Testing of Software and Systems, John Wiley & Sons, N. Y., 1995

[BIND99] *Binder, R.:* Testing Object-oriented ystems, Addison-Wesley, Reading, MA, 1999

[BOEH84] *Boehm, B.:* „Software Engineering Economics", IEEE Trans. on S.E., Vol. 10, Nr. 1, Jan. 1984, S. 4

[BOEH99] *Boehm, B., u. a.:* Software Cost Estimation with Cocomo-II, Prentice-Hall, Upper Saddle River, NJ, 1999

[BOEH00] *Boehm, B.:* „Safe and Simple Software Cost Analysis", IEEE Software, Sept. 2000, S. 14

[BROK75] *Brooks, F.:* The Mythical Man-Month, Addison-Wesley, Reading, MA, 1975

[COHE04] *Cohen, C., Birkin, S., Gaefield, M.:* „Managing Conflict in Software Testing", Comm. Of ACM, Vol. 47, Nr. 1, Jan. 2004, S. 76

[COLL99] *Collard, R:* "Test Estimation with Test-Points", Proc. of StarEast Conference, Washington, D.C., June, 1999, S. 112

[CRAI02] *Craig, R., Jaskiel, S.:* Systematic Software Testing, Artech House, Norwood MA., 2002

[FEWS99] *Fewster, M., Graham, D.:* Software Test Automation, Addison-Wesley, Harlow, GB, 1999

[GRAV00] *Graves, T., Karr, A., Marron, J.:* „Predicting Fault Incidence Using Software Change History", IEEE Trans. on ÍS.E., Vol. 26, Nr. 7, July, 2000

[IEEE829] IEEE: ANSI/IEEE Standard 829 – Standard for Software Test Documentation, ANSI/IEEE Standard 829-1998, Computer Society Press, New York, 1998

[KABV06] *Koomen, T., van der Alst, L., Broekman, B., Vroon, M.:* TMap-Next, Sogeti, UTN Publishers, Hertogenbosch, NL, 2006

[KROP03] *Kropfitsch, D., Vigenschow, U.:* „Aufwandsschätzung und Plannung von Tests", Objektspektrum, Nr. 6, Nov. 2003, S. 30

[MOSL00] *Mosley, D.:* Client-Server Software Testing on the Desktop and the Web, Prentice-Hall, Upper Saddle River, NJ, 2000

[MUSA89] *Musa, J., Ackerman, A.:* „Quantifying Software Validation – When to Stop Testing?", IEEE Software, May 1989, S. 19

[MYER79] *Myers, G.:* The Art of Software Testing, John Wiley & Sons, N. Y. 1979

[KOPO99] *Koomen, T., Pol, M.:* Test Process Improvement, Addison-Wesley, Harlow, GB, 1999

[SLAD05] *Sladic, D.:* „Durchführung eines Anwendungstests in der Praxis – pragmatische Ansätze und Tools zur Testplanung, Teststeuerung und Fehlerkommunikation", GI Wirtschaftsinformatik Rundbrief, Band 11, Heft 2, Okt. 2005, S. 45

[SNEE03] *Sneed, H.:* „Software Testmetriken für die Kalkulation der Testkosten", GI Softwaretechnik Trends, Band 23, Heft 4, Nov. 2003, S. 11

[SNEE06] *Sneed, H.:* „Reengineering for Testability",GI Softwaretechnik Trends, Band 26, Heft 2, Mai 2006, S. 8

[SPIL02] *Spillner, A., Linz, T.:* Basiswissen Softwaretest, dpunkt.verlag, Heidelberg, 2002

[UfAB05] KBst / Koordinierungs- und Beratungsstelle der Bundesregierung für Informationstechnik in der Bundesverwaltung: UfAB V Vorlagen für Ausschreibung und Bewertung von IT-Leistungen, Version 1.0, Schriftenreihe der KBSt, Band 90, 2005

[WEIN72] *Weinberg, G.:* The Psychology of Computer Programming, Van Nostrand, New York, 1972

Literaturhinweise Kapitel 4

[BERG82] *Berg, H., Boebert, W., Franta, W., Moher, T.:* Formal Methods of Program verification and Specification, Prentice-Hall, Englewood Cliffs, NJ, 1982

[BLAC07] *Black, R.:* Pragmatic Software Testing, Wiley Publishing, Indianapolis, 2007

[BOUR97] *Bourne, K.:* Testing Client/Server Systems, McGraw-Hill, Inc., N. Y., 1997

[BOX00] *Box, D., Skonnard, A., Lam, J.:* Essential XML – XML für die Softwareentwicklung, Addison-Wesley, München, 2000

[CHAP79] *Chapin, N.:* „A Measure of Software Complexity", Proc. of National Computer Conference, IEEE Computer Society Press, Chicago, 1979, S. 995

[CHER01] *Chernak, Y.:* „Validating and Improving Test-case Effectiveness", IEEE Software, Jan. 2001, S. 81

[ECK04] *Eckstern, R., Eckstern, S.:* XML und Datenmodellierung, dpunkt.verlag, Heidelberg, 2004

[GROS05] *Gross, H.-G.:* Component-based Software Testing with UML, Springer, Berlin, 2005

[HALS78] *Halstead, M.:* Elements of Software Science, Elsevier North-Holland, New York, 1978

[HUTC03] *Hutcheson, M.:* Software Testing Fundamentals, Wiley Publishing, Indianapolis, 2003

[IEEE829] IEEE: ANSI/IEEE Standard 829 – Standard for Software Test Documentation, ANSI/IEEE Standard 829-1998, Computer Society Press, New York, 1998

[KABV06] *Koomen, T., van der Alst, L., Broekman, B., Vroon, M.:* TMap-Next, Sogeti, UTN Publishers, Hertogenbosch, NL, 2006

[KFN99] *Kaner, C., Falk, J., Nguyen, H-Q.:* Testing Computer Software, John Wiley & Sons, New York, 1999

[LEBE85] *Lehman, M., Belady, L.:* Program Evolution – Processes of Software Change, Academic Press, London, 1985

[MILL80] *Mills, H.:* „Principles of Software Engineering", IBM Systems Journal, Vol. 19, Nr. 4, 1980

[NAIK92] *Naik, K., Sarikaya, B.:* „Testing Communication Protocols", IEEE Software, Jan. 1992, S. 27

[POST96] *Poston, R.:* Automating Specification-based Testing, IEEE Computer Society Press, N. Y., 1996

[SCHI04] *Schieferdecker, J.:* „Die Testing and Test-Control Notation TTCN-3", GI Softwaretechnik Trends, Band 24, Heft 3, Aug. 2004, S. 5

[SNEE03] *Sneed, H.:* „Reestablishing Links between Semantic Levels of a Complex Software System", Proc. of GI Dachstuhl Workshop on Software Architecture, Feb. 2003

[SNEE04] *Sneed, H.:* „Reverse Engineering of Test Cases for Selective Regression Testing", Proc. of European Conference on Software Maintenance and Reengineering, CSMR-2004, IEEE Computer Society Press, Tampere, Finnland, March 2004, S. 69

[SNEE06] *Sneed, H., Jungmayr, S.:* „Produkt- und Prozessmetriken für den Softwaretest", Informatikspektrum, Band 29, Nr. 1, Febr. 2006, S. 23

[SNWI02] *Sneed, H., Winter, M.:* Testen objektorientierter Software, Hanser, München, 2002

[SPLI03] *Spillner, A., Linz, T.:* Basiswissen Softwaretest, dpunkt.verlag, Heidelberg, 2003

[WILL05] *Wilcox, C.:* An Introduction to TTCN-3, John Wiley & Sons, Chichester, GB, 2005

Literaturhinweise Kapitel 5

[BEIZ83] *Beizer, B.:* Software Testing Techniques, Van Nostrand Reinhold, New York, 1983

[DELA01] *Delamoro, M., Maldonado, J., Mathor, A.:* „Interface Mutation – An Approach for Integration Testing", IEEE Trans. on S:E, Vol. 27, Nr. 3, March 2001, S. 228

[GROS05] *Gross, H.-G.:* Component-based Software Testing with UML, Springer, Berlin, 2005

[HOW87] *Howden, W.:* Functional Program Testing & Analysis, McGraw-Hill, New York, 1987

[KANE02] *Kaner, C., Bach, J., Pettichord, B.:* Lessons learned in Software Testing, John Wiley & Sons, New York, 2002

[MART05] *Martin, R.:* „The Test Bus Imperative", IEEE Software, July 2005, S. 65

[MEMO05] *Memon, A., Xie, Q.:* „Studying the Fault-Detection Effectiveness of GUI Test Cases for Rapidly Evolving Software", IEEE Trans. on S.E., Vol. 31, Nr. 10, Oct. 2005, S. 884

[MICH01] *Michael, C., McGraw, G., Schatz, M.:* „Generating Software Test Data by Evolution“, IEEE Trans. on S.E., Vol. 27, Nr. 12, Dec. 2001, S. 1085

[NTAF84] *Natafos, S., Duran, J.:* „An Evaluation of Random Testing”, IEEE Trans. on S.E., Vol. 10, Nr. 4, July 1989, S. 438

[OSTR88] *Ostrand, T., Balcer, M.:* „The Category-Partition Method for Specifying and Generating Functional Tests”, Comm. Of ACM, Vol. 31, Nr. 6, June 1988, S. 676

[POST92] *Poston, R.:* „Evaluating and Selecting Testing Tools”, IEEE Software, May 1992, S. 33

[REDW83] *Redwine, S.:* „An Engineering Approach to Software Test Data Design”, IEEE Trans. on S.E., Vol. 9, Nr. 2, March 1983, S. 191

[ROSE95] *Rosenblum, D.:* „A Practical Approach to Programming with Assertions”, IEEE Trans. on S.E., Vol. 21, Nr. 1, Jan. 1995, S. 19

[ROSE97] *Rosenblum, D., Weyuker, E.:* „Using Coverage Information to Predict the Cost-Effectiveness of Regression Testing Strategies”, IEEE Trans. on S.E., Vol. 23, Nr. 3, March 1997, S. 146

[ROTH05] *Rothermel, G., Elbaum, S.:* „Leveraging User-Session data to Support Web Application Testing”, IEEE Trans. on S.E., Vol. 31, Nr. 3, March 2005, S. 187

[SHER91] *Sherer, S.:* „A Cost-Effective Approach to Testing”, IEEE Software, March 1991, S. 34

[SNEE94] *Sneed, H.:* „Validating Functional Equivalence of Reengineered Programs”, Journal of Software Testing, Verification & Reliability, Vol. 4, Nr. 1, March 1994, S. 33

[SNEE02] *Sneed, H., Winter, M.:* Testen objektorientierter Software, Hanser, München, 2002

[SNEE08] *Sneed, H.:* „Bridging the Concept to Implementation Gap in Software System Testing” Proc. of IEEE QSIC Conference, Oxford, G.B., August 2008, S. 56

[VIGE04] *Vigenschow, U.:* Objektorientiertes Testen und Test, Automatisierung in der Praxis, dpunkt.verlag, Heidelberg, 2004

[WHIT00] *Whittaker, J.:* „What is Software Testing? And Why is it so hard?”, IEEE Software, Jan. 2000, S. 70

Literaturhinweise Kapitel 6

[AVRI95] *Avritzer, A., Weyuker, E.:* „The Automatic Generation of Load Test Suites and the Assessment of the Results“, IEEE Trans. on S.E., Vol. 21, Nr. 9, Sept. 1995, S. 705

[BACH99] *Bach, J.:* „On Risk-based Testing”, Software Testing & Quality Engineering, Vol. 1, Nr. 6, Nov. 1999, S. 22

[BOEH99] *Boehm, B., u. a.:* Software Cost Estimation with Cocomo-II, Prentice-Hall, Upper Saddle River, NJ, 1999

[BROD06] *Brodde, E.:* „SOA erschwert Qualitätssicherung“, Computerwoche, Nr. 26, 2006, S. 22

[COLW02] *Colwell, B.:* „If you didn't test it, it doesn't work”, IEEE Computer, May 2002, S. 11

[CRIS01] *Crisprn, L.:* „Testing with Extreme Programming”, Software Testing & Quality Engineering, Vol. 3, Nr. 4, July 2001, S. 24

[DENA00] *DeNardis, C.:* „Perspectives from a Test Manager”, Software Testing & Quality Engineering, Vol. 2, Nr. 5, Sept. 2000, S. 60

[EHRL93] *Ehrlich, W., Wu, J.:* „Determining when to stop Testing“, IEEE Software, March 1993, S. 33

[ERL05] *Erl, T.:* Service-Oriented Architecture – Concepts, Technology and Design, Prentice Hall, Upper Saddle River, NJ, 2005.

[GOGL93] *Goglva, P.:* Testing Client/Server Applications, QED Publishing, Boston, 1993

[JOYC03] *Joyce, H.:* „Site unseen – Testing Web Services", Software Testing & Quality Engineering, Vol. 5, Nr. 1, Jan. 2003, S. 34

[KRAT05] *Kratzig, D., Banke, K., Slama, D.:* Enterprise SOA Coad Series, Prentice-Hall Pub., Upper Saddle River, NJ, 2004

[JURI04] *Juric, M.:* Business Process Execution Language for Web Services, Packt Publishing, Birmingham, U.K., 2004

[MOSL93] *Mosley, D.:* Handbook of MIS Application Software, Yourdon Press, N. Y., 1993

[NGUY00] *Nguyen, H.-Q.:* Testing Applications on the Web, John Wiley & Sons, N. Y., 2000

[ROBI00] *Robinson, H.:* „Intelligent Test Automation", Software Testing & Quality Engineering, Vol. 2, Nr. 5, Sept. 2000, S. 24

[SNEE00] *Sneed, H., Göschl, S.:* „Testing Software for Internet Applications", Software Focus, Vol. 1, Nr. 1, Sept. 2000, S. 15

[SNEE05] *Sneed, H.:* Software-Projektkalkulation, Hanser, München, 2005

[SNEE06] *Sneed, H.:* „Automated Testing of a Datawarehouse System", Proc. of TAICPART Testing Workshop, British Computer Society, Windsor, GB, August 2006

[STAL01] *Stahl, B.:* „Usability Testing", Software Testing & Quality Engineering, Vol. 3, Nr. 5, Sept 2001, S. 20

[THAL02] *Thaller, G.-E.:* Software-Test-Verification und Validation, Heinz Heise, Hannover, 2002

[THOM03] *Thompson, H., Whittaker, J.:* „Security Bugs – exposed", Software Testing & Quality Engineering, Vol. 5, Nr. 2, March 2003, S. 26

Literaturhinweise Kapitel 7

[BACH99] *Bach, J.:* „Risk and Requirements-based Testing", IEEE Computer, June 1999, S. 113

[CAND01] *Canditt, S., Grabenweger, K., Reyzl, E.:* „Trace-basiertes Testen von Middleware", Java Spektrum, Nr. 3, Juni 2001, S. 17

[CARV02] *Carver, R., Tai, K.-C.:* „Incremental Integration Testing", IEEE Trans. On S.E., Vol. 28, Nr. 6., June 2002, S. 607

[DEMI79] *DeMillo, R., Lipton, R., Perlis, A.:* „Social Processes and Proofs of Theorems and Programs", Comm. Of ACM, Vol. 22, Nr. 5, May 1979, S. 271

[DIJK76] *Dijkstra, E.:* A Discipline of Programming, Prentice-Hall, Englewood Cliffs, NJ, 1976

[ELB05] *Elbraum, S., Diep, M.:* „Profiling deployed Software – Assessing Strategies and Testing Opportunities",IEEE Trans. on S.E., Vol. 31, Nr. 4, April 2005, S. 312

[ESTE99] *Estes, D.:* „Year 2000 Testing", American Programmer, Vol. 12, Nr. 2, Feb. 1999, S. 13

[FRIE02] *Friedenberg, G.:* „Forecasting Software Defects", Software Testing & Quality Engineering, Vol. 4, Nr. 3, May 2002, S. 26

[GOEL85] *Goel, A.:* „Software Reliability Models – Assumptions, Limitations and Applicability", IEEE Trans. on S.E., Vol. 11, Nr. 12, Dec. 1985, S. 1411

[GOLD05] *Goldstern, H.:* „Who killed the FBI Virtual Case File System", IEEE Spektrum, Sept. 2005, S. 18

[GOOD75] *Goodenough, J., Gerhardt, S.:* „Towards a Theory of Test Data Selection", IEEE Trans. on S.E., Vol. 1, Nr. 1, Jan. 1975, S. 156

[GRAH02] *Graham, D.:* „Requirements and Testing – Seven Missing Link Myths", IEEE Software, Sept. 2002, S. 15

[HETZ94] *Hetzel, B.:* „What you don't know can hurt you", American Programmer, Vol. 7, Nr. 4, April 1994, S. 35

[HOWD80] *Howden, W.:* „Fuctional Program Testing", IEEE Trans. on S.E., Vol. 6, Nr. 2, March 1980, S. 162

[IEEE1044] ANSI/IEEE Standard Classification for Software Anomalies, IEEE Computer Society Press, New York, 1993

[JOHN00] *Johnson, B.:* „In Search of Defect Tracking Systems", Software Testing & Quality Engineering, Vol. 2, Nr. 2, March 2000, S. 58

[LANG05] *Langer, M., Krammer, S.:* „Auswertung funktionaler Softwaretests", Objektspektrum, Nr. 3, May 2005, S. 68

[MARR03] *Marré, M., Bertolmo, A.:* „Using Spanning Sets for Coverage Testing", IEEE Trans. on S.E., Vol. 29, Nr. 11, Nov. 2003, S. 974

[MUCC04] *Muccini, H., Bertolmo, A., Inverardi, P.:* „Using Software Architecture for Code Testing", IEEE Trans. on S.E., Vol. 30, Nr. 3, March 2004, S. 160

[OSTR05] *Ostrand, T., Weyuker, E.:* „Predicting the Location and Number of Faults in large Software Systems",IEEE Trans. on S.E., Vol. 31, Nr. 4, April 2005, S. 340

[PERN07] *Pernpaintner, S.:* "Software Qualitätsicherung im Internet", Diplomarbeit an der Universität Regensburg, Institut für Wirtschaftsinformatik, Lehrstuhl I, Feb., 2007

[PETS85] *Petschenik, N.:* „Practical Priorities in System Testing", IEEE Software, Sept. 1985, S. 18

[POEN05] *Poensgen, B., Bock, B.:* Fuction-Point Analyse, dpunkt.verlag, Heidelberg, 2005

[POOR97] *Poore, J., Trammel, C.:* „Bringing Respect to Testing through Statistical Science", American Programmer, Vol. 10, Nr. 8, Aug. 1997, S. 15

[ROSE97] *Rosenblum, D., Weyuker, E.:* „Using Coverage Information to Predict the Effectiveness of Regression Testing", IEEE Trans. on S.E., Vol. 23, Nr. 3, March 1997, S. 146

[ROTH01] *Rothermel, G., Harrold, M.J.:* „Prioritizing Test Cases for Regression Testing", IEEE Trans. on S.E., Vol. 27, Nr. 10, Oct. 2001, S. 929

[SHEI80] *Shneidermann, B.:* Software Psychology – Human Factors in Information Systems, Winthrop Pub., Cambridge MA., 1980

[SOMM06] *Sommer, W.:* „Product Innovation Lifecycle Maintenance and Solution Management", Proc. of European Conference on Software Maintenance and Reengineering – CSMR06, IEEE Computer Society Press, Bari, March 2006, S. 309

[SNEE83] *Sneed, H., Majoros, M.:* „Testing Programs against a formal Specification", Proc. of IEEE COMPSAC-83 Conference, IEEE Computer Society Press, Chicago, 1983, S. 512

[SNEE06] *Sneed, H., Jungmayr, S.:* „Produkt- und Prozessmetriken für den Softwaretest", Informatikspektrum, Band 29, Nr. 1, Feb. 2006, S. 23

[SPIL03] *Spillner, A., Linz, T.:* Basiswissen Softwaretest, dpunkt.verlag, Heidelberg, 2003, S. 10

[STOC96] *Stocks, P., Carrington, D.:* „A Framework for Specification-based Testing", IEEE Trans. on S.E., Vol. 22, Nr. 11, Nov. 1996, S. 777

[WEIS85] *Weiser, M., Gannon, J.:* „Comparison of Structural Test Coverage Metrics“, IEEE Software, March 1985

[WEYU86] *Weyuker, E.:* „Axiomatizing Software Test Data Adequacy”, IEEE Trans. on S.E., Vol. 12, Nr. 12, Dec. 1986, S. 1128

[YANG05] *Yang, J., Coppit, D.:* „Software Assurance by bounded Exhaustive Testing”, IEEE Trans. on S.E., Vol. 31, Nr. 4, April 2005, S. 328

[ZHU96] *Zhu, H.:* „A Formal Analysis of the Subsume Relation between Software Test Adequacy Criteria”, IEEE Trans. on S.E., Vol. 22, Nr. 4, April 1996, S. 248

Literaturhinweise Kapitel 8

[ANTO02] *Antoniol, G., Canfora, G., DeLucia, A.:* „Recovering Traceability Links between Code and Documentation”, IEEE Trans. on S.E., Vol. 28, Nr. 10, Oct. 2002, S. 970

[ARBO96] *Arnold, R., Bohner, S.:* Software Change Impact Analysis, John Wiley & Sons, New York, 1996

[BOHN96] *Bohner, S.:* „Impact Analysis in the Software Change Process”, Proc. of Int. Conf. on Software Maintenance – ICSM96, IEEE Computer Society Press, Monterey, CA, Nov. 1996, S. 42

[ELSA04] *Elsässer, W.:* ITIL einführen und umsetzen, Hanser, München, 2004

[FRAN98] *Frankl, P., Hamlet, R., Littlewood, B.:* „Evaluating Testing Methods by Delivered Reliability”, IEEE Trans. on S.E., Vol. 24, Nr. 8, Aug. 1998, S. 586

[HETZ88] *Hetzel, W.:* The Complete Guide to Software Testing, QED Information Sciences, Wellesley, MA, 1988

[HSIA97] *Hsia, P., Li, X., King, D.:* „Techiques for Selective Revalidation of Object-Oriented Software”, Journal of Software Maint., Vol. 9, Nr. 4, July 1997, S. 217

[ISQI03] International Software Quality Institute: „Glossary of terms used in Software Testing”, International Software Testing Qualification Board, London, 2003

[NOT05] *Notkin, D., Xie, T.:* „Checking inside the Black-Box – Regression testing by Comparing Value Spectra “, IEEE Trans. on S.E., Vol. 31, Nr. 10, Oct. 2005, S. 869

[RABE00] *Rajlich, V., Bennett, K.:* „A Staged Model for the Software Life Cycle“, IEEE Computer, July 2000, S. 66

[ROBI00] *Robinson, H.:* „Intelligent Test Automation”, Software Testing & Quality Engineering, Vol. 2, Nr. 5, Sept. 2000, S. 24

[ROTH98] *Rothermel, G., Harrold, M.J.:* „Empirical Studies of a Safe Regression Test Selection Technique”, IEEE Trans. on S.E., Vol. 24, Nr. 6, June 1998, S. 401

[SHT04] *Sneed, H., Hasitschka, M., Teichmann, M.-T.:* Software-Produktmanagement, dpunkt.verlag, Heidelberg, 2004

[SNEE86] *Sneed, H.:* „Data Coverage Measurement”, Proc. of ACM/IEEE Workshop on Software Testing, Nanff Canada, IEEE Society Press, July 1986, S. 34

[SNEE92] *Sneed, H.: Sneed, H.M.:* “Regression Testing in Reengineering Projects", Proc. Of 9th STAR Conference, Washington D.C., Juni 1992, S. 219

[SNEE99] *Sneed, H.:* Objektorientierte Softwaremigration, Addison-Wesley, Bonn, 1999

[SNEE01] *Sneed, H.:* „Impact Analysis of Maintenance Tasks“,Proc. of Int. Conf. on Software Maintenance – ICSM01, IEEE Computer Society Press, Florance, Nov. 2001, S. 180

[SNEE03] *Sneed, H.:* „Selective Regression Testing of Large Application Systems“, GI Softwaretechnik Trends, Band 23, Nr. 4, Nov. 2003, S. 21

[SNEE04] *Sneed, H.:* „Reverse Engineering of Test Cases for Selective Regression Testing“, Proc. of European Conf. on Software Maintenance and Reengineering – CSMR04, IEEE Computer Society Press, Tampere, Finnland, March 2004, S. 69

[SNED05] *Sneed, H.M.:* “Selektiver Regressionstest einer DOTNET Anwendung”, Objektspektrum, Nr. 5, Sept 2005, S. 72.

Literaturhinweise Kapitel 9

[BLAC02] *Black, R., Kubaczkowski, G.:* „Mission made possible – automating unit, component and integration testing”, Software Testing & Quality Engineering, Vol. 4, Nr. 4, July 2002, S. 42

[BROK75] *Brooks, F.:* The Mythical Man-Month, Addison-Wesley, Reading MA., 1975

[CMG04] CMG: „Testframe – getting testing under control”, Testframe Research Centre of CMG, Woerden, NL, 2004

[COMP04] Compuware: „QA-Center-Integrated Enterprise Testing”, Compuware Corporation, Farmington Hills, MI, 2004

[CW06] Computerwoche: „Mercury Interactive vereinfacht Functiontests”, CW, Nr. 15, April 2006, S. 22

[DUST05] *Dustin, E., Rashka, J., Paul, J.:* Automated Software Testing – Introduction, Management, Performance, Addison-Wesley-Longmann, Reading MA., 2000

[EMPI06] Empirix: „e-Test Suite for integrated Web Testing“, Empirix Corporation, Bedford, MA., 2006

[FEWS99] *Fewster, M., Graham, D.:* Software Test Automation, Addison-Wesley, Harlow, GB, 1999

[HASN03] *Hasitschka, M., Sneed, H.:* „Herstellen der Beziehing von Testfällen zu Code Komponenten mittels statischer und dynamischer Analyse“, Proc. of 19th TAV Workshop, GI Software Technik Trends, Band 23, Nr. 2, Mai 2003

[IBM05] IBM Corp: „IBM-Rational-Functional Tester“, http://www.ibm.com/developer-works/rational/library, 2005

[IMBU06] Imbus: „Die Imbus Testbench – ein iterativer Prozess”, in Automotive Verikal, Nr. 2, 2006, S. 22

[IMBU08] Imbus: „Qualitätssicherung und Test mit der Imbus-Testbench“, Firmenbroschüre, Imbus AG, Möhrendorf, 2008

[KANE02] *Kaner, C., Bach, J., Pettichord, B.:* Lessons learned in Software Testing, John Wiley & Sons, New York, 2002

[MERC05] Mercury Interactive Corporation: Test Director – Enterprise Application Testing Solutions, Sunnyvaly, CA., 2005

[NGUY01] *Nguyen, H.-Q.:* „Tracking down a Defect Management Tool“, Software Testing & Quality Engineering, Vol. 3, Nr. 4, July 2001, S. 32

[POST92] *Poston, R.:* „Evaluating and Selecting Testing Tools”, IEEE Software, May 1992, S. 33

[POST96] *Poston, R.:* Automating Specification-based Testing, IEEE Computer Society Press, N. Y., 1996

[RONS03] *Ronsse, M., DeBosschere, K., Christiaens, M.:* „Record/Replay for non deterministic Program Executions“, Comm. Of ACM, Vol. 46, Nr. 9, Sept. 2003, S. 62

[SNEE05a] *Sneed, H.:* „Selective Regression test einer .NET Anwendung”, Objektspektrum, Nr. 5, Sept. 2005, S. 72

[SNEE05b] *Sneed, H.:* „Reverse Engineering deutschsprachiger Fachkonzepte", GI Softwaretechnik Trends, Band 25, Nr. 2, Mai 2005, S. 49

[SNEE06] *Sneed, H.:* „Testing a Datawarehouse – an Industrial Challenge", TAICPART Testing Workshop, British Computer Society, Windsor, GB, August 2006

[SNHU06] *Sneed, H., Huang, S.:* „DataTest – A Tool for Testing Web Services", Proc. of IEEE Workshop on Website Evolution – WSE06, Philadelphia, Sept. 2006

[SQS08] SQS: "SQS-TEST/Professional" Firmenbroschüre , SQS AG, Köln, 2008

Literaturhinweise Kapitel 10

[BLAC99] *Black, Rex:* Managing the Testing Process, MicroSoft Press, Redmond, 1999

[COHN04] *Cohen, C., Birkin, S., Garfield, M., Webb, H.:* „Managing Conflict in Software Testing", Comm-. Of ACM, Vol. 47, Nr. 1, Jan. 2004, S. 76

[EVAN84] *Evans, M.:* Productive Software Test Management, John Wiley & Sons, New York, 1984

[GELP96] *Gelperin, D.:* "A Testability Maturity Model", Proc. EUROSTAR Conference, Amsterdam, Dez. 1996.

[KABV07] *Koomen, T., Van der Alst, L., Broekman, B., Vroon, M.:* TMap Next for result driven testing, UTN Publishers, Hertogenbosch, 2007

[KANE99] *Kaner, C., Falk, J., Nguyen, H.-Q.:* Testing Computer Software, John Wiley & Sons, N. Y., 1999

[KNEU07] *Kneuper, R.:* CMMI Verbesserung von Software- und Systementwicklungsprozessen mit Capability Maturity Modell Integration, dpunkt.verlag, Heidelberg, 2007

[KOPO99] *Koomen, T., Pol, M.:* Test Process Improvement, Addison-Wesley, Harlow, GB, 1999

[MARE06] *Marek, H.:* „Das V-Modell und seme Anwendung in der Praxis", Objektspektrum, Nr. 3, Mai 2006, S. 42

[MEMO05] *Memon, A., Xie, Q.:* „Studying the Fault-Detection Effectiveness of GUI Test Cases for Rapidly Evolving Software", IEEE Trans. on S.E., Vol. 31, Nr. 10, Oct. 2005, S. 884

[MUNO88] *Munoz, C.:* „An Approach to Software Product Testing", IEEE Trans. on S.E., Vol. 14, Nr. 11, Nov. 1988, S. 1589

[PERR91] *Perry, W.:* Quality Assurance for Information Systems, QED Publishing Group, Boston, 1991

[SPIL05] *Spillner, A., Linz, T., Schaefer, H.:* Software Testing Foundations, dpunkt.verlag, Heidelberg, 2005

[SRWL06] *Spillner, A., Roßner, T., Winter, W., Linz, T.:* Praxiswissen Softwaretest Testmanagement, dpunkt.verlag, Heidelberg, 2006

[STAN04] Standish Group, Chaos Reports, www.standishgroup.com, Dec. 2004

[WIEC01] *Wieczarek, M., Meyerhoff, D.:* Software Quality, Springer, Berlin, 2001

Register